INTERNATIONAL BUSINESS GUIDES

BUSINESS-KNIGGE CHINA

Ein Handbuch für deutsche Manager

von

Christian Rommel

Impressum

Bibliografische Information der Deutschen Bibliothek
Die Deutsche Bibliothek verzeichet diese Publikation in der Deutschen National-bibliografie; detaillierte bibliografische Daten sind im Internet abrufbar unter http://dnd.ddb.de

ISBN: 978-3-939717-03-4

Dieses Werk ist urheberrechtlich geschützt.
Alle Rechte, auch die der Übersetzung, des Nachdrucks und der Verfielfältigung des Buches, oder Teilen daraus, sind vorbehalten. Kein Teil des Werkes darf ohne schriftliche Genehmigung des Verlages in irgendeiner Form (Fotokopie, Mikrofilm oder ein anderes Verfahren), auch nicht für Zwecke der Unterrichtsgestaltung, reproduziert oder unter Verwendung elektronischer Systeme verarbeitet, vervielfältigt oder verbreitet werden.

© IfAD Institut für Außenwirtschaft GmbH
Hohenzollernstr. 11–15
40211 Düsseldorf
Telefon: 0211/550426-70 Fax: 0211/550426-55
Internet: http://www.ifa-d.com
Email: info@ifa-d.com

In Kooperation mit der Zeitschrift:

Lektorat: Peter Tichauer, Dr. Manfred Frühauf, Norbert Hacker
Herstellung: Vogel Services GmbH, Würzburg
Grafik und Umschlaggestaltung: Oliver Weiss

Druck und Bindung: Merkur Druck GmbH & Co., KG, Detmold
1. Auflage Dezember 2007
Printed in Germany

Ein Unternehmen der BayernLB
Sparkassen-Finanzgruppe

Erfolg in China hat ein Zuhause

Das German Centre ist Ihr Stück Deutschland in Shanghai. In der großzügigen Anlage mit Atrium, Büroflügeln und Apartmentgebäude, umgeben von viel Grün, vereinen sich Arbeiten, Wohnen und Freizeit. Das Areal liegt im Zhangjiang Hi-Tech Park in Pudong. Die Metro und das neue Messezentrum SNIEC sind ganz in der Nähe. Die 33.000 m² Büro- und Ausstellungsflächen – gebaut im Grade A-Standard – sind flexibel nutzbar. Sie mieten Einheiten schon ab 29 m² netto. Ein Business Centre und professionelle Infrastruktur runden das Angebot für Sie ab. Im 11.000 m² großen Apartmentgebäude bieten wir Ihnen zusätzlich komfortable Wohnungen sowie hochwertige Club- und Freizeiteinrichtungen.
www.germancentreshanghai.com – einfach ankommen, auspacken und loslegen.

GERMAN CENTRE
FOR INDUSTRY AND TRADE
SHANGHAI

Inhaltsverzeichnis

Widmung	8
Zu diesem Buch	11
Willkommen in China	15
Was macht „der Deutsche" in China	20

1 Vorbereitung zu Hause — 25
Chinabild 25
Meister der Fassade 30
Deutschlandbild 31
Erwartungshaltung 34
China-Experten 37
Selbstdarstellung 39
Namenswahl 42
Personalwahl Deutschland 45

2 Erster Kontakt — 51
Visa 51
Hotelbuchung 52
Flugbuchung 54
Abholung 55
Jet Lag 58
Kleiderwahl 61
Pünktlichkeit 63
Begrüßung 65
Anrede 67
Namen 70
Visitenkarten 72
Einführung 73

3 Hartes Geschäft — 75
Zeitverständnis 75
Arbeitszeiten 78

Arbeitsweisen 79
Perfektionismus 84
Messeverhalten 86
Berufsethos 91
Strategien 93
Hierarchie 96
Personalwahl China 99
Verhandeln 106
Preisfindung 112
Vertragsabschluss 115
Muster 116
Zahlungsgewohnheiten 118

4 Kommunikation 123
Pinyin 123
Sprache 126
Dolmetscher 129
Bejahung 133
Buyao 136
Meiyou 137
Absprachen 143
Entscheidungen 144
Wuwei-Prinzip 147

5 Beziehungsmanagement 149
Bildung 149
Zhongyong 152
Familie 153
Freundschaft 155
Gesichtsverlust 156
Guanxi 161
Renqing 165
„Zhengren"-Charaktere 166
Loyalität 167
Sorgfaltspflicht 169
Missverständnisse 172
Kritik 175

6 Rund ums Essen 179
Speisen 179
Fast Food 183
Essstäbchen 185
Getränke 188

Trinkspiele 192
Rauchen 194
Tischordnung 196
Tischsitten 197
Rechnung 202

7 Alltägliche Herausforderungen 205
Gedrängel 205
Lautstärke 207
Gerüche 209
Sauberkeit 211
Toiletten 213
Spucken 217
Umweltsituation 219
Verkehr 222
Verkehrsmittel 224
Kriminalität 227
Neugier 229
Begegnungen 230
Medizin 232
Zahlen 235

8 Freizeitaktivitäten 237
Privateinladungen 237
Geschenke 239
Fotos 242
Gesprächsthemen 244
Abendgestaltung 247
Wochenende 248
Prostitution 249

9 Kunst und Kultur 253
Farbsymbolik 253
Glückssymbole 254
Kalligrafie 258
Ästhetikempfinden 260
Chinoiserie 263
Tee 265
Reis 269
Räucherstäbchen 271
Drachen 272
Yin & Yang 278
Zahlenmystik 279

10 Politik und Geschichte — 283
Konfuzius — 283
Lao Zi — 286
Mao Zedong — 287
Deng Xiaoping — 290
Zheng He — 292
Patriotismus — 295
Kulturrevolution — 297
Literatur — 299
Sprichworte — 301

11 Gesellschaft und Soziales — 307
Einheit — 307
Individualität — 310
Rollenverteilung — 311
Humor — 312
Wertesysteme — 315
Motivation — 316
Prestige — 318
Religion — 319
Zärtlichkeiten — 320

12 Industrie und Wirtschaft — 323
Erfindungen — 323
Joint Venture — 325
Rechtssystem — 328
Währung — 331
Kaufkraft — 332
Nord-Süd-Gefälle — 335
Energie — 338
Qualität — 341
Marktdaten — 348
Markennamen — 351
Produktpiraterie — 353
Strategeme — 364

13 Rückkehr nach Hause — 367
Souvenirs — 367
Nachbereitung — 369
Urlaub in China — 371
Zukunft Chinas — 373
Schlussbetrachtung — 377

14 Anhang 383
Kontaktstellen 383
Literaturangaben 392
Register 393

Danksagung 397

Über den Autor 398

Widmung

Dieses Buch ist meinen Eltern Ingeborg und Hans Rommel gewidmet, deren Erziehungsprinzipien den Grundstein dafür gelegt haben, mich relativ sicher und selbstverständlich auf internationalem und interkulturellem Parkett bewegen zu können.

Nicht unnötig trödeln.
Handeln Sie jetzt!

Länder wie China versprechen glänzende Geschäfte. Doch nicht jedes Engagement zahlt sich aus.

Gut, wenn Sie sich auf einen Partner mit langjähriger Asien-Erfahrung stützen können, der Sie umfassend berät. Dem die jeweiligen kulturellen Gegebenheiten und Marktbesonderheiten ebenso vertraut sind wie die komplexen regulativen Rahmenbedingungen. Der Ihnen mit Expertise in Wirtschaftsprüfung und prüfungsnahen Dienstleistungen, Steuer- und Transaktionsberatung sowie umfassendem Branchenwissen zur Seite steht. Der Sie auf Basis eines globalen Netzwerks auch vor Ort kompetent und vorausschauend berät und Ihnen somit hilft, auf den asiatischen Märkten erfolgreich zu sein.

Einen Partner wie PricewaterhouseCoopers.

Kontaktieren Sie unsere Experten:

Harald Kayser
Leiter China Business Group
Tel.: 0511 5357-5685
harald.kayser@de.pwc.com

Anselm Stolte
Operations Manager
China Business Group
Tel.: 0711 25034-3888
anselm.stolte@de.pwc.com

www.pwc.de

© 2007. PricewaterhouseCoopers bezeichnet die PricewaterhouseCoopers AG Wirtschaftsprüfungsgesellschaft und die anderen selbstständigen und rechtlich unabhängigen Mitgliedsfirmen der PricewaterhouseCoopers International Limited.

BEATE VON KESSEL

ÜBERSETZUNGEN
DOLMETSCHEN
GESCHÄFTSANBAHNUNG
DELEGATIONS- UND
REISEBETREUUNG

DEUTSCH - CHINESISCH
JAPANISCH - RUSSISCH

Beate von Kessel
Im Münzen 6
D-73230 Kirchheim

Tel +49-70 21-4 22 52
Fax +49-70 21-97 94 95
info@beatevonkessel.de
www.beatevonkessel.de

Zu diesem Buch

Höflichkeit, Freundlichkeit, respektvoller Umgang, angemessenes Auftreten und korrektes Benehmen sind allgemeingültige Verhaltensregeln im erfolgreichen zwischenmenschlichen Beziehungsmanagement überall auf der Welt. Im Arbeitsleben kann guter Benimm jedoch für den ganzen Erfolg mitentscheidend sein. Das gilt nicht nur für interkulturelle Geschäftskontakte. Doch gerade im fernen Ausland geht es nicht nur um die grundlegende Wahrung von Sitte und Anstand. Trotz guter Kinderstube und korrekten Umgangsformen in der Heimat ist parkettsicheres Auftreten außerhalb Deutschlands längst nicht gewährleistet. Wenn es dann noch um den Verhaltenskodex einer kulturell völlig anderen Nation wie China geht, kommt man selbst mit intimsten Kenntnissen hiesiger Benimmregeln nicht wirklich voran.

Vorstellungen von guten Manieren und geschliffenen Umgangsformen sind oftmals nur eine Frage des Selbstverständnisses und werden in erster Linie durch die Geschichte und Erfahrungen des eigenen Kulturkreises bestimmt. Was für uns normal und selbstverständlich ist, kann woanders ein Affront sein. Was bei uns als vorbildliche Verhaltensweise, als Ergebnis guter Erziehung und Bildung gilt, entspricht woanders womöglich in keinster Weise der „Political Correctness". Unabhängig davon, was man über „richtiges" und „falsches" Verhalten gelernt hat, die Etikette will und muss im Ausland neu überdacht werden. Dafür bildet das Verständnis der fremden Kultur und Mentalität die Voraussetzung.

Die deutsch-chinesische Zusammenarbeit ist keine reine Erfolgsgeschichte, zumal viele Kooperationsverhältnisse an unüberbrückbaren interkulturellen Hürden gescheitert sind. Doch heute kann es sich kein Unternehmen mehr leisten, China zu ignorieren. Ob man neue Märkte erschließen oder bestehende konsolidieren will – an China führt kein Weg vorbei. In Deutschland herrscht allerdings ein großes Informationsdefizit über China im Allgemeinen und über die traditionellen konfuzianischen Wertvorstellungen im Speziellen. Weiterhin ist die Mediendarstellung Chinas in unserem Land sehr einseitig ausgerichtet und nicht repäsentativ für das ganze Land. Zusätzlich ist man – zumindest im Unterbewusstsein – sehr stark mit Vorurteilen behaftet, was China und die Chinesen betrifft. Sich in China zu engagieren bedeutet jedoch, sich in jeder nur vorstellbaren Weise mit einer anderen Kultur unmittelbar auseinanderzusetzen. Hier besteht noch großer Nachholbedarf, um den eurozentrischen Standpunkt nicht nur räumlich zu verlassen.

Das Verhalten und die Kultur der Chinesen kommt Menschen aus dem Westen nicht nur fremd, sondern manchmal recht eigenartig oder gar abstoßend, auf jeden Fall jedoch unverständlich und undurchschaubar vor. Der bessere Ausdruck dafür wäre jedoch „anders". Denn den Chinesen geht es mit unseren Gepflogenheiten umgekehrt genauso. Gerade beim richtigen Verhalten im Umgang mit Chinesen treten immer wieder Unsicherheiten und Fehler auf, die den Geschäftserfolg stark beeinträchtigen können. Und es sind oftmals die kleinen Details, die in ihrer Summe ausschlaggebend für den Erfolg eines Geschäftes sein können. Für Chinesen hat richtiges Auftreten einen so hohen Stellenwert, dass eine aussichtsreiche Geschäftsbeziehung alleine daran scheitern kann. Hier offenbaren sich die kulturellen Unterschiede. In China sind die Beziehungen innerhalb der Gesellschaft ganz genau geregelt. Die geschäftlichen Spielregeln des Riesenreiches sollte man nicht nur kennen und verstehen, sondern man sollte auch richtig darauf reagieren können. Will man hier nicht unnötig Lehrgeld zahlen, sollte man die kulturellen Unterschiede keineswegs unterschätzen und es bedarf fundierter Informationen und gründlicher Vorbereitung.

Der „Business-Knigge China" hat es sich zur Aufgabe gemacht, dem westlichen China-Besucher im Allgemeinen und dem deutschen Wirtschaftsvertreter im Speziellen als Gast im chinesischen Ausland dabei zu helfen, einen Kulturschock zu vermeiden, nicht in die größten interkulturellen Fettnäpfchen zu treten und verhaltensbedingte Pleiten, Pech und Pannen weitestgehend zu umschiffen. Das Handbuch soll der Vorbereitung und Planung einer China-Reise dienen, um als Verhaltensratgeber und Benimmführer einerseits die Chinesen und deren spezifische Denk- und Handelsweisen besser zu verstehen. Es soll dazu beitragen, auf China einzustimmen, ambivalenten Erwartungshaltungen zu begegnen und mit Vorurteilen aufzuräumen. Es soll nicht nur erläutert werden, was einen Ausländer in China erwartet, sondern auch die Gründe für abweichendes Verhalten aufzeigen. Des weiteren werden anhand konkreter praxisorientierter Beispiele aus allen Bereichen des beruflichen wie privaten täglichen Lebens Tipps gegeben und Tricks gezeigt, Fehler, Frustration und Demotivation zu vermeiden oder zumindest zu vermindern. Diese Empfehlungen sollen helfen, besser mit den Menschen in China umzugehen, Hürden zu meistern und dadurch schneller zum beruflichen Erfolg zu kommen.

China ist den meisten Deutschen längst nicht mehr so fern und exotisch wie früher. Reger Geschäftsaustausch führt dazu, dass immer mehr Unternehmer und Geschäftsleute ins „Reich der Mitte" reisen. Heutzutage kommen aber nicht nur global agierende Einkaufsleiter, professionelle Großinvestoren, Produktmanager mit jahrelanger internationaler Erfahrung und interkulturell versierte Marketingstrategen nach China. Bedingt durch seine wirtschaftliche Attraktivität wird

China überschwemmt von Neugierigen aller Couleur. Unabhängig von deren Alter, Qualifikation und Erfahrung kennzeichnen sich viele durch eine höheres Mass an Unkenntnis des Landes und Blauäugigkeit in Bezug auf Verhaltensweisen und Wirtschaftsgebaren als durch fundiertes Hintergrundwissen über China aus. Man benötigt aber intime Kenntnisse der chinesischen Kultur und Mentalität, um beruflich zu bestehen. Diese Maßgabe führt zu einem sich ändernden Anforderungsprofil an die betroffenen Manager. Gefordert sind weiterhin Zurückhaltung und Anpassungsfähigkeit. Dazu kommt ein gesunder Menschenverstand, natürliche Sensibilität, Einfühlungsvermögen und ein gutes Fingerspitzengefühl – also alles Eigenschaften, die man leider nicht erlernen kann. Auch dieser Leitfaden kann sie nicht vermitteln. Aber er kann helfen, Fach- und Führungskräfte, insbesondere von mittelständischen Unternehmen, für China fit zu machen und sie dabei unterstützen, sich auf dem bisweilen sehr schlüpfrigen Parkett einigermassen sicher zu bewegen.

Als Ergebnis der hohen Nachfrage ist in den letzten Jahren eine Vielzahl von chinaspezifischen Publikationen auf den Markt gekommen, um dem Bedarf Rechnung zu tragen. Es hat sich jedoch herausgestellt, dass ein Grossteil dieser Richtlinien, Checklisten, Vorgehensweisen und „How-to-do"-Bücher nur bedingt zur konkreten Vorbereitung taugen, weil sie zu theoretisch, zu abstrakt oder zu allgemein und von daher zu einseitig und schwer übertragbar sind, um die tatsächlichen Schwierigkeiten vor Ort einigermaßen nachvollziehbar wiedergeben zu können. Obwohl sich der Autor um ein möglichst realistisches, objektives und praxisorientiertes Bild Chinas und der Rahmenbedingungen im beruflichen Alltag bemüht hat, ist eine Verallgemeinerung oder gar genaue Übertragung der in dieser Dokumentation gemachten Aussagen, geschilderten Problemfelder und Hinweise auf andere Bereiche des China-Engagements auch hier nur sehr bedingt möglich. Man sollte die im *„China-Knigge"* gegebenen Benimm-Tipps auch nicht überbewerten. Jeder chinesische Gesprächsparter ist sich durchaus bewusst, dass man kein Chinese ist und chinesische Verhaltensweisen und Umgangsformen in China zum Teil gar nicht kennen kann. Im Zweifelsfall sollte es heißen, „Verbeugen? Ja! Verbiegen? Nein!"

Willkommen in China

China bezeichnet sich selbst als „Tianxia", als „Land unter dem Himmel" oder als „ Zhongguo", das „Reich der Mitte". Das chinesische Schriftzeichen „zhong" für „Mitte" wird durch einen Pfeil symbolisiert, der die Mitte einer Zielscheibe durchbohrt. Die Mitte ist in China die fünfte Himmelsrichtung und ist als Zentrum allen Lebens, Denkens und Handelns in jeder Hinsicht von hoher Bedeutung. Als greifbares Symbol der Mitte dient der Himmelstempel in der Hauptstadt Peking, der früher nur vom Kaiser, dem Sohn des Himmels, betreten werden durfte. In der traditionellen Denkweise der Chinesen siedelten außerhalb ihres Reiches nur Barbaren am Rande der Welt. Dieses Mittelpunktsdenken ist bei vielen Chinesen immer noch relativ stark verwurzelt und es bezieht durch den Aufstieg Chinas als internationale Wirtschaftsmacht ständig neue Nahrung. Aus der Sicht Deutschlands sind die Verhältnisse gerade umgekehrt. China ist ein Teil des „Fernen Ostens" und wurde auf den äußersten Rand unserer Weltkarte verbannt. Es ist also alles nur eine Frage der Perspektive.

China ist ein Land der Extreme, der Superlative, und mit weitem Abstand das vielseitigste und widersprüchlichste Land, das man sich vorstellen kann. Wie ein Kontinent im Kontinent lässt sich China nicht einmal annähernd mit einem anderen asiatischen Land vergleichen. Es erstreckt sich fast 5000 Kilometer weit von der industriell stark erschlossenen Ostküste bis zu den menschenleeren Sandwüsten der autonomen Provinz Xinjiang an der Grenze zu Kasachstan. Über 4000 Kilometer sind es von der subarktisch liegenden Mandschurei im Norden des Landes an der russischen Grenze bis zur tropischen Insel Hainan im Süden.

Mit ca. 1,3 Milliarden Menschen ist China nicht nur das bevölkerungsreichste Land der Erde, sondern nach Russland und Kanada auch der drittgrößte Staat und umfasst – exklusive Taiwan – 22 Provinzen, die fünf autonomen Gebiete Tibet, Xinjiang, Innere Mongolei, Ningxia und Guangxi, die vier regierungsunmittelbaren Städte Peking, Shanghais, Tianjin und Chongqins sowie die administrativen Sonderzonen (SAR) Hongkong und Macao.

China hat viele verschiedene Gesichter. Sein besonderer Reiz liegt daher weniger in seiner Größe als in seiner Vielfalt. Als Vielvölkerstaat vereinigt das Reich die Sprachen, Kulturen, Religionen, Sitten und Gebräuche von 55 ethnischen Minderheiten, die sich fundamental von den Han-Chinesen unterscheiden, der mit 93% zahlenmäßig größten Volksgruppe des Landes, die ursprünglich nur an der Ostküste siedelte. Doch selbst innerhalb der Han-Chinesen, die politisch und wirtschaftlich das Land dominieren und beherrschen, äußern sich starke kultur- und mentalitätsbedingte Unterschiede. Dazu kommt die innerchinesische Kluft zwischen Stadt und Land, zwischen Reichtum und Armut, zwischen Bildung und Analphabetentum, zwischen Fortschritt und Rückständigkeit. Die Unterschiede sind zu groß, um allgemeingültige Aussagen über das Wesen der Chinesen zu treffen.

An China führt kein Weg vorbei. Das „Reich der Mitte" politisch, kulturell oder wirtschaftlich zu ignorieren, kann sich heute kein Staat und kein großes Unternehmen der Erde mehr leisten. Das betrifft nicht nur die „Global Player", sondern auch den Mittelstand. In China heute präsent zu sein, ist keine Kür, sondern eine weltwirtschaftliche Pflichtübung. Ein aktives China-Engagement bedeutet, an den Prozessen der globalen Wirtschaftswelt teilzuhaben und sich auf kommende Entwicklungen vorzubereiten. Nur wer in China besteht, kann langfristig auf dem Weltmarkt gewinnen – eine Formel, die für internationale Firmen in der nahen Zukunft schon allgemeine Gültigkeit erlangen könnte. Das klingt zwar wie ein notwendiges Übel, ist jedoch nicht so gemeint. China ist und bleibt ein Mekka für Unternehmer und Investoren aus aller Welt. Das gilt sowohl für die lukrativen Produktionsbedingungen als auch für den sich langsam entwickelnden Binnenabsatzmarkt für westliche Konsumgüter. Nirgends auf der Welt ist das Marktpotenzial höher.

Die Volksrepublik gehört zu den dynamischsten und attraktivsten Wirtschaftsmärkten der Welt. Schon jetzt übertrifft China seine asiatischen Nachbarländer bei Weitem, wenn es um Wachstum und Wirtschaftskraft geht. In China hat sich das Bruttosozialprodukt pro Kopf seit der Öffnung des Landes für internationale Unternehmen und dem Beginn der Reform- und Öffnungspolitik 1978 in etwa verzwanzigfacht. Der Beitrag des Landes zum Weltwirtschaftswachstum liegt bei ca. 15%. Das jährliche Wachstum beträgt seit vielen Jahren fortwährend über 8%. Ein derartiges Entwicklungstempo ist ein weltweit einzigartiges Phänomen. Begründet liegt dies unter anderem im stetigen Wandel vom Primärwirtschaftssektor der Agrarwirtschaft zu industrieller Sekundärwirtschaft. Die Volksrepublik wird wahlweise als der „Motor der Weltwirtschaft" oder als „verlängerte Werkbank des westlichen Welt" bezeichnet. Bei chinesischen und bei den in China engagierten Auslandsunternehmen herrscht verständlicherweise Goldgräberstimmung. Zu groß ist die Verlockung, das schnelle große Geld zu machen, zumal die Arbeitskosten des verarbeitenden Gewerbes nur ein Dreißigstel des deutschen Stundensatzes betragen. Das ist ein unschätzbarer Standort-Vorteil. Da wundert es nicht, dass die China-Euphorie keine Grenzen kennt.

Das Land ist mitten dabei, sich die Weltmachtstellung zurück zu erobern, die es in der Geschichte schon einmal hatte. Die chinesische Kultur besteht nun schon nahe zu seit 5000 Jahren. In der Periode zwischen 500 und 1500 n. Chr. dominierten die Chinesen die Welt und waren dem damaligen Europa in fast allen Belangen überlegen. Denkt man an das historische Interesse Europas an China in jüngerer Vergangenheit, hat man immer noch Napoleons Warnung in den Ohren „Wenn China erwacht, erbebt die Erde." Auch der ehemalige deutsche Bundeskanzler Kurt Georg Kiesinger schmetterte in seinem Wahlkampf 1969 dem Volk die Worte „Ich sage nur China, China, China!" entgegen. Was er damals auf die politische Brisanz des Weltkommunismus bezog, lässt sich heute unmittelbar auf die Bedeutung der wirtschaftlichen Außenpolitik übertragen.

Es gibt einen Boom ständiger Firmenneugründungen und eine wachsende Zahl von expandierenden Produktionsbetrieben. Die Folgen dieser Entwicklung sind Umstrukturierungen unvorstellbaren Ausmaßes. Das ganze Land gleicht einer riesigen Baustelle mit gewaltigen Baukränen und Gerüsten wohin man sieht. Statt Renovierung oder Restaurierung alter Viertel und der vielfältigen historischen Bausubstanz werden ganze Stadtteile einfach ausradiert, um Platz für neue Autobahnen, Wolkenkratzer, Gewerbegebiete und Wohnviertel zu schaffen. Die Gesichter der in kürzester Zeit neu entstandenen Städte sind nicht wieder zu erkennen. Man bedenke allein die Entwicklung der prägnanten Skyline von Shanghai in Pudong im Vergleich von vor zehn Jahren. Es gibt weltweit nichts Vergleichbares!

Dieser Übergangsprozess ist beeindruckend und erschreckend zugleich. Das China von heute ist das neue Land der scheinbar unbegrenzten Möglichkeiten. China vollbringt als politische Großmacht und als industrieller Handelspartner eine unvorstellbare Leistung, die bei Jedem Bewunderung hervorruft oder zumindest großen Respekt abnötigt. Doch dieser Kraftakt des rasanten Wachstums birgt auch die Gefahr der Überhitzung. Es ist schwer vorhersehbar, wo diese Entwicklung hinführt, doch es ist mit vielfältigen negativen Folgen und Auswirkungen zu rechnen. Der wachsende Wohlstand hat nun mal seinen Preis. Kritisiert man China mit erhobenem Zeigefinger – man denke allein an die Umweltsituation – verweisen die Chinesen gerne an die verheerenden „Jugendsünden" des prosperierenden Europas während der industriellen Revolution vor 100 Jahren. Das kann man akzeptieren oder auch nicht – ändern wird sich dadurch auch nichts.

Das heutige Weltbild wird vorwiegend von der neuen Generation junger und erfolgreicher Chinesen verkörpert. Sie sehen die Möglichkeiten und nutzen ihre Chancen. Sie blicken nach vorne, sind lernbegierig, optimistisch und stolz. Sie wollen sich nicht nur beruflich etablieren, sondern etwas Eigenes schaffen, aber sich dabei am westlichen Lebensstil orientieren. Trotzdem neigt sich die Periode des „West is best" ihrem Ende zu. Im Rausch von nie in diesem Maße gekannter Freiheit und Unabhängigkeit zählen neue Maximen. Oberste Priorität hat die kurzfristige Gewinnmaximierung. Geld und Erfolg haben jedoch auch einen einzigartigen Egoismus als Folge. Diese Garde der Chinesen stellt für viele der wenig kulturbewanderten Westler eine arbeitsbezogene Bedrohung dar und verkörpert wahlweise die „gelbe Gefahr" oder auch die „gelbe Flut". Es ist eine große Herausforderung für Menschen aller Nationen, sich diesem neuen China zu stellen, um deren Denk- und Handelsweisen zu verstehen und entsprechend darauf reagieren zu können, anstatt unreflektierte Ängste und Fremdenfeindlichkeit zu schüren. Ob Teamplayer oder Gegenspieler, Freund oder Rivale, Partner oder Wettbewerber – auf jeden Fall ist China ein überaus ernstzunehmender Widerpart.

Dass das China-Business ebensoviele Chancen wie auch Risiken bietet, ist eine Binsenweisheit. Es gibt keine allgemeingültigen Aussagen, keine einheitlichen Prognosen, keine verbindlichen Strategien und erst recht keine erfolgversprechenden Patentrezepte für den Umgang mit China. Das Risiko eines Misserfolges ist deshalb sehr hoch. Aber genau diese Unsicherheit bei der Einschätzung und der Entwicklung des Marktes ermöglicht auch kleineren und mittelständischen Unternehmen die Chance, sich in China erfolgreich zu etablieren. Sie haben den Vorteil der Flexibilität, den multinationale Unternehmen oft nicht haben.

Sich einen Weg durch das Land zu bahnen, stellt jedoch für alle Unternehmen und alle Ausländer gleichermaßen eine große Herausforderung dar. Denn die älteste Kulturnation der Erde ist mit einem riesigen interkulturellen Labyrinth mit vielen Sackgassen zu vergleichen. Hier den rechten Weg zu finden ohne das Ziel aus den Augen zu verlieren, ist die Grundlage für wirtschaftlichen Erfolg. Die Lektüre dieses Buches könnte dabei dem Leser als Wegweiser dienen und ihm die Richtung zeigen. Der „China-Knigge" will eine Tür nach China aufstoßen, eintreten muss der Leser jedoch allein. In diesem Sinne „huanying dao zhongguo lai": Herzlich Willkommen in China!

Was macht „der Deutsche" in China?

China ist groß. China ist billig. China ist „in". China ist die Zukunft. An China kommt niemand vorbei. Folge: „der Deutsche" an sich will nach China – nein, er MUSS nach China. Vordergründig will er dort Schnürsenkel, Computerrelais und technisches Heimwerkerzubehör günstig einkaufen, oder aber Faltschachteln, Füllstandskontrollgeräte, Bratpfannen und Hochleistungspalettierer teuer verkaufen. Er will sich die aufstrebendste Wirtschaftsmacht Ostasiens, den „erwachenden Drachen", den „Motor der Weltwirtschaft" im bestmöglichen Sinne zu Nutze machen.

Doch hintergründig spielt in unseren Landen der **„Faktor Mensch"** eine **wesentliche Rolle beim China-Geschäft**. „Der Deutsche" ist nämlich eine ganz besondere Spezies Mensch. Denn er ist nicht nur qualitätsbewusster Wirtschaftspartner mit knallharten finanziellen Eigeninteressen auf der Suche nach neuen Beschaffungs- oder Absatzmärkten, sondern gleichzeitig ein kulturbeflissener Kosmopolit und engagierter Entwicklungshelfer mit missionarischem Eifer, der das große Thema „Beschaffungs- oder Absatzmarkt China" nicht nur aus Überzeugung und voller Begeisterung aufs Strategiepapier bringt, sondern auch mit grenzenlosem Enthusiasmus im Herzen trägt.

Insofern stellt sich die allumfassende Frage: **Was will „der Deutsche" wirklich in China?** Die Antwort ist ebenso vielschichtig wie eine achtstöckige Pagode in Suzhou, dem Venedig Chinas.

„Der Deutsche" sucht in China nach der idealen Kombination aus alter Hochkultur und neuer Subkultur. Er will das Beste aus dem nostalgischen Gestern und dem futuristischen Morgen. Es geht ihm zwar rein sachlich nur um die höhere Qualität, die optimale Technik, die sinnvollere Methode, das effektivere Vorgehen und die nachhaltigere

Arbeitsweise, aber eigentlich strebt „der Deutsche" höhere Weihen an. Er will beraten, informieren, aufklären, erklären, dozieren, helfen, unterstützen, belehren, unterrichten, verbessern, anpassen, die Augen öffnen, klarmachen, weiterbringen und erziehen. Er plädiert – auf der „großen Mauer" stehend, den Blick in die Ferne schweifend – für eine bessere Sicht der Dinge, das tiefere Verständnis und den richtigen Blick. Er will nach bestem Wissen und Gewissen seine lebenslangen Erfahrungen und sein unvergleichliches Know-how an den chinesischen Mann bzw. die Frau bringen.

Doch „der Deutsche" will nicht nur viel – er macht auch viel. Und dieses Engagement übersteigt bei Weitem seine Interessen in scheinbar banalen Wirtschaftsbelangen. Und was genau macht er in China? Und vor allem, wie macht er das? Wie kommt er seinem ebenso ehrgeizigen wie ambitionierten Ziel unaufhaltsam näher, sich in und mit China sein perfektes Fertigungsmekka bzw. -eldorado zu erschließen bzw. zu erschaffen?

Er ist selbstverständlich ständig vor Ort, begutachtet, analysiert, interpretiert und bewertet die landesspezifischen Eigenarten und Unterschiede in der Struktur, der Organisation und der Produktion. Er hat nach kürzester Zeit die jeweilige Situation eines jedes Betriebes sofort erkannt und verstanden. Er hat die Lösung des Problems bereits halb im Kopf und halb in der Tasche. Dank seines messerscharfen Verstandes ist ihm alles sofort völlig klar. Er entwickelt einen überaus pragmatischen Ansatz und überträgt blitzschnell bewährte deutsche Denkstrukturen und etablierte Arbeitsweisen, gepaart mit Gründlichkeit, Disziplin und Ordnung, auf das „Reich der Mitte". Theoretisch gut gerüstet, logisch-rational vorgegangen, praxisorientiert implementiert. Ärmel hochkrempeln und anfangen. Bums! So leicht ist das! „Made in China" auf gut deutsch. So werden Erfolge gemacht. Da sehen nicht nur die Chinesen ganz blass aus.

Nebenbei korrigiert er elegant Fehleinschätzungen der ganzen Welt zu den allgegenwärtigen Krisenthemen Chinas wie Menschenrechte, Atompolitik, Taiwan-Frage, Tibet-Problem sowie Arten-, Umwelt- und Naturschutz. Warum er dazu geradezu prädestiniert ist? Ganz einfach:

„Der Deutsche" will sich einmischen. Er will von China nicht nur wirtschaftlich profitieren, sondern die Andersartigkeit, die Fremde, das Ungewöhnliche und die Exotik des Riesenreiches am eigenen Leib erfahren. Mehr noch: Er will das Extreme, das Gigantische und die Superlative im „Reich der Mitte" mit allen Sinnen genießen. Er ist fasziniert von den allgegenwärtigen Polaritäten des chinesischen Lebens und Arbeitens und sieht sich selbst als ausgleichendes Element in der Mitte. Das ist Yin & Yang auf die teutonische Art.

„Der Deutsche" besitzt die ebenso einzigartige wie fantastische Fähigkeit zur objektiven Beurteilung jedweder Problematik aus der physischen Nähe und mentalen Distanz. Er hat eine sichere Hand im sensiblen Umgang mit ambivalent behandelten Globalfragen. Dank seiner hervorragenden humanistischen Allgemeinbildung verfügt er nicht nur über eine übergeordnete Sicht der Dinge, sondern auch über das notwendige Fingerspitzengefühl, das ihm zu Gute kommt, um diese freudigen Herausforderungen sauber zu regeln. Und das Beste daran ist: dafür benötigt er nur acht Tage im Land.

„Der Deutsche" hat ein natürliches Interesse und ein großes Verständnis für die Sorgen der Chinesen und besticht durch vorausschauendes Denken und Handeln. Das liegt ihm förmlich im Blut. Die armen unterprivilegierten Menschen Chinas von dieser einzig richtigen Meinung zu überzeugen, ist seine Natur. Schließlich haben nicht nur die Chinesen, sondern die ganze Welt auf ihn und sein bewährtes Prinzip des „Forderns und Förderns" gewartet. Er wehrt sich gegen den Vorwurf der Intoleranz, Ignoranz oder gar Arroganz, denn alles, was er tut, liegt schließlich im reinen Interesse des Gegenübers. Er will nicht nur passiv teilhaben an der Globalisierung, sondern aktiv seinen persönlichen Beitrag zur kulturellen, politischen und wirtschaftlichen Assimilation Chinas leisten. Sich auf das Produkt oder Projekt allein zu konzentrieren – das wäre viel zu wenig, um sich China zu widmen.

„Der Deutsche" – mag er aus dem Zentrum Wuppertals oder den Niederungen Sachsen-Anhalts stammen – symbolisiert in China den

Fortschritt. Zumindest sieht er selbst das so. Und das nicht nur in Wirtschaftsfragen. Denn als eine Art Sonderbotschafter Deutschlands – zum Beispiel als Weltmeister im Exportieren von Verpackungsmaschinen – hat er schließlich eine wichtige Aufgabe zu erfüllen. Und diese übersteigt bei Weitem seine vergleichsweise kleinen Eigeninteressen. Sich in China zu engagieren, ist ihm nicht nur Kür, sondern Vaterlandspflicht. Insofern ist „der Deutsche" stellvertretend für tausend Andere die Personifizierung des aktive gelebten Traumes von der globalen Weltwirtschaft: neben chinesischer Technik für Deutschland gibt es auch deutsche Technik in und für China! Und, ob der Chinese will oder nicht: deutsche Kultur und Mentalität gibt es kostenlos obendrein.

Ist das wirklich so? Entspricht dieses detaillierte, tiefenpsychologischen Allgemeinprofil „des Deutschen" in China ansatzweise der Realität? Oder ist diese Darstellung wirklich nur eine völlig überzogene Persiflage auf absolute Ausnahmetäter?

Sich intensiv mit China auseinanderzusetzen, bedarf nicht der Kenntnisse von Wirtschaftsprinzipien, Maschinentechniken, Produktverfahren oder Qualitätsmaßstäben. Es geht um den Menschen. Um uns. Um Sie, lieber Leser!

Denn eines Tages – oder gar schon heute? – werden vielleicht auch Sie zu denjenigen zählen, die „den Deutschen" in China repräsentieren. Und dann wird man sehen, inwieweit Ihr ganz persönlicher Stil, wie in China Geschäfte gemacht werden sollen, können oder müssen, tatsächlich mit der oben geschilderten Art und Weise identisch ist. Vielleicht bietet Ihnen dieses Buch die Möglichkeit, die stereotype Darstellung und Verallgemeinerung des Verhaltens der Deutschen in China zu überdenken oder gar zu revidieren. Und darauf freuen wir uns. Und darauf können Sie sich freuen.

Vorbereitung zu Hause

Chinabild

Unser Bild der Chinesen ist geprägt von Klischees, Vorurteilen und Hollywood. Würde man eine repräsentative Auswahl von nie in China gewesenen Bundesbürgern quer durch alle Schichten unserer Bevölkerung befragen, wie Sie sich einen **„typischen Chinesen"** optisch vorstellen, würde eine Art „Hop Sing" dabei herauskommen. Hop Sing war der Koch auf der Ponderosa-Ranch aus der unvergesslichen Bonanza-Westernserie.

Demnach ist ein Chinese ein kleiner, schwarzhaariger Mann mit langem Zopf und einem Mützchen oben auf dem Kopf – alternative darf es auch ein spitzer Hut sein. Er hat gelbliche Haut, Schlitzaugen und einen Überbiss – umgangssprachlich Hasenzähne genannt. Er trägt ausnahmslos schwarze weite Kleidung mit breiten Ärmeln, in denen er seine Arme verschränkt versteckt. Er trägt schwarze Schlappen, macht Trippelschritte und verbeugt sich dauernd. Er ist sehr höflich und zuvorkommend, fast schon servil. Er verwechselt bei der Aussprache ständig ein „R" mit einem „L" und lispelt gelegentlich. Vordergründig ist er sehr freundlich und lächelt ständig. Chinesen gelten als fleißig und ehrgeizig, aber auch als verschlagen und hinterlistig.

Entsprechende, in westliche Medien kursierende Karikaturen mit tatsächlichen Fotos von beliebigen Chinesen von der Straße zu vergleichen und gegenüberzustellen, würde vermutlich zu erstaunlichen Reaktionen führen. Denn natürlich haben diese Stereotypen in keinerlei Hinsicht etwas mit der Realität zu tun und jeder informierte Bürger, der Fernsehnachrichten sieht, weiß auch ganz genau, dass heute kein Chinese mehr in dieser noch vor 100 Jahren durchaus üblichen Tracht herumläuft. Und trotzdem, es ist eine Mischung aus mangelnder Information, mediengemachter Fehlleitung und fast romantisch verklärter Erwartungshaltung, die unser China- und Chinesenbild prägt.

Eine **zweite Variante**, die das Bild der Chinesen in der westlichen Welt vor allem bei der älteren Generation geprägt hat, stammt aus der Zeit der Kulturrevolution. Heerscharen von grau-blau bekleideten Arbeitern fuhren auf Fahrrädern zur Arbeit. Diese Massen von uniformierten, gesichtslosen Einheitsarbeitern in einer fast trostlosen Welt, symbolisierten zwei Dekaden lang das Land.

Sehr viele Menschen, die heute aus den unterschiedlichsten Gründen nach China fahren, sind immer noch insgeheim auf der Suche nach dem „alten" China. Wenn es schon keine exotischen Zopfträger mehr gibt, dann möchte man doch bitte zumindest die Fahrrad fahrenden Armeen von grau-blauen „Ameisen" in Mao-Einheitskleidung sehen.

Also schon wieder ein Klischee, das heute nur noch in Ausnahmefällen in kleineren Orten zu finden ist. In den Städten wird man nach diesen ebenso überwältigenden als auch kaum vorstellbaren Anblicken heute vergeblich suchen – sowohl was die Kleidung als auch die Masse der Fahrräder betrifft. Eine differenzierte Einordnung der Chinesen fällt den meisten Menschen, die sich nicht gezielt mit China auseinander setzen, schwer, da sie sich vom klassischen Schubladendenken verabschieden müssen.

Dann gibt es noch eine **dritte Variante** von Bildern „typischer Chinesen", die immer häufiger ihren Weg in westliche Zeitschriften und Fernsehdokumentationen findet. Es sind die Bilder von Tausenden ebenfalls unformierten Arbeiterinnen, die in riesigen Fabriken wie die Hühner auf der Stange an endlos langen Tischen sitzen und jedes nur vorstellbare Teil vom Turnschuh bis zum Laptop vernähen oder zusammenschrauben, um es ins Ausland zu exportieren. Das ist die sogenannte „gelbe Flut", die vielen Westlern Angst macht, da es hier um die Arbeitsplätze im Westen von morgen geht, die verloren zu gehen drohen.

Auch dieses Szenario trägt nicht gerade zu einem besseren oder gar positiveren China-Bild bei, obwohl man zugeben muss, dass genau dieser Anblick noch am ehesten die Realität im Land widerspiegelt. Nur ist auch er nicht repräsentativ, wenn man sich die demographische Struktur des Landes ansieht.

Unter rein repräsentativen Kriterien wäre der typische Chinese nämlich nach wie vor ein Bauer, der mit seiner Großfamilie in einem kleinen Häuschen irgendwo in der westchinesischen Provinz Sichuan wohnt, mit seinen Wasserbüffeln seine Felder bestellt und die Boomregionen seines Landes an der Ostküste nur aus dem Ortsfernsehen kennt. Von genau jenem Typus der Chinesen gibt es immer noch ca. 700 Millionen, also mehr als alle Einwohner Europas und Nordamerikas zusammen. Obwohl es in diesem Buch nicht um diese Kategorie von Chinesen geht, sollte man sich bewusst machen, wovon man redet, wenn man von Chinesen als solchen redet.

In diesem Zusammenhang sei nochmal gezielt darauf hingewiesen, dass es allein durch die Größe des Landes nicht den Chinesen an sich gibt. China ist ein Kontinent mit größeren Ausmaßen als Europa mit entsprechend großen Unterschieden bei der Bevölkerung in Aussehen, Physiognomie, Kultur, Sprache und Mentalität. Zu sagen, man kenne die Chinesen, ohne sich nicht zumindest eine gewisse Zeit lang in den verschiedensten Landesteilen aufgehalten zu haben, wäre genauso falsch wie auch anmaßend, als wenn ein Amerikaner eine einwöchige Besichtigungstour in Europa mit Eintagesaufenthalten in Amsterdam, Paris, Rothenburg, München, dem Genfer See und Prag macht und jetzt zu wissen glaubt, was Europa ist.

Denn damit würde er einen sizilianischen Restaurantbesitzer, einen rumänischen Bauern, einen norwegischen Lachsfischer, einen irischen Bierbrauer und einen Investmentbanker aus Frankfurt auch einheitlich als Europäer bezeichnen, die er sowohl äußerlich als auch charakterlich, kulturell und mentalitätsmäßig einzuschätzen vermag. Genau diese Relationen vergessen die meisten Menschen komplett, die sich nur vordergründig mit China auseinandersetzen und sich trotzdem in kürzester Geschwindigkeit ein klares, detailliertes und unverrückbares Bild der Chinesen gemacht haben, dessen Verallgemeinerung jeden China-Kenner in Erstaunen und Sprachlosigkeit versetzt.

Ein weiteres großes Problem im Chinageschäft liegt darin, dass in Deutschland wohnende oder studierende, bzw. extra nach Deutschland zur Kontaktanbahnung kommende Chinesen sehr oft das Bild der Chinesen bei den Ausländern prägen. Oftmals lernt man im Vorfeld jeglicher Joint-Venture-Verhandlungen eine spezielle Sorte von Chinesen kennen, die als **direkte Gesprächspartner des deutschen Managements** sowohl Verhandlungen führen als auch später Verträge unterzeichnen.

Diese **Chinesen** stellen sicherlich in jeder Hinsicht **gleichberechtigte Partner** dar, weil sie intelligent, weltgewandt, höflich und kultiviert, aufgeschlossen und oftmals auch sprachlich gut ausgebildet sind. In einem Wort, „solche" Chinesen erweisen sich für viele Ausländer überraschenderweise in puncto Verhalten und Auftreten als vorbildliche Kontaktpersonen, mit denen man sich gut vorstellen kann, erfolgreich ins Geschäft zu kommen.

Es ist aber nur eine wohlhabende, überaus privilegierte und sorgfältig ausgewählte **Minderheit**, die in keinster Weise repräsentativ ist und mit der überwiegenden Mehrheit der Chinesen vor Ort – also der Gruppe von Menschen, mit der man im täglichen Arbeitsleben konfrontiert wird – zu vergleichen wäre.

Insofern kommt sehr oft ein großes Unverständnis beim deutschen Management zu Hause auf, wenn Mitarbeiter in China klagen, wie schwer und wie schlecht sie mit ihren chinesischen Partnern zurechtkommen, dass kein offener konstruktiver Dialog möglich ist und alle positiven Eigenheiten, die man im Vorfeld bei Chinesen im Allgemeinen so geschätzt hat, auf einen Schlag völlig verschwunden zu sein scheinen. Das betrifft gegebenenfalls sogar genau die gleichen Gesprächspartner, die man in Deutschland zu Gast hatte.

Man sollte nicht unterschätzen, dass das Verhalten und Auftreten von Chinesen im ungewohnten Ausland, auf fremden Territorium also, nicht unbedingt dem entspricht, was auch in der Heimat usus ist. „Peking ist weit" – lautet eine gängige Weisheit von Chinesen auf Auslandsreise.

Zu Hause jedoch, im gewohnten Umfeld, eingebunden in die starre Hierarchie, das konfuzianische Denkschema und einen strengen Sitten- und Ehrenkodex, unterliegen die Verhaltens- und Handelsweisen der chinesischen Führungsriege wieder schlagartig anderen Kriterien und folgen anderen Regeln, als die, die im Ausland demonstriert wurden.

Von daher sind die Unstimmigkeiten in der Bewertung des Umgangs mit Chinesen sicherlich ansatzweise zu erklären.

Meister der Fassade

Es gibt wohl kein Volk auf der Erde, das es so meisterlich versteht, einen äußerlich überwältigend guten Eindruck zu machen, wie die Chinesen. Ausländische Manager werden in der klimatisierten Limousine vom Flughafen abgeholt und ins internationale 5-Sterne-Luxushotel gefahren. Der Tag ist penibel auf die Minute genau geplant, die Betreuer sprechen alle sehr gut Englisch und alles ist perfekt organisiert. Während des zumeist nur kurzen Aufenthalts der Verantwortlichen aus Deutschland wird von Seiten der chinesischen Partner alles nur Menschenmögliche getan, um diesen guten Eindruck zu verstärken und für eine harmonische Stimmung zu sorgen.

Bei offiziellen Empfängen, wie zum Beispiel einer Eröffnung von neuen Unternehmen, werden Ehrengäste von einem riesigen Empfangskomitee mit Musik, Fähnchen und bunten Willkommensbannern begrüßt. Die Honoratioren der Stadt sind selbstverständlich auch anwesend und laden sofort zu einem üppigen Bankett am Abend ein, was sich wahrscheinlich als noch nie dagewesener Augen- und Magenschmaus herausstellen wird.

Es werden große Geschenke überreicht und vielfache Reden geschwungen, um in blumenreichen Ausdrücken die Freundschaft auf ewig zu besiegeln. Kein Aufwand scheint zu groß, um den besonderen Willen zu erfolgreicher Zusammenarbeit in der Zukunft offensichtlich zu demonstrieren.

Die **Bedeutung des äußeren Bildes**, die Show, der große Auftritt, ist ein wichtiger Teil der Kultur in China. Was im Westen im Überschwang der Gefühle gerne übersehen wird, ist die Tatsache, dass China ein Meister im Fassadenbau ist. Das Land versteht es blendend, vor eindrucksvollen Kulissen ebenso eindrucksvolle Wirkungen hervorzurufen, von denen sich viele Ausländer bei ihren Kurzaufenthalten nur zu gerne täuschen lassen.

Doch genauso schnell ist die Maskerade auch wieder verschwunden und zurück bleibt oftmals nur ein Bruchteil dessen, wie man sich optisch, sachlich oder fachlich in beeindruckender Weise präsentiert hat. Das ruft Verwunderung und Verwirrung hervor.

Trotzdem sind viele Ausländer von der Allgewalt solcher Aktionen begeistert und lassen sich von dieser unglaublichen Tüchtigkeit und erstaunlichen Professionalität blenden. Sie bilden sich dadurch oftmals etwas vorschnell eine Meinung und glauben, dieses augenscheinliche Organisationstalent und die Kreativität der Chinesen zu besonderen Anlässen auf die allgemeine Arbeitseinstellung übertragen zu können, und liegen damit leider völlig falsch. Schein und Sein liegen in China sehr nahe beieinander.

Deutschlandbild

Man sollte nicht vergessen, dass es erst einmal an den Deutschen ist, die nach China kommen, sich gebührend auf das Land und dessen Bewohner vorzubereiten und einzustellen. Schließlich sind wir die Gäste im Ausland und repräsentieren nicht nur uns selbst als Individuum, sondern auch das uns nach China sendende Unternehmen. Im größeren Bild sind wir Vertreter eines Landes und einer Nation und haben allein dadurch die Verpflichtung, das Deutschlandbild der Chinesen in positiver und vorbildlicher Weise zu beeinflussen.

Deutsche in China agieren, während die Chinesen erst einmal nur reagieren. Insofern haben wir einen klaren Informationsvorteil, zumal die Qualität und Quantität verfügbaren Materials über China im Westen wesentlich besser, weiter verbreitet und für die Allgemeinheit verfügbar ist, als umgekehrt. Doch natürlich haben auch die Chinesen, mit denen die Ausländer berufsbedingt am ehesten zusammenkommen, ein klares Deutschlandbild.

Ausländer aus reichen Industrienationen genießen per se einen **hohen Status**, denn die Wertschätzung, die die Chinesen dem Herkunftsland entgegenbringen, wird direkt auf die Person übertragen. Insofern haben die meisten Vertreter von Firmen aus westlichen Industrienationen einen gewissen Bonus, wobei Deutschland ganz vorne mitspielt.

Deutsche haben **bei den Chinesen** einen **guten Ruf**, da sie als fleißig, ehrlich, zuverlässig, korrekt und pünktlich gelten. Diese preußischen Tugenden wie Disziplin und Ordnung sind zwar nur Sekundärtugenden, doch sie prägen das charakterliche Bild. „Made in Germany" steht für solide Forschung, zukunftsweisende Entwicklung, hohe Ingenieurskunst und teure Qualitätsarbeit. Viele deutsche Markenartikel sind in China bekannt und werden geschätzt – und das betrifft nicht nur die sternbewehrten und begehrten Produkte der Automobilindustrie.

Man selbst würde an derartige gängige Stereotypen des typischen Deutschen gar nicht glauben oder sie gar auf sich selbst bezogen als allgemeingültig gelten lassen, aber an dem Anspruch an Pünktlichkeit, Sorgfalt oder Gewissenhaftigkeit ist tatsächlich viel Wahres dran. Insofern wird einem in China ständig ein Spiegel vorgehalten und manchmal ist es gar nicht verkehrt, seine zugedachte Rolle auch zu spielen, anstatt zu versuchen, dagegen anzukämpfen. Die meisten Deutschen lernen erst im Ausland, wie deutsch sie selber sind, ohne dass es ihnen bewusst ist.

Auf der anderen Seite lastet den Deutschen in China an, humorlos, unflexibel und arrogant zu sein. Sie gelten als penetrant, kleinkariert und viel zu anspruchsvoll, was zum Beispiel die Einhaltung von Fertigungstoleranzen betrifft. Insofern ist das Interesse und die Bereitschaft, mit Deutschen und für prestigeträchtige Markenartikelunternehmen zu arbeiten zwar groß, aber der tägliche Umgang im Arbeitsalltag gilt als anstrengend und schwierig.

Sie sind im Vergleich zu Südeuropäern oder auch Amerikanern nüchtern, spröde und unnahbar. Diese offensichtliche Gefühllosigkeit wird von den Chinesen als kalt und unangenehm empfunden, was sich gerade bei ausgelassenem Abendprogramm deutlich zeigt.

Deutsche teilen selten die Begeisterung für romantisch-schwülstige Fernsehserien mit kitschigen Liebesgeschichten oder das hemmungslose, brüderliche Singen in Karaoke-Bars.

Emotionales Auftreten, auf Tuchfühlung zu gehen oder gar sich gehen zu lassen liegt den Deutschen überhaupt nicht. Emotionen zu zeigen, passt scheinbar nicht zu Professionalität. Diese Verhalten registrieren die Chinesen sehr genau, macht die Deutschen aber dadurch wenig einnehmend.

Jeder Einzelne sollte zumindest versuchen, in eigenem Interesse auch mal über seinen Schatten zu springen und in kleinstem Rahmen dazu beizutragen, manch negative Charaktereigenschaften der Deutschen an sich zu korrigieren. Es wäre ein lohnenswerter Anfang zur interkulturellen Annäherung

Es kann jedoch jedem China-Reisenden passieren – wie auch in vielen anderen Teilen der Welt – dass er auf die Nazi-Vergangenheit Deutschlands angesprochen oder gar mit einem "Heil Hitler" begrüßt wird. Das soll dann entweder lustig klingen oder als positives Zeichen internationaler geschichtlicher Kenntnisse verstanden oder gar als Kompliment gemeint sein. Die kritische Auseinandersetzung mit der historischen Rolle des „großen Führers" Hitler und seiner „Lösung des Judenproblems" ist leider nicht überall mit unseren Vorstellungen identisch. Es wäre falsch, sich persönlich angegriffen zu fühlen oder voller Entrüstung oder Verärgerung auf derartige Anspielungen, Fragen oder gar Sympathien zu reagieren. Derartige Themen anzuschneiden, ist fast nie böswillig gemeint und basiert überwiegend auf Nichtwissen, denn auf einer grundsätzlich neonazistischen oder antisemitischen Grundeinstellung. Jeder Deutsche, der ins Ausland reist, sollte also auf entsprechende Bemerkungen vorbereitet sein und versuchen, die politischen Hintergründe ruhig und sachlich ins rechte Licht zu rücken.

Trotz dieser Ambivalenz im Deutschlandbild der Chinesen profitieren deutsche Firmenvertreter im Allgemeinen von der guten Reputation deutscher Produkte, und dem „Made in Germany"-Gütesiegel.

Deutschland ist schließlich Exportweltmeister, G8-Teilnehmer und maßgeblicher Einflussnehmer internationaler Wirtschaftspolitik. Wer als Chinese Umgang mit Deutschen pflegt, gewinnt Gesicht und das sollte man nicht nur respektieren, sondern auch im gegenseitigen Interesse fördern.

Den meisten gebildeten Chinesen sind berühmte Deutsche aus Wissenschaft, Kultur und Sport bekannt. Von daher bieten sich auch abseits des Geschäfts ausreichend beliebte Gesprächsthemen, wobei Autos, Fußball, klassische Musik oder das Oktoberfest nach wie vor am beliebtesten zu sein scheinen.

Entsprechend halten auch viele Chinesen den dickbäuchigen, lederbehosten Bayern mit Bierkrug und Würstchen in der Hand und eine dirndltragende, großbusige, bezopfte Blondine, die in einem Schwarzwaldhaus lebt, als typisch deutsch. Dieses einseitige Deutschlandbild nur mit einem Lächeln gerade zu rücken, ist die weitaus bessere Strategie als krampfhaft zu versuchen, wieder in typisch deutscher und besserwisserischer Manier die Vorstellungen der Chinesen, die wahrscheinlich nie in ihrem Leben die Chance haben, Deutschland besuchen zu können, perfektionistisch zu korrigieren.

Erwartungshaltung

Nicht zuletzt dank des Internets, das westlichen Unternehmen vom heimischen Schreibtisch aus problemlosen Zugriff auf alle Arten von Produktionsstädten und Absatzplätzen selbst im hinterletzten Winkel der chinesischen Provinz ermöglicht, ist die Welt ein globaler Marktplatz geworden. Doch **was genau erwarten westliche Auftraggeber, Investoren, Einkäufer, Marketingfachleute oder Produktmanager von ihren asiatischen Lieferanten oder auch Kunden?**

Die Vorstellungskraft der China-Unkundigen in Bezug auf die unbegrenzten Möglichkeiten des Kaufens, Verkaufens oder Produzierens ist ebenso breit gefächert wie auch indifferenziert. Das führt zu einer teilweise sehr abenteuerlichen Mischung, die einer Goldfieberstimmung recht nahe kommt. Da jeder schon viele China-Geschichten – hauptsächlich übertriebene Erfolgsstorys oder auch untertriebene Horrormeldungen – aus den unterschiedlichsten Quellen gehört und gelesen hat, zimmert sich jeder selbst sein persönliches China-Bild zurecht.

Unabhängig von der jeweiligen Zielsetzung wird beispielsweise erwartet, dass in chinesischen Fabriken alle Arten von Materialien, Technologien und Verarbeitungswege für jede Art von Produkt zuverlässig und dauerhaft verfügbar sind. Und dies bitte zu jeder Zeit und an jedem Ort.

Diese Produkte sollen entweder kreativ, originell, witzig, einzigartig oder exotisch sein, um sich als Einzelstücke von der industriellen Massenware abzuheben. In Handarbeit hergestellt, repräsentieren die Unikate in Großauflage Individualität und Persönlichkeit, weil sich das im Westen gut verkaufen lässt.

Der extreme Gegenpol zu diesen kunsthandwerklichen Artikeln sind elektrische oder elektronische High-Tech-Produkte für Küche oder Büro, die in bester Maschinentechnik hergestellt werden sollen, um fertig verpackt, barcodiert und etikettiert direkt aus China in deutsche Super- oder Baumärkte geliefert zu werden.

Alle diese Produkte sollen selbstverständlich optisch ansprechend, qualitativ hochwertig und durchweg standardisiert, gefertigt werden. Danach sollen sie schnell, einfach und sicher konfektioniert, verpackt, transportiert, verschifft und in Deutschland wieder ausgeladen werden. Und das nach allen Regeln der Kunst entsprechend aller internationaler Normen und Gesetzesvorgaben rechtlich abgesichert, von allen Seiten geprüft und zertifiziert und mit vollem Rückgaberecht. Vor allem aber soll alles, was aus China kommt, billig sein. Das ist der eigentliche Hauptgrund, warum Firmen Richtung Osten schauen: wettbewerbsfähige Realisation von Wunschprojekten, um die Konkurrenz zu unterbieten und den Profit zu erhöhen. Diese Erwartungshaltung ist jedoch summa summarum die klassische Quadratur des Kreises.

Wer der Meinung ist, Deutschland sei als Hochlohnland im internationalen Vergleich generell nicht konkurrenzfähig und in Asien ist alles grundsätzlich billig zu haben, der irrt gewaltig.

Reine Standardprodukte, die vollautomatisch oder mit gängiger Maschinentechnologie produziert werden, sind in Deutschland oftmals günstiger zu fertigen als im fernen Ausland. Kleine Auflagen lohnen den Aufwand der Verlagerung des Produktionsortes nicht, hoher Termindruck schließt ein vierwöchiges Warten-Können auf Containerlieferungen aus Fernost meist schon im Vorfeld aus.

Deutsche Maschinen laufen schneller, zuverlässiger und mit effektiverer Auslastung. Das liegt an besserer Wartung, qualifizierterem Bedienerpersonal, professionellerem Zeitmanagement und optimiertem Workflow.

In Asien kann man oft nur **im Bereich Einrichte- und Rüstzeiten, Werkzeugbau, mehrstufiger Handkonfektionierung oder aufwändiger Veredelungstechnik wirkliche Einsparungspotenziale** erzielen. Im Premiumbereich wird ohnehin mit Auslandsmaschinen produziert und auch hochwertige Rohmaterialien müssen darüber hinaus aus Europa, Nordamerika oder auch Japan importiert werden.

In und mit China zu arbeiten, bedeutet, tagtäglich Probleme zu lösen und sein Anspruchsdenken genauso wie seine Erwartungshaltung auf ein Mindestmaß herunterzuschrauben. Denn die zu lösenden Probleme sind nicht nur qualitativer, fertigungstechnischer oder logistischer Art, sondern zusätzlich sprachlicher und kultureller Natur. China-Engagement ist erstklassiges Risiko-Management. Das muss ständig improvisiert werden.

Insofern sollte sich jeder **vor Beginn jeder China-Aktivitäten** mehrere entscheidende **Fragen** stellen:

- Was ist mein Hauptanliegen, um mit China Geschäfte zu machen?
- Eignet sich mein Artikel tatsächlich für eine Fernost-Fertigung und warum?
- Wie viel Risiko bin ich bereit, für eine Erschließung von Einsparungspotenzialen einzugehen?
- Habe ich die richtigen Kontakte oder Mitarbeiter, die sich um die Abwicklung kümmern?

Die größten Fehler, die in China gemacht werden, liegen darin, die Rahmenbedingungen unterschätzt und seine Prioritäten in Bezug auf Qualität, Zeit und Kosten falsch gelegt zu haben.

Im Vorfeld einer jeden China-Reise sollte man also genau festlegen, was man wie erreichen will, um nicht Gefahr zu laufen, durch Blauäugigkeit oder Informationsmangel eine völlig falsche Erwartungshaltung aufzubauen.

China-Experten

Ein Unternehmen, das China auf seiner Agenda stehen hat, wird ohne eine fachlich kompetente, externe Beratung nicht weit kommen. Es ist einfach nicht möglich, sich China nur durch das „learning by doing"-Prinzip zu erschließen oder nur nach dem „trial and error"-Verfahren anzugehen. Das kostet so viel Zeit und Nerven, dass der begeisterte Optimismus nur zu schnell in Frustration und Demotivation endet. Ein oder mehrere Berater sollten so früh wie möglich hinzugezogen werden.

Leider gibt es immer noch eine nicht zu unterschätzende Anzahl von Firmenvertretern, die sagen: „Ich habe seit 20 Jahren erfolgreich den amerikanischen Markt aufbereitet und kenne mich im internationalen Geschäft aus. China wird da nicht viel anders sein. Warum sollen wir einen Berater für teures Geld engagieren, der mir nur erzählt, was ich ohnehin schon weiß?!".

Diese Einstellung ist eine gängige, aber fatale Mischung aus Ignoranz, Arroganz, Unwissenheit und Unsicherheit.

Eine Markterschließung Chinas, ob in Bezug auf Einkauf oder Verkauf, hat nur sehr wenig mit ähnlichen Vorhaben in anderen Teilen der Welt – auch wenn diese Regionen ebenfalls außerhalb Europas oder Nord-Amerikas liegen – gemeinsam. Ein **Berater** hat die **Aufgabe**, die Fehleinschätzung der angedachten Übertragung von geschäftlichen Erfahrungen auf China nicht nur zu revidieren, sondern eventuell sogar von einem weiterführenden Engagement abzuraten. Ein guter Berater wird die Hintergründe des Unternehmens, dessen Zielsetzungen und Vorstellungen genauso kritisch hinterfragen wie er auch die zeitlichen, personellen, finanziellen und technischen Rahmenbedingungen unter die Lupe nehmen wird. Die Kernfrage, die ein Berater für ein Unternehmen zu beantworten hat, lautet nicht „Wie werden wir in China erfolgreich?", sondern erstmal „Hat ein Unternehmen überhaupt das Potenzial, um erfolgreich in China tätig zu werden?"

Doch was zeichnet einen **guten China-Berater** aus, dessen Rat man gerne vertrauen möchte,? Im Westen gibt es eine unglaubliche Anzahl von China-Beratern. Dieser Berufszweig wurde aus der Not heraus geboren, als das Interesse und der Informationsbedarf des Westens an China um ein Vielfaches höher war als das Angebot. Anfang der 90er Jahre haben sich etliche Manager, die teilweise selbst nur wenige Male in China waren oder dort entsprechende Projekte geleitet hatten, als Berater selbstständig gemacht. Oftmals waren diese Consulter kurz vor der Pensionierung und betrieben ihr Geschäft als klassische One-Man-Shows.

Gemäß des Mottos „Unter den Blinden ist der Einäugige König" haben diese Leute leider nicht nur Gutes verbreitet, obwohl ihre Dogmen unter der wissensbegierigen Klientel förmlich aufgesogen wurden. Mangels eigener Erfahrung bzw. Vergleichsmöglichkeit wurde den Vorgaben und Empfehlungen zur richtigen Vorgehensweise dieser selbsternannten China-Experten auf Schritt und Tritt vertraut, weil die eigene Unsicherheit zu vielleicht noch größeren Problemen geführt hätte.

Zum Glück hat sich der Markt inzwischen von selbst bereinigt. Es gibt viele etablierte und auf einzelne Fachgebiete spezialisierte Beratungsunternehmen, die einen wertvollen Beitrag zum Unternehmenserfolg leisten können. Man sollte jedoch sehr genau schauen, welche Einzelleistung ein Beratungsunternehmen seriös erbringen kann. Bedingt durch die Vielschichtigkeit des Landes und die Komplexität des eigenen Unterfangens, ist es kaum möglich, dass nur ein Berater das gesamte Betreuungsspektrum eines China-Projekts übernehmen kann.

Von Standortwahl über richtigen Markteintritt, von Due Diligence über Feasibility Study, von der Wettbewerberanalyse zur Wahl der geeigneten Rechtsform – heute sollte man genau überlegen, seine spezialisierten Bedürfnisse und Ansprüche nur an so genannte „Old China Hands" zu vergeben, die über entsprechende Projektreferenzen verfügen. Natürlich haben diese dann ihren **Preis**, der oftmals weit über den hier üblichen Tagessätzen von Unternehmensberatern liegt. Insofern sollte die externe Beratungsleistung bereits im Vorfeld jeglichen China-Engagements bei der Budgetierung berücksichtigt werden. Doch langfristig auszahlen tut sich diese Form der Kooperation in jedem Fall.

Selbstdarstellung

Dieses Kapitel bezieht sich sowohl auf die **eigene Selbstdarstellung im Ausland** als auch auf die **Bewertung der Selbstdarstellungen von chinesischen Unternehmen**. Beide obliegen eigenen Regeln und Eigenarten, die man kennen und berücksichtigen sollte, um Probleme zu vermeiden.

Jeder Geschäftsmann möchte – gerade im Ausland – genau wissen, mit wem er es zu tun hat oder zu tun bekommt. Bei Handelspartnern oder Produktionsbetrieben ist dies einerseits eine Form der Absicherung, was zum Beispiel die Größe, die Kapazität, die technische Ausstattung, die Umsatzzahlen oder die Kundenreferenzen betrifft. Andererseits geben derartige Kennziffern ein formales Gefühl der Sicherheit, was die geplante Zusammenarbeit mit einem ausländischen Partner betrifft, zumal man sich ja selbst auf fremden Terrain bewegt.

Eine professionelle **Eigendarstellung** chinesischer Unternehmen in der Art, wie sie für uns gewohnt oder selbstverständlich ist, wird man aber in vielen Fällen nicht antreffen. Vollständige, einheitliche oder aktualisierte Unterlagen, in denen sich das Unternehmen präsentiert, sind nicht selbstverständlich. Und formellen Dingen, wie ein formal-korrektes Corporate Design wird selbst bei großen Unternehmen noch keine große Bedeutung beigemessen. Mit Glück bekommt man eine veraltete, verstaubte Broschüre überreicht, wo die Adresse des neuen Fertigungsstandortes in China noch handschriftlich vermerkt oder überklebt ist.

Eine sachlich, inhaltlich und optisch professionell konzipierte, gestaltete und gedruckte Selbstdarstellung, die nach westlichen Maßstäben bei größeren, exportorientierten Unternehmen Usus ist, kann man in China nicht voraussetzen. Absolute Ausnahme wäre das Vorhandensein einer zusätzlichen PowerPoint-Präsentation, um in größerem Rahmen das Unternehmen vorzustellen. Diese Form der Selbstdarstellung – womöglich noch in Gleichklang mit einem entsprechendem **Internet-Auftritt** – wird man oft vergeblich suchen.

Man sollte dadurch jedoch nicht zu falschen Schlussfolgerungen gelangen, denn es gibt auch Gegenbeispiele, die den china-unkundigen Ausländer verwirren. Das Internet ermöglicht es kleinen Familienbetrieben, windigen One-Man-Shows oder kleinsten Agenturen, sich durch geschickte Manipulation zumindest online in einen renommierten Großbetrieb zu verwandeln. Da werden Texte, Bilder von Maschinen oder Fertigungsstraßen, Produkten sowie Firmenlogos ohne Scham eingescannt oder aus dem Netz gezogen und für eigene Zwecke verwendet.

Sich größer zu machen als man ist, ist in China der Normalfall. Daran ist nichts Falsches zu finden, auch wenn man es dabei etwas übertreibt. Sein und Schein liegen in China manchmal sehr weit auseinander und so mancher Einkäufer hat sich durch beeindruckende Webseiten blenden lassen. Es ist ohne genaue Kontrolle und geschicktes Hinterfragen oft nicht möglich, nur aufgrund der vorliegenden Selbstauskünfte oder Eigenpräsentationen festzustellen, ob man es nun mit einem Händler oder einem Hersteller zu tun hat. Aber gerade dieser Unterschied ist für viele potenzielle Kunden aus dem Ausland ein maßgebliches Kriterium für spätere Geschäfte und den notwendigen Direktzugriff auf die Produktion.

Im Gegenzug wollen jedoch auch die Chinesen wissen, wer und was auf sie zukommt.

Jeder Chinese arbeitet gerne mit einem renommierten und erfolgreichen Unternehmen des Auslands zusammen, weil das für ihn unabhängig von dem möglichen Neugeschäft ein wichtiger Prestigefaktor ist. Also tun Sie sich und ihrem zukünftigen Partner den Gefallen und gehen Sie darauf ein. Bereiten Sie also schon zu Hause eine adäquate Unternehmenspräsentation vor, die Ihrem potenziellen Partner ein gutes Gefühl vermittelt, wer Sie sind und was Sie wollen.

Bei der **Konzeption und Produktion der Selbstdarstellung Ihres Unternehmens** für den chinesischen Raum sollten Sie gezielt ihre chinesischen Mitarbeiter mit einbeziehen oder sich durch eine spezialisierte Agentur beraten lassen, um die landesüblichen Sitten, Gebräuche und Geschmacksvorstellungen zu berücksichtigen. Chinesen haben ein anderes Ästhetikempfinden als wir. Wenn man Unterlagen für seine chinesischen Partner erstellt, sollte man sich nicht nur überlegen, wie attraktiv man selbst eine dezente Form der Selbstdarstellung findet, sondern auch, wie sie auf die jeweilige Zielgruppe wirkt. Der eigene Geschmack ist sicherlich nicht deckungsgleich mit dem des Gegenübers, den man aber erreichen und ansprechen möchte.

Im Zweifelsfall gestaltet man **Broschüren** etwas bunter und greller als gewohnt, wobei Qualität durch Gold, Lack und Prägungen hervorgerufen wird. Von solchen oberflächlichen Attributen haben wir uns in Deutschland in vielen Bereichen schon wieder verabschiedet, weil es als billige Effekthascherei gilt.

Auch bei der **Formulierung der Texte**, sei es bei der Vorstellung des Unternehmens, dem Lebenslauf des Geschäftsgründers, der Art der Kundeninformationen oder auch für Pressemitteilungen, entspricht die deutsche Zurückhaltung nicht der typischen Art chinesischer Selbstdarstellung. Chinesen lassen sich nun mal gerne durch Äußerlichkeiten beeindrucken, und das erreicht man eher durch gesundes Selbstbewusstsein und Übertreibungen als realistische Selbsteinschätzung, die in Untertreibungen oder gepflegtem Understatement münden könnte.

Haben Sie beispielsweise ein Foto, wo Ihr Geschäftsführer zufällig einem Minister die Hand drückt? So etwas macht immer einen guten Eindruck, weil es für Ihre Stellung und Ihre Qualitäten im Beziehungsmanagement spricht. In der Broschüre abgedruckt macht es immer einen guten Eindruck. Ein anderes Beispiel wäre der Mercedes des Abteilungsleiters, der ruhig direkt vor der Tür parken sollte, bevor der Fotograf kommt, um das Firmengebäude abzulichten. Bei uns hätte man ihn vorher bewusst beiseite gefahren, um nicht als arrogant zu erscheinen.

Firmenbroschüren sollten natürlich immer auch **ins Chinesische übersetzt** werden, da die Entscheidungsträger nur in den seltensten Fällen über ausreichende Englischkenntnisse verfügen. Außerdem symbolisiert diese Umsetzung genau wie die chinesische Visitenkarte die Ernsthaftigkeit des Unternehmens, in China Geschäfte zu machen.

Namenswahl

Wer anstrebt, sich gezielter und regelmäßiger mit China auseinanderzusetzen – was üblicherweise mit mehreren Aufenthalten in China verbunden sein dürfte – sollte sich rechtzeitig einen **chinesischen Namen zulegen**. Dieser Name in Verbindung mit der Position – gedruckt auf einer Visitenkarte – bietet einerseits dem der englischen Sprache wahrscheinlich nicht mächtigen Gesprächspartner die Möglichkeit, sein Gegenüber richtig einzuschätzen, was für die spätere Verhandlungsführung wichtig, wenn nicht unumgänglich ist. Auch kann der Partner später den Namen nachlesen und muss sich nicht mit ihm fremden und nicht lesbaren Schriftzeichen beschäftigen. Es ist also eine Form der Höflichkeit und Arbeitserleichterung. Als Vorbereitung in Deutschland ist es natürlich mit Arbeit verbunden, die sich jedoch auszahlen wird.

Zusätzlich symbolisiert ein chinesischer Name nach außen hin die Ernsthaftigkeit des Unterfangens und demonstriert – wenn es richtig angegangen wird – auch die aktive Auseinandersetzung mit chinesischer Sprache und Kultur. Das ist eine in China sehr bewusst wahrgenommene und anerkennende Form der Wertschätzung. Solche Bonuspunkte sollte man nicht einfach achtlos verschenken. Doch die Namenswahl muss richtig gemacht werden, weil sonst die Wirkung verpufft oder man deutlich zum Ausdruck bringt, dass man keine Ahnung von China hat.

Die **Übersetzung von westlichen Namen ins Chinesische** erfolgt nach verschiedenen Kriterien. Die beiden wichtigsten Aspekte bestehen darin, dass der gewählte Name positiver Natur ist und theoretisch einem Chinesen gehören könnte. Er muss also authentisch sein. Um das zu erreichen, sind Kreativität und Fantasie wichtiger als wörtliche oder penibel übertragende „Richtigkeit" des Namens.

Ein häufiges Missverständnis bei der Übertragung europäischer Namen ins Chinesische besteht immer noch in der Annahme, man könne einzelne Buchstaben oder Silben direkt in chinesische Zeichen übersetzen oder umwandeln. Das Chinesische kennt zwar Silben, die eine oder mehrere Bedeutungen haben können, hat aber kein Alphabet wie das Lateinische.

Ein nach wie vor verwendeter Weg zum Ziel besteht darin, Silbe für Silbe in ähnlich klingende chinesische Silben ungeachtet ihre Bedeutung aneinanderzusetzen.

Aus einem Rudolf Strabinsky wird dann plötzlich ein Silbenbandwurm wie zum Beispiel „Lu-dou-lu-fu Su-ta-la-bi-si-ke" Das ist schlichtweg falsch und dadurch peinlich und muss unbedingt vermieden werden. Eine direkte Übertragung Buchstabe für Buchstabe oder Silbe für Silbe ist von daher gar nicht möglich, insofern gibt es nur den Umweg über Aussprache in Kombination mit Inhalt.

Eine eher seltene Methode für die Übersetzung hiesiger Namen ins Chinesische ist das Prinzip der Übertragung der rein inhaltlichen Bedeutung eines Namens. Wer also zum Beispiel Felix Rotbaum heißt, könnte die chinesischen Symbole für Glück, Rot und Baum wählen, was sowohl von den Zeichen her als auch für deren Bedeutung einfach und positiv wäre. Leider haben die wenigsten westlichen Vor- und Nachnamen derartig passende Bedeutungen, als dass man darauf zurückgreifen könnte. Deshalb ist die direkte Übertragung eine selten angewandte Variante.

Am gebräuchlichsten ist die **phonetische Übersetzung,** also die Suche nach einer chinesischen Silbenkombination, die der Aussprache des eigenen Namens am nächsten kommt. Aus Martin wird dann „Mading", aus Anja „Anya" usw. Der Vorname des Autors beispielsweise, Christian, wurde erst in Einzelteile zerlegt, um ans Ziel zu gelangen. Aus der ersten Silbe wurde von „chri" ein „ri", was dann in ein besser aussprechbares „li" umgewandelt wurde. Die zweite Silbe wurde als „tian" weiterbenutzt.

Der zweite Schritt besteht darin, die passende Auswahl für die Übersetzung der Silben zu finden. Da es im Chinesischen nur etwa 411 Silben gibt – im Deutschen sind es ca. 3000 Silben – hat jede chinesische Silbe eine Fülle unterschiedlichsten Bedeutungen. Da es im Chinesischen nur 411 Silben gibt – im Deutschen sind es über 10 000 Silben – hat jede chinesische Silbe eine Fülle unterschiedlichster Bedeutungen. Die Bedeutung der Silbe mit dem dazugehörenden Schriftzeichen sollte ein Attribut darstellen, das einen Namen in positiver Weise unterstützt. Im Fall des Autorennamens wurde für die Silbe „li" das Schriftzeichen für „Kraft" gewählt und für die Silbe „tian" das Zeichen für Himmel. Der deutsche Vornamen „Christian" wurde also zu dem chinesischen Vorname „Litian" und bedeutet „Kraft des Himmels".

Wessen Name keine wirkliche Möglichkeit für eine sinnvolle Übertragung bietet, kann auch auf eine vollständige Neu-Namensgebung nach chinesischen Prinzipien zurückgreifen. Hierbei kann man sich beispielsweise an Wünschen („schöne Rose") oder Charaktereigenschaften („starker Baum") orientieren. Der Fantasie sind keine Grenzen gesetzt, obwohl die Wahl durch einen Chinesen bestätigt werden sollte, damit das Ergebnis für einen Chinesen nicht als der übersetzte Name eines Ausländers erkennbar ist. Mit dem ursprünglichen europäischen Namen hat der chinesische Name nichts mehr zu tun, aber das macht gar nichts. Wichtig zu beachten ist, dass es durchaus ein wirklicher chinesischer Name sein könnte.

Bei den Nachnamen ist es etwas einfacher, eine passende Version zu finden. Die meisten chinesischen Nachnamen bestehen nur aus einer Silbe und diese hat meist keine inhaltliche Bedeutung. Als Beispiel diene wieder der Name des Autors. Aus „Rommel" wurde die erste Silbe gewählt, die dann phonetisch in „luo" abgewandelt wurde. Das bedeutet „Netz" – jedoch haben viele andere chinesische Nachnamen keine inhaltliche Bedeutung.

Der Nachname wird dem Vornamen übrigens immer vorangestellt.

Wenn eine Person eine dauerhafte Beziehung zu China hat bzw. vor hat, dort für viele Jahre zu arbeiten, ist ein richtiger chinesischer Name mehr Pflicht als Kür. Die selbstgewählte Kombination eines Namens steht dann sogar in dem chinesischen Personalausweis und ist bei den Behörden als offizieller chinesischer Name registriert. In Ausweisen des Autors steht also bereits seit 15 Jahren nicht nur „Christian Rommel" in lateinischer Schrift, sondern zusätzlich der chinesische Name „Lo Litian" in chinesischen Schriftzeichen, der auch nicht so einfach geändert werden könnte.

Personalwahl Deutschland

Der Punkt, der bei Planung von Aktivitäten in China neben dem Zeitfaktor wohl am meisten unterschätzt wird, ist die **Bedeutung des Anforderungsprofils** und dementsprechend die **Auswahl der auslän-**

dischen Mitarbeiter, die in China tätig sein sollen. Es stellt sich dabei weniger die Frage, ob man einen Spezialisten oder einen Generalisten nach China entsendet. Dieses Unterscheidungskriterium betrifft auch die Trennung zwischen reiner Administrations-, Technik- oder Managementtätigkeit. Eine klare Stellenbeschreibung, so wie man sie bei uns kennt, dürfte für einen langfristigen Chinaeinsatz wohl wenig Sinn haben. Gefragt und benötigt werden in erster Linie **klassische Allrounder**, oder „Mädchen für alles".

Wer nicht bereit ist, auch Aufgaben zu erledigen, die nicht explizit im Vertrag beschrieben sind oder für die man in Deutschland klassischerweise weniger oder anders qualifiziertes Personal einsetzen würde, hat in China einen sehr schweren Stand. Es kann sein, dass man mit Anzug und Krawatte in einem wichtigen Verkaufstreffen sitzt und eine halbe Stunde später die Bauarbeiter beim Aufstemmen einer Wand unterstützt, das Abladen von Schränken von einem LKW delegiert, Rechnungen für den Einkauf von Büromaterialien unterschreibt oder die Sauberkeit von Toilettenschüsseln kontrolliert.

Wer für diese Art des Multitaskings nicht geschaffen ist oder sich nicht darauf einlassen will, wird in China als Manager scheitern. Außerdem kommt hier eine weitere Komponente zum Tragen. Die chinesischen Mitarbeiter erwarten einfach, dass die ausländischen Experten eine passende Antwort auf jede Frage parat haben und dass sie sie ohne zu zögern mit Rat und Tat unterstützen und für jedes noch so schwierige Problem aus dem Stehgreif eine einwandfreie Lösung präsentieren können. Zumindest wird eine unmittelbare Entscheidung abverlangt.

Für viele Chinesen ist ein ausländischer Experte nicht nur jemand, der eine Verkaufsstrategie entwickelt oder eine Planung für die Produktionsstraße sowohl ausarbeitet als auch umsetzt, sondern auch jemand, der selbstverständlich umfassende Kenntnisse im Umgang mit Computern und Telekommunikation hat, der sich mit Klimaanlagen und Heizungen gleichermaßen auskennt, der Tipps zum Anbringen von Lampen und Jalousien geben kann, der Ideen für den Bau von Möbeln entwickelt und unmittelbar in Zeichnungen umsetzt, der gutes von schlechtem Packungsdesign unterscheiden kann, der zwischendurch einen verbindlichen Preis für ein neues Produkt definiert und auch noch mit Lieferanten und Kunden im In- und Ausland telefoniert.

Wer sich als ausländischer Experte auf eine solche Aufgabe einlässt, wem es Spaß macht, sich einer solchen Herausforderung zu stellen, der wird in China eine unglaubliche Vielfalt von Tätigkeiten finden, die in Deutschland ihresgleichen sucht. Man muss sich aber auch darüber im Klaren sein, dass man in China alleingelassen wird und nicht einfach irgendwo um Rat fragen kann. „Hilf dir selbst, sonst hilft dir keiner" – so und nicht anders, lautet das Motto des Alltags ausländischer Experten.

Voraussetzung für erfolgreiches Leben und Arbeiten in China ist deshalb neben einer sehr guten fachlichen Ausbildung und der notwendigen Erfahrung die bedingungslose selbstständige Arbeitsweise. Man muss sich seine Aufgabenfelder selber suchen, die Probleme frühzeitig erkennen, die Lösungen selber finden und darf nicht darauf warten, dass man von chinesischer Seite zu etwas aufgefordert wird.

Die familiäre Situation sollte man bei einem Chinaeinsatz nicht unterschätzen. Wie stehen die Familie oder die Freundin zu einem längeren Aufenthalt oder zu der Abwesenheit? Welchen Rückhalt und welche Unterstützung bekommt der ausländische Experte von dieser Seite? Wann ist abzusehen, dass er sich durch eine negative soziale Situation nicht mehr voll auf seine Arbeit konzentrieren kann oder will?

Die Sprachfähigkeit ist natürlich immer von hoher Bedeutung. Jegliche Form der Kommunikation verläuft auf Englisch als Zwischenstufe zum Chinesischen. Auch schwierigste Sachverhalte müssen in zwei aufeinanderfolgenden Fremdsprachen dargestellt werden. Zu berücksichtigen ist nicht nur das eigene Sprachvermögen, sondern auch das des chinesischen Gesprächspartners. Das ist sehr zeitaufwändig und belastend.

Grundkenntnisse der chinesischen Sprache sind sehr zu empfehlen, um die Eigenständigkeit des ausländischen Experten und seine soziale Integration im Land zu verbessern, um sich etwas unabhängiger vom Dolmetscher zu machen und um bessere Kontakte zu den chinesischen Mitarbeitern aufbauen zu können, zumal die meisten kein Wort Englisch sprechen können. Chinesisch zu lernen ist durchaus möglich, allerdings erfordert es neben der grundsätzlichen Bereitschaft auch ein hohes Maß an Zeiteinsatz und Lernfähigkeit, was nach einem 10-Stunden-Tag im Unternehmen und manchmal einer 6- oder 7-Tage-Woche nur unter großer Belastung zu bewerkstelligen ist.

Die meisten ausländischen Experten unterschätzen das **soziale und kulturelle Umfeld**, in dem sie sich für einige Jahre bewegen sollen bzw. müssen. China ist für jeden, der sich nicht intensiv mit Asien auseinandergesetzt hat, ein Kulturschock, der seinesgleichen sucht. Die Auswirkungen kommen meist erst nach einigen Monaten, aber dann um so heftiger. Jeder Umstand im Unternehmen, jede Reaktion von Chinesen, jedes Stückchen Essen, jede Straßenszene, die man vorher als exotisch, interessant, amüsant oder bemerkenswert erachtet hat, wird sich in das genaue Gegenteil verwandeln und man glaubt, China und seine Bewohner einfach nicht mehr ertragen zu können.

Entweder es kommt zu einer reinen Ghettoisierung, bei der man nur den Kontakt mit den wenigen anderen ausländischen Experten sucht, wobei der Gesprächsstoff auch recht schnell erschöpft sein kann, oder Frustration, Demotivation und Aggression nehmen schnell zu.

Der Wunsch, zumindest zeitweise auszubrechen oder die Arbeit gänzlich hinzuwerfen, hat früher oder später noch jeden ausländischen Experten in China ereilt.

Man sollte sich **über die tatsächliche Bedeutung ausländischer Experten ganz genau informieren**. Welche Qualifikation bringt ein solcher Mann – oder eine solche Frau – für den Dauereinsatz in China fachlich, charakterlich und mental mit?

Was sind die Gründe, aus denen sich ein deutscher Mitarbeiter für einen Chinaeinsatz bewirbt? Ist er sich darüber im Klaren, was ihn dort erwartet? Kann und will er die drastischen Veränderungen und Einschränkungen überhaupt akzeptieren?

Die Regelung von Urlaubs- oder Krankheitsvertretungen sollte auch ein wesentlicher Bestandteil der Personalpolitik sein. Ohne eine ständige Präsenz ausländischer Experten im Unternehmen als kompetente Ansprechpartner für die chinesischen Mitarbeiter und als Entscheidungsträger wird die Produktion mit Sicherheit innerhalb kurzer Zeit beeinträchtigt.

Für den langfristigen Erfolg ist es ratsam, wenn nicht gar essenziell, im Unternehmen in China mindestens einen deutschen Mitarbeiter zu haben, der Präsenz zeigt, Einfluss hat, Kontrolle ausübt und als Kontaktmann den direkten Zugang zu chinesischen Geschäftspartnern und Behörden hat. Er sollte sich idealerweise mit den Besonderheiten im Land auskennen, zwischen deutschem Mutterhaus und China vermitteln und die Vorgaben aus Deutschland umsetzen.

Um dieses Anforderungsprofil zu erfüllen, braucht man entweder **junge, ambitionierte, frisch von der Universität kommende Jungmanager**, die die berufliche Herausforderung suchen, um sich und der Welt etwas zu beweisen und die im Ausland einen wichtigen Karriereschritt vollziehen möchten. China erscheint ihnen hierfür das richtige Pflaster. Diese Kategorie von Kandidaten hat noch keine Verpflichtungen wie Haus, Versicherung oder gar Familie, die sie von ihren Aufgaben irgendwo in der chinesischen Provinz abhalten könnten. Leider verfügen sie aber auch nicht über die notwendige Reife, Lebens- und Arbeitserfahrung, Souveränität und standesgemäße Hierarchie, um ihren Aufgaben auch nur ansatzweise gerecht zu werden.

Die andere Variante ist der **erfahrene leicht ergraute Manager, Ingenieur oder Techniker**, dessen Kinder schon aus dem Haus sind, und der es jenseits der 50 noch einmal wissen will. Bei ihm stellt sich allerdings oft das Problem, dass er den Anforderungen nicht mehr gewachsen ist oder dass er sich einfach nicht mehr auf so fundamentale Änderungen seines gewohnten Lebensstiles einlassen möchte.

Insofern sollte man sehr genau prüfen, inwieweit man intern über geeignete Ressourcen von Mitarbeitern verfügt, die man mit China-Aktivitäten betrauen könnte oder möchte oder inwieweit man sich rechtzeitig Unterstützung durch externes Personal ins Haus holt. Diese muss natürlich erst noch fachlich qualifiziert werden und sich die Loyalität des Unternehmens erarbeiten, was viel mehr Zeit benötigt als man denkt.

Erster Kontakt

Visa

Jeder Deutsche benötigt für jeden China-Besuch ein Visum. Es gibt mehrere Varianten, die zur erfolgreichen Visabeschaffung verwendet werden können. Sie sind im Wesentlichen abhängig von der zur Verfügung stehenden Zeit im Verhältnis zu den dabei entstehenden Kosten.

Man kann bei der **chinesischen Botschaft** oder den **Generalkonsulaten in Deutschland innerhalb von etwa einer Woche** sein Visum bekommen. Das ist der eher umständliche Normalfall, der eine längere Planung voraussetzt, wenn man nicht gerade in einer Stadt wie Berlin oder Hamburg lebt, wo es ein Konsulat gibt weil persönliches Erscheinen notwendig ist. Post wird nicht akzeptiert.

Einfacher ist es den etwas teureren Weg über **renommierte Visa-Dienste** nehmen, die alle im Internet ihre Dienste anbieten. Dabei kann das Visa-Antragsformular direkt aus dem Internet heruntergeladen werden. Ausgefüllt wird es zusammen mit einem Passfoto und dem Reisepass per Einschreiben zur Visa-Beschaffungsagentur geschickt, die dann alle weiteren Formalitäten mit der chinesischen Botschaft erfüllt und nach drei bis sechs Tagen den Pass samt Visa wieder frei Haus zurückschickt.

Dabei sollte man selbst als Geschäftsreisender nur ein Tourismus-Visum beantragen, weil dann kein offizielles Einladungsschreiben des chinesischen Geschäftspartners geliefert werden muss, das kurzfristig nur selten aus- und zugestellt werden kann.

Wer über Hongkong fliegt und dort genug Aufenthalt hat, kann sich **dort** ohne Probleme **innerhalb eines Tages** sein **China-Visum** besorgen. Man sollte aber darauf achten, mindestens eine **zweimalige Einreise** zu **beantragen**, da man auch bei einem kurzfristigen, zusätzlich angesetzten Besuch in der Provinz Guangdong ein Visum benötigt. Der Aufpreis für zweimalige Einreise ist wesentlich niedriger als die zusätzlichen Kosten, womöglich ein ganz neues Visum beantragen zu müssen.

Für reine Tagestrips von Hongkong nach China, zum Beispiel zum Einkaufen in der Grenzstadt Shenzhen, gibt es auch die Möglichkeit, direkt an dem Grenzübergang Lo Wu ein Tagesvisum zu beantragen.

Wer plant, innerhalb eines Jahres öfters nach China zu fliegen, ist mit einem **sechs Monate gültigen Multiple-Entry Business Visum** am besten beraten. So hat man die höchst mögliche Flexibilität. Für **dauerhaften Aufenthalt in China** muss ein **offizielles Arbeitsvisum** beantragt werden, das zusätzlicher Formalitäten bedarf, aber inzwischen auch ohne größere Probleme erteilt wird.

Hotelbuchung

Es empfiehlt sich, immer und grundsätzlich ein **Hotel vorzubuchen**, anstatt spontan beim Ankommen in einer Stadt ein Zimmer zu suchen oder es sich am Flughafen reservieren zu lassen. Das ist fast immer teurer und man muss mehr Kompromisse bei der Qualität in Kauf nehmen.

Heutzutage hat man in China die **Auswahl zwischen unterschiedlichsten Hotelkategorien.** Die Zeiten, als nur bestimmte Hotels überhaupt die Lizenz hatten, Ausländer bei sich aufzunehmen, gehören bis auf wenige Gebiete außerhalb der touristisch erschlossenen Gegenden der Vergangenheit an.

Alle international etablierten Hotelketten sind in den größeren Städten vertreten. Die Standards der Sterne-Vergaben sind mit den Westlichen weitestgehend vergleichbar, die Preisunterschiede je nach Attraktivität der Region jedoch groß. Ein Viersterne-Hotel in Shanghai kostet üblicherweise das Doppelte wie eine vergleichbare Kategorie in Peking. Aber in einem unbedeutenderem Ort – selbst wenn es eine Millionenmetropole ist – kann es nur die Hälfte sein.

Inzwischen gibt es viele rein **chinesische Hotels**, die auf sehr hohem Niveau zu manchmal erstaunlich günstigen Preisen Zimmer anbieten. Zimmer sind alle mit Privatbad, Klimaanlage, Fernseher, Minibar etc. ausgestattet und sind manchmal riesig groß. Man sollte als **Nichtraucher** gezielt nach Nichtraucherzimmern fragen, weil der kalte Rauch sonst trotz gewaschener Bettbezüge überall in den Vorhängen sitzt.

Wichtig ist vielleicht die Verfügbarkeit eines **Internetzugangs** im Zimmer oder zumindest eines **Business-Zentrums**, das möglichst rund um die Uhr geöffnet sein sollte, um unterwegs seine Emails abfragen zu können. Auch ein **integriertes Reisebüro** hat seine Vorteile, wenn man seine Reisepläne kurzfristig ändern muss und dafür nicht extra durch die Stadt zu fahren braucht.

Auch ein **westliches Frühstücksbuffet** ist nicht unwichtig, was aber selbst bei Viersternehotels mit chinesischem Management nicht vorausgesetzt werden sollte. Und für so manchen Westler fängt der Tag schon schlecht an, wenn er morgens um sieben Uhr nur Fisch, Gemüse oder Suppe vorgesetzt bekommt.

Der **Lage eines Hotels** sollte gerade in Großstädten eine höhere Priorität zugemessen werden als dem bekannten Namen oder der Ausstattung. Wer abends in seinem Hotel in der Shanghaier Altstadt ankommt, aber am nächsten Morgen einen Besuchstermin am anderen Ende der Stadt hat und sich durch den Berufsverkehr quälen muss, hat eine schlechte Wahl getroffen.

Man sollte seinen chinesischen Geschäftspartner nach entsprechenden **Empfehlungen** fragen. Viele Unternehmen haben sogar einen günstigeren Corporate-Tarif, wenn sie regelmäßig Geschäftskunden unterbringen müssen. Diesen Bonus kann man dann selbst nutzen.

Die mit Abstand **günstigste Methode**, um sich Zimmer zu reservieren, ist über eine der Online-Hotelagenturen wie zum Beispiel Asiahotels. com. Hier werden die Hotels detailliert beschrieben, bewertet, die Verfügbarkeit und die Kosten je nach Tageskurs angezeigt. Die Konditionen liegen bis zu 50% unter dem Normalpreis. Angezahlt wird online per Kreditkarte, der Restbetrag zahlt man problemlos beim Einchecken.

Flugbuchung

Die **einfachste, schnellste und bequemste Anreise von Deutschland nach Hongkong** ist der **Direktflug**, wobei diese Verbindung von Frankfurt aus nur von der Lufthansa und Cathay Pacific angeboten wird. Alle anderen Fluggesellschaften fliegen erst ihren jeweiligen Heimatflughafen an. Also Air France über Paris, British Airways über London oder Thai Airways über Bangkok. Von Hongkong aus gibt es dann die vielfältigsten Verbindungen in alle Landesteile und Städte Chinas. Wer **Geld sparen** will, fährt mit Bus, Zug oder Fähre erst nach Shenzhen und fliegt von dort zu sehr viel günstigeren Tarifen – weil die Verbindungen national sind und nicht international wie aus Hongkong – an sein Endziel weiter.

Die **günstigsten Flugverbindungen** nach Hongkong bieten zumeist Gesellschaften aus Nahost wie zum Beispiel Gulf Air oder die Emirates. Man sollte sich jedoch überlegen, ob das gesparte Geld tatsächlich einige lähmende Stunden des nächtlichen Stopovers in Dubai oder Abu Dhabi aufwiegen. Die **günstigste Variante** bietet derzeit die erste Billigflugverbindung der neu gegründeten Gesellschaft Oasis über London, die die Strecke Europa-Hongkong zu etwa 50% der sonst üblichen Tarife anbietet. Allerdings gibt es nur wenige Plätze und die Flexibilität bei der Buchung ist alles andere als komfortabel.

Wer plant, statt über Hongkong direkt nach China zu fliegen – im Normalfall kommt hier nur Peking oder Shanghai in Frage – kann dies inzwischen ebenfalls mit mehreren Gesellschaften tun. Die **schnellste Verbindung in den Norden Chinas** bieten die skandinavischen Fluggesellschaften, die dann die kürzere Polroute fliegen. Eine Variante wäre ein Gabelflug, zum Beispiel mit der Lufthansa von Frankfurt oder München nach Shanghai und von Hongkong wieder zurück. Die Distanz kann dann mit vor Ort gebuchten Flügen zu Besuchen bei verschiedenen Lieferanten, zum Beispiel in Ningbo oder Xiamen, überbrückt werden.

Buchungen sollten auch hier **so früh wie möglich** gemacht werden. Die meisten Sonderkonditionen sind meist frühzeitig restlos ausgebucht, und gerade wer an speziellen Tagen oder Uhrzeiten hin- oder zurückfliegen will – zum Beispiel an Wochenenden – hat manchmal schon viele Wochen vor dem geplanten Abflugtermin keine Chance mehr, einen Platz zu ergattern.

Abholung

Es ist üblich, dass man als Ausländer von seinem chinesischen Geschäftspartner am Flughafen persönlich in Empfang genommen und abgeholt wird. Das kann sowohl durch den eigentlichen Gesprächspartner, mit dem man vorher per Telefon oder E-Mail korrespondiert hat, sein oder durch einen Fahrer des jeweiligen Unternehmens gemacht werden.

Chinesen legen großen **Wert auf diese Art der Betreuung**. Es ist ganz selbstverständlich, immer abgeholt und wieder am selben Ort abgeliefert zu werden. Sich erst am Hotel oder gar zu einer bestimmten Uhrzeit im Unternehmen zu treffen, ist die absolute Ausnahme.

Entsprechend setzt auch jeder Chinese natürlich voraus, dass er auch am Flughafen abgeholt wird. Der Aufwand, der dafür betrieben wird, ist manchmal sehr hoch. Es wäre aber undenkbar, einem Chinesen zu sagen, er solle sich am Frankfurter Flughafen einen Mietwagen nehmen oder in einen Zug steigen, um dann drei Stunden später irgendwo im Münsterland anzukommen, wo jemand an einem Bahnhof auf ihn wartet. Das wäre nicht nur unhöflich, sondern ein klarer Affront.

Abgesehen davon wüssten viele Chinesen gar nicht, wie sie sich allein im Ausland orientieren oder organisieren müssten. Auf der anderen Seite ist es manchmal unmöglich, als Ausländer an einem chinesischen Flughafen in ein Taxi zu steigen, um sich zu einem Unternehmen bringen zu lassen. Dafür sind das Land und die Anzahl von Firmen viel zu groß, die Strukturen der Adressen in Provinzen, Regionen und Gewerbegebieten viel zu undurchschaubar und die Ortskenntnisse von Taxifahrern viel zu gering. Nicht von einem Firmenangehörigen abgeholt zu werden, kann zu einer frustrierenden mehrstündigen Odyssee werden.

Im Vorfeld jeder Chinareise sollten **Ankunftszeit, Fluggesellschaft** und **Flugnummer schriftlich übermittelt** werden. Verzögerungen sind ebenso gängig wie das Code-Sharing von zwei miteinander kooperierenden chinesischen Fluggesellschaften. Es kann also passieren, dass ihr Flug – bei Abflug oder Ankunft – mit Flugnummer und Fluggesellschaft nirgends angezeigt wird, weil eine andere lokale Gesellschaft involviert ist.

Genauso sollten beiderseitig die **Mobiltelefonnummern** für den Fall einer kurzfristigen Veränderung des Reiseplans oder Verspätung der Maschine **ausgetauscht** werden. Denken Sie dabei an die richtige nationale oder auch internationale Vorwahl (von China aus 0049, von Hongkong jedoch 00149).

Bei der Ankunft sollten Sie langsam nach draußen gehen und nach dem Ausgang hinter der Zollkontrolle auf ein handgeschriebenes Schild mit Ihrem Namen oder dem Namen Ihres Unternehmens achten. Manchmal drängeln sich dort jedoch Hunderte von Menschen, und Aberdutzende von Schildern jeglicher Couleur werden im Kampf um jeden Zentimeter Luftraum hochgehalten.

In dem Gedrängel sollte man nicht versuchen, mit dem Gepäck den richtigen Kontaktmann oder Ansprechpartner zu finden. Besser geht man an einen ruhigen Ort, ruft ihn an und lässt ihn sich suchen. Sollte der direkter Ansprechpartner nicht persönlich am Flughafen sein, wird er einen englischsprechenden Stellvertreter schicken.

Man wird immer als Erstes ein offizielles „Huanying" (Willkommen) zu hören bekommen. Dann wird Ihnen direkt Ihr Gepäck abgenommen und zum Parkplatz getragen. Das sollten Sie auch zulassen. Manchmal werden schon hier erste Visitenkarten ausgetauscht. Diese sollte man also auch schon hier bereit halten.

Geld unmittelbar am Flughafen zu wechseln, ist nicht unbedingt nötig, da fast jedes größere Hotel gängige ausländische Devisen zu akzeptablen Kursen in chinesische Yuan wechseln kann.

Üblicherweise wird zuerst das vorgebuchte Hotel angefahren, es sei denn, man war schon mehrfach vor Ort und besteht aus Zeitgründen darauf, direkt in das jeweilige Unternehmen zu fahren. Wer nicht abgeholt wird, sondern allein im Taxi durch die Stadt fährt, muss immer die gewünschte Adresse auf Chinesisch dabei haben und dem Fahrer geben. Es wird zum Beispiel in Shanghai garantiert zwei verschiedene Shanxi-Strassen geben und man kommt je nach falscher oder richtiger Aussprache an dem gewünschten Ziel an – oder auch nicht.

Ausserdem haben viele chinesische Hotels zusätzlich englische Namen, die allerdings von der Übersetzung her nicht identisch sein müssen. Das „President Hotel" heisst vielleicht „Tongyi Hotel", also „Hotel der Einheit". Dieser Begriff zurückübersetzt bedeutet jedoch „Zongtong

Hotel" und kein Taxifahrer würde es nur diesem Namen nach finden, da es gar nicht existiert. Also muss die chinesische Schreibweise als Referenz immer zwingend vorliegen.

Die Fahrt in die Stadt findet zumeist in firmeneigenen Limousinen oder Kleinbussen statt, ggf. auch als Zeichen der Hochachtung mit dem Firmenfahrzeug des Geschäftsführers.

Für den Fall einer Ankunft in Shanghai sollten Sie immer im Vorfeld darauf achten, an welchem Flughafen Sie ankommen: dem kleineren, nationalen Flughafen Hongqiao, ca. 30 Minuten Fahrzeit westlich der Innenstadt, oder dem neuen großen internationalen Flughafen Pudong. Dieser liegt je nach Verkehrsverhältnissen ca. eineinhalb Stunden Fahrtzeit östlich des Stadtzentrums. Eine interessante Alternative vom und zum Flughafen bietet hier die deutsche **Magnetschwebebahn** Transrapid, die die 30 Kilometer von der Longyang-Station im Pudonger Finanzzentrum Lujiazui zum Flughafen mit bis zu 431 Stundenkilometern Höchstgeschwindigkeit in beeindruckenden acht Minuten zurücklegt. Preislich liegt das einfache Ticket zweiter Klasse mit 50 Yuan weit unter dem günstigsten Taxitarif.

Bei der Ankunft auf jeden Fall daran denken, die **Uhr vorzustellen**. China ist der mitteleuropäischen Zeit je nach Sommer- oder Winterzeit sechs bis sieben Stunden voraus.

Jet Lag

Ein notwendiges Übel jeder China-Reise ist die lange und beschwerliche Anreise. Selbst in der Business-Class ist das Fliegen keine angenehme Beschäftigung. Man sitzt mehr oder weniger eingezwängt im direkten Dunstkreis anderer Mitflieger, atmet trockene, bakterienverseuchte Luft ein und setzt sich relativ hoher Lärm- und Strahlenbelastung aus. Selbst wer keine Flugangst hat oder unter Klaustrophobie leidet, muss mit dem Jet Lag zurecht kommen.

Als Jet Lag werden die **physiologischen Beschwerden des Körpers** aufgrund des schnellen Wechsels von **Zeitzonen** bei Flugreisen bezeichnet. Das Wort „lag" kommt aus dem Englischen und bedeutet Rückstand oder Verzögerung. Gemeint ist damit der Zeitunterschied zwischen der inneren Uhr des Menschen am Abflugort und dem Zielort, der in einer anderen Zeitzone liegt. 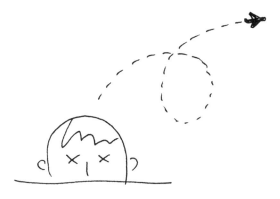 Bei jedem Langstreckenflug gerät die biologische Uhr aus dem Rhythmus, das heißt der ursprüngliche Tag-Nacht-Rhythmus mit dem damit einhergehenden Lichtwechsel gerät durcheinander. Der Körper ist mit den zu schnellen Veränderungen der Hell- und Dunkelphasen, die für den Schlafrhythmus wichtig sind, überfordert. Wenn der Körper also von seinem Zyklus her noch Nachmittag in Deutschland signalisiert und es vor Ort in China bereits Nacht ist, kann man nicht schlafen.

Allerdings reagiert jede Person auf Jet Lag ganz unterschiedlich. Die **Symptome** reichen von Wasserverlust **(Dehydration)** und Appetitlosigkeit, über Kopfschmerz und Nebenhöhlenbeschwerden bis hin zu Magenbeschwerden und Übelkeit. Bei und nach allen Interkontinental-Flügen in Ost-West-Richtung machen sich allgemeine Mattigkeit und Schlaflosigkeit bemerkbar.

Um die **Auswirkungen des Jet Lags zu minimieren**, sollte man nur dann schlafen oder essen, wenn es am Zielort auch die „richtige Zeit" zum Schlafen oder essen ist und nicht, wenn man sich müde oder hungrig fühlt. Also sollte man lieber etwas Schlaf- und Essensentzug in Kauf nehmen und dafür weniger unter dem Jet Lag leiden. Während des Fluges sollte man möglichst viel trinken. Um den Wasserverlust auszugleichen, der zusätzlich durch die trockene Kabinenluft hervorgerufen wird, sollte man aber weder Kaffee noch Alkohol zu sich nehmen.

Es gibt verschiedene **pharmazeutische Hilfsmittel**, um die Symptome des Jet Lag so niedrig wie möglich zu halten. Am bekanntesten ist die Einnahme von Melatonin-Tabletten, die in Deutschland im Gegensatz zu Hongkong beispielsweise nicht rezeptfrei erhältlich sind. Melatonin ist das so genannte „müdemachende Hormon", das am späten Abend in der Zirbeldrüse im Gehirn produziert wird. Melatonin signalisiert dem Körper, dass es der richtige Zeitpunkt zum Schlafen ist. Da helles Licht die Melatonin-Produktion beeinträchtigt, sollte man sich tagsüber möglichst viel in der Sonne aufhalten und in geschlossenen Räumen zumindest für ausreichend helle Beleuchtung sorgen. Nebenwirkungen von Melatonin sind derzeit nicht bekannt.

Das Ergebnis des Jet-Lags besteht also darin, dass man zusätzlich zum möglichen Anreisestress und der Aufregung über die bevorstehenden Ereignisse auch noch körperlich sehr in Mitleidenschaft gezogen wird und vor Ort kaum die Möglichkeit hat, seinen Körper sofort auf die neuen Begleitumstände einstellen zu können.

Folgen sind verminderte Leistungsfähigkeit und mangelnde Konzentration. Es können Magenprobleme auftreten, die durch das ungewohnte lokale Essen noch verstärkt werden. Auch Stimmungsschwankungen können eine Folge sein.

Diese Symptome ziehen sich über Stunden oder Tage, manchmal sogar über eine ganze Woche hin. Die innere Uhr braucht üblicherweise eineinhalb Stunden pro Tag, um sich an die neuen Verhältnisse zu gewöhnen und sich umzustellen. Beim Deutschland-China-Flug muss man also mit bis zu viertägigen Auswirkungen rechnen. Bei der Planung von Rundreisen und wichtigen Geschäftstreffen sollte der Jet Lag berücksichtigt werden, um sich in möglichst guter Verfassung zu präsentieren.

Kleiderwahl

In China erwartet den Besucher ein **modisches Potpourri**. Die Zeiten grau-blauer Einheitskleidung für Arbeiter und Funktionäre gehören der Vergangenheit an. Nur „auf dem Land" wird man noch Männer in der damals vorgeschriebenen Mao-Kluft sehen. In den Städten herrscht ein manchmal atemberaubender Stilmix aus westlicher Mode und östlichen Designvorstellungen.

Durch die klimatischen Bedingungen findet man in vielen Landesteilen immer noch das **traditionelle chinesische „Zwiebelsystem"** vor, mit dem sich die Menschen möglichst flexibel den sich ändernden Temperaturen und Jahreszeiten anpassen können. Mehrere Schichten aus langen Unterhosen, Unterhemden, Oberhemden, Strickpullovern und Jacken werden ohne Rücksicht auf Passgenauigkeit, Farbe und Stil miteinander kombiniert, um sich ja nach Bedarf einer weiteren Kleidungsschicht entledigen zu können. Das ist zwar pragmatisch, sieht jedoch wenig elegant aus.

Der Anblick so gekleideter Arbeiter und Angestellter – auch in Führungspositionen – ruft bei Ausländern eine Mischung aus Befremdlichkeit und Skepsis hervor, aber man sollte nicht vergessen, dass sich modischer Geschmack in China bei der breiten Masse der Bevölkerung noch nicht wirklich entwickelt hat und früher dekadenter Luxus war. Dementsprechend ist er weniger wichtig als die Nutzung zur Verfügung stehender Kleidungsstücke.

Doch selbst ohne Zwiebelsystem findet man auch in den Unternehmen quer durch alle Hierarchien Männer und Frauen, die in keinster Weise auf ihr Outfit achten, das wir im beruflichen Umfeld als angemessen erachten würden – zumindest, wenn es zu Kundenkontakten kommt. Ausgebeulte Hosen, heraushängende Hemden, fleckige Jacken und abgewetzte Schuhe – der äußerlich oft ungepflegte Eindruck stößt so manchem Ausländer negativ auf. Doch man sollte sich daran erinnern, dass solchen Äußerlichkeiten oftmals einfach keine Priorität eingeräumt wird und dass man deshalb keine direkten Rückschlüsse auf die Professionalität einer Firma schließen sollte.

Ein **völlig anderes Bild** erschließt sich dem Chinareisenden **in den Großstädten**, wobei Shanghai eine modische Spitzenposition einnimmt. Kinder werden bisweilen wie Modepuppen gestylt und von Kopf bis Fuß ausstaffiert. Und vor allen die Jugend ist extrem modebewusst und legt sehr viel Wert auf ihr äußeres Erscheinungsbild. Allerdings werden hier sehr gewagte Stilkombination, was Schnitte, Materialien, Farben und Accessoires betrifft, stolz und fröhlich zur Schau gestellt, über die man sich nicht nur als eher konservativer Geschäftsmann wundern kann.

Die Frage ist, wie reagiert man selbst auf eine derartige Vielzahl von modischen Auftritten und unterschiedlichen Einstellungen. Man liest immer wieder, wie wichtig es ist, bei Firmenbesuchen oder geschäftlichen Besprechungen passende Kleidung zu tragen. Sich eher konservativ zu kleiden, ist natürlich richtig, aber in China ständig mit Anzug und Krawatte herumzulaufen, ist denkbar verkehrt. Allein wegen der Temperaturen, der hohen Luftfeuchtigkeit und der oftmals mangelnden Hygiene in den Produktionsstätten ist ein solches Auftreten sehr hinderlich und trägt weder zum Komfort noch zu einem besseren Image bei. Ein Anzug kann mehr zur Distanz beitragen als es den Anschein macht.

Wenn nicht ein offizielles Treffen mit hochrangigen Vertretern von Unternehmen oder Institutionen angesetzt ist, wo auch von Männern und Frauen eine förmliche Kleidung erwartet wird, sollte man sich dem eher saloppen Kleidungsstil seiner **Geschäftspartner anpassen**. Das bedeutet, ohne Probleme Stoffhosen oder gar Jeans, kurze Hemden und keine Krawatte zu tragen. Westliche Geschäftsleute sind prinzipiell eher overdressed als underdressed, wobei sich in jeder Situation wohlzufühlen aber in jedem Fall an erster Stelle stehen sollte.

Es bietet sich trotzdem an, neben einer Vielzahl an Wechselhemden, die gerade im Sommer stündlich durchgeschwitzt werden, stets einen Pullover oder ein Sakko dabeizuhaben, um sich bei den ständigen Wechseln von heißen Außenbereichen zu extrem niedrig klimatisierten Räumen – zum Beispiel während des Essens – keine Erkältung zu holen. Auf die chinesische Trauerfarbe Weiß sollte bis auf Hemden und Blusen allerdings verzichtet werden, um keine Irritationen auszulösen.

Drei modische Besonderheiten Chinas, die bei Ausländern oftmals Erstaunen oder gar kopfschüttelnde Verständnislosigkeit hervorrufen, seien an dieser Stelle noch erwähnt. Zum einen ist es gängig, dass sich Männer, wenn es heiß ist, die Hosen bis über die Kniee und die Unterhemden bis über die Brustwarzen nach oben rollen, während Frauen gerne breitbeinig auf Hockern sitzen und sich mit ihren Röcken ungeniert Luft zu fächeln. Da gibt es auch in der Öffentlichkeit keinerlei Schamgefühle.

Bei Kindern – vor allem in ländlichen Gebieten – findet man bis heute einen eingearbeiteten Schlitz in der hinteren äußeren Hosennaht. Dadurch können auch bei kalten Außentemperaturen ohne sich ausziehen zu müssen ganz einfach auch große Geschäfte auf der Straße gemacht werden. Diese Modeform bei Kleinkindern entspricht natürlich gar nicht den Wünschen der internationalen Windelindustrie, die sich die breite Landbevölkerung als künftige Käufergruppe erschließen möchte.

Pünktlichkeit

Anders als zum Beispiel in Südamerika, sollte man **in China pünktlich sein.** Das betrifft nicht nur Geschäftstreffen. Bisweilen kommt es vor, dass Firmenvertreter in leitenden Positionen bewusst später erscheinen, um so zu demonstrieren, wie wichtig sie sind bzw. wie wichtig sie sich halten. Daran sollte man sein eigenes Verhalten allerdings nicht orientieren. Das sogenannte „akademische Viertel" ist in China aber unbekannt.

Das größere **Problem** besteht darin, die geplanten und avisierten **Besuchszeiten auch einhalten zu können.** Wunsch und Wirklichkeit in Bezug auf Pünktlichkeit prallen hier oft hart aufeinander. Allein die Fahrzeiten zwischen oder gar innerhalb der ausufernden Gewerbe- und Industriegebieten in der Provinz Guangdong können mehrere Stunden betragen, wobei es oftmals mehr Glückssache als Ortskenntniss ist, dass ein Taxifahrer die jeweilige Adresse überhaupt findet.

Wer also beispielsweise plant, zwei Firmenbesuche im Großraum Shenzhen und Kanton im Rahmen einer Tagestour ab Hongkong miteinander zu kombinieren – also vielleicht ein Besuch am Vormittag und einer am Nachmittag – muss sich möglicherweise auf völlig andere Zeiten einstellen als ursprünglich geplant.

Ein typischer Tagesablauf könnte folgendermaßen aussehen: Man fährt mit dem Zug von Kowloon zum Grenzübergang zu Shenzhen nach Lo Wu und lässt sich dort bereits gegen 9 Uhr morgens von seinem Lieferanten abholen. Die Fahrzeit zum Unternehmen beträgt je nach Verkehrssituation vielleicht eineinhalb Stunden. Man kommt an, hat erst mal Smalltalk mit seinem Ansprechpartnern und stellt dann fest, dass ab 11:30 Uhr schon Mittagspause ist. Da man aber die Produktion sehen will, wird erst mal ausgiebig zu Mittag gegessen. Anschließend erfolgen der Firmenrundgang, der Besuch des Showrooms, Gespräche über mögliche Zusammenarbeit oder auch konkrete Auseinandersetzung über Produktspezifikationen. Plötzlich ist es schon 15:00 Uhr.

Dann muss ein Taxi zur nächsten Firma organisiert werden, das wiederum eineinhalb Stunden benötigt. Bis diese zweite Besichtigungsrunde vorbei ist, ist es auch ohne große Verzögerungen 19:00 Uhr. Selbst wenn man dann durch geschickte Argumentation auf die obligatorische Einladung zum Abendessen verzichten kann, ist die Ankunft in Hongkong vor 22:00 Uhr abends kaum möglich. In diesem 15-stündigen Tag waren allein acht Stunden reine Fahrzeit inbegriffen, die man so vielleicht nicht einkalkuliert hat.

Durch die **Entfernungen und** diese **Rahmenbedingungen** ist es **fast unmöglich, immer pünktlich** an dem nächsten Punkt **zu er-**

scheinen und Termine müssen selbst innerhalb eines Tages dauernd telefonisch angepasst werden. Das wissen jedoch auch die chinesischen Firmen und haben im Normalfall auch kein Problem damit.

Begrüßung

Man begrüßt seine chinesischen Geschäftspartner, Bekannte oder auch Freunde immer **nach Hierarchie**. Das bedeutet gemäß des Alters oder der Position, wobei dies oftmals deckungsgleich ist. Man muss auf jeden Fall vermeiden, nach westlicher Sitte die anwesenden Damen zuerst zu begrüßen, zumal dies oftmals nur Dolmetscherinnen sind. Dieses „ladies first" wäre ein klarer Affront und Missachtung des Respekts. Wenn nicht eindeutig ist, welcher Gegenüber der Ranghöchste ist, kann man die Personen auch der Reihe nach begrüßen.

Kräftiges, ausdauerndes **Händeschütteln** war im traditionellen China nicht üblich, wurde aber inzwischen als gängige Geste übernommen. Inzwischen hat sich im chinesischen Kulturraum der westliche Händedruck in fast allen Bereichen als Begrüßungsform durchgesetzt, wenngleich sich der chinesische Händedruck noch oft von dem westlichen unterscheidet.

Zusammen mit einer **leicht angedeuteten Verbeugung** liegt man damit immer richtig. Wer rein chinesisch nur mit Verbeugung begrüßen möchte, wird eher überraschende Reaktionen ernten, weil es nicht erwartet wird und man daran nicht gewöhnt ist. Eine eher seltene Variante, die ihren Ursprung im Kung Fu hat, ist die Begrüßung einer ganzen Gruppe, statt der Individuen, wobei man sich hier mit vor der Brust verschränkten Armen verbeugt.

Der **Händedruck** selbst ist nicht kräftig, um dadurch Energie und Souveränität auszudrücken. Im Gegenteil, das wäre zu aggressiv und gilt geradezu als unhöflich. Es herrscht eher ein kurzes und leichtes Ineinanderlegen der Hände vor, das vielen Ausländern als zu weich und damit unangenehm erscheint. Der feste Händedruck als Ausdruck von

Tatkraft und Entschlossenheit ist also nicht zu erwarten und sollte auch von deutscher Seite her nicht forciert werden.

Also sollte man auch keinesfalls auf seine Gesprächspartner mit ausgestreckter Hand zustürzen und ihre Hände greifen. Man wartet erst mal ab wie sie sich verhalten und dann verhalten begrüßen. Männer schütteln übrigens der Frau nicht die Hand, es sei denn, sie würde es von sich aus anbieten.

Man sollte darauf achten, seinem Gegenüber auch **nicht offen und forschend in die Augen** zu sehen. Die Vermeidung direkten Augenkontakts zeugt von Respekt und Ehrerbietung, was gerade bei gleich- oder gar höhergestellten Partnern notwendig ist und erwartet wird. Leichtes nach unten schauen ist die beste Methode.

Des Weiteren sollte man beachten, dass es in China **Wangenküsse** als Begrüßungszeremonie gar nicht gibt und es heißt, wenn man einen chinesischen Bekannten auf der Toilette trifft, sollte man ihn gar nicht grüßen, weil es als unangenehm empfunden wird. Und einen Bekannten aus der Entfernung zur Begrüßung zu sich heran zu winken, sieht auf dem ersten Blick wie Wegscheuchen aus, da die Finger nach unten gehalten werden.

Bei jeder Form der Begrüßung sollte auch jeder noch so sprachungeübte Ausländer die **wichtigsten Floskeln** parat haben und auf Chinesisch erwidern können. Das wären „huan ying" (willkommen), „ni hao" (guten Tag, aber wörtlich „du gut"), „qing zuo" (bitte nehmen Sie Platz) und das obligatorische „xie xie" (danke).

Die **telefonischen Begrüßungsrituale** in China sind sehr gewöhnungsbedürftig. Am Telefon melden sich Chinesen nie mit dem eigenen Namen. Auch Rezeptionisten in Unternehmen werden sich telefonisch üblicherweise nicht mit dem Namen des Unternehmens melden. Es heißt immer nur kurz, gelangweilt und meistens abweisend „wei?" (hallo) und das macht Ausländer bisweilen rasend. Eine höfliche, verbindliche oder gar ausführliche Auskunft am Telefon ist nicht üblich und auch nicht zu erwarten. Oft genug wird man schnell und ruppig abgefertigt und weiß oftmals nicht mal, mit wem man überhaupt gesprochen hat.

Anrede

Es gibt verschiedene, teilweise **sehr komplexe Arten** der Anrede in China. Sie verraten nicht nur viel über den Hintergrund seines chinesischen Geschäftspartners, sondern zeigen auch sehr deutlich den Status, den man selbst in China genießt. In der Art und Weise, wie man mit der richtigen Anrede umgeht, lassen sich viele Rückschlüsse auf die Kenntnisse der chinesischen Kultur und Mentalität ziehen. Insofern lohnt es sich, sich gezielt damit auseinanderzusetzen.

Die nachfolgenden Bezeichnungen und Anredeformen sind aber nur dann für den Chinareisenden relevant, wenn er über ein gewisses Grundmaß an Chinesischkenntnissen und der entsprechend korrekten Aussprache verfügt. Ansonsten könnte der gewünschte Effekt verfliegen oder gar ins Gegenteil umschlagen. Aber selbst als aufmerksamer Zuhörer, der nur Englisch spricht, ist die theoretische Kenntnis der richtigen Anrede wichtig, um seine Gesprächspartner besser verstehen und richtig einordnen zu können.

In China hat die hierarchische Stellung im Unternehmen einen enorm hohen Stellenwert. Entsprechend des Titels, des Ranges, der Berufsbezeichnung bzw. der innerbetrieblichen Position variiert die Art der Anrede. **Entscheidungsträger** könnte man auch **an der Tischposition oder** dem **Verhalten** nach als solche **identifizieren**.

Chinesische Männer werden mit **„Xiansheng"** (Herr) und **Frauen** mit **„Nüshi"** (Dame) angesprochen. **Alle Arten von Titel, hohe Funktions- oder Respektsbezeichnungen** sowie **jedwede Anredeformen** werden anders als im Westen nicht vor den Vornamen, sondern **hinter den Familiennamen** nachgestellt. Herr Rommel würde also als „Lo Xiansheng" angeredet werden.

Es gibt **je nach Berufsart und -bezeichnung viele Anreden**, wie zum Beispiel „Laoshi" (Lehrer), „Boshi" (Doktor), „Jiaoshou" (Professor) oder „Jingli" (Manager). In vielen Firmen ist der „Shifu"(Meister) sehr geläufig und der Firmenchef ist der „Laoban". Der früher übliche Titel „Tongzhi" (Genosse) wird heute nicht mehr verwendet. Heute wird diese alte proletarische Anredeformel im Alltagsgebrauch sogar als Slangbezeichnung für „Schwuler" verwendet. Also Vorsicht!

Im konfuzianisch geprägten China genießt das Alter nach wie vor eine hohe Bedeutung. Mit **silbergrauen Schläfen** gesegnet, hat man in China immer einen großen Bonus gegenüber jüngeren Kollegen, seien diese auch noch so kompetent oder gar hierarchisch über Ihnen angesiedelt.

Dieser Seniorität wird mit der gängigen Anrede „Lao" (alt) respektvoll begegnet. Wenn man also als „Lao Lo" (das bedeutet „alter Lo", sofern „Lo" Ihr ins Chinesische übersetzter Familienname wäre) angesprochen wird, könnte man dies als gutes Zeichen interpretieren. Genauso sollte man selbst mit seinem älteren Gegenüber verfahren, wenn man bereits miteinander vertraut ist. Einen völlig Fremden würde man nicht so bezeichnen, auch wenn er offensichtlich älter ist als man selbst. Sollte das „Lao" statt vor-, nachgestellt werden, ist es eine besonders würdevolle Bezeichnung für einen entsprechend älteren Mann „Lo lao" wäre gleichbedeutend mit „ehrenwerter Herr Lo".

Im Gegensatz dazu bekommt ein jüngerer Mitarbeiter zur besseren Unterscheidung zu einem gleichnamigen Kollegen manchmal den Zusatz „Xiao", der auch voran gestellt wird. Je nach Alter der Angesprochenen bzw. des Ansprechenden wäre also ein Herr Wang vielleicht der „Xiao Wang" (kleiner Wang) oder auch der „Lao Wang" (alter Wang).

Auf diese bewusst verwendeten, förmlichen Kleinigkeiten sollte man stets achten, denn der erreichte Status möchte von Chinesen auch in der Öffentlichkeit registriert und eindeutig zum Ausdruck gebracht werden. Der enorm hohe Stellenwert von Anredeform und Titel in China sollte nie mit der im Westen oftmals abschätzig verschrienen Titelhudelei verwechselt werden. Anreden bewusst oder unbewusst zu vergessen, könnte als Affront oder sogar als Beleidigung aufgefasst werden. Im Gegenzug kann man jedoch durch eine ganz kleine Titel-Schmeichelei im Rahmen des hierarchischen Gefüges beim Gastgeber wertvolle Bonuspunkte sammeln.

Außerhalb geschlossener Räume oder Gesellschaften wird man als Ausländer noch mit anderen Anreden konfrontiert. Wenn man die an Ausländer gewöhnten Metropolen wie Kanton, Shanghai oder Peking verlässt, wird man sehr häufig auf der Straße den Ausspruch „laowai" zu hören bekommen. Dieser Ausspruch wird auch völlig unaufgefordert zu hören sein, wenn ein Chinese einen Ausländer zu Gesicht bekommt, ihn aber gar nicht direkt ansprechen möchte. Es ist eher eine Form des Erstaunens, das man zu sich selbst sagt.

„Lao" bedeutet ja, wie oben bereits beschrieben, alt, und zeugt eigentlich von Respekt. „Wai" heißt außen und ist in diesem Zusammenhang eine Abkürzung für „waiguoren" (Ausländer). Zusammen ergibt „lao wai" eine höfliche Umschreibung für einen Ausländer, allerdings ist der Ausdruck sehr salopp und würde nicht bei förmlichen Anlässen verwendet werden.

Es wird nicht erwartet, dass man unmittelbar auf die Phrase „lao wai" reagiert, aber ein freundliches „ni hao" wird auf jeden Fall sehr positiv registriert werden.

Selten hört man noch den beschönigenden Ausdruck „da bizi" (große Nase), was eine gängige, aber nicht unbedingt negativ gemeinte Bezeichnung für die „weißen Langnasen" ist. Allerdings liegt der Ursprung in dem Ausdruck „gao bizi" was „hohe Nase" bedeutet und tatsächlich mit „hochnäsig" gleichzusetzen ist. Und dies ist nicht gerade eine positive Assoziation für Ausländer.

Die beste Antwort darauf ist entweder ein selbstironischer Konter mit „xiao bizi" (kleine Nase) oder eben auch ein herrlich böses „bian bizi", was „Plattnase" bedeutet. Man hat so garantiert einen Lacher auf seiner Seite oder man sorgt für verblüffte Überraschung.

Zwischen den Jahren 1900 und 1950 gab es noch den Ausdruck „yangguizi", also „ausländischer Teufel". Diese Bezeichnung hat sich inzwischen glücklichweise überholt und ist im Alltag nicht mehr zu hören.

Namen

Der unterschiedliche Umgang mit Vor- und Nachnamen in China führt im Ausland immer wieder zu Verwirrung. Anders als in Deutschland steht in China der **Familienname** vorne und der **Vorname** ist nachgestellt. Bei der Anrede ist dies wichtig zu beachten, man selbst möchte ja auch nicht unbedingt als Herr Michael oder Herr Gustav angesprochen werden.

Diese Namensreihenfolge ist auch ein kleines Indiz für die Wichtigkeit der Familie und die untergeordnete Funktion des Namens des Individuums.

Familiennamen bestehen meistens nur aus einem Schriftzeichen, also einer Silbe. Einige dieser Schriftzeichen kommen ausschließlich als Familienname vor und haben keine inhaltliche Bedeutung. Obwohl die Bevölkerung Chinas über 1,3 Milliarden zählt, gibt es nur eine sehr begrenzte Zahl von ca. 100 verschiedenen Familiennamen. Diese heißen „Laobaixing", was wörtlich „hundert alte Familiennamen" bedeutet und ein anderer Ausdruck für „Volk" ist. Durch diese Silbenbeschränkung wiederholen sich Familiennamen in China sehr häufig und es ist nicht ungewöhnlich, in Unternehmen Dutzende identischer Familiennamen vorzufinden. Das führt bei Ausländern schnell zur Verwirrung, wenn es darum geht, sich die Namen ihrer wichtigsten Ansprechpartner einzuprägen und es ständig zu Dopplungen kommt.

Beispiele besonders gängiger Familiennamen in alphabetischer Reihenfolge sind Cai, Cheng, Dong, Feng, Gao, Huang, Kong, Li, Liu, Ma, Qian, Ren, Song, Sun, Wang, Wu, Ye, Yang, Xu, Zhang, Zhao und Zhou. Allein in der Hauptstadt Peking gibt es einige Tausend Personen mit dem identischen Namen Wang Qiang, was „starker Wang" bedeutet.

Der persönliche Name, also der **Vorname** nach westlicher Definition, besteht in China überwiegend aus zwei Silben. Der Vorname wird außerhalb der Familie nicht getrennt vom Familiennamen verwendet. Selbst unter Freunden wird der ganze Name genannt. Li Jianguo wird von seinen Kollegen auch tatsächlich Li Jianguo gerufen oder mit einem Spitznamen angeredet, beispielsweise Lao Li (alter Li), wenn er älter ist oder Xiao Li (kleiner Li), sollte er jünger sein.

Anders als bei uns gibt es von Seiten des Standesamtes keine Reglementierungen bei der **Namenswahl** oder gar Listen mit genehmigten oder vorgeschriebenen Vornamen. Eltern haben bei der Namenswahl ihrer Kinder mehr oder weniger freie Wahl unter den ca. achtzigtausend chinesischen Schriftzeichen. Die Namen haben oftmals einen Bezug zu den kulturellen und politischen Gegebenheiten der Zeit, in der ein Kind geboren wurde. Während der Kulturrevolution trugen beispielsweise viele Jungen den Namen „Guoqiang" (Landwehr) und die Mädchen „Hong" (rot). Kinder, die in den Jahren nach der Gründung der Volksrepublik geboren wurden, hören häufiger auf Namen, deren Bestandteile aus „Neu", „Neues China", „Aufbau", oder „Vaterland" bestehen. Früher erhielten Kinder oft Namen, die Geister und Dämonen abschrecken sollten, während gegenwärtige Namen eher die Hoffnungen und Wünsche der Eltern nach dem Erfolg ihrer Kinder ausdrücken sollen, um so das Schicksal positiv zu beeinflussen.

Besonders beliebt sind dann für Jungen Vornamen wie „Fu" (reich), „Zheng" (aufrecht) oder „Qiang" (stark). Mädchennamen haben meistens mit Blumen, Edelsteinen und Schönheit zu tun wie zum Beispiel „Yu" (Jade). In der Stadt tragen neuerdings die Kinder oft den Namen „Ying" (klug) oder gar „Xue" (lernen). Neuerdings gibt es professionelle Namensberater, die sich für die Auswahl eines geeigneten Namens bezahlen lassen.

Kinder erhalten in der Regel den Familiennamen des Vaters, aber wenn chinesische Frauen heiraten, nehmen sie nicht die Nachnamen ihrer Ehemänner an, sondern behalten ihre ursprünglichen Nachnamen. Deshalb fällt es oftmals schwer, ein Ehepaar als solches zu erkennen.

Anhand des Vornamens lässt sich nicht immer eindeutig das Geschlecht einer Person feststellen. Da man während jeden Chinabesuchs Dutzende von Visitenkarten erhalten wird, ist es ratsam, sich zu notieren, ob es sich bei der jeweiligen Person um eine Frau oder um einen Mann gehandelt hat. Das erleichtert die spätere Kontaktaufnahme und die richtige Anredeform beim Schriftverkehr.

Seit vielen Jahren ist es Mode, Geschäftsleben – vor allem wenn es Kontakt zu ausländischen Kunden gibt, ist es sogar normal geworden –, dass zusätzlich englische Namen selbst gewählt werden. Das vermittelt nicht nur einen weltläufigen Eindruck, sondern erleichtert tatsächlich auch die Kommunikation und die Aussprache. Diese Vornamen tauchen dann auch auf der englischsprachigen Seite der **Visitenkarte** auf, während die chinesische Rückseite der Karte nur den eigentlichen Geburtsnamen in chinesischen Zeichen wiedergibt.

Die ausländischen Namen werden meist in der Schule, in der Universität oder während Sprachkursen gewählt und unterliegen dem freien Geschmack. Bisweilen kommt es allerdings zu abstrusen Wortkreationen, wie „Milk" oder „Dragon", was als besonders chic gelten soll.

Visitenkarten

Ein **wichtiger Teil des Begrüßungsrituals beim ersten geschäftlichen Treffen** ist das formvollendete Austauschen von Visitenkarten. Hier können schon die ersten Fehler passieren, obwohl viele Chinesen inzwischen wissen, dass sich viele Ausländer wiederum nicht so genau mit den Sitten auskennen und deshalb Toleranz üben.

In China überreicht man Visitenkarten immer **mit beiden Händen**, wobei die **Schrift dem Gesprächspartner lesbar zugewandt** ist. Diese höfliche Übergabe erfolgt mit einer **leichten Verbeugung**, ohne dem Gegenüber dabei direkt in die Augen zu blicken. Gleichzeitig erhält man in identischer Form eine Visitenkarte.

Die erhaltene **Visitenkarte** sollte erst **gelesen** und damit **entsprechend gewürdigt** werden. Wichtig ist dabei der Blick auf den Namen und vor allem auf den Titel, um zu wissen, wen man vor sich hat, um in nachfolgenden Gesprächen gebührend darauf eingehen zu können.

Eine Karte einfach achtlos ohne genauere Betrachtung oder dem Lesen des Textes einzustecken, würde eine Missachtung des Gegenübers ausdrücken. **Beim Überreichen** der Visitenkarte sagt man nochmals seinen **Namen**.

Im Vorfeld jedes Ersttreffens sollte man eine ausreichende Anzahl von Visitenkarten dabei und unmittelbar verfügbar haben, da man nie weiß, wie vielen Personen, die alle eine Visitenkarte haben möchten, man gegenübertritt. Visitenkarten sollten im Idealfall **zweisprachig – Deutsch und Chinesisch** – vorhanden sein und im Vorfeld einer Chinareise schon zu Hunderten als Vorrat für Messe oder Firmenbesuche hergestellt werden. Man kann sie am besten aus der Brust- oder Jackettasche ziehen, aber niemals aus der Hosentasche herauswurschteln. Sie dem Portemonnaie zu entnehmen ist unfein, dagegen gilt ein **aufwendiges Visitenkartenetui** als prestigeträchtig.

Einführung

Anders als in westlichen Ländern ist eine indirekte Kontaktanbahnung zwischen zwei Personen oder auch Unternehmen durch eine dritte Partei üblich. Wenn nicht eine befreundete oder zumindest bekannte Person oder der Vertreter einer beiden Seiten bekannten Institution oder eines Unternehmens diese Rolle übernehmen kann, ist die Inanspruchnahme der professionellen Dienste eines Vermittlers nicht selten.

Eine so durchgeführte Vorstellung oder Einführung – bei uns würde man es als Verkupplung interpretieren – vermittelt einen viel seriöseren, sichereren und zuverlässigeren Eindruck als eine völlig unangekündigte, anonyme und unverbindliche Kontaktaufnahme durch Brief, Telefon oder E-Mail ohne Vorgeschichte.

Eine dritte Partei, die zwei Interessenten zusammenbringt, hat dabei eine wichtige Aufgabe zu erfüllen. Sie muss die Hintergründe, Zielsetzungen und Erwartungshaltungen beider Seiten vorselektieren und entscheiden, ob die beiden Aspiranten zueinander passen. Als verbindendes Glied haftet man mit seinem guten Namen für die Richtigkeit der Kontaktanbahnung. Deshalb werden oft die familiären Bindungen oder die richtigen Beziehungen zur einen oder anderen Seite ins Spiel gebracht und die Empfehlungen basieren in den seltensten Fällen auf reinen Sachentscheidungen. Das kann für Ausländer je nach Ausgangssituation Vor- oder auch Nachteile haben.

Das Einführungsritual zu befolgen, ist kaum notwendig, wenn es darum geht, einen passenden Lieferanten zur Lohnfertigung zu finden. Wenn aber zum Beispiel ein Partner gesucht wird, sollte man sich die richtige Vorgehensweise reiflich überlegen.

Nach den eigenen Vorrecherchen über Eignung und Leistungsfähigkeit könnte man versuchen, eine einflussreiche Person aus Politik oder Wirtschaft oder einen gemeinsamen Geschäftspartner mit hinzuzuziehen, um die Verbindung herzustellen. Gemäß des Mottos „Kleiner Aufwand, große Wirkung" könnte die Aufmerksamkeit, die einem dadurch bescheinigt wird, und der positive Effekt, den man durch eine offizielle Einführung von neutraler Seite aus hervorruft, möglicherweise einen viel höheren Wert haben als der zusätzliche Aufwand, den die Einschaltung eines Vermittlers im Vorfeld hervorruft. Je nach Zielsetzung sollte man solche Strategien im Vorfeld allzu voreiliger Bemühungen mit einem China-Berater diskutieren.

Hartes Geschäft

3

Zeitverständnis

Der größte Fehler, den wohl jeder bei geschäftlichen Beziehungen in China begeht, ist die Unterschätzung des Faktors Zeit. Es gibt ein Sprichwort in China, das eigentlich schon alles zum Thema Zeit aussagt: „Die kleinste Zeiteinheit in China ist ein Tag.". So lächerlich es auch klingen mag, wenn man den Kern dieser Aussage beherzigt und als ernstzunehmende Grundlage für seine Zeitplanung nimmt, liegt man in jeder Hinsicht besser, als nach deutschem Strategieplan vorzugehen und vielleicht eine Zugabe von 30% mit einzukalkulieren.

Alles, was man in China vorhat, dauert länger als geplant. Jede noch so kleine Aktion, sei es, etwas zu kaufen, zu bauen, zu diskutieren, zu Papier zu bringen, sich zu entscheiden oder eine Genehmigung einzuholen, dauert um ein Vielfaches länger als das, was man in Deutschland dafür benötigen würde. Das liegt nicht nur an den Sprachbarrieren, den Mentalitätsunterschieden, an der starren Bürokratie oder den unflexiblen hierarchischen Hürden im Unternehmen. Zeitliche Verzögerungen haben viele Gründe.

Man unterschätzt die großen Entfernungen im Land und die damit verbundenen verkehrstechnischen Herausforderungen. Gespräche ziehen sich über Stunden hin, weil man ja nicht nur wegen des zielgerichteten Austauschs von auftragsbezogenen Sachinformationen zusammenkommt, sondern weil man die Beziehungen untereinander stärken möchte. Entscheidungen können nicht kurzfristig getroffen werden, weil viele verschiedene Instanzen befragt werden müssen, Genehmigungen diverser Institutionen vorliegen müssen und die zuständigen Personen oftmals nicht verfügbar sind. Vorbereitungszeiten für Werkzeugherstellung beispielsweise sind sehr komplex, weil viele einzelne Arbeitsschritte an andere Zulieferer ausgelagert sind. Die Bestellung von Materialien aus anderen Provinzen ist oft schwer zu organisieren und der Logistikaufwand ist enorm. Klimatische Probleme, Naturkatastrophen und Umwelteinflüsse erschweren den Alltag und führen zu Lieferengpässen. Hohe Fluktuationen bei Arbeitern und saisonale Auftragsspitzen beeinflussen die Kapazitätsplanungen. Maschinenbedingte Ausfälle in der Produktion oder wiederholtes Anlernen von neuem Personal verursacht einen ungewollten, kurzfristigen Produktionsstau.

Allerdings muss man auch sagen, dass die Menschen in China schlechte Erfahrungen mit jahrzehntelanger Mangelwirtschaft haben, politisch schwierige Zeiten mit Unterdrückung und Ausbeutung erlebt haben und mit chronischer Überbevölkerung und schlechter Infrastruktur zu kämpfen haben. Diese leidigen Erfahrungen haben dazu geführt, sich oftmals einfach dem Schicksal zu ergeben, schlechte Rahmenbedingungen fatalistisch zu akzeptieren, sich anzupassen oder zufrieden zu geben, mit dem, was man hat oder Probleme einfach auszusitzen. In einem Wort, es werden aus der Not Tugenden gemacht, anstatt alles Menschenmögliche daranzusetzen, eine Alternativlösung „herbeizuzaubern".

Ein dritter Aspekt liegt in der Bedeutung der Zeit als wichtiger Kostenfaktor. Dieser wird anders als im Westen nicht als solcher gesehen. Natürlich sind moderne Fabrikationen auch darauf angewiesen, ihre Maschinenstunden und Personalzeiten in der Produktion sorgfältig zu planen und einzuhalten, doch eben nach chinesischem Verständnis. Und da treten meistens die höheren Kosten eben nicht im Personalbereich auf, wo es im Westen kostenmäßig besonders weh tut. Aber das erschließt sich dem Besucher nicht, der Hunderte von scheinbar unproduktiv dasitzenden und extrem langsam vor sich hin arbeitenden Arbeiterinnen beobachtet, seine Termine platzen sieht und händeringend versucht, seinen Ansprechpartner davon zu überzeugen, man möge doch bitte schneller und strukturierter arbeiten.

Mit Chinesen zu arbeiten bedeutet, sich in Geduld zu üben und auch zeitlich ständig zu improvisieren. Es läuft eben in China nicht immer alles so wie man gern hätte, aber für den Ausländer ist nur in den seltensten Fällen ersichtlich, was nun trotz wiederholter Planungen, Absprachen und Kontrollen tatsächlich zu einer erneuten Verzögerung der Produktion oder Lieferung geführt hat. Meistens bringen Ausländer nur Unverständnis dafür auf und regen sich auf, weil ihre eigene Planung darunter leidet. Als Ergebnis heißt es allzu oft, Chinesen seien unzuverlässig und nicht in der Lage, einen realistischen Lieferzeitplan aufzustellen.

Dass wir nicht verstehen, dass die Probleme nicht unbedingt hausgemacht sind, und dass es dem chinesischen Partner peinlich ist, die wahren Gründe, für die er selbst möglicherweise gar nichts kann, preiszugeben, ist wieder ein typischer Fall interkultureller Inkompetenz.

Arbeitszeiten

Die **Regelung** der Arbeitszeiten in China ist ein **sehr komplexes Thema**. Tatsache ist, dass das Grundgehalt von vielen Angestellten sehr niedrig ist und deshalb viele Mitarbeiter auf die sehr gut bezahlten **Überstunden** angewiesen sind. Deshalb werden Überstunden manchmal sogar gerne gemacht. Unter diesen Kriterien ist vielleicht zu verstehen, dass man oftmals das Gefühl hat, die Anwesenheitszeiten während der Kernarbeitszeit werden von vielen Mitarbeitern nur unproduktiv abgesessen, um trotzdem solange wie möglich im Unternehmen bleiben zu können.

Pausenregelung, Urlaubsregelung, Krankheitsvertretung und **Benachrichtigung des Arbeitgebers im Falle einer Erkrankung**, sowie **Mutterschaftsregelung, Kündigungen** oder **Ruhestandsregelungen** unterliegen auch bei Joint Ventures dem chinesischen Recht und Gesetz. Selbst wenn ausländische Experten einige Neuregelungen treffen möchten, müssen sie sich an die Vorgaben halten. Das betrifft auch den Einfluss von Gewerkschaften, obwohl bekannt ist, dass in China der Schutz und die Interessenvertretung der Arbeitnehmer sicherlich in keinster Weise mit den fast paradiesischen Arbeitsbedingungen in Deutschland zu vergleichen sind.

In Fabriken ist nach wie vor die **Sechs-Tage-Woche** üblich bei Schichten von zehn bis zwölf Stunden. Nach einem rotierenden System ist ein Tag der Woche arbeitsfrei. Es gibt feste Mittagspausenregelungen, die meist zwischen 11:30 und 13:00 Uhr liegen, was bei der Zeitplanung von Firmenbesichtigungen berücksichtigt werden sollte. Um 17:00 Uhr sind viele Unternehmen, sofern sie nicht in manchen Abteilungen doppelschichtig arbeiten, schon verwaist.

Es ist bekannt, dass heute wieder in vielen Unternehmen Zustände herrschen wie zu Beginn der industriellen Revolution in Europa, die einem modernen Sklavenmarkt sehr nahe kommen. Dabei werden Tausende von billigen und willigen Arbeitskräften aus ländlichen Gebieten in die Städte gebracht und dort unter katastrophalen Lebens- und Arbeitsbedingungen zum Schuften angehalten.

Bei Arbeitszeiten von bis zu sechzehn Stunden pro Tag bei sieben Tagen die Woche ohne Freizeitausgleich und ohne Urlaub, werden diese Heerscharen von überwiegend ungebildeten, rechts- und vertragslosen Arbeitsbienen nachts zu Dutzenden in provisorischen Verschlägen unter kaum vorstellbaren Hygiene- und Sicherheitsbedingungen zusammengepfercht.

Natürlich sind solche Zustände auch in China illegal, und werden bei staatlichen Kontrollen durch die zuständigen Ämter mit Strafen oder Schließung des Unternehmens geahndet. Da dadurch kurzfristig die gesamte Produktion zum Erliegen kommen kann, bietet es sich an, sich **im Vorfeld** jeden Auftrags persönlich **von der Situation der Arbeiter in Betrieben, mit denen man zusammenarbeiten möchte**, zu **überzeugen**. Manche amerikanische Unternehmen verlangen ohnehin unter Berufung auf Menschenrechte einen lückenlosen Nachweis der Arbeitszeiten, weil sonst eine chinesische Fabrik nicht als Lieferant zertifiziert wird. Eine Folge dessen sind die neuerdings immer häufiger zu sehenden Zeiterfassungssysteme, die an den Toren der Fabriken installiert werden.

Arbeitsweisen

Als Ausländer neigt man dazu, sich eine vorschnelle Meinung über die Art des Arbeitens in China zu bilden. Wer verschiedenste Alltagssituationen in Unternehmen miterlebt oder auch nur beobachtet hat, kommt zu der Erkenntnis, dass **logisch-rationales Denken und Handeln**, so wie es für uns ganz normal und selbstverständlich ist, bei vielen Chinesen – zumindest bei chinesischen Handwerkern und Arbeitern – in den meisten Fällen nicht vorhanden zu sein scheint.

Chinesen fangen einfach erst mal mit einer Aufgabe an, ohne sich vorher Gedanken über das Wie, Wo, Wann, Warum und vor allem über die mögliche richtige Reihenfolge der Arbeit zu machen. Die strukturierte Planung, das Denken in Kausalzusammenhängen, das vorausschauende Handeln, das Setzen von Prioritäten, ist nicht in der Form vorhanden, wie man es bei uns voraussetzen oder erwarten würde.

Warum scheinen manche Arbeiter so langsam zu sein? Warum stehen andere ziellos herum? Warum werden die einzelnen Arbeitsschritte nicht besser koordiniert? Warum, warum, warum? Die Lieblingsfrage aller Deutschen, die voller Erstaunen in eine chinesische Fertigungshalle kommen und gleich alles besser wissen. Die Gründe hierfür erschließen sich den kritischen Augen von Neuankömmlingen nicht sofort.

Basis ihrer Bewertung ist die Analyse von oder Erfahrung mit deutschen Arbeitsprozessen und Fertigungstechniken, die auf Kennziffern, Leistungsdaten und Zielvorgaben beruhen, also sichtbaren und vor allem messbaren Parametern. Im direkten Vergleich wirken die Prozesse in chinesischen Firmen überwiegend unproduktiv, uneffektiv und antiquiert. Chinesische Methoden kommen deutschen Managern oft spanisch vor. Erst wer über einen längeren Zeitraum in China gewesen ist, erkennt, dass sich unter der Oberfläche Gründe und Mechanismen verbergen, die unterschiedliche Arbeitsweisen erklären.

Es geht um Kompetenzen und Zuständigkeiten bei der Bedienung von Maschinen, um anders gelagerte Bewertung von Kostenstellen, um eine verschobene Priorität in Bezug auf Personaleinsatz und Investitionen in neue Maschinentechnik, mangelnde Verkehrsinfrastruktur, Verzögerungen bei der Anlieferung von Rohmaterialien, Halbfertigwaren und Accessoires, Warten auf Reparaturteile, Instandhaltungszeiten, Kontrollen bei Rüstvorgängen, Vorbereitung von weiterführenden Veredelungsstufen oder Bestätigungen von Absprachen.

Die **augenscheinlich unlogische Arbeitsweise** beruht nicht nur auf dem Unterschied zwischen dem im Westen bevorzugten Maschinenausstoß und der in China dominierenden Handkonfektionierung. Im Westen stellen nun mal die Lohnkosten- bzw. der Lohnnebenkostenanteil oftmals die teuerste Komponente bei der Herstellung eines Produkts dar. Isoliert betrachtet ist das natürlich ein Ungleichgewicht, aber man sollte nicht glauben, die Chinesen würden sich keine Gedanken darüber machen. Aber oftmals scheitern die eigenen Interessen der Chinesen an fortschrittlicheren und damit produktiveren Fertigungsmethoden an dem selbst geschaffenen oder oktroyierten Arbeitsumfeld.

Jedwede Form von **Kritik, gutgemeinten Vorschlägen** oder gar **konkreten Maßnahmen** oder sogar **Vorgaben zur Verbesserung** sollten erst nach gründlicher Bewertung der Ausgangssituation und einem Verständnis der Arbeitsbedingungen erfolgen. Chinesen mögen und wollen Verbesserungen, denen sie lernbegierig nacheifern können, vor allem wenn die Ideen von Fachleuten mit Vorbildfunktion kommen. Der Ort, die Zeit, der richtige Ansprechpartner und die Form derartiger Bewertungen von Arbeitsweisen müssen jedoch stimmen. Veränderungen müssen auch von chinesischer Seite als vorteilhaft akzeptiert und von oben nach unten delegiert werden, damit sie nicht auf Ablehnung stoßen und damit kontraproduktiv sind. Vor allem darf der Angesprochene nicht sein Gesicht verlieren, wenn möglichst noch vor versammelter Mannschaft über Sinn und Unsinn bestimmter Arbeiten diskutiert wird.

Trotz dieser Einschränkungen, die fast eine Art Entschuldigung liefern könnten, gibt es auch rein **mentalitätsbedingte Unterschiede** in der Herangehensweise und der Umsetzung einzelner Aufgaben. Dazu zählt zum Beispiel die Organisation des eigenen Arbeitens. Arbeitsplätze sehen meist völlig chaotisch aus – von Übersichtlichkeit und Ordnung ganz zu schweigen. Das systematische Ablegen von Papieren, die Zuordnung zu Aufträgen, die Katalogisierung zur nachträglichen Auffindung von Erstaufträgen, eine auch für andere Mitarbeiter erkennbare Struktur im Abarbeiten von Aufgabenfeldern, sind für Ausländer schwer oder gar nicht zu finden, sofern es überhaupt ein nachvollziehbares Prinzip gibt.

Es fällt Chinesen oftmals sehr schwer, bei einer komplexen Aufgabe den Überblick zu bewahren oder eine Arbeit auch konsequent abzuschließen, ohne sich zwischendurch mit anderen Aufgaben, die man vielleicht interessanter findet, zu beschäftigen. Mangels klarer Vorgaben oder Kontrollen oder Zuständigkeit neigen viele Chinesen dazu, auftretende Probleme entweder zu ignorieren, sie als gottgegeben hinzunehmen oder aber – was oft noch viele schlimmere Folgen hat – sie wiederum ohne großes Nachdenken provisorisch zu beheben. Letztere Vorgehensweise des „Trial and Error" kann gerade bei komplexen Störungen in Hard- oder Software fatale Auswirkungen haben.

Jeder einigermaßen handwerklich begabte oder intelligente Mensch – diese Aussage bezieht sich in diesem Fall auf alle ausländischen Experten in China – würde am liebsten selber mit zupacken oder die von ihm gestellte Aufgabe gleich ganz übernehmen. Allein das Zusehen, wie in China bestimmte handwerkliche Tätigkeiten ausgeführt werden, fällt schon schwer.

Das lässt sich jedoch nicht mal eben so ändern. Die Schwierigkeit liegt darin, dass man bei allem, was man sagt und tut und an Aufgaben verteilt, versuchen muss, sich von seinem eigenen Verständnis der Dinge zu lösen und alle Vorgänge soweit als möglich zu vereinfachen und möglichst bildlich darzustellen. Die Abstrahierung darf aber nicht soweit gehen, dass Arbeitsvorgaben den direkten Bezug zur Realität verlieren.

Man muss akzeptieren, dass die Chinesen ihren eigenen Stil haben, um die Dinge anzupacken und Probleme zu meistern. Es wäre ein Fehler, Ihnen mit europäischer Arroganz alles aus den Fingern zu nehmen, weil man glaubt, es grundsätzlich besser zu können. Man ist oft sehr überrascht, wie sie letztendlich durch Improvisationstalent doch irgendwie zum Ziel gelangen, selbst wenn es etwas länger dauert und das Ergebnis vielleicht nicht genau dem entspricht, was man erwartet hat.

Um bei oder besser noch mit seinen chinesischen Partnern **neue Arbeitsweisen** einzuführen, hat sich immer als sehr sinnvoll erwiesen, sich vom Gegenüber nochmals erklären zu lassen, ob er alle Anweisungen tatsächlich verstanden hat oder nur aus Höflichkeit oder Angst vor Gesichtsverlust „ja" sagte. Eigene Fehler und Schwächen offen einzugestehen ist ja ein Tabu. Ein offenes Wort, wie „könnten Sie mir das bitte nochmals erklären", wird man in China leider nie hören.

Wer versucht, seine Mitarbeiter zu schnell an neue Regeln des selbständigen Arbeitens heranzuführen, wird sie nicht nur hoffnungslos überfordern. Viele wollen gar nicht mit neuen Rechten aber auch den dazugehörenden Pflichten betraut werden. Sie fühlen sich wohl in ihrem kleinen Bereich und haben es ohnehin schwer genug, sich mit dem neuen, ausländischen Management oder Kunden mit hoher Erwartungshaltung auseinanderzusetzen. Die Reaktion von vielen Mitarbeitern ist sonst, dass sie sich einem sehr hohen – manchmal zu hohen – Erwartungsdruck ausgesetzt fühlen, den sie nicht gewohnt sind.

Wichtige Dinge sollten deshalb grundsätzlich mit verschiedenen Ansprechpartnern unabhängig diskutiert werden, um sich nicht nur auf eine Partie zu verlassen und um in der Schnittmenge auf das richtige Ergebnis zu kommen. Man kommt sich dabei oft richtig lächerlich vor, da man mit Erwachsenen und nicht mit Kindern spricht. Und das hat nichts mit der Geringschätzung der chinesischen Mitarbeiter im Unternehmen zu tun.

Man sollte auch nicht mal ansatzweise erwarten, trotz gezielter Aufforderung von chinesischer Seite Vorschläge zur Arbeitsoptimierung, zur Weiterentwicklung von Ideen oder Übertragungen von Problemlösungen auf andere vergleichbare Aufgaben zu bekommen. Die meisten Arbeitskräfte haben nie gelernt, mit Begriffen wie Selbstständigkeit und Eigenverantwortung umzugehen und sich wirklich weiterführende Gedanken zu machen. Sie haben immer nur ohne zu fragen ausgeführt, was andere ihnen gesagt haben.

Bei dem direkten **Vergleich von Arbeitsweisen** müssen ständig **Kompromisse** eingegangen werden. Man muss sich von dem eigenen hohen Anspruchsdenken lösen. Es fällt sehr schwer, wenn man das bestmögliche Ergebnis liefern will, als Maßstab aber nicht die eigene, sondern die chinesische Messlatte gilt. Frustration und Demotivation machen sich leider sehr schnell breit, wenn man die Rahmenbedingungen nicht akzeptiert und sich nicht entsprechend anpasst.

Perfektionismus

In Deutschland muss alles genormt, standardisiert und mit minimalen Toleranzen reproduzierbar sein, auch wenn man den Unterschied nicht sehen kann oder die Qualitätsabweichungen für die Funktion eines Produkts völlig irrelevant sind. Hier spielen einige der deutschen Tugenden wieder eine wichtige Rolle. Genauigkeit, penibles Arbeiten, Sorgfältigkeit – Attribute, die allzu oft in China unter den Tisch fallen.

Entsprechend ist der gängige Ausdruck „Chabuduo" die Antwort und der Gegenpol auf deutsche Gründlichkeit und den Hang zum Perfektionismus. Die drei Silben bedeuten je nach Kontext soviel wie „fast fertig" bzw. „fehlt nicht mehr viel" oder auch im übertragenen Sinne „passt irgendwie".

Da wird über **kleine Mängel** großzügig hinweggesehen, weil sie als unwichtig erachtet werden.

Warum reicht es dem Ausländer denn nicht, wenn alles so ungefähr passt. Mit so einem Ergebnis wären viele Chinesen schon zufrieden, weil ihr Anspruchsdenken auch nicht so hoch ist oder weil sie einfach andere Prioritäten setzen. Wenn ein Deutscher dann aber beispielsweise auf detaillierte Nacharbeitung und präzises Messen beharrt, gilt er als kleingeistig.

Es ist die erstaunliche Fähigkeit der Chinesen, mit handwerklichem Geschick, viel Improvisationstalent und großem Findungsreichtum selbst unter widrigsten Umständen ein **Resultat** zu erzielen, das irgendwie seinen Zweck erfüllt. Für Handwerker ist es eine Einstellungssache, fast schon Philosophie, die deutschen Auftraggebern, Projektmanagern oder gar Qualitätsinspektoren einen Schauer den Rücken hinunterjagt. Deshalb sind sie oft genervt und frustriert oder gar verärgert, weil es in China nicht so geht, wie sie es sich vorstellen.

Deutsche unterstellen gerne, dass unkonstruktiv gearbeitet und geschlampert wird. Doch „Chabuduo" sollte nicht verwechselt werden mit Unfähigkeit. Es ist eher eine **flexible Anpassung** an die individuellen Bedürfnisse. Wenn man glaubt, mit geringerem Aufwand = chabuduo an Zeit, Arbeit und Material ein trotzdem gutes Ergebnis hinzubekommen, wäre es doch geradezu Verschwendung, sich noch mehr hineinzuknien. Allerdings kommen oft Faktoren wie nicht verfügbares Werkzeug und schlechte Arbeitsinfrastruktur hinzu, die in Kombination mit mangelnder Ausbildung so manches Provisorium zum Standard machen. Dazu kommt oftmals noch eine eingeschränkte Weitsicht, wenn es darum geht, Aufgaben und Zielsetzung, Anspruch und Erwartung an ein Produkt oder ein Projekt in Einklang zu bringen.

Andere gängige Antworten, wenn man nach dem **Fortschritt einer Arbeit** fragt, könnten lauten „mama huhu" oder auch „hai keyi", was soviel heißt wie „es geht so" oder auch „einigermaßen".

In diesem Zusammenhang ist auch der Begriff „wusuowei" wichtig. Das heißt „egal", und dieser umgangssprachliche Ausdruck aus dem Munde eines Ausländers wird sofort ein Lachen hervorrufen. Wenn also ein Fehler gemacht wurde und man trotzdem das halbwegs akzeptable Ergebnis einer Arbeit freigibt, könnte man mit einem Lächeln vorgebrachten „wusuowei" jeden Chinesen spontan für sich einnehmen. Es ist immer wichtig, auch mal „Fünfe gerade sein zu lassen" und ein Provisorium mit Humor zu tragen.

Andere **umgangssprachliche Begriffe**, die sich jeder Ausländer zu eigen machen sollte – sei es, um sie selbst zu verwenden, oder aber, um sie zu verstehen – wären „manman lai" (langsam kommen = immer mit der Ruhe), „deng yixia" (warte mal), „dui" (richtig), „hai keyi" (geht schon), „keneng" (vielleicht), „mei wenti" oder auch „mei shi" (kein Problem). Wenn ein Chinese allerdings schon selbst das Wort „mafan" (kompliziert) benutzt, dann sollte man sich auf ernsthafte Probleme einstellen.

Aufpassen muß man, wenn ein Chinese von sich aus das Wort „mafan" benutzt. Das bedeutet eigentlich soviel wie „lästige Sache", gemeint ist aber eher „ernsthaftes Problem", vor allem wenn es in Verbindung mit einem Produkt, einer Technik oder einer erwarteten Qualität verwendet wird.

Der **deutsche Perfektionismus** wird von der Sache her – Gründlichkeit, Zuverlässigkeit, Konsequenz etc. – in China sehr geschätzt, aber er wird auch als arrogant und rechthaberisch interpretiert. Damit werden viele Chinesen unmittelbar vor den Kopf gestoßen und jeder Westler in China könnte seinen Teil dazu beitragen, dieses negative Bild zu korrigieren.

Messeverhalten

Eine Messe zu besuchen oder auf einer Messe auszustellen ist für sehr viele Ausländer der erste Schritt zur Kontaktanbahnung. Einerseits bieten Messen den großen Vorteil, auf kleinstem Raum und in kürzester Zeit die größte Anzahl von Interessenten zu treffen. Allerdings herrscht in der chinesischen Messelandschaft eine unüberschaubare Veranstaltungsvielfalt, oftmals gekennzeichnet durch schlechte Organisation, chaotische Zustände, hohe Preise und eklatante Qualitätsunterschiede. Mangels einschlägiger Kenntnis und als Ergebnis falscher Einschätzung des chinesischen Marktes wird eine Messereise ins „Reich der Mitte" leicht zum Horrortrip.

Messen zu veranstalten ist in China seit einigen Jahren „Big Business". Dutzende von konkurrierenden Veranstaltern, Fachverbänden und -vereinigungen buhlen in etlichen Städten um die Gunst der Aussteller und Besucher. Man hat entdeckt, dass gerade die finanzstarken ausländischen Unternehmen gerne die frisch etablierten Fachmessen als „Gateway to China" nutzen. Das Ergebnis ist ein fast undurchdringliches Wirrwarr von Messen und Ausstellungen.

Von der Vielfalt profitiert jedoch nur der Veranstalter – und das meist auch nur einmalig – da die **Quantität** der Messen fast immer auf Kosten der **Qualität** geht. Statt das Angebot der Nachfrage anzupassen, wurde in China einfach versucht, sich gegenseitig die Kundschaft abzujagen und diese durch schlechte Vorbereitung und Durchführung der Messen regelrecht abzuzocken. Kurzfristige Gewinnmaximierung statt langfristiges Denken und Handeln prägen leider immer noch weite Teile der chinesischen Geschäftsphilosophie.

Die schlechten Erfahrungen führten zu einer eher negativen Haltung und abwartenden Einstellung der internationalen Firmen, was die Messe-Beteiligung in Fernost betrifft. Abgesehen von den großen Einkaufsmessen in Hongkong und Kanton, die Hunderttausende von Besuchern anlocken, scheint der große China-Messe-Boom und die Auslandseuphorie dadurch erst einmal vorbei. Die Gründe für die Unsicherheit der Branche sind sehr vielschichtig:

Fachbesucher sind auf chinesischen Messen üblicherweise nicht gesondert gekennzeichnet und auch reine Fachbesucher-Tage gibt es in der Regel nicht. Entsprechend definiert sich die Qualität der Messebesucher durch sehr viel branchenunspezifisches Laufpublikum. Als westlicher Aussteller muss man sich daher auf einiges gefasst machen. Chinesen wollen alles sehen, anfassen, ausprobieren und am besten gleich ohne Bezahlung mitnehmen. Als Aussteller sollte man also darauf achten, alles abzuschließen, festzukleben und zu sichern.

Muster, Broschüren oder **Werbegeschenke** müssen in sehr großer Zahl vorrätig sein und es dürfen immer nur kleine Mengen nachgelegt werden. Besucher sollten sich nicht nach Belieben bedienen können, sonst läuft man Gefahr, dass ganze Stapel an Werbe- und Informationsmaterial sofort in den großen Taschen der Sammler verschwindet. Nach dem Motto „Masse statt Klasse" werden von den Besuchern viele Papiere einfach ziellos eingesteckt und später wieder nach genauer Sichtung weggeworfen. Die Durchlaufmenge an Papier ist jedenfalls um ein Vielfaches höher als bei uns.

Viele Sammler umlagern die Stände und stecken wahllos Papiere ein zuzüglich allem, was nicht niet- und nagelfest ist. Man muss es erlebt haben, um die unbeschreiblichen Umstände zu glauben, wenn Hundertschaften die Messestände stürmen und wie Trauben beispielsweise an Druckmaschinen hängen und sich chaotische Kämpfe um billige Werbeposter liefern. Vor den Messehallen werden dann die teuer produzierten Messeunterlagen nach Brauchbarkeit (optisch attraktiv oder nicht) sortiert. 80% landen auf dem Müll oder direkt beim Altpapierhändler.

Zeit und Muße für die wirklich interessierten Fachbesucher bleibt oftmals wenig. Entweder man erkennt sie nicht oder man hat keinen Platz zum ungestörten Reden zur Verfügung oder es scheitert schlicht an der Kommunikation. Mit Englisch selbst in der Hauptstadt Peking oder der größten Stadt des Landes, Shanghai, durchzukommen, ist eine Illusion. Und einer für wenig Geld angeheuerten Studentin, die am Fremdspracheninstitut gut Englisch gelernt hat, fehlt die fachliche Kompetenz und sie kann wohl kaum die besonderen Vorteile in technischen Anwendungsbereichen mit der notwendigen Fachterminologie erläutern. Eine wirkliche Beratungsleistung am Messestand ist also nicht mal ansatzweise gewährleistet.

Auch das **Gebaren auf einer chinesischen Messe** ist nicht identisch mit westlichen Gepflogenheiten. Aktive und gut argumentierende Verkäufer und geschultes Standpersonal, die über Erfolg oder Misserfolg eines Messeauftritts entscheiden, findet man in China immer noch selten. Standbetreuer stehen mit Händen in den Hosentaschen lässig am Infotresen oder schlafen auch mal gerne am Tisch ein. Sie tragen entweder eine neu gekaufte, doch unpassende Messe-Einheitskleidung oder unattraktive bzw. wenig einnehmende Privatkleidung. Auf chinesischen Messeständen wird während der Messezeiten von den Firmenvertretern geraucht, Nudelsuppe geschlürft, gelesen, telefoniert oder auch ganz ungeniert geschlafen. Entweder man wird sofort von übereifrigen Mitarbeitern überfallen und hat nicht mal Zeit, sich in Ruhe umzuschauen, oder man wird völlig ignoriert. Derartige Äußerlichkeiten oder auch wenig professionelles Auftreten vermittelt ausländischen Besuchern nur selten ein positives Gefühl.

Fazit bei vielen deutschen Unternehmen: Sie haben das Gefühl, irgendwie zur falschen Zeit am falschen Ort zu sein. Keine vielversprechenden Kontakte und erst recht keine Geschäftsabschlüsse auf der Messe, die – bedingt durch Kultur, Mentalität und Geschäftsgebaren in China – ohnehin nicht zu erwarten wären. Das Ergebnis ist meistens Frust und Demotivation.

Die beliebte China-Schnupper-Reise bzw. der berühmte erste Versuch, mal „einen Fuß in die Tür" zu bekommen, wird jedoch meist als ebenso interessante wie auch lehrreiche Lektion nach dem Motto „Einmal und nie wieder!" beschrieben und zu den Akten gelegt statt sie selbstkritisch als selbstverschuldeten Totalreinfall zu erkennen.

Mangelhafte Vorbereitung ist meist der **Grund für derartige Misserfolge**, selbst wenn sich die Vorab-Recherche üblicherweise als schwierig erweist. Von vielen verschiedenen Veranstaltungen in China dringt kaum eine Existenz-Meldung ins Ausland. Die AUMA hat von etlichen Messen entweder gar nichts gehört oder kann sie nicht einordnen, geschweige denn kann sie dem, der gezielt nachfragt, eine besondere Messe empfehlen.

Das ist aber weder eine negative Kritik noch ein Wunder. Die Verwirrung wächst, da gleiche Messen von gleichen Veranstaltern bisweilen ihren Namen ändern, da sie von Jahr zu Jahr in unterschiedlichen Städten veranstaltet werden. Dabei stehen die drei wichtigsten Industrie-Regionen und Messe-Standorte Peking, Shanghai und Kanton im rotierenden System ganz vorne.

Von einer Strukturierung, einer Koordination oder gar Absprache innerhalb der scharf miteinander konkurrierenden Veranstaltungen kann keine Rede sein. So kann es im Extremfall passieren – wie tatsächlich vor ein paar Jahren in Peking geschehen – dass man auf der groß angekündigten, angeblich einzig wirklich wichtigen internationalen Verpackungsmesse (so die großspurige Auslandspropaganda in ganzseitigen Anzeigen) seinen eigenen Messestand nicht fand.

Der Grund für die Verwirrung war ebenso einfach wie auch grotesk, denn man befand sich, wie sich später herausstellte, statt auf der „InterChinaPack" auf der ebenfalls einzig wirklich wichtigen internationalen Verpackungsmesse „China PackPrint", die zeitgleich auf einem anderen Messegelände der Metropole stattfand.

Um sich auf einer chinesischen Fachmesse dem Publikum zu stellen, muss man tief in die Tasche greifen. Die Mär vom Billigland China wird spätestens hier ad absurdum geführt.

Ein ausländischer Aussteller muss für einen standardisierten Mini-Stand ohne jegliche Ausstattung einige tausend US-Dollar bezahlen. Das sind westliche Preise, denen aber selten eine westliche Professionalität und Qualität gegenübersteht.

Mit den **Kosten** für Anreise und Unterkunft, Spesen und Beiprogramm, Standbau und -dekoration, Erstellung und Übersetzung von Messeunterlagen und Dolmetscherdienste am Stand, Vorbereitung mit den Kontakten potenzieller chinesischer Kunden, unterstützenden Maßnahmen wie zum Beispiel Anzeigen in einem auf der Messe verteilten Fachmagazin sowie einer soliden Nachfass-Aktion kommt da bei nur zwei Ausländern vor Ort und einer eisenharten Rotstiftpolitik ganz leicht ein mittlerer fünfstelliger Betrag zustande.

Wenn man dann mangels Kenntnis des chinesischen Marktes auf einer eher unbedeutenden Messe landet, die man als Besucher in zwei Stunden absolut problemlos ablaufen kann, und die überwiegende Zahl der Besucher mit der eigenen Zielgruppe nicht kompatibel ist, zahlt man eine Menge Lehrgeld.

Wer sich als Messebesucher oder Aussteller auf einer Messe in Peking einfindet, wird dort nie potenzielle Geschäftspartner oder Zulieferer oder gar Kunden aus dem finanzstarken Süden des Landes finden. Die Chinesen haben in der Regel gar nicht die finanziellen Möglichkeiten, quer durch das Riesenland auf eine Messe zu fahren, um sich dort zu präsentieren oder um Kontakte zu knüpfen. Business in China ist schließlich regionales Business. **Es gibt nicht den einen chinesischen Markt!** China besteht aus mehreren separaten Einzelmärkten. Selbst die grobe Unterteilung in Norden (Peking-Region), Mitte (Shanghai-Region) und Süden (Kanton-Region) ist nur bedingt akzeptabel.

Um jedoch das Maximum aus dem Auslandsmesse-Einsatz herausholen zu können, sollte man sich im Vorfeld rechtzeitig um geeignete Orientierung im chinesischen Messe-Dschungel kümmern und entscheiden, welche Region für das angestrebte Business die richtige sein könnte und danach den Messe-Standort konsequent auswählen. DIE Messe als Ziel aller Bemühungen hat jeder fest vor Augen, aber um den Weg dorthin auch zu finden, muss man nicht nur die Augen öffnen, sondern sich auch einen klaren Durchblick verschaffen.

Berufsethos

Ethik und Moral sind Begriffe, bei denen es im Rahmen einer solchen Publikationen ebenso schwerfällt, zu verallgemeinern wie auch konkrete Beispiele zu geben. Und doch erscheint es notwendig, zum Thema Ethik etwas zu sagen.

Unter Ethik versteht man im Allgemeinen die Lehre des rechten, ehrenwerten Denkens und Handelns. Zwar gibt es auch in Deutschland keine eindeutigen Regeln und klare Vorschriften des ethisch korrekten Verhaltens und erst recht keine scharfe Unterscheidung zwischen richtig und falsch oder gut und böse. Aber es gibt bestimmte ungeschriebene Gesetze – eine Art Kodex, an den sich die meisten Geschäftsleute hierzulande mehr oder weniger halten.

Insofern stellt sich die Frage nach der Möglichkeit allgemeingültiger ethischer Normen, die länder- und kulturübergreifend sind. In vielen Bereichen stoßen Europäer in China an ihre Verständnis- und Akzeptanzgrenzen, wenn sich zum Beispiel die Diskussion um Tierhaltung, Einhaltung von Menschenrechten, Produktpiraterie, Todesstrafe oder Straf- bzw. Umerziehungslager dreht.

Der Eindruck des modernen, aufstrebenden Landes, der fortschrittlichen und beeindruckenden Produktionsstätten, der dynamischen Märkte und geradezu explodierenden Konsumgüterindustrie und vor allem der westlich orientierten, ehrgeizigen Chinesen sollte nicht über den tatsächlichen Status im Land hinwegtäuschen: allen Öffnungs- und Reformbemühungen zum Trotz – China ist und bleibt ein totalitäres Regime, weit weg von unserer freiheitlich-demokratischen Grundordnung mit permanenter Zensur der Pressefreiheit und der Informationsbeschaffung.

Das Leben in China ist politisch wie auch sozial stark reglementiert. Es ist ein hartes Leben und Arbeiten, für Viele ist es gesellschaftlich wie wirtschaftlich ein wahrer Überlebenskampf mit neuen Regeln, die die Menschen nicht nur fordern, sondern allzu oft überfordern.

Für Höflichkeit, Rücksichtnahme und Sozialkompetenz scheint sehr wenig Platz zu sein. Und für so hohe Begriffe wie Ethik und Moral schon gar nicht.

Unter dem Begriff Ethik verbergen sich grundsätzlich lebensförderliche und sogar lebenserhaltende Prozesse. Doch das ist ein sehr weiter Begriff. Was sind denn die Kriterien für gutes und schlechtes Handeln und wie bewertet man sie? Wie definiert man „gesittetes Verhalten" oder „kultiviertes Auftreten"? Wie definiert ein Chinese den Begriff „Berufsethos"?

Einem direkten Wettbewerber einen guten Mitarbeiter offen und ohne Scham auszuspannen, ist ein gutes Beispiel. In Deutschland würde man sagen, „So etwas macht man einfach nicht". Ein Chinese würde wahrscheinlich sagen „Aber warum denn nicht?" Das völlig ungenierte Abwerben oder Abfischen ist gang und gäbe und stellt viele westliche Firmen vor große personelle Probleme. Doch kann man deshalb Chinesen als unethisch bezeichnen?

Natürlich geht solches Verhalten meistens auf Kosten anderer. Vor allem, wenn nun dieser Andere ein ausländischer Geschäftspartner ist. Wenn beispielsweise in einem Joint Venture doppelte Buchhaltung mit gefälschten Belegen gemacht wird, ist es eindeutig Betrug – auch in China. Aber wenn der Westler es nicht merkt, kann man doch wohl mal ein paar zusätzliche Privatrechnungen mit einschmuggeln. Oder nicht? Hier stellt sich die Frage nach dem Selbstverständnis des Berufsethos. Wie weit geht die Offenheit? Was ist mit gleichberechtigter Partnerschaft? Wie ehrlich kann, darf und muss man sein? Wo beginnt und wo endet Vertrauen? Was kann ich gutgläubig voraussetzen und wo muss man sich den Vorwurf der Naivität gefallen lassen?

Grundsätzlich soll und muss es heißen „Vertrauen ist gut – Kontrolle ist besser". Das Unrechtsbewusstsein im beruflichen Alltag hat in China andere Formen, und sehr viele Ausländer sind schon herbe enttäuscht worden, weil sie Ihre eigenen Normen und Vorstellungen von Anstand, Sitte, Ethik und Moral auch beim chinesischen Gegenüber als identisch vorausgesetzt haben.

Sich einen Vorteil zu verschaffen gilt als selbstverständlich im chinesischen Geschäftsleben. Das ist völlig normal und kein Chinese würde dabei ein schlechtes Gewissen haben. Ganz im Gegenteil – man folgt dem Grundsatz „Man muss die Chancen nutzen, wenn sie günstig sind, und sind sie nicht günstig, dann macht man sie günstig!" Es gibt sogar eine gängige Redewendung, die sich kein frustrierter Ausländer ausgedacht hat, sondern die zwischen Chinesen ihre Anwendung findet. „Wu shang bu jian" bedeutet in etwa „Es gibt keinen Händler, der nicht betrügen würde". Eine bedrohliche Mischung aus Kompetenzdruck, Ungeduld, Gier, wachsender Emanzipation und zunehmender Ich-Bezogenheit sorgen dafür, dass die ethischen Grundsätze oftmals auf der Strecke bleiben.

Strategien

Um in China erfolgreich zu sein, bedarf es einer klaren Geschäftsstrategie. Man sollte sich im Vorfeld jeder Aktivität, jeden Besuchs und jeder Verhandlung genau überlegen, was man will und wie man glaubt, dieses Ziel am besten erreichen zu können.

Ziele können sein, ein bestimmtes Produkt zu kaufen. Dann sollte man sich im Vorfeld die akzeptablen Abweichungen, die maximalen Toleranzen und möglichen Alternativen überlegen. Oder man hat einen festen Kaufpreis im Kopf. Wer erst vor Ort feststellt, dass dieser Preis mit einem bestimmten Lieferanten unrealistisch ist, sollte besser mit seiner Marktrecherche nochmal ganz von vorn beginnen, als zu versuchen, mit Gewalt das Beste aus dem Aufenthalt zu machen. Oder wenn die Zeitplanung bei der Standortanalyse völlig durcheinander gerät und man weiß gar nicht recht, warum, sollte man sich lieber erst mal auf einen Ort konzentrieren, sich dann zurückziehen und alles überdenken, als sich mit einer oberflächlichen Bewertung aller Standorte zufrieden zu geben.

Strategien können sein, ganz souverän als globaler Marktführer aufzutreten und seinem Gegenüber deutlich zu machen, dass man in der glücklichen Situation ist, nirgendwo irgendwelche Kompromisse machen zu müssen. Wenn ein chinesisches Unternehmen nicht darauf eingehen will, kann man zum Ausdruck bringen, es gäbe noch viele andere Firmen, die in der Wartereihe für eine Partnerschaft stehen. Härte, Unnachgiebigkeit und knallharte Forderungen können beeindruckende Wirkung zeigen. So muss man sich zwar schnell den möglicherweise berechtigten Vorwurf der Arroganz gefallen lassen, aber wer das billigend in Kauf nimmt, findet möglicherweise schnell den adäquaten Partner und verplempert nicht seine wertvolle Zeit mit B-Firmen, um zum Ziel zu gelangen.

Das andere Extrem wäre, sich in Bezug auf Produkte, Technik, Erfahrungen und Kunden viel kleiner zu machen als man wirklich ist, um dadurch wertvolle Einblicke in die innere Struktur der chinesischen Betriebe zu gewinnen, die keine Gefahr wittern.

Auf jeden Fall sollte man sich vor jedem Gespräch, vor jedem wichtigen Treffen und vor allem vor jeder anstehenden Entscheidung oder gar Vertragsabschlüssen genaue Gedanken darüber machen, was man erreichen will. Dazu zählen nicht nur Maximalforderungen und Mindestziele. Innerhalb der Gruppe muss man klare übereinstimmende

Regeln festlegen und nicht erst während der Diskussion feststellen, dass es innerhalb des eigenen Teams Unklarheiten oder gar Unstimmigkeiten gibt.

Wer ist also der Wortführer und wer spielt den kritischen Gegenpol? Wessen fachlicher Kompetenz steht die allentscheidende Meinung des tatsächlichen Entscheidungsträgers gegenüber? Verhandlungen sind immer eine Art interkulturelles Katz-und-Maus-Spiel und wer die Spielregeln diktiert, ist im Vorteil. Solange ein gesichtswahrender Konsens auf beiden Seiten herrscht, kann trotz blumiger Worte bei guter Stimmung eine knallharte Taktik verfolgt werden.

Leider gehen **viele westliche Geschäftsleute** mit sehr blauäugigen Vorstellungen nach China und **haben keinen konkreten Plan**. Flexibilität ist trotz guter Vorbereitung zwar gut, jedoch je nach Situation spontan die Strategie zu ändern, ist ein gefährliches Unterfangen, weil die Einschätzung der Situation sich von Tag zu Tag wieder ändern kann und man schnell ins Trudeln gerät.

Also muss man immer eine passende Strategie haben und diese auch konsequent verfolgen, wenn man nicht Gefahr laufen will, Opfer der chinesischen Strategie zu werden. Und man kann sicher sein, dass jedes chinesische Unternehmen eine klare Strategie verfolgt, auch wenn es manchmal wegen eher chaotischer Rahmenbedingungen nicht unbedingt den Anschein hat. Auch das kann übrigens eine Strategie sein.

Was auch immer man tut, man kann sicher sein, dass die Chinesen genau merken, wenn der Geschäftspartner irritiert ist und sein Ziel nicht erreicht. Oder gar, was viel schlimmer ist, gar kein festes Ziel verfolgt. Wer durchblicken lässt, dass er zu Kompromissen bereit ist, wird schnell zu Kompromissen gezwungen. Chinesen nutzen diese Schwäche gnadenlos aus, weil sie genau wissen, dass eine erneute Kontaktanbahnung und wiederholte Chinareisen vielen Ausländern zu aufwendig erscheinen und sie deshalb eine schlechte Verhandlungsposition haben.

Es ist schließlich eher normal, dass auf Chinareisen die noch so gut geplanten Inhalte nicht realisiert werden und die Vorstellungen nicht mit der Alltagsrealität übereinstimmen. Man wird manchmal stündlich mit Schwierigkeiten konfrontiert, auf die man dann spontan reagieren muss. Viele dieser Schwierigkeiten sind das bewusste Ergebnis der chinesischen Verhandlungstaktik oder Geschäftsstrategie.

Chinesen sind ganz ausgebuffte und um taktische Winkelzüge nie verlegene Verhandlungspartner. Diese Erkenntnis hat sich unter deutschen Geschäftsleuten inzwischen herumgesprochen. Nur wenigen jedoch ist bewusst, dass die **List als Geschäftsstrategie in China ein jahrhundertealtes Kulturgut und nichts Verwerfliches** ist und **in der Wirtschaft gezielt und systematisch eingesetzt** wird. Die Art, solche Listen auch richtig gekonnt in Szene zu setzen, kann man in dem Kapitel „Strategeme" nachlesen.

Hierarchie

In Deutschland betont man gerne eine flache Unternehmenshierarchie und sieht dies als positive Errungenschaft, weil dadurch Entscheidungswege verkürzt, Kommunikation erleichtert und Personalkosten gespart werden. Diese Sichtweise würde in China nur Unverständnis hervorrufen. Schließlich haben in China klare Hierarchien ihre Berechtigung, um eindeutig festzulegen, welche Position und Funktion von welchem Firmenvertreter mit welcher Qualifikation besetzt wird.

Dementsprechend ist es für einen ausländischen Geschäftspartner sehr **wichtig**, die **große Bedeutung der chinesischen Hierarchie** und dementsprechend die **genaue Stellung seiner Gesprächspartner im Unternehmen zu kennen.**

Die **Vergabe bestimmter Positionen in chinesischen Firmen** erfolgt nicht unbedingt nach Qualifikation, sondern immer noch nach dem Senioritätsprinzip. Würde und Ansehen sind mit dem Alter verbunden, und Senioren genießen Vorrang und werden bevorzugt behandelt.

Selbst ein Blick auf die Titel auf Visitenkarten gibt nicht unbedingt Aufschluss darüber, wer der Ranghöchste im Raum ist. Außerdem ist der Wortführer nur selten auch der Entscheidungsträger.

Gerade bei mehrköpfigen chinesischen Delegationen muss man versuchen, die wirklich wichtigen Personen zu identifizieren, was mit Hilfe eines guten Dolmetschers leichter fallen wird, der die Untertöne innerhalb der Gespräche auf chinesischer Seite heraushören kann.

Man tut gut daran, sich die Eigenarten der ranghöchsten Chinesen etwas zu eigen zu machen, ohne sich dabei charakterlich zu verbiegen. Man kann sicher sein, dass das eigene Verhalten von chinesischer Seite sehr genau beobachtet und jede Handlung registriert wird. Wer redet wann? Wer hält sich bis zur entscheidenden Situation dezent im Hintergrund? Wer diskutiert nur vordergründig und wer fällt die letzte Entscheidung? Solche Mechanismen geben klaren Aufschluss über den Rang.

Als **Geschäftsführer** – auch wenn man die notwendige China-Kompetenz besitzt – sollte man beispielsweise nie selbst den ersten Kontakt mit seinem chinesischen Gegenpart aufbauen. Dafür hat man eine Sekretärin oder einen Mitarbeiter. Diese niedrigeren Ränge bereiten alles vor, bis letztlich der Entscheider persönlich zur Konferenz erscheint. Während der Gespräche halten sich diese meist zurück und überlassen die Klärung „unwichtiger Dinge" ihren Unterstellten. Oftmals sind sie gar nicht anwesend und lassen sich von einem Rangniederen vertreten, übermitteln aber stets persönliche Grüße an ihr entscheidendes Gegenüber aus dem Ausland. So wird die Wichtigkeit eindrucksvoll demonstriert. Diese Vorgehens- und Verhaltensweise sollte eigentlich für beide Seiten gleichermaßen gelten.

Bei jedem Chinageschäft sollte man immer daran denken: **China ist Chefsache.** Zumeist werden am Anfang vieler Geschäftsbeziehungen von deutscher Seite aus nur Manager aus der zweiten Reihe nach China geschickt, um das Feld zu sondieren und um erste Verhandlungen zu führen. Wenn es jedoch um erste Entscheidungen geht, sollten die wirklichen Entscheidungsträger bzw. Vertreter der Geschäftsleitung mit anwesend sein. Es ist schon vorgekommen, dass chinesische Gastgeber-Delegationen ein offizielles Treffen abgebrochen und demonstrativ den Raum verlassen haben, weil sie der Meinung waren, dass der ausländische Firmenchef selbst hätte anwesend sein sollen, um die Bedeutung des geplanten Geschäfts allein durch seine persönliche Anwesenheit zu demonstrieren. Die richtige Balance zwischen Präsenz und aktiver Teilnahme am Chinageschäft sowie adäquater Zurückhaltung gemäß dem Status verlangt ein hohes Maß an Fingerspitzengefühl.

Auch in anderen Bereichen sollte man die Bedeutung der Hierarchien nicht unterschätzen, beispielsweise bei der Planung und Inneneinrichtung von Büroräumen im Falle eines Joint Ventures. Hier wird nicht nur hart um die Größe und den Stil von Schreibtischen gefochten. Was bei uns als unwichtig abgetan wird, kann in China schnell zu ausufernden Grabenkämpfen und ernstzunehmendem Gesichtsverlust führen. Hat der Stuhl eine Armlehne oder nicht? Wie hoch ist der Sesselrücken? Ist es ein Lederstuhl oder nur einer aus Lederimitat?

Es ist schon vorgekommen, dass die Mauer im Bürotrakt einer Produktionsstätte in China wieder eingerissen werden musste, weil die Grundgröße des Büros des Abteilungsleiters genauso groß war, wie das seiner Kollegen aus der Sachbearbeitung und er sich deshalb standhaft weigerte, dieses Büro zu beziehen, das wegen seiner identischen Quadratmeterzahl nicht klar seinen höheren Rang zum Ausdruck gebracht hätte.

Darüber zu lächeln oder derartige Ansprüche gar zu ignorieren, wäre eine gefährliche Missachtung der Hierarchie mit weitreichenden Konsequenzen bis hin zur Kündigung des jeweiligen leitenden Mitarbeiters.

Früher erkannte man wichtige Personen daran, dass sie dicke, auffällig klappernde Schlüsselbunde mit sich herumtrugen. Sie – und nur sie – hatten die Autorität, bestimmte Räume zu öffnen und damit Zutritt zu gewähren. Wer einen oder gar mehrere Kugelschreiber mit sich führte – sie wurden dann für alle sichtbar in die Hemdtasche gesteckt – war garantiert ein wichtiger Mann. Heute sind die Kugelschreiber, sofern sie denn von der richtigen hochwertigen Marke sind, nur ein Indiz für Prestige.

Im konfuzianisch geprägten China kann man sich eine immer höhere Stellung im Unternehmen immer noch im Laufe vieler Jahre oder gar Jahrzehnte ersitzen. Ein hohes Lebensalter und graue Schläfen stehen bedeutungsgleich mit Weisheit und Erfahrung, denen Ehrerbietung und Respekt von Seiten aller jüngeren Mitarbeiter gebührt. Alte gelten als Leitbild, als Identifikationsfigur und als Vorbild.

Wenn man als **junger, dynamischer** und **ehrgeiziger Ausländer** nach China kommt, hat man generell gegen das Problem anzukämpfen, dass man die äußeren Attribute des Alters einfach nicht vorweisen kann. Jung steht in China nun mal als Synonym für unreif und unerfahren und man merkt auch sehr schnell, dass man von allen Seiten geprüft und auf die Probe gestellt wird. Trotz bester Qualifikation und Erfahrung sind viele westliche Manager in den Augen der chinesischen Partner zu jung, um als wirkliche Führungspersönlichkeit anerkannt zu werden. Als Folge muss man sich ständig neu beweisen und sich den Respekt durch besondere Leistung verdienen. Eine hohe Position im Unternehmen reicht in keinem Falle aus, um sich auch die Loyalität seiner lokalen Mitarbeiter zu sichern.

Das kann man etwas kompensieren, wenn man zu vielen Kompromissen auch auf persönlichen Gebieten und in privater Hinsicht bereit ist. Dazu zählen ständiger Kontakt und persönlicher Austausch mit den chinesischen Mitarbeitern, permanente Präsenz auch in der Produktion und eine gewisse Volksnähe, ohne dabei den Status als Vorgesetzter zu vernachlässigen. Das ist eine Gratwanderung, die eine große Herausforderung darstellt.

Personalwahl China

Wie überall auf der Welt hängt auch in China der **Unternehmenserfolg** sehr stark von der Qualifikation, der Motivation, der Zuverlässigkeit und Loyalität der Mitarbeiter ab. Einer der Hauptgründe für das **Joint Venture**, das lange Zeit die führende Unternehmensform in China war, lag an dem verfügbaren Potenzial der Mitarbeiter, die der chinesische Partner seinem deutschen Partner zur Verfügung gestellt hat.

Ohne einen **chinesischen Joint-Venture-Partner**, der aus der gleichen Branche stammt wie das neugegründete Unternehmen, erschien früher eine Rekrutierung chinesischer Arbeitskräfte sehr schwierig bis unmöglich. Der chinesische Joint-Venture-Partner stellte einfach dem neuen Joint Venture alle benötigten Mitarbeiter zur Verfügung. Das bedeutet, er traf die Auswahl über die fachliche wie menschliche Eignung.

Auf dem **freien Arbeitsmarkt** war es früher sehr schwer und für Ausländer fast gar nicht überschaubar, ob und in welcher Art Mitarbeiter in genügender Anzahl und Qualifikation zusätzlich angeworben werden können. Bei einem WOFE („wholly owned foreign enterprise") ist dies jedoch unabdingbar. Und selbst bei einem Joint Venture ist es notwendig, wenn man sich nicht ganz von der Auswahl und Verfügbarkeit der Mitarbeiter abhängig machen will, die der chinesische Partner offeriert hat.

Westliche Methoden der Personalauswahl, der Interviewführung und der Bewertung können dabei nicht eins zu eins auf chinesische Verhältnisse übertragen werden. Viele Testverfahren wurden zwar für einen universellen Einsatz konzipiert, sind aber bei näherer Betrachtung kulturspezifisch und basieren auf westlichem Denken, westlicher Begrifflichkeit und westlicher Abstraktion.

Doch wie und wo findet man **geeignete Kandidaten**? Woran erkennt man sie? Und wie kann man sie an das Unternehmen binden? In Bezug auf die Auswahl des Personals und die Personalpolitik gibt es in China einige Besonderheiten zu beachten. Dies gilt vor allem, wenn ausländische Unternehmen auf der Suche nach chinesischen Mitarbeitern sind, die idealerweise nicht nur vor Ort erfolgreich sein sollen, sondern auch noch den Vorstellungen und Ansprüchen ihrer westlichen Arbeitgeber entsprechen sollen.

Bei der **Personalsuche und Auswahl** empfiehlt es sich daher, auf externe **Personalberater** zurückzugreifen, die in beiden Kulturkreisen zu Hause sind. Ein gängiges Rekrutierungsinstrument ist das sogenannte Abfischen von fähigen Absolventen direkt von den Universitäten, um sie für das eigene Unternehmen zu sichern. Das können durchaus auch vielversprechende Quereinsteiger sein, die umgeschult werden. Diese nicht zu umwerben, sondern schon vorher in Form von **Praktika** für ein Unternehmen zu interessieren oder gar zu begeistern, ist übliche Praxis.

Zusätzlich stehen in größeren Städten **Personalagenturen**, offizielle **Arbeitsagenturen** und private **Vermittlungsbüros** zur Verfügung, die Vorauswahlen treffen und erste Interviews führen. **Anzeigen** in passenden Fachzeitschriften oder auch Tageszeitungen zu schalten, hat sich zwar bewährt, aber trotz klar beschriebener Anforderungsprofile muss man damit rechnen, von einer Vielzahl unterqualifizierter Bewerber kontaktiert zu werden. Diese dann nach Eignung zu sieben, ist ein enorm großer Aufwand.

Viele **ausländische Wirtschaftskammern** – hier muss man sich nicht auf die deutsche Handelskammer beschränken – haben **interne Jobbörsen**, wobei die Kurzprofile von Bewerbern oder auch offene Stellen regelmäßig an Mitgliedsunternehmen verschickt werden. Auf diese sollte man vor allem zurückgreifen, wenn man westliche Fachkräfte mit einschlägiger China-Erfahrung sucht. Oftmals sitzen die Bewerber schon in anderer Stellung vor Ort und müssen gar nicht erst nach China umsiedeln. Dadurch erspart man sich hohe Umzugskosten und Probleme mit der Integration von familiärem Anhang. Außerdem hat man dann schon Kandidaten, die sich in China auskennen und wissen, was sie erwartet.

Etwa 30 Prozent der Stellen werden auf Grund von Empfehlungen durch Mitarbeiter, Kunden oder Geschäftspartner besetzt. Im **Bewerbungsverhalten vieler Chinesen** liegen aber auch die Ursachen vieler Probleme. Der Lebenslauf wird gerne den Anforderungen der jeweiligen Stellenausschreibung angepasst und entspricht nicht immer den tatsächlichen Kenntnissen und Fähigkeiten des Bewerbers.

Bei chinesischen Bewerbern für Schlüsselpositionen müssen daher grundsätzlich alle Qualifikationen, Zeugnisse, Referenzen und Arbeitserfahrungen genau überprüft werden, weil es immer häufiger zu gefälschten oder zumindest manipulierten Zertifikaten und Nachweisen kommt. Die Verlockung für derartiges Handeln ist zu groß und der Markt zu unüberschaubar, um zu denken, man wäre davor gefeit. Bewerbungsgespräche in China müssen daher sehr konkret und sehr gezielt geführt werden. Diese Kontrollarbeit können natürlich nur einheimische Personalbeauftragte durchführen. Das betrifft auch die Bewertung der Qualität einzelner Schulen, Universitäten oder Ausbildungsstätten, die einem Ausländer überhaupt nichts sagen.

Sofern kein direkter Kontakt zu ausländischen Kunden oder Geschäftspartnern besteht, spielen die interkulturelle Kompetenz oder auch die englischen Sprachkenntnisse keine Rolle. Nur die Fachkompetenz und Eignung für die jeweilige Position ist relevant. Doch damit tun sich viele Ausländer schwer. Sich freizumachen von persönlichen Sympathien oder Antipathien ist eine große Herausforderung. Insofern ist eine Beurteilung durch verschiedene Personen in Unternehmen, auf jeden Fall auch durch chinesische Mitarbeiter, ein absolutes Muss.

Das **größte Problem der Personalbeschaffung** besteht in der mangelhaften Loyalität. Jeder große, erfolgreiche Betrieb sucht gute Leute und ist bereit, dafür auch gut zu bezahlen. Da alle chinesischen Löhne und Gehälter nach westlichen Kriterien lachhaft günstig sind, haben die Chinesen das Jobhopping als lukrativste Einkommensquelle für sich entdeckt. Für 100 Dollar mehr wird von einem Tag auf den anderen zum Wettbewerber gewechselt und man muss damit rechnen, dass sich der ehemalige Mann oder die Frau nicht mal abmelden. Die Mitarbeiter erscheinen einfach nicht mehr.

Wenn der Wettbewerb bereits in Aus- oder Weiterbildung investiert hat, ist ein höheres Gehalt bei einer feindlichen Übernahme das weitaus kleinere finanzielle Übel für einen neuen Arbeitgeber. Also ist die Konkurrenz der beste Arbeitsmarkt. Der Wert von Arbeitsverträgen oder gar Wettbewerbsklauseln hält sich in starken Grenzen, denn wer will schon in China einen Rechtsstreit beginnen, wegen eines Ex-Angestellten, der US-Dollar 400 im Monat verdiente. Das machen sich die Cleveren zu Nutze.

Als Folge herrscht in China in allen Unternehmensbereichen eine hohe Fluktuation.

Die ständigen **Kündigungen** sind ein nervendes und noch dazu teures Dauerproblem, dem man sich stellen muss. Vor allem gilt es, rechtzeitig Vorsorge zu leisten, damit als Beispiel nicht auf einmal die komplette Vertriebsmannschaft zum direkten Wettbewerber wechselt und man nicht so schnell Ersatz bekommen kann.

Das bedeutet einerseits, gute Leute in jedem denkbaren Unternehmensbereich einzustellen, auch wenn es momentan noch gar keine freie Stelle für sie gibt. Die Gelegenheit, sie kurzfristig zu benötigen und einzusetzen, kommt bestimmt. Und bis dahin die doppelten Gehälter zu zahlen, kann wesentlich günstiger sein, als plötzlich unterbesetzt dazustehen, und kurzfristig keinen adäquaten Ersatz zu bekommen.

Die Kunst besteht darin, den **Mitarbeitern Anreize** zu **schaffen**, und zwar nicht nur monetärer Art. Es gibt verschiedene Formen von Anreizen, um einer vorschnellen Kündigung vorzubeugen. Am wichtigsten ist es, langfristige Entwicklungsmöglichkeiten aufzuzeigen. Als Beispiel gibt es detaillierte Bonus- und Provisionsprogramme oder projektbezogene Sondergratifikationen, um zusätzliche Einkunftsmöglichkeiten zu schaffen. Das Ganze muss aber in Abhängigkeit zur Länge der Firmenzugehörigkeit passieren, um die langfristige Bindung aufrecht zu erhalten.

Mitgliedschaften in bestimmten **prestigeträchtigen Clubs** oder **Vereinen** gehören dazu, wo die Aufnahmegebühr jedoch anteilsweise vom Monatsgehalt einbehalten und erst nach einem Jahr komplett wieder gutgeschrieben wird. Die Bereitstellung von auch **privat zu nutzendem Arbeitsgerät als Statussymbole**, wie prestigeträchtige Mobiltelefone,

Laptops oder Digitalkameras oder gar einem Dienstwagen kann motivierend sein, wobei die Haftungsfragen klar geklärt werden müssen. Für die Motivation sind auch **großzügige Urlaubsregelungen zum chinesischen Frühlingsfest**, dem wichtigsten Fest des Jahres, förderlich. Neuerdings sind **zinsgünstige Darlehen** für den Kauf einer Wohnung oder gar Stipendien für die Kinder besonders beliebt.

Natürlich ist bei allen Verträgen vor allem auf **Wettbewerbsklauseln** zu achten, der Ausschluss von Firmengründungen mit einzubeziehen, parallele Aktivitäten während oder nach der offiziellen Arbeitszeit zu untersagen und das alles auch permanent und systematisch zu kontrollieren. Bei jedem kleinsten Verdachtsmoment müssen Gegenmaßnahmen ergriffen werden. Kulanz ist hier sicherlich fehl am Platze, da man damit rechnen muss, dass diese als Weichheit und Inkonsequenz gesehen und entsprechend ausgenutzt wird.

Nachdem neue chinesische Mitarbeiter ausgewählt wurden, müssen sie auch gezielt geschult werden. Beim Training sind chinaspezifische Lernstile und Gewohnheiten zu berücksichtigen. Trotz bestem Willen ist nicht jeder auch geeignet, sich umzustellen und sich dem neuen, sicherlich weit erhöhten Erwartungsdruck im Joint Venture zu stellen. Andere Managementtechniken, neue Technologien und ein anderer zwischenmenschlicher Umgangston machen einerseits die Arbeit für Chinesen interessant und auch finanziell lukrativ, aber nicht unbedingt leichter. **Probezeiten** mit deutlich niedrigerem Gehalt sind deshalb in jeder Position absolutes Muss.

Eine Selektion für ein gutes Team von Mitarbeitern vorzunehmen, mit dem sich auch die ausländischen Experten identifizieren können, erfordert von eben diesen **Einfühlungsvermögen** und **gute Menschenkenntnis. Vorgesetzte haben Lehrer-, Vater- und Vorbildfunktion**, denen man gerecht werden muss. In China übernimmt ein Vorgesetzter auch über die berufliche Ebene hinaus Verantwortung für seine Mitarbeiter. Wenn Familienmitglieder von Mitarbeitern ernstlich krank sind oder sich in sonstigen Ausnahmesituationen befinden (Heirat, Examenszeit der Kinder, Geburten, Todesfälle etc.), erwarten Chinesen, dass der Arbeitgeber sich darum sehr viel stärker kümmert, als dies in westlichen Ländern der Fall ist. So ist es durchaus üblich, dass Arbeitgeber Kosten für Operationen oder Bestattungen von Familienangehörigen ihrer Mitarbeiter übernehmen.

Darüber hinaus hat sich in den Augen der Chinesen ein guter Chef auch um die Karriere und die Weiterbildung seiner Mitarbeiter zu kümmern. Eine chinesische Redewendung besagt: „Wenn ein Mitarbeiter kündigt, verlässt er nicht das Unternehmen, sondern seinen Chef."

Zusätzlich stellt sich die Frage nach der **Loyalität** und der Abhängigkeit aller neuen Mitarbeiter in Bezug auf ihre alten Vorgesetzten. Oft bestehen jahrzehntelange enge Bindungen zwischen chinesischen Mitarbeitern und ehemaligen Arbeitgebern, die sich dieses Verhältnis zunutze machen und sie trotz ihres Ausscheidens aus dem Unternehmen aushorchen.

Zur **Präsenz eines Ausländers** scheint es also keine Alternative zu geben. Wenn man jedoch die Kosten fürs Wohnen, die Ausbildung für Kinder, die Heimflüge und sonstige Nebenleistungen mit berücksichtigt, müssen Unternehmen für **eine aus Deutschland nach China entsandte Führungskraft** pro Jahr mindestens zwischen 150 000 und 200 000 Euro aufbringen. Dafür könnten sie etwa zehn ähnlich qualifizierte lokale chinesische Mitarbeiter einstellen. Dennoch zahlen viele Unternehmer lieber mehr für einen loyalen Expatriate, der mit der Unternehmenskultur des Stammhauses vertraut ist und so die Gesamtinteressen des Unternehmens vor Ort nachhaltig vertritt. Oftmals kostet ein westlicher Geschäftsführer genauso viel, wie das gesamte lokale Personal zusammen.

Da unabhängig von den hohen Kosten jeder Ausländer in China mehr oder weniger stark ausgeprägte interkulturelle Schwächen hat, haben sich in den letzten Jahren deshalb in vielen Führungspositionen die so genannten ABC (**„American Born Chinese"**) durchgesetzt. Diese Übersee-Chinesen als Alternative zu chinaerfahrenen, aber meist sehr teuren Expatriates bringen neue Qualität an Managern nach China, weil sie ihren chinesischen Kulturhintergrund mit westlichen Qualifikationen, Lebens- und Arbeitserfahrungen verbinden. Probleme gibt es jedoch bei der **Akzeptanz der ABC** für beide Kulturkreise. Als so genannte „Bananen", die zwar rein äußerlich chinesisch („gelb") aussehen, sich aber innerlich („weiß") mehr mit dem Westen verbunden fühlen, ist soziale Isolation oftmals die Folge.

Verhandeln

Selbstsicherheit, interkulturelles Know-how, diplomatisches Geschick, viel Geduld und Zurückhaltung sind Voraussetzungen für erfolgreiche Geschäfte in China. Chinesische Verhandlungspartner haben in den letzten Jahren insbesondere in großen Unternehmen ein hohes Maß an interkultureller Kompetenz entwickelt und können sich auf ihrem heimischen Spielfeld sehr sicher bewegen.

Chinesische Verhandlungsdelegationen sind **oft sehr groß**. Die **Anzahl der Teilnehmer** ist **vorab** zu **prüfen**, um dafür Sorge zu tragen, dass auch die ausländische Seite zahlenmäßig ebenbürtig ist. Der deutsche Verhandlungsführer sollte in der Firmenhierarchie möglichst ranggleich angesiedelt sein, um der chinesischen Seite die Ernsthaftigkeit des Vorhabens zu signalisieren. Andernfalls könnte es zu Irritationen kommen, mit der Folge, dass auch auf chinesischer Seite die wirklich entscheidungsberechtigten Partner plötzlich nicht mehr zur Verfügung stehen.

Es empfiehlt sich, **bei wichtigen Verhandlungen** neben einer **Führungskraft** und einem **Stellvertreter** auch einen **Techniker** und einen **Fachmann für Finanzfragen** mitzunehmen. Alle Delegationsmitglieder sollten genügend Entscheidungskompetenzen haben, um spontan und flexibel reagieren zu können, ohne sich allzu oft bei Vorgesetzten im deutschen Mutterhaus rückversichern zu müssen.

Offizielle Verhandlungsrunden beginnen mit dem richtigen **Begrüßungszeremoniell**. Die Position beziehungsweise der Einfluss der verschiedenen chinesischen Verhandlungsteilnehmer ist aus ausländischer Sicht nicht immer ganz klar. Jedes Delegationsmitglied sollte daher mit gleicher Aufmerksamkeit bedacht werden. Bei wichtigen geschäftlichen Besprechungen nehmen die jeweiligen Verhandlungsführer einander gegenüber in der Mitte der Längsseiten des Tisches Platz. Rechts und links folgen die jeweils im Rang abnehmenden Personen. Sollte es **Unklarheiten** bei der **Hierarchie** und der **Sitzordnung** geben, sollte der Dolmetscher geschickt die Verhältnisse klären und die Ausländer sollten sich solange bedeckt halten und nicht einfach irgendwo am Tisch Platz nehmen.

Verhandlungen werden entweder vom jeweils Ranghöchsten als Sprecher geführt oder aber dieser überträgt bewusst die Gesprächsführung einer untergeordneten Person, um sich selbst im Hintergrund zu halten und sich erst in entscheidenden Momenten einzuklinken. Daher ist es enorm wichtig, den Verhandlungsführer und den eigentlichen Entscheidungsträger zu identifizieren und richtig einzustufen.

Generell muss sich ein ausländischer Verhandlungsführer darauf einstellen, dass je nach Bedarf zwischen „westlichem" und „chinesischem" Rechtsverständnis gewechselt werden kann. Er sollte also die **kulturellen Unterschiede in der Auslegung von Recht und Vertrag gut kennen**, um sich nicht zu verzetteln.

Man sollte einen **Sprechenden beim Vortragen keinesfalls unterbrechen**, denn das wäre unhöflich, sondern **Einzelfragen im Anschluss** erörtern. Sollten spezielle Punkte trotz mehrmaligem Nachfragen nur ausweichend oder gar nicht beantwortet werden, sollte man nicht auf Klärung beharren, weil dies zu einem Gesichtsverlust führen könnte. Um die Atmosphäre nicht negativ zu beeinflussen, kann man einlenkend erklären, diese Fragen zu einem späteren Zeitpunkt nochmals aufzugreifen. Man kann auch kleinere, symbolische Zugeständnisse machen, um später eine bessere Verhandlungsposition für wirklich wichtige Punkte zu haben. Um ungeklärte Sachverhalte später zu entscheiden und Zusatzfragen nicht zu vergessen, sind dann entsprechenden Notizen angebracht.

Vertragsverhandlungen mit Chinesen können sehr zähflüssig sein und sich über lange Zeiträume hinziehen, kurzfristig vertagt werden und am nächsten Tag in neuer Runde mit wechselnden Gesprächspartnern nochmals ganz neu beginnen. Aber auch innerhalb eines Treffens muss mit teilweise stundenlangen Unterbrechungen gerechnet werden. Es kann durchaus passieren, dass einzelne Verhandlungspartner ganz plötzlich und ohne Erklärung den Raum verlassen und irgendwann genauso unerwartet wieder zurückkommen. Das muss kein schlechtes Zeichen sein und auch nicht als Unhöflichkeit gewertet werden. Es kann einfach sein, dass auf chinesischer Seite oft mehrere Abteilungen, Gremien und Behörden am Entscheidungsprozess beteiligt sind.

Der **Zeitrahmen** für jede Form von Verhandlungen darf deshalb nicht zu eng gesteckt sein, um sich selbst nicht unter Zeit- oder Erfolgsdruck zu setzen oder um sich einer schnellen Lösung willen widerwillig zu Kompromissen hinreißen zu lassen, nur weil man denkt, die Zeit laufe einem davon. Um nicht den roten Faden zu verlieren, empfiehlt es sich, ein detailliertes Gesprächsprotokoll erstellen zu lassen. Wer diese Aufgabe übernimmt, sollte im Vorfeld abgesprochen werden, damit sich der Verhandlungsführer auf die verbale Seite konzentrieren kann.

Wer das Gefühl hat, eine **Auszeit** zu brauchen, um neue Energie zu sammeln, um sich innerhalb der eigenen Delegation zu besprechen und um vielleicht eine neue Strategie zu planen, sollte ruhig **um Unterbrechung bitten** oder gar die Sitzung vertagen.

Scheinbar längst **abgeschlossene und verbindlich vereinbarte Themen** können bisweilen mit immer neuen Vertretern der Gegenseite erneut aufgegriffen und hinterfragt werden. Solch unerwartete Wendungen sind manchmal Teil einer klaren Strategie oder auch Verschleierungstaktik, um den Gegner müde und mürbe zu machen. Andererseits lieben Chinesen es auch, lange zu verhandeln. Manchmal wird umständliches Umschreiben des eigentlichen Sachverhalts, das alle Möglichkeiten offen lassen, sehr geschätzt.

Das **anfänglich** scheinbar **lockere Gerede** und **harmlose Geplänkel in gelöster Atmosphäre** ist wichtiger Teil des gegenseitigen Kennenlernens. Der langsame Prozess des sich unverbindlichen Annäherns muss nicht einmal direkt mit den geschäftlichen Belangen zusammenhängen. Aber viele Ausländer haben keine Zeit, keine Geduld und oftmals keine Lust, dieses sich ewig hinziehende Ritual des Verhandelns, das aus ihrer Sicht nicht mal ansatzweise etwas mit Verhandlung zu tun hat, mitzumachen. Deshalb ist man schließlich nicht den weiten Weg nach China gekommen. Sie wollen „zur Sache kommen", ihre „Karten auf den Tisch legen" und „loslegen". Sie wollen etwas erreichen, sichtbare Fortschritte erzielen und mit konkreten Ergebnissen wieder in ihr Heimatland zurückfahren. Und das immer möglichst schnell und direkt. Das jedoch verbal oder verhaltensmäßig zum Ausdruck zu bringen, ist nicht nur unhöflich, sondern kontraproduktiv und gar beleidigend, wenn es einen unbeabsichtigten Gesichtsverlust des Gesprächspartners zur Folge hat.

Die **direkte, offene und ehrliche Art eines westlichen Geschäftspartners** ist in China völlig unangebracht und kommt vielen Chinesen als aggressiv und undiplomatisch vor, während umgekehrt die **vagen Aussagen der Chinesen**, die immer nur wenig konkret „um den heißen Brei herumreden", als Mangel an Selbstsicherheit, Unbestimmtheit und Unklarheit interpretiert werden. Beide Bewertungen sind aus individueller Sicht richtig wie auch vom interkulturellen Kontext falsch.

Man sollte immer **ruhig, gelassen** und **geduldig reagieren**, sich nicht zu emotionalen Handlungen hinreißen lassen, drängeln oder gar versuchen, die chinesische Seite unter Druck zu setzen. So würde man sofort sein Gesicht verlieren. Vor allem sollte man nicht immer neue Versionen oder Argumente bringen oder sich gar in Widersprüchlichkeiten verstricken lassen, weil sehr genau registriert und abgeglichen wird, was vorher von wem gesagt wurde.

Auch die **Argumentationsstrategie** der Deutschen an sich unterscheidet sich in vielen Bereichen grundsätzlich von der der Chinesen. Nachdem zumeist die jeweils ranghöchsten Delegationsmitglieder die Verhandlungen eröffnet und die Grundsatzthemen angesprochen haben, folgen die Detailverhandlungen, bei denen die entsprechenden Fachleute auf beiden Seiten zu Worte kommen. Gewöhnlich werden zuerst die technischen Aspekte durchgesprochen und die finanziellen Fragen am Ende geklärt. Der Preis wird erst ganz am Schluss festgesetzt.

Doch die inhaltliche Reihenfolge der Verhandlungen im chinesischen Stil ist für Ausländer oftmals verwirrend, verstörend oder stößt einfach auf Verständnislosigkeit. Deutsche beginnen zumeist mit den Hauptaussagen und -argumenten. Danach erläutern und begründen sie diese im Detail. Je länger sie diskutieren, desto weniger wichtig werden die Argumente. Diese Form der Kommunikation ist deduktiv, während die Chinesen eher die induktive Form bevorzugen. Das bedeutet, sie bewegen sich spiralförmig auf ein Ziel zu. Die chinesische Verhandlungstechnik ist gewöhnungsbedürftig, denn man bietet erst einmal alle möglichen Erklärungen an und versucht so, das eigentlich wichtige Thema bzw. ein Problem mehrfach langsam unter verschiedenen Perspektiven einzukreisen. Die wirklich ausschlaggebenden Argumente kommen erst ganz zum Schluss auf den Tisch.

Durch die unterschiedlichen Reihenfolgen von Vorspiel und Hauptakt können die Gesprächspartner oftmals nicht entscheiden, wo nun die Prioritäten liegen. Zentrale Aussagen, Ziele und Thesen sollten daher immer mehrfach wiederholt werden. Es empfiehlt sich, sie nicht nur sich selbst stets gebetsmühlenartig zu wiederholen, sondern den Gegenüber geschickt aufzufordern, diese wiederholen zu lassen. Erst dann wird man feststellen, was wirklich verstanden wurde.

Chinesen legen sehr viel Wert auf **Körpersprache** und beobachten sehr genau alle Bewegungen und Gebaren ihrer Gegenüber. Es ist ratsam, bei Verhandlungen immer ruhig, höflich und sachlich zu bleiben und auch in kritischen Situationen einen kühlen Kopf zu bewahren. Offen gezeigte Emotionen haben an chinesischen Verhandlungstischen nichts zu suchen. Belehrende Attitüden, eine ausschweifende Gestik, das Zeigen mit dem Finger auf eine andere Person, erregtes oder lautstarkes Argumentieren oder gar ein „Auf-den-Tisch-hauen" sollten unbedingt vermieden werden. Firmenvertreter, die leicht aus dem Konzept geraten, sich schnell aufregen oder gar cholerisch sind, sollten nicht an entsprechenden Treffen teilnehmen.

Der Verhandlungsstil hängt natürlich generell davon ab, wie stark die eigene Position ist und ob man mit einem Kunden, einem Lieferanten oder einem gleichberechtigten Partner spricht. Man darf dabei nicht vergessen, dass alle rhetorischen und didaktischen Fähigkeiten der Gesprächs- und Verhandlungsführung wenig wert sind, wenn man mangels Sprachkenntnissen selbst die Verhandlung nicht führen kann (siehe Kapitel Dolmetscher).

Verhandeln in China heißt auch verkaufen. Das bezieht sich nicht nur auf das Produkt oder auf die Leistung, sondern auch im weiteren Sinne auf das Unternehmen, sein Land und vor allem auch auf sich selbst. Entsprechend sollten alle einzelnen Aspekte und Argumente des Verkaufens unter verschiedenen Kriterien gut vorbereitet werden.

Chinesen haben eine **ausgeprägte Händlermentalität**. Sie sind sparsam, wollen und können gut feilschen und noch besser rechnen. Sich einen Verhandlungsspielraum einzubehalten ist generell richtig, aber man sollte nicht beim Verkaufen den Preis zu hoch oder beim Einkaufen zu tief ansetzen. China ist nicht mit einem persischen Teppichbasar vergleichbar, wo sich am Ende des Tages die Preise bei 50% einpendeln werden. Chinesen wissen zumeist sehr genau, wie hoch der Wert einer Leistung oder eines Produkts im internationalen Marktvergleich anzusetzen ist.

Und trotzdem. Ein westlicher Wirtschaftsreporter sagte einmal: „Kein Ausländer macht mit China Geschäfte. Es sind immer nur die Chinesen, die mit Ausländern Geschäfte machen!"

Nach diesem Grundsatz sollte man sich nie mit dem zufrieden geben, was einem der chinesische Verhandlungspartner freiwillig anbietet. Wenn man diese klug beobachtete Bewertung noch etwas modifiziert, könnte man sagen: „Wann immer ein Ausländer glaubt, in China ein gutes Geschäfts gemacht zu haben, kann man sicher sein, dass der Chinese ein besseres Geschäft gemacht hat". Und ein Chinese wird alles daran setzen, dieses Ziel zu erreichen. Wer das im Hinterkopf behält, wird auf der Hut sein und sich so manche Enttäuschung ersparen.

Preisfindung

Die Preisfindung ist in China eine **schwierige Angelegenheit**, weil hier nicht die gleichen Parameter gelten wie in Deutschland. Beispiele wären Produkte oder Technologien, bei denen die Preisstruktur in Deutschland eher material- und maschinenlastig ist, in China jedoch personalintensiv. **Man muss ganz umdenken und die Preise nach anderen Kriterien kalkulieren.**

Wer als Ausländer in China etwas verkaufen möchte, hat das Problem, seine üblicherweise höhere Kostenstruktur zu begründen. Für chinesische Kunden zählt oftmals nur der Preis. Sie fragen nicht nach der Qualität des Produkts, dem Service, der Zuverlässigkeit, der Flexibilität, der Lieferzeit oder den konkreten Vorteilen von Reproduzierbarkeit oder Toleranzbereichen. Wenn der Preis bei Waren, die nicht mit wohlbekannten Markennamen auftrumpfen können, nicht stimmt, sind sie selten bereit, darüber nachzudenken, warum der Preis des ausländischen Unternehmens höher sein soll als bei lokalen Herstellern. Es bedarf eines sehr langen Zeit- und Erklärungsaufwandes, den höheren Preis zu begründen. Am Ende ist jedoch die überwiegende Mehrheit der Kunden begeistert von der wesentlich besseren Qualität des Ergebnisses, solange es sich um Preisdifferenzen von maximal 10 bis 20 Prozent handelt. Leider steht die langfristige Investition in Qualität zu einem höheren Preis dem Ziel der kurfristigen Gewinnmaximierung der Chinesen allzu oft im Wege.

Es ist in China **nicht unbedingt üblich**, ein **schriftliches Angebot**, das bei uns in Deutschland die Grundlage jedes Auftrages bildet, einzuholen oder abzugeben. Dass in dem Angebot nochmals das genaue Anforderungsprofil des Produkts wiedergegeben und die Art und Qualität der Leistung zum beiderseitigen Verständnis definiert ist, scheint ohne Belang zu sein. So ein Schriftstück ist in Deutschland eine verbindliche Rechtsgrundlage. Kein Wunder, dass ausländische Experten darauf bestehen und nicht begreifen wollen, dass Chinesen normalerweise keine Angebote machen. Also ist auch der anfangs besprochene oder ausgehandelte Preis immer noch Gegenstand flexibler Auslegung und weiterer Verhandlungen.

Wenn die Spezifikationen geklärt und alle Unklarheiten grundsätzlich beseitigt worden sind und man als ausländischer Geschäftspartner, wenn auch widerstrebend, zumindest eine preisliche Hausnummer genannt hat, kommt sehr oft der Chinese dann erst langsam dazu, all die gewünschten Änderungen oder Sonderwünsche aufzuzählen. Er ist dann ganz erstaunt, wenn der Geschäftspartner anschließend meint, dass der Preis nun nochmals ganz neu errechnet werden muss. Aus dieser Sichtweise die Verhältnisse beim Einkaufen umzudrehen, ist sicherlich nicht verkehrt.

Ein weiterer Punkt, der nur schwer zu durchschauen ist, bezieht sich auf die **Mehrwertsteuer**. Manchmal werden Brutto-, manchmal aber auch Nettopreise angegeben. Es ist nicht eindeutig, ob die Mehrwertsteuer nun grundsätzlich enthalten ist oder nicht. Diese Frage muss immer vorab geklärt werden. Auch bei Rechnungsstellung und beim Erhalt von Quittungen und Belegen jeder Art sollte genau auf diesen Punkt geachtet werden, damit es später keine Missverständnisse oder gar Probleme in der Abrechnung oder Steuererklärung gibt.

Des Weiteren haben bestimmte Unternehmen die Lizenz, nur für den Export zu produzieren. Sollten sie jedoch eine Halbfertigware zur weiteren Konfektionierung an ein anderes chinesisches Unternehmen liefern, muss Mehrwertsteuer bezahlt werden. Je nach Art der Lizenz, der ausgefüllten Dokumente oder der Findigkeit der Firmen, lässt sich dieser Betrag jedoch flexibel handhaben oder gar ganz umgehen. Man muss also immer daran denken, dass Preise und deren Interpretation anders als bei uns einen breiten Freiraum an Gestaltungsmöglichkeiten haben.

Es muss wohl kaum erwähnt werden, dass bei **Preisverhandlungen** auf einem Markt andere Regeln gelten, als bei einer Geschäftsverhandlung. Bei fast allen Waren kann um den Preis gehandelt werden und zwar nicht nur auf dem Markt, sondern auch in Kaufhäusern. Am besten, man sucht sich mit einem zuverlässigen chinesischen Mitarbeiter genau die Waren aus, die man gerne hätte und schickt am nächsten Tag nur den chinesischen Mitarbeiter allein zum Einkaufen in das entsprechende Geschäft. Er wird, wenn er sich geschickt anstellt, den Preis bis zu 30% der Originalauszeichnung herunterhandeln können. Eine Preisersparnis, die man nicht verschwenden sollte. Ein Ausländer wird selbst bei bestem Verhandlungsgeschick und chinesischen Sprachkenntnissen diese große Marge nie erzielen können.

China ist eine **Händlergesellschaft**, keine Handwerksgesellschaft wie z.B. Deutschland. Es wird, abgesehen von Restaurants oder Kaufhäusern und Supermärkten, **gefeilscht**, was das Zeug hält. Dabei geht es nicht etwa darum, den (ausländischen) Touristen bzw. Käufer übers Ohr zu hauen – auch viele chinesische Studenten oder Wanderarbeiter aus anderen Provinzen kennen manchmal die lokalen Preise nicht und zahlen dann zu viel. Jeder zahlt am Ende eben das, was ihm die Ware wert ist. Wenn chinesische Händler feststellen, dass man auch als Ausländer die Preise gut kennt, pendeln sich die Preise bei den Verhandlungen oft schnell bei den tatsächlichen marktüblichen Preisen ein.

Viele Produkte sind für westliche Verhältnisse auch ohne längere Verhandlungen noch sehr billig und bei kleinen Beträgen, z. B. beim Gemüseeinkauf, ist man eher geneigt, mehr zu zahlen, um Zeit zu sparen. Wenn man sich aber auf chinesischen Märkten mit Kleidung eindecken möchte oder Souvenirs für zu Hause kauft, ist das Feilschen eine interessante Erfahrung, bei der man mit einigen Grundregeln viel Geld sparen kann.

Wenn einem etwas zu teuer vorkommt, sollte man sich einfach aus dem Geschäft begeben oder weiterschlendern. Gibt es noch preislichen Verhandlungsspielraum, wird einem der Händler nachkommen und mit seinem zuletzt geforderten Preis nochmals heruntergehen. Am besten sollten Preise aber von einheimischen Kollegen oder Geschäftspartnern verhandelt werden, die man vorschickt, ohne dass der Händler einen selbst überhaupt gesehen hat.

Wenn einem etwas gefällt und man es unbedingt haben möchte, sollte man dies anfangs nicht zu deutlich zeigen. Vor allem muss man immer höflich und geduldig bleiben und dafür sorgen, dass das Feilschen dem Verkäufer auch Spaß macht. Mit einem Lächeln und ein paar Brocken Chinesisch fällt das beiden Seiten sehr viel leichter. Dann ist der Verkäufer auch eher zu Zugeständnissen bereit und gibt seine Ware auch mal sehr billig ab. Hauptsache ist, dass er dabei trotzdem sein Gesicht wahren kann.

Vertragsabschluss

Ein **wichtiger Unterschied zwischen China und Deutschland** besteht in der **Bedeutung des Vertrages und** der **Vertragsgültigkeit.** Für Chinesen ist ein Vertrag nicht zwangsläufig das endgültige, abschließende, alles zusammenfassende und damit für beide Seiten bindende Ergebnis

einer Verhandlung, so wie es in Deutschland der Fall wäre. Generell ist also bei jedweden Vertragsverhandlungen zu beachten, welches Rechtsverständnis dem von beiden Seiten selbstverständlich angestrebten Vertrag zugrunde liegt.

Ein mit Datum und Unterschrift versehenes Dokument ist zwar gültig und hat „offiziellen Charakter", aber ein Vertrag in China ist nicht unbedingt eine feststehende Vereinbarung, die von nun an verbindlich gilt, sondern eher ein flexibles Gerüst, an dem immer mal wieder noch einiges verändert werden kann. Während in Deutschland ein Vertragstext klar, deutlich und strukturiert ist, um beiden Partnern als eindeutiger Leitfaden zu dienen, an den sich die Parteien unbedingt zu halten haben, stellt er für Chinesen eher einen Rahmen für die zukünftige Geschäftsbeziehung dar.

Selbst ein scheinbar exakt formulierter Vertragstext, der von deutschen Juristen auf Richtigkeit gegengeprüft wurde, bietet deshalb keine Gewähr dafür, dass die Chinesen ihn nicht doch unterschiedlich interpretieren. Das wird durch viele schwammige Formulierungen möglich, die bewusst so gewählt wurden, um möglichst viel Freiraum für individuelle Auslegungen zu lassen. Das kann später natürlich zu erheblichen Verstimmungen und Schwierigkeiten führen.

Während also für einen deutschen Verhandlungspartner die Unterschrift unter dem Vertrag einen Schlusspunkt aller Verhandlungen bedeutet – im Gegenzug setzt der Chinese seinen Namensstempel darunter – drückt er für den Chinesen den Beginn der Geschäftsbeziehung aus, die es jetzt durch gegenseitige Annäherung im Detail auszuloten gilt. Es kann also auch nach Vertragsabschluss noch zu neuen Vorschlägen und Änderungswünschen kommen.

Man kann also nicht sagen, dass in China auf vertragliche Vereinbarungen kein Verlass ist. **Der Vertrag ist einfach anders zu bewerten.** Und für den weiteren Erfolg der entsprechend noch nicht abgeschlossenen Verhandlungen muss man darauf achten, dass weiterhin die „persönliche Chemie" zwischen den Partnern stimmt. Im Interesse dieser guten Beziehung schenkt man seinem Geschäftspartner **nach Vertragsabschluss je nach Volumen des Geschäfts** einen **kleinen Bonus** oder eine **Prämie**. Hier zählt die Geste und nicht der eigentliche Wert.

Muster

Die Geschäftsbeziehung zwischen einem deutschen Kunden und einem chinesischen Lieferanten verläuft üblicherweise in einer bestimmten Reihenfolge ab. Auf eine Anfrage erfolgt ein Angebot. Bei grundsätzlichem Gefallen stellt das chinesische Unternehmen für wenig Geld ein so genanntes **Weißmuster** oder auch **Handmuster** her, das die Materialien und generelle Verarbeitungsqualität zeigt. Wenn dieses erste Muster abgenommen wird, werden die richtigen Materialien geordert und kostenpflichtige Werkzeuge hergestellt und ein **Vorproduktionsmuster** gemacht, das in jeder Hinsicht die **Qualität der späteren Waren** repräsentieren soll. Erst wenn dieses zweite Muster – meistens benötigt man jedoch mehrere Musterrunden – vom Kunden freigegeben wurde, beginnt die eigentliche Auflagenfertigung.

Deutsche Kunden haben aber immer wieder Probleme bei diesem Musterherstellungsprozess, da ihnen der chinesische Hersteller je nach Projektphase und Musterstufe immer wieder erklärt, er könne kein Muster erstellen, das den Ansprüchen des Kunden genügt, aber dass es gar kein Probleme gäbe, diese Wünsche bei Auftragsplatzierung in der Fertigung später zu berücksichtigen und umzusetzen.

Ohne solche Muster ist es aus deutscher Sicht allerdings schwer, das Vertrauen in die tatsächliche Qualität und Leistungsfähigkeit des chinesischen Herstellers zu bekommen. Auf welcher Basis sollte also mit einem mangelhaften Muster ein Auftrag platziert werden?

Die Ursache liegt in der unterschiedlichen Bewertung in der Aufgabe des Musters und in der Herangehensweise bei der Herstellung desselben.

In **Deutschland** ist ein Muster üblicherweise von besserer Qualität als die Hauptauflage. Als Unikat wird ihm viel mehr Zeit und eine viel höhere Aufmerksamkeit gewidmet. Materialien für die Verarbeitung liegen ohnehin fast alle als Standard vor und alle möglichen späteren Qualitätsmängel werden systematisch ausgeschaltet. Das Ergebnis ist meist ein absolut perfektes Muster, das in dieser Qualität in der Massenfertigung kaum reproduzierbar ist.

In **China** hört man aber in schöner Regelmäßigkeit – und das entspricht auch häufig den Tatsachen – dass die richtige Qualität in Bezug auf Format, Material, Verarbeitung etc. erst in der Massenfertigung richtig und zur vollsten Kundenzufriedenheit umgesetzt wird. Dem Muster wird auch nicht die Bedeutung beigemessen, die für einen Verkäufer im Vorfeld aber notwendig ist. Chinesische Unternehmen werden derzeit mit Anfragen überhäuft und müssen Hunderte von Mustern machen. Da sie von einer zu einem Auftrag führenden Trefferquote von max. 10% ausgehen, werden sie ihren Musteraufwand entsprechend gering halten, weil sie eben nicht wissen, ob es sich überhaupt lohnen würde, so viel Zeit und Aufmerksamkeit in ein perfektes Muster zu investieren.

Abgesehen davon redet man in China ja eigentlich nie von reinen Standardartikeln, sondern immer von Maßanfertigung mit speziellen Werkzeugen und kundenbezogenen Materialien und Veredelungsstufen. Weder liegen die Werkzeuge noch die Materialien schon in der Musterphase vor, sondern müssen erst bestellt oder gar hergestellt werden. Das kostet Zeit und Geld. Dieses Problem umgeht man nur dann, wenn man schon so gute Beziehungen zu einem Lieferanten aufgebaut und entsprechend viele Aufträge platziert hat, dass er weiß, ein wirklich gut gemachtes Muster lohnt sich für ihn.

Eine Möglichkeit besteht auch darin, den Hersteller **bei Musterbestellungen im Vorfeld** zu **informieren**, ob es sich um irgendein beliebiges Produktmuster handelt, um den Zulieferer auf sein allgemeines Können zu testen, wobei der Auftrag noch fraglich ist und wo Abweichungen von Materialien, Farben und Ausfertigung tolerierbar sind oder ob hinter dem erwarteten Muster wirklich ein konkreter Auftrag steht. In letzterem Falle wird ein perfektes Muster in Haptik und Farbe gebraucht, das dann auch bezahlt werden muss und mehrere Wochen dauern kann.

Zahlungsgewohnheiten

Als ausländisches Unternehmen in China einzukaufen bzw. im konkreten Fall kundenspezifische Produktionsaufträge zu platzieren, funktioniert in der Regel nur über eine **Anzahlung**. Meist sind das 30% oder gar 50% der Summe des Gesamtauftragswertes, zuzüglich 100% für etwaige Werkzeugkosten.

Ausnahmen bestehen bei langjährigen Kunden-Lieferanten-Beziehungen, die sich gegenseitig in Bezug auf Liefertreue, Produktqualität, Zahlungsmoral – in einem Wort, Vertrauen in eine wirkliche Partnerschaft – bewährt haben, und wo dann bessere Konditionen in Form verlängerter Zahlungsziele vereinbart wurden.

Die andere Ausnahme sind Aufträge, die von ihrem Volumen – meist ab einer Auftragshöhe über 100 000 US-Dollar – ohnehin über Bankbürgschaften oder Akkreditive abgewickelt werden.

Deutsche Unternehmen sind chinesische Zahlungskonditionen und vor allem Zahlungsziele nicht gewohnt und reagieren meist erst einmal erstaunt, wenn nicht gar unwillig, wenn sie mit der Forderung nach einer Anzahlung konfrontiert werden. Warum sollten sie Geld bezahlen, bevor überhaupt irgendeine Leistung erbracht worden ist? Und warum sollte die Differenz bereits dann beglichen werden, wenn das Produkt erst mal nur auf dem Weg zum chinesischen Hafen ist? Geld auf den Tisch zu legen, ohne Produkte und deren Qualität überhaupt gesehen und geprüft zu haben, widerspricht deutschen Geschäftsgewohnheiten. Natürlich kauft niemand gerne die Katze im Sack, doch wer mit den Chinesen Geschäfte machen will, muss sich einmal mehr von seinen festen Gewohnheiten verabschieden und Kompromisse akzeptieren.

Bei der Vergabe von Produktionsaufträgen Anzahlungen in irgendeiner Form zu leisten, ist in China also gang und gäbe. Diese Anzahlungen dienen vier möglichen Zwecken:

1. Die herstellenden Betriebe müssen ihrerseits Rohmaterialien und Halbfertigwaren einkaufen, um diese dann zum Endprodukt zu verarbeiten. Dadurch entstehen ihnen direkte Fremdkosten, die mittels der Anzahlungen gedeckt werden.

2. Chinesische Unternehmen wollen sich – wobei das kein typisch chinesisches Verhalten ist – finanziell gegen etwaige unerwartete Änderungen von Vertragsvereinbarungen absichern. Beispiele dafür wären eine Veränderung der aktuellen Marktsituation oder der Bedarfslage

des Kunden, die ihn dazu bewegen könnte, den Auftrag und dessen Zahlung zu verschieben oder gar ganz zu kündigen. Dann würde die chinesische Firma auf ihren eigens produzierten Waren sitzen bleiben. Auf Zahlungen zu bestehen, die nur durch Klagen durchzusetzen sind, möchte sich niemand gern einlassen. Zumal das bei interkontinentalen Auseinandersetzungen mit unterschiedlichen Gerichtsbarkeiten auch keine eindeutige und angenehme Prozedur ist. Meist deckt deshalb die Anzahlung bereits alle tatsächlich entstehenden Kosten der eigenen Fertigung, sodass dem chinesischen Partner im so genannten *Worst Case* nur der Gewinn verloren geht, aber sonst keine finanziellen Einbußen entstehen. Minimierung des Gesamtrisikos heißt hier die Losung, was gerade im undurchschaubaren und oftmals unsicheren Exportgeschäft Chinas mit Firmen in aller Herren Länder durchaus nachvollziehbar ist.

3. Weitsichtige Unternehmen nutzen die finanzielle Flexibilität des Vorschusses, um entweder wichtige Rücklagen zu bilden, was gerade bei einem Cash-Flow-Flaschenhals überlebenswichtig werden kann. Andere benötigen die liquiden Mittel zur Zwischenfinanzierung beim Erwerb neuer Technik, die wiederum die Voraussetzung zur Produktionsabwicklung oder zum Akquirieren weiterer Aufträge ist.

4. Die vierte Variante ist eine Spezialität besonderer Art. Chinesische Unternehmen, die über ausreichende finanzielle Reserven verfügen, nutzen die Anzahlungsbeträge und investieren das Geld sofort. Das können kurzfristige, spekulative Investitionen in Fonds oder Warentermingeschäfte sein oder die Gelder werden gar zum Glücksspiel bei Pferdewetten oder zum Zocken in Casinos in Macao verwendet. Das bedeutet, dass ausländische Devisen gezielt eingesetzt werden, um zusätzliche Einkünfte zu generieren. Es gehen Gerüchte um, dass es sogar Unternehmen gibt, die nur durch Finanzspekulationen und dem cleveren Anlegen der Gelder ihrer ausländischen Kunden ihr Geld verdienen, aber nicht mit dem eigentlichen Produkt. Dadurch können sie ihre Produkte günstiger als die Konkurrenz anbieten, haben einen Wettbewerbsvorteil und bekommen so mehr Aufträge. Die fälligen Anzahlungsbeträge dafür werden über Wochen oder gar Monate dann

wieder sofort investiert. Das ist ein schöner geschlossener Geldkreislauf und eine parallel existierende Schattenwirtschaft, von der viele ausländischen Firmen nichts ahnen.

Selbst bei großen Konzernen lassen sich viele chinesische Lieferanten nicht darauf ein, ohne Anzahlung zu produzieren oder gar Zahlungsziele von 30 Tagen oder länger nach Ankunft der Waren beim Kunden zu akzeptieren, da es ihnen an Liquidität mangelt. Daher ist bei ausländischen Kunden grundsätzlich eine hohe Flexibilität bei den Zahlungs- und Lieferbedingungen gefragt.

Bei innerchinesischen Geschäften sieht die Wirklichkeit oft noch ganz anders aus. Bezahlt wird oft erst viele Monate, nachdem die Waren geliefert wurden und oft erst dann, wenn bereits die nächste Bestellung ansteht. Vor allem bei Staatsbetrieben ist es schwierig, ohne großzügig eingeräumte Zahlungsziele überhaupt ins Geschäft zu kommen. Bei stark verspäteter Abholung der Waren oder Überziehung der Zahlungsziele, die vielleicht zusätzliche Zinsen oder Lagerkosten verursachen, oder falls es sich der Kunde doch ganz anders überlegt und die Produkte gar nicht mehr will, muss im Vorfeld über Zusatzkosten oder gar Vertragsstrafen verhandelt werden. Bei klassischen Projektgeschäften, die nach Stufen oder Fortschritten bezahlt werden, kann es bis zu einem Jahr dauern, bis die letzten fünf bis zehn Prozent des Rechnungsbetrages bezahlt werden, oder ein Teil hiervon ist oft gar nicht mehr einzutreiben. Das sollte bei der Preisfindung und Finanzierung immer berücksichtigt werden.

Kommunikation

Pinyin

Bei der Vielfalt der einzelnen chinesischen Hauptsprachen und Zeichen und vor allem um China den kommunikativen Anschluss an den Westen zu ermöglichen, hat ein verbindliches **Umschriftsystem auf Basis der lateinischen Schrift** eine wichtige Bedeutung. In der Volksrepublik China wird heute als lateinische Umschrift der chinesischen

Schriftzeichen das sogenannte „Hanyu Pinyin" verwendet. Es hat offiziell Gültigkeit und wird im ganzen Land gelehrt, gelernt und allgemein parallel zu den chinesischen Schriftzeichen verwendet.

Allerdings sind immer noch ältere Umschriftformen wie die früher vorherrschende Wade-Giles-Umschrift, die manchmal unserer Aussprache näher kommt als Pinyin, im Umlauf. Diese beiden verwendeten Systeme erschweren manchmal das Erkennen bestimmter Namen und Begriffe.

Doch Pinyin setzt sich langsam auch international immer mehr durch und wird mittlerweile auch von wichtigen Institutionen wie der UNO und der Library of Congress propagiert. Man selbst sollte entsprechend darauf achten, **nur Pinyin** zu **verwenden**, sowohl was das Schreiben als auch die korrekte Aussprache betrifft.

Typische Beispiele für Pinyin als amtliche und damit heute einzig richtige Umschriftsform finden sich in Ortsnamen wie *Beijing* (früher *Peking*) oder *Guangzhou* (früher *Kanton*). Bei vielen chinesischen Namen finden sich leider auch heute immer noch in Büchern oder Artikeln ältere Umschriftarten wieder. Es muss jedoch heißen *Laozi* statt *Laotse*, *Mao Zedong* statt *Mao Tse-tung* und für den Namen seiner Frau schreibt man nicht mehr *Chiang Ch'ing*, sondern *Jiang Qing*.

Ausnahmen bestätigen auch beim Pinyin die Regel: statt *Sun Yixian* verwendet man international weiter *Sun Yat-sen* und Maos Widersacher wird statt *Jiang Jieshi* immer noch als *Chiang Kai-shek* geschrieben. Das am Hochchinesischen orientierte Pinyin konnte sich bei diesen Namen bis heute nicht durchsetzen, da beide Männer unter der alten Umschrift bekannt wurden, die auf ihrer südchinesischen Namensaussprache beruht. Wegen des höheren Wiedererkennungswertes bleibt es also bei der alten Umschriftform.

Nichtsdestotrotz ist Pinyin nicht nur für geschriebene und gedruckte Informationsmedien im Allgemeinen, sondern auch für die Konsumgüterindustrie im Speziellen wichtig. Das betrifft vor allem ausländische

Artikel in China als auch chinesische Artikel für Ausländer, die der chinesischen Schriftzeichen nicht mächtig sind.

Anfangs wurden nur chinesische Schriftzeichen auf alle Arten von Produkten und deren Packungen geschrieben und gedruckt. Diese konnten landesweit gelesen oder verstanden werden. Allen Bemühungen und Reformen der Bildungspolitik zum Trotz gibt es jedoch immer noch über 100 Millionen Analphabeten in China, die sich dadurch definieren, weniger als 1000 chinesische Schriftzeichen zu beherrschen. Das ist eine nicht zu verachtende Zahl potenzieller Konsumenten. Pinyin zu lernen ist sowohl für diese Chinesengruppe als auch für Ausländer wesentlich einfacher.

Im Zuge der Reform- und Öffnungspolitik wird Pinyin auch auf die Produktverpackungen aufgebracht. Da der Umgang mit den fremden Buchstaben, den Rechtschreib- und Trennregeln anfangs noch sehr ungewohnt war, traten hier oft Schwierigkeiten auf. Viele chinesische Unternehmen hatten neben mangelnder Erfahrung auch gar nicht die technischen Voraussetzungen, lateinische Buchstaben maschinell zu erstellen.

Durch die steigende Internationalisierung und den massiven Einfluss des Auslandes haben die meisten chinesischen Hersteller von Konsumgütern erkannt, dass sie – als dritten Schritt – nur durch zusätzliche englische Schreibweise konkurrenzfähig bleiben können. Englische Beschriftung steht stellvertretend für Modernität, für Fortschritt oder eben für begehrenswerte Ware aus dem Ausland. Das sind entscheidende, verkaufsfördernde Argumente.

Die Probleme im Umgang mit Pinyin und Englisch als Ergänzung zu den chinesischen Schriftzeichen verstärkten sich jedoch. Übersetzungen chinesischer Produktnamen, die Auflistung von Inhaltsstoffen, die Beschreibung von Anwendungsgebieten oder Bedienungsanleitungen sind durch ihre Unbeholfenheit für Ausländer bisweilen recht amüsant zu lesen.

Trotz größter Bemühungen sind falsche Schreibweisen an der Tagesordnung. Beispielsweise wird eine „9" statt einem kleinen „g" verwendet, ein „N" ist oft seitenverkehrt, aus dem „ß" wird gerne ein „b", Buchstaben wie „S" und „Z" werden vertauscht, „I" mit „L" verwechselt. Doch das sind nur Kinderkrankheiten auf dem stetigen Weg der Professionalisierung und Internationalisierung Chinas, auf dem Pinyin einen wichtigen Baustein repräsentiert. Pinyin erleichtert Nichtchinesen das Lesen und Schreiben, verringert die kommunikative Distanz Chinas mit dem Ausland und baut dadurch auch kulturelle Hürden ab.

Sprache

China zeichnet sich durch eine große Völker-, Kulturen- und Sprachenvielfalt aus. Wenn man von China und Chinesisch spricht, sollte man sich bewusst machen, dass es die eine, einheitliche chinesische Sprache gar nicht gibt. Es werden **drei Hauptsprachen im Han-chinesischen Raum** unterschieden. „Putonghua", die „allgemeine Sprache", ist die Hochsprache Chinas, die ursprünglich nur in der Großregion der Hauptstadt Peking gesprochen wird.

Früher wurde diese Sprache Mandarin genannt, heute ist Putong Hua oder auch hanyu, die „Sprache der Han", die offizielle Amtssprache im ganzen Land. Als zweites gibt es **„wuyu"**, die Sprache aus der Shanghaier Gegend, und schließlich das Kantonesische, das **„yueyu"** aus Südchina, das auch in Hongkong gesprochen wird. Hinzu kommen noch etliche eigenständige Untersprachen, wie zum Beispiel Hokkien, das in der Provinz Fujian und auch größtenteils in Singapur gesprochen wird. Hokkien wird sprachwissenschaftlich der sogenannten Min-Gruppe zugeordnet. Alle diesen Sprachen lassen sich wiederum in zahllose regionale und lokale Dialekte unterteilen.

Dazu kommen auch noch die zumeist eigenen Sprachen der über 50 ethnischen Minderheiten, die zusammen immerhin auch über 55 Millionen Menschen in China zählen. Hier kommen die verschiedenen Spracheinflüsse vom Russischen und Mongolischen im Norden, dem Türkischen und Arabischen im Westen, sowie den vietnamesischen und burmesischen Sprachen im Süden hinzu.

Bleibt man jedoch erst mal bei den drei Hauptsprachen der Han-Chinesen, muss man wissen, dass dies **keine Dialekte** wie das Bayerische oder Schwäbische in Deutschland sind. Es geht also nicht um sprachliche Eigenheiten mit teilweise individuellen Begrifflichkeiten oder gar nur Aussprachevariationen. **Hanyu, wuyu und yueyu** stellen **eigenständige Sprachen** dar. Dies führt dazu, dass sich drei Chinesen, die aus Peking, Shanghai und Kanton kommen, in keinster Weise in ihrer jeweiligen Muttersprache redend verstehen können.

Ein kantonesisch sprechender Südchinese lernt als erste Fremdsprache also putong hua und damit ebenfalls Chinesisch – nur eben ein anderes Chinesisch.

Das **gemeinsame Element der chinesischen Sprachen** bilden lediglich die **Schriftzeichen**. Die Zeichen sind in ihrer Schreibweise und inhaltlichen Bedeutung überall im Land gleich. Sie verbinden, trotz vollständig unterschiedlicher Aussprache, die Han-Chinesen und halten das ganze Land so quasi zusammen. Das ist der Hauptgrund dafür, dass das komplizierte Zeichensystem noch nicht komplett von dem lateinischen Alphabet ersetzt worden ist, obwohl es die Kommunikation wesentlich vereinfachen würde. In Vietnam beispielsweise wurden ebenfalls über tausend Jahren lang chinesische Zeichen benutzt und dann entwickelte ein Jesuiten-Missionar aus Frankreich, Alexandre de Rhodes, im 17. Jahrhundert eine Romanisierung der vietnamesischen Sprache und die chinesischen Zeichen wurden vollständig auf die lateinische Schrift umgestellt. Allerdings gab es dort auch keine vergleichbare Sprachenvielfalt wie in China.

Als Ausländer in China fühlt man sich wie ein Analphabet, was sogar richtig ist, da das Chinesische kein Alphabet besitzt. Es basiert auf Silben statt auf Buchstaben, wobei die komplexen Zeichen in Ausnahmefällen aus über 25 einzelnen Strichen gebildet werden. Die Schriftreform, die vor Jahren mit Ausnahme Hongkongs, Macao und Taiwans in China eingeführt wurde, führte lediglich zu einfacheren Kurzzeichen.

Beim Anblick der komplizierten Zeichen wird bei jedem China-Interessierten erst einmal eine Hemmschwelle aufgebaut, frei nach dem

Motto „Das lerne ich nie". Dabei ist Chinesisch als Sprache gar nicht so schwierig und aufgrund seiner einfachen grammatikalischen Struktur wesentlich leichter zu erlernen als viele romanische Sprachen.

Nur die Aussprache, und hier vor allem die unterschiedliche Betonung, ruft Schwierigkeiten hervor. Berühmt ist der Satz „ma ma ma ma ma", der zwar nur aus einer Aneinanderreihung identischer Silben basiert, und seinen „Sinn" erst durch die entsprechenden Ton-Zeichen mit der korrekten Aussprache und Betonung erhält. Er könnte dann heißen: „Schimpft die Mutter das Jute-Pferd?"

Gewöhnungsbedürftig ist auch die Tatsache, dass traditionell von oben nach unten und von rechts nach links geschrieben wird. Bücher wurden früher von rechts nach links geheftet bzw. gebunden und entsprechend so gehandhabt, dass es für Ausländer den Anschein hat, sie würden von hinten nach vorn gelesen. Anfang und Ende schienen so in China gegensätzlich zur westlichen Welt zu sein. Diese Schreibrichtung wurde allerdings im Zuge der Schriftreform 1956 abgeschafft. Damit änderte sich auch die allgemeine Buchbindetechnik. Doch das sind nur Äußerlichkeiten.

Jeder Chinesisch-Student kennt dagegen die Frustration, wenn er sein frisch erlerntes Chinesisch im Land ausprobieren will, aber der Gegenüber einen nicht versteht. Das liegt aber nicht allein an der überwiegend falschen Aussprache, sondern weil gar nicht erwartet wird, dass ein Ausländer Chinesisch sprechen könnte.

Jedes Bemühen um die chinesische Sprache wird aber mit großem Wohlwollen aufgenommen. Und selbst wenn man nur ein paar Brocken lernt wie „ni hao" oder „xiexie" wird man schon mit Begeisterung von seinem chinesischen Gastgeber für seine tollen Chinesischkenntnisse gelobt werden. Chinesen freuen sich, wenn man sich die Arbeit macht, ihre Sprache zu verstehen oder gar zu erlernen. Das gibt wertvolle Bonuspunkte in jeder privaten und beruflichen Beziehung. Also aktiv üben, jedes Wort merken, jeden wichtigen kleinen Satz immer wiederholen, langsame Fortschritte machen und vor allem nicht aufgeben. Es lohnt sich.

Dolmetscher

Englischkenntnisse sind zwar in China **immer mehr verbreitet,** aber noch lange keine Selbstverständlichkeit. Selbst im Bereich der Geschäftsleitung international agierender Unternehmen sollte man nicht davon ausgehen, einen englischsprechenden Manager anzutreffen. Die Zuhilfenahme eines Dolmetschers ist daher immer zwingend notwendig.

Doch dieses Phänomen beschränkt sich nicht allein auf die chinesische Seite. Auch viele **Deutsche** verfügen nur über **Schulenglisch-Kenntnisse**, die im Laufe vieler Jahre oftmals sehr „eingestaubt" sind.

Als Folge mangelnder Übung sind viele Mitarbeiter, die ins Ausland geschickt werden, verbal nicht sattelfest, von Verhandlungssicherheit ganz zu schweigen. Kombiniert man nun von beiden Seiten der Gesprächspartner den mehr oder weniger passiven Wortschatz und die damit verbundene Sprachbarriere mit mangelhaft beherrschter adäquater Fachterminologie, fehlerhafter Grammatik, Aussprachschwierigkeiten und gar lokalem Akzent, dann sind mehr als nur Verständnisschwierigkeiten vorprogrammiert. Doch das Eingestehen solcher Defizite fällt vielen China-Managern sehr schwer.

Dem Dolmetscher kommt eine ganz besondere Bedeutung im China-Geschäft zu, die weit über seine zwingend notwendige, perfekte Zweisprachigkeit hinausgeht. Unabhängig von seiner hierarchischen Position sollte er eigentlich einer der wichtigsten Mitarbeiter in jedem deutschen Unternehmen sein, das sich gezielt mit China auseinandersetzt. In der Praxis ist er es zumeist jedoch leider nicht so.

Eine andere Landessprache zu beherrschen, ist keine ausreichende Qualifikation für professionelles Dolmetschen. Ein vertrauenswürdiger und kompetenter Dolmetscher ist ein klassischerweise unterschätzter Machtfaktor bei der Geschäftsanbahnung, Projektabwicklung, Preisverhandlung und dem Vertragsabschluss in China und dabei absolut unentbehrlich.

Er sollte neben der perfekten Alltagskonversation idealerweise in der Lage sein, so nach und nach auch die jeweilige **Fachterminologie** zu erlernen. Die Übersetzung oder zumindest Übertragung solch schwieriger Vokabeln setzt selbstverständlich das tiefere Verständnis der technischen Zusammenhänge und konkreten Anwendungsgebiete voraus. Das bedeutet, ein Dolmetscher sollte auch in dieser Hinsicht theoretisch und praktisch intensiv geschult werden, da sonst Missverständnisse in der Übertragung der Gesprächsinhalte unvermeidbar sind. Je mehr Zeit und Energie in dessen sachliche und fachliche Ausbildung investiert wird, desto leichter fällt ihm später die Kommunikation. Das macht sich langfristig in jeder Hinsicht bezahlt.

Ein Dolmetscher muss in der Lage sein, die Essenz aus den zu übersetzenden Sätzen herauszuziehen, um das Wichtige von dem Unwichtigen zu unterscheiden.

Erstaunlich ist die Feststellung, dass **chinesische Dolmetscher** teilweise für nur wenige englische Sätze minutenlang auf Chinesisch auf den anderen Gesprächspartner einreden, während wiederum minutenlange englische Monologe in nur zwei Sätzen auf Chinesisch wiedergegeben werden. Nachvollziehbar oder gar nachprüfbar sind diese zeitlichen Unstimmigkeiten bzw. dieses Mysterium nicht. Qualität und Quantität der Übersetzung sind in den seltensten Fällen deckungsgleich. Es ist daher eine Frage des Vertrauens des deutschen Geschäftsmannes in die Richtigkeit der Übersetzung. Eine **gute persönliche Bindung zwischen dem Dolmetscher und dem ausländischen Experten** ist daher sehr wertvoll und auch anzustreben.

Ein Dolmetscher kann sich durch das Kennenlernen der sprachlichen Eigenarten des ausländischen Experten besser auf seine Arbeit konzentrieren. Er weiß mit der Zeit, was seinem Vorgesetzten oder Kollegen wichtig ist und idealerweise entwickelt sich auch eine Form der nonverbalen Kommunikation zwischen den beiden, die es dem Dolmetscher ermöglicht, nur durch einige Stichworte die gewünschten Inhalte ins Chinesische zu übertragen.

Doch die Arbeit eines Dolmetschers geht weit über die der reinen Übersetzungstätigkeit hinaus. Er muss in der Lage sein, zwischen zwei Parteien zu vermitteln, vielleicht auch zu schlichten. Er muss den richtigen Ton treffen und wird sogar in vielen Fällen aus eigenem Ermessen nicht genau das übersetzen, was die eine oder andere Partei gesagt hat, weil er der Meinung ist, es würde das gegenseitigen Verhältnis und vor allem die Harmonie beeinträchtigen. Solche Vorgehensweise erfordert gerade bei hitzigen Diskussionen oder brisanten Themen ein **hohes Maß an Feingefühl**.

Doch nur wer seinem Dolmetscher ein gewisses Maß an Freiheit zugesteht, wird wirklich von dessen Qualitäten profitieren. Es ist oft eine Kunst, in der Übersetzung zwischen dem direkten, manchmal ein wenig harsch wirkenden deutschen Sprachstil und dem blumigen, sehr indirekten Chinesisch zu vermitteln, ohne dass die subtilen Untertöne „zwischen den Zeilen" verloren gehen.

Eine solche Arbeit ist nicht leicht, zumal sehr oft ein Dolmetscher in der direkten Schusslinie steht, weil er manchmal unschöne Worte ausspricht bzw. aussprechen muss und soll, obwohl er nur das Medium, nicht aber die Quelle des Gesagten ist. Man denke in dieser Beziehung an den Überbringer der Hiobsbotschaft, der dafür geköpft wurde. Unbedingte Loyalität zu seinem deutschen Arbeitgeber ist die Voraussetzung für gute und erfolgreiche Arbeit.

Deshalb sollte von Anfang an bei allen Gesprächen mit chinesischen Partnern stets ein eigener, zuverlässiger Dolmetscher mitgebracht werden, um sich der korrekten Wiedergabe des gesprochenen Wortes sicher zu sein. Entsprechend sollte der Dolmetscher – wenn irgendwie möglich – auch nicht gewechselt werden, sondern als fester Bestandteil einer jeden China-Reise immer mit dabei sein.

Als unmittelbarer Ansprechpartner des ausländischen Experten kommt dem Dolmetscher weiterhin die Rolle des Kulturvermittlers zu.

Er muss und sollte von sich aus dem ausländischen Experten Einblick in die fremde Kultur, die Sitten und Gebräuche geben, ihm aufklärend und beratend zur Seite stehen.

Leider scheuen die meisten Unternehmen die Kosten dafür. Man bedenke allein die internationalen Reisekosten ab/bis Deutschland, sofern man kein eigenes Personal in China hat. Deshalb bedienen sich viele Unternehmen lieber anderer Mittel, wie zum Beispiel einer studentischen Hilfskraft oder eines lokalen Dolmetscherdienstes in China. Das mag vielleicht bei einem kurzen Messebesuch vertretbar sein, doch bei einem ernstzunehmenden langfristigen Engagement ist diese Vorgehensweise inakzeptabel. Es ist Sparen am falschen Ende, das sehr schnell sehr teuer werden kann.

Der **größte Fehler**, den man überhaupt machen kann, besteht darin, das sicherlich freundlich gemeinte Angebot seines chinesischen Geschäftspartners anzunehmen, und aus Zeit- und Kostengründen auf dessen Dolmetscher zurückzugreifen. Dann lieber einen chinesischen Studenten aus Deutschland mitnehmen oder einen deutschen Chinesisch-Studenten in China engagieren, wobei die erstere Variante durch die Muttersprachlichkeit zu präferieren wäre. Doch mittelfristig sind beides nur Notlösungen.

Man bedenke die Reichweite des Einsatzgebietes eines Dolmetschers. Es geht meistens um verbindliche Vereinbarungen, Produktspezifikationen, Lieferkonditionen, schriftliche Verträge mit Rechtsgrundlagen und juristischer Gültigkeit. Wer würde diese Feinheiten schon einem unbekannten Studenten überlassen oder gar seinem Vertrags„gegner"?

Insofern sollte bei jedem wichtigen Treffen klar geregelt und ggf. vereinbart werden, welche die Vertrags- und Verhandlungssprache ist und wer für die Übersetzung zuständig ist. Keine chinesische Delegation würde jemals ohne eigenen Dolmetscher ins Ausland fahren. Die strategische Bedeutung der fehlerfreien Übersetzung, der reibungslosen Kommunikation und dem möglicherweise drohenden Gesichtsverlust kann gar nicht hoch genug eingeschätzt werden, von den finanziellen Konsequenzen von Fehlinformationen aufgrund von Gedankenlosigkeit ganz zu schweigen. Dabei ist die klare Unterscheidung zwischen mündlicher und schriftlicher Übersetzung noch mal ein ganz eigenes Thema.

Als **Quintessenz** bleibt festzuhalten:
1. Rechtzeitig einen eigenen muttersprachlichen Dolmetscher finden, der über ein hohes Maß an Loyalität, Stressfestigkeit, Besonnenheit und diplomatisches Feingefühl verfügt.
2. Den Dolmetscher nicht nur verbal, sondern auch in technischer Hinsicht konsequent schulen und ihm Einblicke in die Zusammenhänge der Wertschöpfungskette und Unternehmensphilosophie geben.
3. Jeden Chinabesuch planmäßig mit demselben Dolmetscher vorbereiten und ihn als strategischen Partner von vornherein mit einbeziehen, was den Einsatz klar definierter Zielsetzung und die Festlegung von Verhandlungsstrategien betrifft.

Man muss ein gegenseitiges, unbedingtes Vertrauens- und Loyalitätsverhältnis zu dem Dolmetscher aufbauen, damit er als verlängerter Arm und als vollwertiges Sprachrohr des Ausländers in China genutzt werden kann, was auch Eigenverantwortlichkeit in der Ausübung seiner Tätigkeit voraussetzt.

Bejahung

Die **Deutschen** – wenn man hier einmal ein Pauschalurteil zulässt – mögen es, frei heraus zu reden und zu sagen, was sie denken, fühlen und wollen. Sie kommen nach China, um Geschäfte zu machen, und lassen dabei ihre Art der Kommunikation natürlich nicht zu Hause zurück. Beispielsweise will der Deutsche etwas kaufen und er weiß, der Chinese will etwas Passendes verkaufen. Für den Deutschen ist also nichts einfacher als das, denn die Zielsetzungen und Verhältnisse sind klar definiert und kompatibel. Man setzt sich also an einen Tisch, bringt seine Produkte oder Argumente auf den Tisch, bespricht klar und eindeutig die Rahmenbedingungen, klärt die Details und dann geht das Geschäft los.

Fazit: „Um den heißen Brei herumzureden" liegt nicht im Wesen und in der Natur der Deutschen. Das mögen sie nicht. Das ist ihnen zu kompliziert. Das ist überflüssig. Warum auch, wenn man sich im Prinzip einig ist! Ihre Form der Sprache ist offen und gradlinig und ihre Strategie ist zielgerichtet und ergebnisorientiert. Leider stimmt das nicht mit der vorwiegenden Denk- und Handelsweise der **Chinesen** überein, deren Sprachstil eher blumig und indirekt und deren Strategie in erster Linie kommunikationsorientiert ist.

Diese unterschiedliche Art des verbalen Austauschs führt dazu, dass zwischen Ausländern und Chinesen häufig aneinander vorbeigeredet wird, vor allem wenn das kleine und eigentlich einfache und unmissverständliche Wörtchen „ja" benutzt wird. Im Chinesischen gibt es die Wörter „ja" und „nein" gar nicht. Deshalb liegt allein schon in der Übersetzung eigentlich ein sprachlicher Fehler vor, der diese Eindeutigkeit der Aussage nur versucht zu umschreiben. Ein von chinesischer Seite ausgesprochenes **„Ja"** bedeutet nicht zwangsläufig dasselbe wie in Deutschland und das macht den Deutschen zuweilen verrückt.

„Ja" in China bedeutet erst einmal nur „ich höre dir zu" oder „ich verstehe dich" und nicht „ich stimme dir zu". Diese andere Verwendung und Interpretation des Begriffes „ja" hat sogar noch dann seine Gültigkeit, wenn man gezielt nachfragt, ob der Chinese das Gesagte nicht nur gehört, sondern auch wirklich verstanden hat oder dem tatsächlich auch zustimmt. Wer also wissen will, ob der chinesische Gesprächspartner mit seinem „ja" nur signalisieren wollte, dass er zugehört hat oder dass er einen lediglich verstanden hat oder ob er tatsächlich zustimmt, sollte sich einfach wiederholen lassen, wie er die Dinge sieht.

Diese Diskrepanz des Wortes „ja" hat schon bei vielen Verhandlungen zu Verwirrung oder gar zu Verärgerung geführt. Die Geste des eindeutigen Nickens während eines Gesprächs oder gar einer Verhandlung bedeutet auch nicht unbedingt, dass dem Gesagten inhaltlich zugestimmt wird, sondern lediglich, dass es zur Kenntnis genommen wurde.

In China ein klares „ja" zu hören, kann aber durchaus auch „ja" bedeuten. Der einzige Grund für die andere Variante des „ja" liegt darin, dass man versuchen will, ein **„nein"** zu vermeiden. Eine Frage, eine Bitte oder eine Aufforderung mit einem simplen „nein" einfach abzulehnen, wird in China als unhöflich angesehen. Man will diese Peinlichkeit vermeiden, vor allem, wenn diese zu einem Gesichtsverlust des Gesprächspartners führen könnte. Aus Rücksicht neigt man deshalb dazu, sich dem Gegenüber positiv auszudrücken und sagt in dieser Situation und in diesem Augenblick einfach erst mal „ja", obwohl man vielleicht in Wirklichkeit „nein" meint.

Entsprechend wird man in China so gut wie nie ein klares „nein" hören, selbst wenn es durchaus angebracht wäre und man selbst sich das wünschen würde, damit für beide Parteien alle Unklarheiten beseitigt und die Positionen eindeutig geklärt wären.

Das Neinsagen ist aus chinesischer Sicht genauso untragbar wie ein undiplomatischer Frage- und Argumentationsstil, der nur ein „ja" oder „nein" zulässt. Es gibt nur selten ein eindeutiges und unzweifelhaftes Schwarz oder Weiß, aber selbst wenn es so wäre, muss oftmals der richtige Zeitpunkt und der angebrachte Rahmen dafür sorgen, solche Entscheidungen zugunsten der einen oder anderen Seite zu fällen. Man hilft also nicht nur sich selbst, sondern auch seinem Gesprächspartner, wenn man dem Gegenüber durch geschicktes indirektes Formulieren einen rhetorischen Ausweg aus dem Neinsagen-Müssen ermöglicht. Man sollte einfach vermeiden, irgendjemanden in China auf dieses eine kleine Wort – so unkompliziert es für einen selbst auch erscheinen mag – festzulegen oder gar festzunageln. Sonst sorgt man selbst für einen Gesichtsverlust, und der sollte erst recht vermieden werden.

Statt einem „nein" würde man sowohl als Ausländer als auch als Chinese sagen, **„vielleicht"**, oder „ich werde es versuchen" oder „darüber werde ich nachdenken". Gerne wird auch gesagt „das ist schwierig", obwohl schon in diesem Moment feststeht, dass etwas unmöglich ist. Die Antwort könnte auch erst mal „ja" mit irgendeinem Nachsatz lauten, der ein Hintertürchen offen lässt. Solche Formulierungen fallen dem aufmerksamen Zuhörer sofort auf und er kann sie dann auch entsprechend bewerten.

Buyao

„Bu" bedeutet „nein" oder „nicht" und kann je nach Kontext oder Zusatz in den unterschiedlichsten Weisen verwendet werden. „bu yao" sind nur zwei kleine Silben, ebenso kurz wie auch nützlich, die man jedoch vom ersten Tag an in China immer parat haben sollte, noch dazu wo sie so einfach auszusprechen sind. „buyao" bedeutet wörtlich **„nicht möchten"** oder **„nicht wollen"**. Damit liegt man auch als Nicht-Chinesisch-Sprechender in den unterschiedlichsten Situationen immer richtig.

Ein **penetranter Händler** verfolgt den Chinareisenden mit seinen Waren auf der Straße. Also sagt man laut und nachdrücklich „buyao". Er wird einen in Ruhe lassen.

In einem Geschäft interessiert man sich oberflächlich für ein nettes **Souvenir**, lehnt es schließlich aber mit einem freundlichen „buyao" ab. Das wird jede Verkäuferin verstehen und akzeptieren.

Beim Essen wird dem ausländischen Gast zum wiederholten Male der gedünstete Tofu angeboten, den man nun wirklich nicht mehr essen mag oder kann. Ein freundliches „buyao", verbunden mit einem Lächeln und einer eindeutigen Geste auf Ihren Bauch, beschert nicht nur Sympathiewerte am Tisch, sondern man hat sich auch höflich und interkulturell adäquat sauber aus der Affäre gezogen.

Man kann die Silben „buyao" je nach Situation und Gefühlslage in **Lautstärke und Tonlage variieren** oder auch den zweiten Teil der Wortkombination austauschen durch „buyong" (= brauche ich nicht) oder „buxing" bzw „bu keyi" (= kann ich nicht).

Für den Fall **unliebsamer nächtlicher Anrufe** im Hotelzimmer ist der Einsatz von „buyao" besonders wichtig und effektiv. Solche Störungen nach einem langen Arbeitstag beziehen sich oftmals auf eindeutige Angebote der Rezeption, Mädchen für besondere Dienstleistungen ins Hotelzimmer zu schicken. In diesem Fall darf man beim „buyao" ruhig wütend klingen, weil dies zufällig auch der richtigen chinesischen Betonung bei der Aussprache entspricht.

Alternativ – wenn es irgendwann wirklich einmal zu bunt wird und man seine Emotionen nicht mehr im Zaum halten kann und man keine Lust hat, sich auf weitere Diskussionen einzulassen – beschränkt man sich auf ein kräftiges **„bu"! (nein, nicht)**. Wenn es von der Mimik, Gestik und Intonation so rübergebracht wird, als wenn man ein Kind erschrecken will, ist es genau richtig. Der Effekt auf die Chinesen wird garantiert identische Folgen haben und man hat sein Ziel erreicht, weil kein Chinese damit rechnet, dass ein Ausländer derartige Floskeln überhaupt beherrschen würde.

Meiyou

Dieses ist ein kleiner **Exkurs in die chinesische Vergangenheit.** Jeder Reisende, der irgendwann vor der Jahrtausendwende einmal seinen Fuß auf chinesischen Boden gesetzt hat, wird mit dieser äußerst vielfältigen Floskel sehr vertraut sein. Vor allem in der Zeit ab Mitte der 80er Jahre, als China begann, sich so langsam dem Tourismus und Geschäftsverkehr zu öffnen, war es nicht nur essenziell zu verstehen, was „meiyou" bedeutet, nein, man hatte überhaupt keine Chance, diesem Ausdruck zu entfliehen, da man täglich in den unterschiedlichsten Situationen damit konfrontiert wurde.

Während all meiner ersten Reisen, Studien- und Arbeitsaufenthalte in China wurde „meiyou" für mich zum Inbegriff des chinesischen Alltags. „Meiyou" war eine nicht zu überbietende bzw. zu ersetzende Beschreibung der Lage der Nation, der Situation im Handel und im Verkehrswesen, sowie der Einstellung der Menschen im Allgemeinen und zu Ausländern im Besonderen. Man konnte diese zwei kleinen Wörter beliebig für so ziemlich alle Lebenslagen, unter allen Umständen und in fast jeder Situation einsetzen. In einem Wort, „meiyou" war nicht nur ein Universalbegriff, sondern vielmehr ein Phänomen.

Doch was bedeutet dieses sagenhafte „meiyou" denn nun eigentlich? Welche fantastische Bedeutung verbirgt sich dahinter? Was macht es so einzigartig? „Meiyou" bedeutet wörtlich übersetzt lediglich „nicht haben". Also eine kurze, klare, eigentlich eindeutig zu verstehende, völlig unspektakuläre Vokabel der Ablehnung. Aber „meiyou" ist in der Art der Anwendung extrem vielfältig einzusetzen und vor allem zu interpretieren. Und es sind genau diese Zwischentöne, die – wie so oft in China – diesen zwei kleinen Wörtchen zu ihrem Sonderstatus verhelfen.

Wie kommt das? Noch vor fünfzehn Jahren herrschte in China in vielen Bereichen große Mangelwirtschaft. Die Nachfrage der sich ganz langsam entwickelnden Konsumgesellschaft überstieg das Warenangebot bei weitem. Nach all den Jahren und Jahrzehnten des Verzichts, dem tristen Leben in einem staatlich reglementierten Staat ohne freie Marktwirtschaft gab es nie genug. Von allem. Die Menschen, die sich etwas leisten konnten, gierten nach „Luxus". Dieser Drang nach materiellen Besonderheiten sollte nicht verwechselt werden mit dem Erwerb westlicher Markenartikel und Statussymbole im heutigen Shanghai. Davon war die chinesische Bevölkerung damals noch Lichtjahre entfernt. Luxuswünsche konnten sich äußern in einer besonderen Gemüsesorte, einer Schreibtischlampe oder einer Bahnfahrkarte zu einem Verwandten in den Nachbarort.

Und offensichtlich waren gerade die Ausländer entweder so verwöhnt oder aber so anspruchsvoll, sich gerade immer nur diese nicht zur Verfügung stehenden Produkte und Dienstleistungen herauszupicken oder zu wünschen, dass sie geradezu ein „meiyou" provozierten. Oder aber sie waren so wählerisch und zu wenig kompromissbereit, sich mit weniger adäquaten Alternativen zufrieden zu geben.

Nun klingt diese Abhandlung nicht gerade spektakulär oder wert, daraus eine separates Kapitel in diesem Buch zu bestreiten, aber anhand einiger Beispiele wird sogleich deutlich, dass dieses „meiyou" nicht nur mich in schöner Regelmässigkeit zur Verzweiflung trieb und dass es auch heute noch essentiell ist, sich mit den sprachlichen Gewohnheiten der Chinesen auseinanderzusetzen, um zu verstehen, dass das was gesagt wird, nicht immer identisch ist mit dem, was gemeint ist.

Wenn man 1992 in der Vier-Millionen-Metropole Xi'an oder auch 1997 in der Sieben-Millionen-Stadt Dalian in ein großes, staatliches chinesisches Warenhaus ging, wurde man als Langnase nicht nur angeglotzt, sondern als möglicher Käufer sogleich wie ein Feind betrachtet. Die Verkäuferinnen waren alle wenig attraktiv in einigermaßen weiße Kittel samt Schwesternhäubchen gehüllt, so dass man dachte, man wäre aus Versehen im Hygienetrakt eines lebensmittelverarbeitenden Betriebes oder gar in einem Krankenhaus gelandet. Die Damen saßen den lieben langen Tag hinter ihren Tresen und schwatzten oder schliefen ungeniert. Es wäre ihnen im Traum nicht eingefallen, ihre Privatgespräche zu unterbrechen, um einen Kunden – noch dazu einen Ausländer – zu bedienen.

Dienstleistung wurde zu dieser Zeit ganz ganz klein geschrieben. Wenn sich eine der Damen also nach dreimaligem Räuspern, Husten, Klopfen, Fragen oder energischem Rufen dann endlich doch dazu bequemte, im Schneckentempo anzuschlurfen, geräuschvoll auf den Boden zu spucken und griesgrämig zu fragen „ni yao shenme?", also „was willst du?", dann hatte man zumindest schon mal ihre zwar nicht ungeteilte und garantiert auch nicht freiwillige Aufmerksamkeit, aber immerhin etwas Aufmerksamkeit erregt.

Also versuchte man, durch die gelblich angelaufenen, verstaubten, verkratzten und mit Tesafilm oberflächlich geflickten Glasscheiben der Theken und Schränke zu sehen, um sich ein Bild des alles andere als überbordenden Warenangebots zu machen, und fragte dann natürlich auf Chinesisch sehr höflich und zuvorkommend nach Stiften, Papier, Postkarten, Strümpfen, Disketten, Magentee, Handtüchern, Glühbirnen, einem Fußball, Fahrradschloss oder aber Stoff für Sitzbezüge. Man konnte ganz sicher sein, dass die erste Antwort grundsätzlich „meiyou" lautete.

Erstaunlicherweise brauchte sich die Verkäuferin gar nicht erst von der Richtigkeit ihrer Aussage zu überzeugen, denn dieses „meiyou" kam zwar unwillig, aber wie aus der Pistole geschossen. Es war unwahrscheinlich erstaunlich, wie gut sich die Dame in ihrem Warenbestand auskennen musste, um so schnell reagieren zu können.

Jetzt kommt der Trick an der ganzen Geschichte. Ihr „meiyou" konnte theoretisch bedeuten
a) kenne ich nicht
b) ich weiß nicht, was gemeint ist
c) gibt es nicht
d) haben wir nicht im Angebot
e) führen wir zwar grundsätzlich, ist aber gerade ausverkauft

Die weitere Bedeutung von „meiyou" in diesem Augenblick war – und das zumeist als Ergänzung zu einer der obigen fünf Varianten – „ich habe keine Zeit und keine Lust, mich damit auseinander zu setzen. Du störst. Geh weg!"

Wenn man sich von dieser ersten Reaktion nicht abschrecken ließ, weil man dann nie fündig werden würde und wenn man dann sogar zufällig doch den gewünschten oder einen sehr ähnlichen Gegenstand irgendwo in einer Auslage liegen sah, darauf deutete und fragte, was denn damit sei, verschwendete sie wiederum keine Sekunde, um den Kopf zu dem entsprechenden Objekt zu drehen, denn abermals sagte sie mit an Sicherheit grenzender Wahrscheinlichkeit „meiyou".

Diese zweite Stufe des „mei you" konnte dann Folgendes bedeuten:
a) das ist ein unverkäufliches Ausstellungsstück
b) das hat sich schon jemand anders zurücklegen lassen
c) ich habe keine Lust, dir dieses Ding zu geben (warum auch immer)

Wenn man dann halb lachend, halb weinend, freundlich, ärgerlich, aber auf jeden Fall penetrant halb bittend und halb bettelnd nachfragte, ob sie denn nicht vielleicht einmal nachsehen könne, ob sich vielleicht doch noch ein ähnliches Teil unter der Theke, im Schrank oder gar im hinteren

Lagerraum befinden könnte, erntete man Blicke, die zwischen missmutig und giftig rangierten. Der Weg zu den jeweiligen Aufbewahrungsorten wurde zumeist unterbrochen durch einen weiteres ausführliches Gespräch mit den Kolleginnen, um zu erzählen, wie sich dieser Ausländer erdreistet hat, die wohlverdiente Mittagspause, die offensichtlich von Geschäftsöffnung am Morgen bis zum Sonnenuntergang zu dauern schien, böswillig zu unterbrechen, was für obskure Wünsche er hätte und wie penetrant er dann auch eine Dienstleistung einfordern würde.

Wenn die Dame dann nach zehn Minuten meist mit leeren Händen zurückkam, kam man ihr meist freundlicherweise zuvor, verständnisvoll zu nicken und selbst „meiyou" zu sagen.

Die abschließende Frage nach einem möglichen Tipp, wo man vielleicht mehr Glück bei seinen Besorgungen haben könne, schenkte man sich mit der Zeit, da sie erfahrungsgemäß ohnehin nur mit einem wenig motivierenden „bu zhidao" – „keine Ahnung" – beantwortet würde.

Dieses Gefühl der Unwissenheit und Unsicherheit, welche Interpretation von „meiyou" nun die richtige sein könne, um daraufhin eine andere Strategie zu verfolgen, die vielleicht etwas Erfolgversprechender sein könne, war überaus nervig, stressig und frustrierend. Doch mit der Zeit entwickelte man ein sicheres Gespür dafür und regte sich gar nicht so sehr darüber auf. Am schlimmsten waren immer die Situationen, in denen man den gewünschten Gegenstand sogar im Fenster liegen sah und die kleine, aber übermächtige Verkäuferin einfach nur keine Lust hatte, sich zu bewegen, um ihn dem Kunden auch auszuhändigen. Ohne ausreichend Zeit, Ruhe, Musse und ein extrem strapazierbares Maß an Toleranz war ein Einkaufstrip in jenen Zeiten in China der reinste Horror.

Nun ging nicht gleich die Welt unter, wenn man in einem Laden unverblümt abserviert wurde und unverrichteter Dinge wieder abziehen musste. Immerhin gab es zumeist Alternativen. Doch in einem Falle nicht. Und genau in diesem Falle ging es um weit essenziellere Dinge als um den Kauf von Büro-, Kosmetik- oder Sportartikeln. Wir reden hier von Fahrkarten.

Wenn man ewig am richtigen Bahnschalter angestanden und sich seinen Platz mit vollem Ellenbogeneinsatz erkämpft hat und schließlich sein Begehr für eine Fahrkarte für eine 30-stündige Zugfahrt durch die winzige Öffnung geschrien hatte, war die erste Antwort eigentlich immer „meiyou".

Das konnte dann bedeuten: verstehen wir nicht, gibt es gar nicht, gibt es hier nicht, gibt es nicht mehr, können wir nicht, dürfen wir nicht oder wollen wir dir nicht geben. Das bezog sich dann aber ohne weitere Erläuterungen entweder auf das Fahrziel, den gewünschten Fahrtag, die Uhrzeit, die Klasse oder die Anzahl der Sitze. Diese Details des „meiyou" dann unter den wüsten Beschimpfungen der hinter einem stehenden chinesischen Wartenden Stück für Stück zu klären, war ein harter Kampf, der trotzdem oftmals nicht von Erfolg gekrönt war.

Denn man brauchte sehr lange, um zu verstehen und um zu akzeptieren, dass es damals aufgrund des Mangels an Fahrkarten durchaus usus war, viele Plätze in den begehrten „Hard Sleepern" (Liegeplatz) für politische Kader oder hohe Offiziere freizuhalten, die vielleicht kurzfristig noch mitfahren könnten, es aber eigentlich nie taten und die Plätze dadurch frei blieben. Zum Glück haben sich diese Verhältnisse heute auch zum Positiven geändert, zumal nur die wenigsten Ausländer heute noch mit dem Zug durch China fahren.

Heute ist das „meiyou" größtenteils durch „you" (haben wir), „keyi" (können wir) oder „shi" (ja, machen wir) ersetzt worden. Auf den ersten Blick scheint das eine positive Weiterentwicklung zu sein. Das ist im Bereich der verfügbaren Konsumgüter und Dienstleistungen sicherlich auch der Fall. Zum anderen drücken diese positiven Aussagen auch eine verbraucher- bzw. kundenfreundlichere Einstellung aus, gekoppelt mit dem Bemühen, die Wünsche auch alle zu erfüllen. Leider reflektieren diese Bejahungen (siehe entsprechendes Kapitel) oftmals nicht die Realität, sondern sind nur Wunschdenken und bisweilen wünscht man sich die lästigen und ärgerlichen Zeiten des „meiyou" zurück.

Absprachen

Wenn man in chinesischen Produktionsstätten zugegen ist, wird man einerseits mit großer Hektik aufgrund von übervollen Auftragsbüchern konfrontiert, andererseits sieht man auch überall scheinbar unbeschäftigte Mitarbeiter ihre Zeit absitzen. Die für Ausländer so wertvolle Arbeitszeit – bei Chinabesuchen ist es die noch wertvollere Besuchszeit bei Partnerbetrieben oder Lieferanten im ganzen Land – wird relativ flexibel gehandhabt.

So genau ein Besuch eines ausländischen Kunden in China auch geplant sein mag, so ungewöhnlich oder zumindest unüblich scheint eine genaue und vor allem verbindliche Terminplanung oder die Einhaltung von Absprachen bei einheimischen Geschäftspartnern zu sein. Die Selbstverständlichkeit der Terminkoordination in gegenseitiger Abstimmung ist einfach nicht vorhanden. Das erleichtert es nicht gerade, sich auf ein solches Meeting entsprechend fachlich oder mental vorzubereiten. Die Qualität solch kurzfristig anberaumter Kontaktgespräche leidet zwangsläufig darunter.

Es ist der **Normalfall**, dass chinesische Kunden oder Lieferanten von der Existenz eines neuen oder für sie irgendwie interessanten Unternehmens gehört oder gelesen haben und ohne Aufforderung oder Anmeldung einfach vorbeikommen und in der Tür stehen. Selbstverständlich erwarten sie dann auch, sofort bedient zu werden und es kommt ihnen gar nicht in den Sinn, dass man vielleicht im Moment keine Zeit hat, sich um sie zu kümmern. Diese Überraschungsbesucher dann nicht zu empfangen, wäre ein Akt der Unhöflichkeit, auch wenn der Besuch gerade gar nicht ins zeitliche Konzept passt. Eine Flexibilität ist daher immer notwendig. Sie wird deshalb auch von beiden Seiten erwartet.

Für Ausländer in China hat dieses Gebaren allerdings auch Vorteile. Wer zum Beispiel auf dem Weg von einem zum anderen Gespräch im chaotischen Verkehr stecken geblieben ist oder wenn eine Qualitätskontrolle drei Stunden länger gedauert hat als ursprünglich gedacht, scheint eine kurzfristige flexible Zeitanpassung an die neue Situation niemanden wirklich zu stören. **Verzögerungen, Verspätungen** oder **kurzfristige Änderungen** sind eher **normal**, können aber auch auf Gegenseitigkeit beruhen. Das stellt so manch engen Terminplan ziemlich auf den Kopf, und man sollte immer genügend **zeitliche Reserven** mit einplanen, um trotz bester Absprachen das **Programm umstellen** zu können.

Es stellt sich zwangsläufig die Frage, ob sich hier die Chinesen den Westlern in Bezug auf Absprachen und Zeitmanagement anzupassen haben oder ob die Ausländer akzeptieren müssen, dass sich aufgrund der Infrastruktur eine verbindliche Absprache in Deutschland gar nicht durchsetzen lässt. Nur ein langsamer Erziehungsprozess zwischen Kunden und Lieferanten kann der anderen Partei vermitteln, welche Vorteile darin liegen, sich vielleicht wenigstens telefonisch vorher anzukündigen.

Entscheidungen

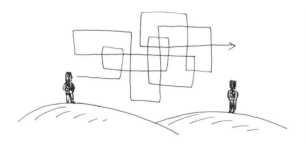

In **Deutschland** ist man es gewohnt, einem Mitarbeiter je nach Qualifikation und nach bestimmter Einarbeitungszeit ein immer höheres Mass an Eigenverantwortlichkeit innerhalb des definierten Zuständigkeitsbereiches einzuräumen. Das bedeutet auch einen Entscheidungsfreiraum für die zu verrichtenden Arbeiten. Das betrifft sowohl den Einkauf, den Verkauf als auch die innerbetrieblichen Entscheidungswege, manchmal auch Arbeiten und Aufgaben, die außerhalb des Tagesgeschäfts liegen, zum Beispiel in Vertretung eines krank gemeldeten Kollegen. Es gibt jedoch immer verschiedene Wege zum Ziel und die persönliche Wahl des richtigen Weges mag von Person zu Person ganz unterschiedlich ausfallen. Als Folge dieser Freiheit und Unabhängigkeit wird natürlich erwartet, dass der Mitarbeiter oder die

Mitarbeiterin auch die volle Verantwortung für seine Entscheidungen übernimmt.

In **China** sieht diese Situation ziemlich anders aus. Es ist nicht üblich, einem Chinesen solche Freiräume zuzugestehen. Das liegt an dem festen Hierarchiegefüge, das nie in Frage gestellt wird. Jedem Mitarbeiter wird an seinem Arbeitsplatz alles fest zugeteilt. Es gibt zumeist eindeutige Stellenbeschreibungen und klar begrenzte Zuständigkeiten. Es wird erwartet, dass sich jeder Mitarbeiter daran hält. Nach der Meinung des Einzelnen – zum Beispiel, was Veränderungen oder gar Verbesserungen betrifft – wird nur sehr selten gefragt, wenn überhaupt.

Das Potenzial der Mitarbeiter, die vielleicht mehr können oder wollen als ursprünglich gedacht, geht dadurch oftmals verloren. Das betrifft vor allem einen erweiterten Zuständigkeitsbereich, der dann auch mit mehr Verantwortlichkeiten verbunden wäre und damit mehr Entscheidungen zur Folge hätte.

Andererseits wollen viele Chinesen aufgrund der Erfahrungen auch gar nicht mehr machen oder gar entscheiden. Sie sind zufrieden oder geben sich zufrieden mit dem, was sie haben. Diesen Personen tut man auch überhaupt keinen Gefallen, wenn man ihnen die Möglichkeit zur freieren Entfaltung und damit zur beruflichen Weiterentwicklung und zum innerbetrieblichen Aufstieg anbietet oder ermöglicht. Mehr Entscheidungsgewalt gar einzufordern, wäre in jeder Hinsicht kontraproduktiv.

Dieses Verhalten stößt bei vielen Ausländern auf Verständnislosigkeit. Wenn beispielsweise bei einer Projektbesprechung eine kleine Änderung des Produkts gefordert ist, die vielleicht eine minimale Änderung des Preises zur Folge haben könnte, wird so eine Entscheidung garantiert nicht von dem zuständigen Sachbearbeiter getroffen. Er würde erst nachfragen wollen oder müssen. Und wenn diese Person gerade nicht verfügbar ist, stockt oder stoppt das Projekt, weil die notwendige Entscheidung nicht getroffen werden kann oder will oder darf.

Ein anderer Fall wäre, wenn man zum Beispiel einen Chinesen mit dem Kauf eines ganz normalen Alltagsobjekts beauftragen würde, sagen wir, eine Schreibtischausstattung mittlerer Preislage für einen neuen Kollegen. Diese steht in optisch ähnlicher Form auf jedem anderen Schreibtisch auch. Der Mann oder die Frau fährt in das entsprechende Geschäft, aber genau der gewünschte Typ Schreibtischausstattung ist nicht vorhanden. Er ruft also seinen Vorgesetzten an, was er tun soll. Als Ausländer würde man sagen, er solle halt die Modelle auswählen, die zur Verfügung stehen und die nach Abwägung von Optik, Funktionalität, Qualität und Preis Gefallen fänden. In Deutschland wäre das eine klare Ansage und eine kleine Aufgabe ohne Verständnis- und Ausführungsprobleme – nicht so in China.

Diese Aufgabe würde auf sehr große Schwierigkeiten stoßen, weil auf einmal von dem Mitarbeiter eine Entscheidung abverlangt wird, die nicht im Rahmen seiner normalen Arbeit oder Zuständigkeit liegt. Es wäre einerseits eine ganz neue Erfahrung, dass auf einmal jemand von ihm wissen möchte, was gut oder schlecht, richtig oder falsch ist. Es ist die sprichwörtliche Qual der Wahl. Denn die Folge wäre, dass derjenige seine Entscheidung ja auch rechtfertigen müsste und genau das wollen die meisten einfach nicht.

Es gibt für einen Ausländer in China sicherlich wichtigere Dinge zu erledigen, als mit mehreren ausgewählten Mitarbeitern dreimal in die Stadt zu fahren, um stundenlang nach Radiergummis und Lochern zu forschen und diese dann zu kaufen. Doch es ist im Selbstverständnis der chinesischen Angestellten oftmals nicht möglich, selbst so kleine Aufgaben wie dieses Auswählen allein zu machen.

Nur wenige Chinesen hätten selber die Entscheidungen getroffen oder auch treffen wollen, einen gewünschten Gegenstand nun auch wirklich zu kaufen. Selbst bei jedem Fünfzig-Cent-Artikel würde ein Anderer diese Entscheidung nach genauen Vorgaben über Funktionalität, Optik und Preisrahmen zu treffen haben.

Wuwei-Prinzip

Der Begriff „wuwei" hat seinen **Ursprung im Daoismus**. Der Daoismus, manchmal auch Taoismus geschrieben, bedeutet übersetzt „die Lehre des Weges" und geht auf Laozi zurück. Der Daoismus ist neben dem Konfuzianismus und Buddhismus eine der „Drei Lehren" Chinas und wird als eigene, authentische Religion angesehen. In China beeinflusste der Daoismus die Kultur in allen denkbaren Bereichen wie Wirtschaft und Politik, Philosophie, Kunst, Literatur und Musik, aber auch Medizin, Chemie, Kampfkunst und Geografie.

Wuwei beschreibt ein Prinzip des Nichthandelns als bewussten und aktiven Enthaltungsvorgang als Gegenentwurf zu falschem Handeln. Wuwei bedeutet also nicht einfach, dass man nichts tut, sondern dass jedwede Handlungen in Einklang mit dem Dao stehen müssen. Dem Daoismus entsprechend basiert wuwei auf innerer Balance und Stille im Einklang mit der Natur und sich selbst. Die eigentliche Handlung muss zur richtigen Zeit am richtigen Ort ohne krampfhafte Überwindung eines ungewollten Vorgangs zu Tage treten. Unbedachtes Reden und Handeln, Übereifer und vor allem unüberlegter, blinder Aktionismus stehen dem Wuwei-Prinzip im Wege.

Im Sinne des Daoismus erscheint als sinnlos, Energie in unfruchtbare Handlungen zu investieren, nur um eine Handlung zu signalisieren, die der Gegenüber erwartet oder gar einfordert, die aber nicht sinnvoll erscheint. Das Handeln sollte sich auf die geeigneten Umstände und Mittel beschränken, wenn die Rahmenbedingungen es zulassen. Als besondere Form kreativer Passivität wäre die bestmögliche Übersetzung des Begriffes wuwei also „Handeln durch Nichthandeln". Auch Gewaltlosigkeit und Widerstandslosigkeit sind eine natürliche Folge dieser Geisteshaltung, wobei die Grenzen zum Fatalismus fließend sind.

Was bedeutet das im täglichen Alltag? Als Chinareisender wird man immer wieder in Situationen gelangen, wo von Ausländerseite Fragen gestellt, die aber von den Chinesen einfach nicht beantwortet werden, oder wo man Chinesen auffordert, etwas zu tun, sie sich aber scheinbar nicht rühren. Warum das so ist, bleibt unklar und ruft Verwirrung hervor. Eine mögliche Antwort findet man im Wuwei-Prinzip.

Anstatt Fragen und Aufforderungen einfach zu wiederholen, oder anstatt zu unterstellen, der Gesprächspartner hätte das Gesagte nicht verstanden oder würde die Bitten gar ignorieren, sollte man darüber nachdenken, warum die gewünschten Antworten oder Aktionen ausbleiben. Vielleicht würden die Antworten peinlich und unangenehm sein, sowohl für den Ausländer als auch für den Chinesen, und einen Gesichtsverlust auf einer Seite zur Folge haben. Vielleicht ist es nicht der richtige Ort oder die richtige Zeit, um die Antworten zu geben. Auf jeden Fall sollte ein Nichthandeln nicht als Unwissenheit, Planlosigkeit, Aussitzenwollen oder gar Faulheit fehlinterpretiert werden.

Genauso wie Schweigen eine gängige Form der Kommunikation darstellt, ist Nichtstun eine normale, ganz klare und eindeutige Reaktion, der im westlichen Kulturraum nichts direkt Vergleichbares gegenübersteht. Man muss die Zeichen nur zu deuten wissen und kann seine Strategie entsprechend neu ordnen, seine Fragen anders stellen, seine Aufforderungen differenzierter platzieren und damit seine Vorgehensweise an die neue Situation anpassen.

Beziehungsmanagement

5

Bildung

Die Arbeits- und hier vor allem die direkten Lohnkosten sind in China im Vergleich zu den Kapitalkosten in den entwickelten Ländern nach wie vor sehr niedrig. Das ist sicherlich ein Hauptgrund, der China als so genannte „Werkbank der Welt" für westliche Industrienationen so interessant macht. Billige chinesische Arbeitskräfte werden demnach auch in Zukunft gefragt sein. Ein Grund für diesen Kostenunterschied liegt sicherlich im begrenzten Bildungsgrad vieler chinesischer Arbeiter.

Doch diese Situation ändert sich zunehmend. Infolge massiver Investitionen der chinesischen Regierung in das landesweite **Bildungssystem** wird der generelle **Bildungsstandard** im ganzen Land immer höher. China bietet der Welt nicht nur massenweise ungelernte Fabrikarbeiter für billige Konfektionierungstätigkeiten, sondern bald auch eine Heerschar gut ausgebildeter Geistesarbeiter. Derzeit machen bereits mehr junge Chinesen als Amerikaner ihren Abschluss als **Bachelor** und die Zahl soll sich demnächst sogar verdoppeln.

Bei der Einstellung von, der Arbeit mit und dem Training von chinesischen Mitarbeitern gleichweden Bildungsgrades ist zu beachten, dass Chinesen ihr Wissen anders erwerben als Europäer oder Amerikaner. Bildung in China basiert auf anderen Prinzipien als im Westen und das merkt man in vielen Bereichen des täglichen Lebens und Arbeitens mit allen damit verbundenen Vor- und Nachteilen.

Nicht nur aufgrund der Tausenden von Schriftzeichen haben Chinesen ein besonders gut trainiertes Gedächtnis. Systematisches Auswendiglernen und die reine Reproduktion umfangreicher und komplexer Texte oder Zeichnungen fallen ihnen viel leichter als ihren westlichen Kollegen. In Schulen und Universitäten wird viel Stoff einfach gepaukt. Es dominiert der klassische **Frontalunterricht**. Lehrer, Professoren oder Dozenten sind Autoritäten und Vorbilder. Was sie sagen, wird gemacht. Als Respektspersonen wird ihre Vorgehensweise nicht hinterfragt und ihre Handlungen werden nicht kritisiert. Bildung bedeutet erst einmal konsequent still sein, zuhören, alles aufschreiben was präsentiert und vermittelt wird, auswendig lernen, reproduzieren und geduldig üben. Genau das wird von Schülern und Studenten erwartet und gefordert, was zu einem sehr hohen theoretischen Grad an Fachwissen führt. Die erworbenen Kenntnisse werden regelmäßig schriftlich geprüft und abgefragt.

Im Gegenzug ist jedoch das **kritische Hinterfragen weder im konfuzianischen noch im sozialistischen System üblich noch beliebt**. Es gibt keine nennenswerte Gruppenarbeit, keine Diskussionen und keine aktive mündliche Mitarbeit. Das Ergebnis ist mangelnde Abstrahierungs- und Transferfähigkeit in der praktischen Anwendung. Aber gerade die Übertragung des theoretischen Wissens auf andere Bereiche stellt die Basis für erfolgreiches Arbeiten im beruflichen Alltag dar – zumindest nach westlichem Denkmuster.

Was erwartet denn ein Geschäftsführer, ein Marketingmann oder ein Betriebsleiter von einem neuen Mitarbeiter, der womöglich frisch von der Universität kommt und keine praktische Facherfahrung vorzuweisen hat? Er erwartet neben Eigeninitiative, Einsatzfreude und Lernbegierigkeit vor allem selbständiges Denken und Arbeiten. Aber genau daran hapert es bei vielen Chinesen. Die Ausprägung analytischer Fähigkeiten beispielsweise hat unter dem chinesischen Bildungssystem gelitten. Kritische Menschen, die mit offenem Blick vorausschauend handeln und die sich etwas zutrauen, hat China noch in viel zu geringem Maße hervorgebracht. Der typisch chinesische Berufseinsteiger ist im Vergleich zu gleichalten westlichen Absolventen eher unbedarft, unreif und verschüchtert als eigenständig und selbstbewusst, denn Selbstständigkeit war und wird weder von den Eltern noch von Bildungseinrichtungen gefragt, gefordert noch gefördert.

Deshalb führen westliche Lehrmethoden oder auch innerbetriebliche Aus- und externe Weiterbildungsmaßnahmen auf Basis von Plenumsdiskussionen, kontroversen Debatten, Fangfragen oder gar provokanten Thesen nicht zum gewünschten Lernerfolg.

Dieses Manko hat die chinesische Regierung erkannt und beginnt gerade, Gegenmaßnahmen zu ergreifen. **Immer mehr private Bildungseinrichtungen** werden eröffnet, um **nach westlichem Vorbild** eine neue Generation von **wettbewerbsfähigen Arbeitskräften** hervorzubringen. Oftmals sind diese Einrichtungen teure und elitäre Privatschulen, die nur der absoluten Minderheit der chinesischen Oberschicht zur Verfügung stehen.

Trotz aller Abschlüsse und Qualifikationen bilden deshalb Auslandserfahrungen für potenzielle Mitarbeiter und Geschäftspartner einen unschätzbaren Vorteil, weil nur dann und dort die Chinesen lernen müssen, sich zu behaupten und nicht ständig im Schattendasein ihrer Eltern und des Bildungssystems zu stehen.

Zhongyong

Dieser chinesische Ausdruck, manchmal wird er auch als „Chung Yung" transkribiert, hat seinen **Ursprung im Konfuzianismus**. Er ist gleichzeitig der Titel eines Buches mit sowohl philosophischen Äußerungen von Konfuzius als auch den systematisch geordneten Kommentaren und Erläuterungen von seinen Schülern. Das Buch stellt für konfuzianische Anhänger Lehren und Lernen in Kombination dar.

Es gibt wie immer bei derartigen Begriffen verschiedene Möglichkeiten der Übersetzung. Zhongyong könnte man am besten mit „mittlerer Weg" oder „richtige Art" bzw. als die „Lehre der rechten Mitte" übersetzen. Umgangssprachlich ist bei Entscheidungen wohl der „goldene Mittelweg" gemeint.

Die Idee des Zhongyong besteht im harmonischen Zusammenspiel zwischen Natur und Gesellschaft, im Chinesischen *tian ren he yi* genannt, und beschreibt die Analogie zwischen dem himmlischen Weg „oben" (*tiandao*) und dem menschlichen Weg „unten" (*rendao*).

Die zentralen Begriffe von Zhongyong sind Wahrheit, Wahrhaftigkeit und Klarheit. Diese Grundbegriffe bzw. die Erlangung dieser Einsichten bilden die Quelle von Wissen und Weisheit, um Perfektionismus zu erlangen.

Das bedeutet einerseits eine sehr löbliche, philosophische Lebenseinstellung, sowohl im privaten als auch im beruflichen Alltag, die darauf basiert, alle Vor- und Nachteile gegeneinander abzuwägen und sich für eine Kombination zu entscheiden. Dadurch erspart man sich und anderen gleichzeitig, sich eindeutig gegen etwas auszusprechen.

Ein Beispiel wäre das Motto, das die Volksrepublik China seit 1980 prägt. Es lautet „*yang wei zhong yong*", was übersetzt soviel bedeutet wie „sich das Ausländische für China zu Nutzen machen" – aber natürlich nur, ohne dabei die chinesischen Werte und Prinzipien zu verleugnen. Dieses Motto ist allerdings keine „Erfindung" der Volksrepublik, sondern ein Slogan, den die chinesischen Reformer schon zu Ende der Kaiserzeit prägten.

Ein Chinese, der sich nicht recht entscheiden kann oder will, der unsicher und zögerlich erscheint, beruft sich manchmal gerne auf Zhongyong, um sich zu rechtfertigen. Das ist aber oftmals nur eine willkommene Ausrede, um eigene Unzulänglichkeiten mit konfuzianischer Philosophie zu kaschieren.

Familie

Im konfuzianisch geprägten China steht die **Familie stets an erster Stelle**. Die Familie ist das immer bestehende, stets zuverlässige Beziehungsnetzwerk, das jedem Chinesen in jeder Situation Hilfe und Unterstützung gewährt. Der Familienclan mit all seinen Mitgliedern genießt immer Vorrang vor Fremden, also Nicht-Blutsverwandten. Hier geht es sowohl um gegenseitige Verpflichtung als auch um Abhängigkeit, denn im Notfall bildet die Familie den sozialen Rückhalt, bietet Schutz und sorgt für finanzielle Absicherung im Falle von Tod, Krankheit, Alter oder anderweitigen Problemen.

Selbst zu noch so weit entfernten Familienmitgliedern hat man ein höheres Vertrauen als zu Außenstehenden, was aber auch mit der damit verbundenen Erwartungshaltung zusammenhängt. Doch das chinesische Familiensystem mit all seinen vielfältigen Bezeichnungen und Zugehörigkeiten desjenigen oder derjenigen Verwandten zu durchschauen, geschweige denn nachvollziehen zu können, bereitet Ausländern enorme Schwierigkeiten. Da ist von großen und kleinen Onkeln, älteren Schwägern, jüngeren Nichten, inneren Großmüttern und dritten Brüdern die Rede. Ein ebenso komplexes wie kompliziertes System, das jedoch genau die jeweiligen Beziehungen zueinander regelt.

In Deutschland hört meist bei Cousinen oder Cousins zweiten Grades das unmittelbare Verständnis direkter Familienzugehörigkeit auf, da die genauen Verwandtschaftsverhältnisse ohnehin mehr nachvollziehbar sind. Auch die Kontakte zu so weit entfernten Verwandten werden in der Regel nicht mehr unmittelbar aufrecht erhalten, spätestens wenn es dann um die angeheiratete Verwandtschaft geht.

Solche nach westlichen Maßstäben losen Familienverbindungen können nach chinesischem Verständnis jedoch durchaus noch als sehr eng angesehen werden. Deshalb werden sehr oft weitreichende und tief verflochtene Verwandtschaftsbeziehungen rund um den Globus gepflegt, um sie sich eines Tages auch zu Nutze machen zu können.

Die gesamte Großfamilie mit all ihren Mitgliedern wird ganz selbstverständlich stets als Basis für die Wahrnehmung eigener Interessen genutzt.

Bei Bedarf wird jede Person des Clans ganz klar und selbstverständlich mit eingebunden – eine Verpflichtung und Abhängigkeit, der sich der oder die Einzelne nur schwer entziehen kann. Die Folge dieser schweren Bürde ist aber auch je nach Situation die klare Bevorteilung. Je nach Enge des Verwandtschaftsverhältnisses hat das erbliche Beziehungsmanagement erhebliche **Folgen für das tägliche Geschäftsleben**. Das bezieht sich nicht nur auf das gegenseitigen Geben und Nehmen bei der Auftragsvergabe.

Unabhängig von fachlicher Qualifikation oder charakterlicher Eignung werden zum Beispiel bei der Nachfolgeregelung die Söhne oder Neffen immer bevorzugt. Auch bei jeder internen Postenvergabe – bei uns hässlich als Sippenwirtschaft bezeichnet – bietet die Familienzugehörigkeit für alle ein bestmögliches Maß an Mitmenschlichkeit, Sicherheit und Loyalität. Bei der kritischen Beurteilung von chinesischen Mitarbeitern oder Geschäftspartnern, die vielleicht nicht gerade als geeignet erscheinen, sollte man immer bedenken, warum vielleicht eine bestimmte Position mit einer bestimmten Person besetzt wurde. Eine voreilige Ablehnung oder gar Kündigung könnte nicht nur einen Gesichtsverlust, sondern auch einen Abbruch der Geschäftsbeziehung mit der ganzen Familie, die unsichtbar im Hintergrund des Geschehens steht, zur Folge haben.

Freundschaft

Die meisten **Menschen aus unserem Kulturkreis** haben eine klare Trennung zwischen den Begriffen Bekanntschaft und Freundschaft, obwohl es umgangssprachlich oftmals vermischt wird. Wirkliche Freunde hat man zumeist nur eine Handvoll im Leben. Ansonsten ist entweder das persönliche Anspruchsdenken sehr niedrig oder die Verwendung des Begriffes „Freund" falsch.

Von der tiefergehenden Bedeutung des Wortes Freundschaft im Sinne von Vertrauen und des Sich-Verlassen-Könnens, der nonverbalen emotionalen Verbundenheit, die manchmal lebenslange Verbindungen schafft, und die nicht nur oberflächlich, sondern auch im Unterbewusstsein wirkt, ist hier nicht die Rede.

In China ist ein Freund in erster Linie jemand, der einem einen Vorteil verspricht, also eine klaren Nutzen bringt. Dieses Freundschaftsverhältnis kann für beide Seiten sehr befruchtend und erfüllend, aber auch schmerzhaft und belastend sein. Ein befreundeter Arzt muss einen Chinesen üblicherweise kostenfrei behandeln, ein Restaurantbesitzer kann einem Freund keine Rechnung für das Essen servieren und ein Händler wird die Waren billiger verkaufen müssen als er will oder auch eigentlich kann. Er ist jedoch moralisch dazu verpflichtet, diesen Freundschaftsdienst zu leisten.

Man sollte die Bereitwilligkeit der Chinesen, wenn man spätestens beim abendlichen Bankett als „Freund auf Lebenszeit" vorgestellt und gerühmt wird, bloß nicht mit der westlichen Bezeichnung des Freundes, aber auch nicht mit der chinesischen Variante der Freundschaft verwechseln. Es ist einfach üblich, gerade beim Anstoßen nach offiziellen Empfängen auf „ewige Freundschaft" zu trinken und sich zuzuprosten. Es ist ein festes Ritual, das von chinesischer Seite zelebriert, von Ausländerseite im Gegenzug aber auch erwartet wird. Man sollte sich dem nicht in den Weg stellen, weil man auf der deutschen Interpretation des Wortes „Freund" beharrt, dessen Verwendung einem selbst vielleicht als sehr wichtig und kostbar erscheint.

Der **Begriff „Freund"** dient **in China** zum Aufbau einer harmonischen Beziehung und soll erst einmal Vertrauen erwecken. Anderseits erwirbt ein Chinese gesellschaftliches Ansehen durch seine „Freundschaft" mit einem Ausländer. Allerdings soll es den Ausländer idealerweise auch zu konkreten Gegenleistungen verpflichten. Insofern ist es auch ein geschäftliches Druckmittel und ein handfestes Instrumentarium, um bestimmte Ziele zu erreichen und durchzusetzen.

Gesichtsverlust

Der **so genannte Gesichtsverlust** ist der im Ausland wahrscheinlich bekannteste, aber auch am meisten unter- wie auch überschätzte Begriff chinesischer Kultur und Mentalität. Der eigentliche Ausdruck des Gesichtsverlusts hat sich aus der hohen Bedeutung der persönlichen Würde, der Selbstachtung und des Prestiges entwickelt. Der Verlust dieser Eigenschaften durch Fehlverhalten war so bedeutend, dass er mit dem Verlust der Augen, der Nase, der Ohren und des Mundes verglichen wurde.

Der **Begriff „Gesicht"** hat in China zwei verschiedene Bedeutungen bzw. Beschreibungen. Zum einen gibt es den Ausdruck „*mian*", der die Reputation bzw. den sozialen Status einer Person bezeichnet. Dann gibt es noch das Wort „*lian*", das auf hoher Moral basiert. Ein Geschäftsführer, dessen Erfolg auf betrügerisches Verhalten zurückgeführt werden kann, hat also „*mian*" aber kein „*lian*", während eine integrer, aber arbeitsloser Chinese vielleicht viel „*lian*", aber eben kein „*mian*" besitzt.

Jemandem aktiv **„Gesicht zu geben"** – zum Beispiel, um ihn im Beisein von Anderen trotz eines möglichen Fehlers zu unterstützen – oder als Gegenstück **„Gesicht zu nehmen"** oder aber in passiver Weise sein **„Gesicht zu verlieren"** bezeichnet das Rollenverhalten, das von einer Person von der Gesellschaft erwartet wird und unter permanentem Vollzugsdruck erfüllt werden muss. Das Gegenstück zum Gesicht ist der sogenannte Gesichtsverlust (*shi mian* oder auch *diu lian*). Gesicht und Gesichtsverlust sind eine Folge der Erziehungsmethodik auf Basis höchstmöglicher Anpassung und Konformität, was gleichzeitiger Verzicht auf Individualität und Spontaneität bedeutet. Angepasstes Verhalten galt im konfuzianischem Weltbild nicht nur als höchst erstrebenswert, sondern wurde bei Verstößen auch mit drastischen Maßnahmen bestraft. Aus dieser Tradition resultiert eine bis heute vorherrschende, grundlegende Verhaltensform, die auf Bescheidenheit und Zurückhaltung beruht.

Als zentrale Faktoren im Leben der Chinesen, die in möglichst harmonische gesellschaftliche Beziehungen eingebettet sein sollten, stehen die **Würde** und die damit verbundenen Beziehungen innerhalb der Familie dem Freundeskreis, der Arbeitseinheit, dem Staat und der Partei über Allem. Die Individualität rangiert unterhalb der Ziele der Gemeinschaft. Seine Würde zu behalten ist gleichbedeutend mit sein Gesicht zu wahren, wobei „Gesicht" zum einen die persönliche Würde des Einzelnen ausdrückt und zum Anderen ein Ausdruck der Stellung des Einzelnen in der Gesellschaft gemäß des konfuzianischen Lebensbildes repräsentiert. „Gesicht" hat insofern sowohl persönlichen als auch sozialen Charakter und ist Ausdruck von Ansehen und Respekt.

Die Unbestimmtheit in der Formulierung und die Höflichkeit in der indirekten Ablehnung liegt im Gesichtsprinzip. **Historisch betrachtet** kann man die Form der wenig konkreten Antwortvarianten auch so begründen, dass jede eindeutige Aussage auch immer gegen die entsprechende Person verwendet werden konnte und genau das sollte vermieden werden.

Als **Ergebnis** wird jeder westliche Geschäftsreisende heute in China mit Gesprächs- und Verhandlungspartnern konfrontiert, die zwischen westlichem und chinesischem Denken und Handeln hin- und herschwanken. Die spezifischen Verhaltensmerkmale zwischen Ost und West treffen durch den intensiven Kontakt zwischen Käufern und Verkäufern manchmal knallhart aufeinander. Eine interkulturelle Anpassung oder gar Verschmelzung der Kulturen wird zwar von beiden Seiten angestrebt, führt aber selten zum erwünschten Erfolg.

Auf der einen Seite steht der Ausländer mit seiner offenen, direkten und selbstbewussten Art, die „Dinge beim Namen zu nennen", was von Chinesen als grob, unhöflich und verletzend interpretiert wird. Dem steht der ausweichende, indirekte und bescheidene Stil der Chinesen gegenüber, der wiederum als unsicher und unverbindlich interpretiert wird. Dieses Verhalten ist jedoch nur ein Ausdruck der Angst der Chinesen vor einem Gesichtsverlust, auf der eigenen oder gar auf der Seite des Gegenübers. Und diesen Gesichtsverlust – vor allem im Beisein von Anderen – gilt es unter allen Umständen zu vermeiden.

Der **Grundgedanke des Gesichtsverlusts** bezieht sich immer darauf, wie man nach außen wirkt. Was denkt der direkte Gegenüber, der anwesende Arbeitskollege, die Firmenleitung, meine Familie, die Öffentlichkeit oder die Gesellschaft? Welchen Anschein erwecke ich bei ihnen? Welche Reaktion rufen mein Verhalten oder meine Worte hervor?

Die Chinesen sind so sehr auf ihr verpflichtendes Rollenverhalten geeicht und in der festen Erwartungshaltung gefangen, dass eine „normale" oder „natürliche" Reaktion oftmals gar nicht aufkommen kann.

Es gilt, die **gesellschaftliche Harmonie** unter allen Umständen **aufrecht zu erhalten**, mit der Folge, dass Uneinigkeiten nicht ausdiskutiert, auf (richtige) Standpunkte nicht beharrt und Schwierigkeiten einfach ignoriert werden. Gemeinsam konstruktive Lösungen zu finden, auch wenn es der einen Seite manchmal kurzfristig weh tut, ist nicht akzeptabel. Es darf keinen Sieger geben, dem ein Verlierer gegenübersteht und die Würde des Anderen darf nicht angetastet werden. Lieber wird ein Problem einfach ausgesessen als einen Gesichtsverlust zu provozieren.

Weitere Beispiele für Gesichtsverlust wären, wenn man in Anwesenheit Dritter beleidigt oder offen kritisiert wird, wenn man als Höhergestellter wie ein Untergebener handelt, wenn man Erwartungen nicht erfüllt, ein Versprechen nicht hält oder gegen gesellschaftliche, allgemein anerkannte Verhaltensnormen verstößt, was als unmoralisch gilt.

Um zu vermeiden, das Gesicht zu verlieren, werden in China Fehler lieber vertuscht als zugegeben und lieber Ausreden und Ausflüchte gesucht als ein menschliches Versagen einfach einzugestehen. Peinlichkeiten und Unverständnis werden meist durch Lächeln – manchmal in Kombination mit Nicken – überbrückt. Ein Lächeln kann als Reaktion auch bedeuten, dass der Chinese einen Fehler begangen oder aber dass er von den Erklärungen des Ausländers kein Wort verstanden hat. Dieses manchmal penetrante Verhalten falsch zu interpretieren, könnte fatale Folgen auf das Geschäft an sich, aber auch auf das Geschäftsverhältnis haben.

Also steht das Gesichtwahren in China an oberster Stelle, und auch nur angedeuteter Gesichtsverlust muss unbedingt vermieden werden. Wobei diese Verhaltensweise nicht rein chinesischer Natur ist, sondern in beinahe allen traditionellen Gesellschaften in ähnlicher Form auftritt. Auch im Westen existiert dieses Verhalten durchaus und man legt als höflicher und wohlerzogener Mensch Wert darauf, Peinlichkeiten, Ehrverlust oder auch Verlust der Glaubwürdigkeit im Beisein Anderer zu vermeiden.

Gesicht zu wahren bedeutet, dem Gegenüber Respekt zu zollen. Das kann beispielsweise in Form angebotener Kompromisse passieren, die nicht als eine Niederlage empfunden werden, solange eine höfliche und harmonische Form gewahrt wird. Entsprechend sollte man Chinesen nie verbal in die Enge treiben und ein klares Ja oder Nein fordern oder forcieren. Dies wäre für sie ein Gesichtsverlust und würde die weitere Zusammenarbeit negativ beeinträchtigen.

Hilft man jemandem jedoch dabei, das Gesicht zu wahren – womöglich noch in Anwesenheit anderer – steht man in der direkten Schuld des Helfers, was bedeutet, dass sich derjenige mit einer Gefälligkeit zu revanchieren hat. Auch verliert derjenige, der einem anderen das Gesicht nimmt, dabei sein eigenes Gesicht, da er gegen den vorherrschenden Verhaltenskodex verstoßen hat.

Kritik an chinesischen Mitarbeitern oder Geschäftspartnern ist eigentlich kein Problem. Kritik in Anwesenheit anderer oder gar ein förmliches Abkanzeln im Beisein anderer Chinesen führt aber zu einem enorm starken Gesichtsverlust und kann so ein völlig entgegengesetztes Ergebnis von Aufsässigkeit bis zur totalen Ablehnung oder Ignoranz haben: Chinesen sind da sehr empfindlich.

Unter **Beleidigung** oder auch **Kompliment** versteht man in China auch weniger die aktive Form des persönlichen, verbalen Angriffs oder Zugehens auf eine Person. Das wäre die ganz banale, oberflächliche Verhaltensweise, wie man sie in allen Kulturen kennt. Doch China ist auch hier diffiziler und sublimer. Die Form der Beleidigung oder des Komplimentes, die man in China studieren sollte, bezieht sich auf eine unsichtbare und unhörbare Ebene. Es sind Dinge, die man einfach macht oder eben auch nicht macht.

Hier geht es um Höflichkeit, Bescheidenheit, Respektsbezeugung und Anerkennung gegenüber Personen, die im hierarchischen Gefüge über oder unter einem selbst stehen. Andere zu loben und sich selbst, seine Bedeutung und seine Qualifikation herabzusetzen, sind Formen dieses Rituals. Andere oder auch Dritte zu loben, heißt aktiv Gesicht zu geben, was genauso wichtig ist, wie sein Gesicht zu wahren.

Gesicht zu **wahren**, zu **nehmen** oder zu **geben** – darum dreht sich im gesellschaftlichen Umgang in China nahezu alles. Man benötigt psychologisches Feingefühl und muss zudem auch um die Abstufungen der gesellschaftlichen Rangordnung wissen. Doch wer diese Kunst beherrscht, ist dem Ziel, in China erfolgreich zu sein, schon sehr nahe gekommen.

Man sollte sein stetiges Bemühen, in jeder Situation immer das Gesicht zu wahren, aber bloß nicht damit verwechseln, sich selbst zu verleugnen. Und man wird immer auch auf Chinesen treffen, ob auf dem Straßenmarkt oder in der Produktionshalle, bei denen man entsetzt über das unsägliche Verhalten ist, das an den Tag gelegt wird. Der Glaube, dass Chinesen sich immer so sehr unter Kontrolle haben, um bloß keinen Gesichtsverlust zu riskieren, ist völlig verkehrt. Insofern ist der Gang nach China auch kein Gang auf rohen Eiern, wo man selbst rund um die Uhr besorgt sein muss, keinen interkulturellen Fehler zu machen.

Guanxi

Als Guanxi bezeichnet man das **Netzwerk** persönlicher **Beziehungen** und Verbindungen, dessen Einfluss in allen Bereichen des Lebens und Arbeitens in **China** allgegenwärtig ist. Es gibt kaum eine Entscheidung, die ohne den direkten oder auch indirekten Einfluss von Guanxi gefällt wird. Guanxi steht immer in einem Gegenseitigkeitsverhältnis. Wer eine Gefälligkeit erbittet, muss irgendwann auch eine Gegenleistung erbringen. Guanxi ist also das, was man **in Deutschland** als **„Vitamin B"** bezeichnet. Das Beziehungsnetz wird unter Chinesen für Ausländer oft kaum bemerkbar eingesetzt, doch es ist omnipräsent.

Das Prinzip des Guanxi basiert immer auf den Beziehungen zwischen einzelnen Personen, aber nicht auf Verbindungen zwischen einzelnen Gruppen oder Institutionen. Das Netzwerk der bestehenden Beziehungen kann durchaus um das Beziehungsgefüge der anderen Person erweitert werden. Verbindungen, die zwischen Chinesen und Nichtchinesen entstehen oder zwischen nicht miteinander verwandten Chinesen, werden stets durch persönliche Vorstellung, Vermittlung und

Empfehlung aufgebaut. Meist geht es hier um rein profitorientierte Motive. Die Basis des Vertrauens ist damit aber schon mal gegeben, da der Vermittler der erweiterten Guanxi mit seinem Gesicht für die Qualität einsteht.

Aufgrund schlechter sozialer und politischer Erfahrungen in der Geschichte Chinas sind Chinesen traditionell viel misstrauischer als Amerikaner beispielsweise und versuchen sich deshalb, innerhalb des Mikrokosmos der Guanxi abzusichern und Vertrauen aufzubauen.

Grundlage der Guanxi sind in erster Linie natürlich die Familienbande. Die Blutsverwandtschaft und das darauf basierende Vertrauensverhältnis steht immer an erster Stelle. Das einmal entstandene Netzwerk wird an andere Familienmitglieder und nachfolgende Generationen weitergegeben und vererbt. Und auf genau dieser Grundlage des Verwandtschaftsverhältnisses werden die Geschäftsbeziehungen begründet, in die ein Außenstehender nur selten Zutritt erhält.

In der **zweiten Hierarchieebene** stehen Guanxi-Verbindungen, die durch langjährige vertrauenswürdige Beziehungen im geschäftlichen oder auch privaten Bereich erworben wurden. So kann ein ausländischer Freund, der sich zum Beispiel um das Wohl der im Ausland studierenden Kinder gekümmert hat, gemäß chinesischer Ideologie zum „Onkel" avancieren. Die Verheiratung der jeweiligen Kinder unterstützt und festigt diese Beziehungen und durch deren Kinder wird die Guanxi-Beziehung durch die sekundär erworbene „Blutsbrüderschaft" wieder in die richtige primäre Hierarchieebene gebracht.

Doch soweit muss es nicht immer gehen. Guanxi sind auch schon gegeben, wenn man dieselbe Schule besucht hat, die Militärzeit miteinander geteilt wurde oder man an der Universität gemeinsam den Abschluss gemacht hat. Manchmal reicht es schon, wenn man aus derselben Stadt oder gar nur Provinz stammt, um ein positives Zugehörigkeitsgefühl zu entwickeln. Jegliche nachhaltige qualitative und quantitative Erlebnisse, die ein freundschaftliches Verhältnis hervorgerufen haben, führen zu langfristigen Beziehungen, die als Netzwerk genutzt werden. Doch diese Beziehungen müssen ständig gepflegt und weiterentwickelt werden. Vor allem fern der Heimat ist die gegenseitige Unterstützung und Absicherung wichtig und man versucht, unter dem Schutz der Guanxi gemeinsame Ziele zu erreichen. Bestes Beispiel sind die amerikanischen „Chinatowns" der chinesischen Auswanderer, die schnell, effektiv und unbürokratisch Hilfe garantieren.

Chinesen lieben es, nach gemeinsamen Bekannten oder anderweitigen vorteilbringenden Beziehungen zu forschen, immer neue Kontakte herzustellen und zu versuchen, das Guanxi-Netzwerk ständig zu erweitern. Da ist natürlich jeder Ausländer mit Macht oder Einfluss oder gar Beziehungen zu anderen wichtigen Personen äußerst nützlich. Entsprechend versucht man, sich selbst mit seinem eigenen Guanxi als vorteilhaft zu präsentieren, um als Gegenleistung die Guanxi des Anderen nutzen zu können. Typisches Beispiel dafür ist das Vorzeigen von Fotos, wo ein Chinese neben dem Bruder des Bürgermeisters steht, da allein diese indirekte Beziehung schon wichtig ist oder irgendwann einmal wertvoll sein könnte.

Das Guanxi-Prinzip führt dazu, dass Geschäfte in China immer nur mit Menschen gemacht werden, aber nicht mit Unternehmen. Deshalb ist es auch so wichtig, dass ausgewählte ausländische Firmenvertreter regelmäßig nach China kommen, um das richtige Vertrauensverhältnis aufzubauen und die Guanxi zu pflegen. Die Übertragung der Aufgaben an andere Mitarbeiter, auch wenn es organisatorisch oder rein arbeitsmäßig möglich wäre oder Sinn machen würde, steht den Guanxi im Wege. Im Gegenzug bedeutet das auch, das bei der Kündigung eines chinesischen Mitarbeiters auch die Guanxi-Verbindung zu dem Unternehmen verloren geht. Kein Stellvertreter oder Nachfolger oder selbst die Firmenleitung würde sich zwangsläufig an die persönlich ausgehandelten Vereinbarungen gebunden fühlen. Das ist ein wesentlicher Unterschied zum Geschäftsgebaren im Westen.

Die **Intensivierung von Guanxi** findet selten im Rahmen geschäftlicher Besprechungen statt. **Treffen außerhalb des Konferenzraumes** – auch in der Freizeit – sind sehr wichtig und hilfreich, wenn man es richtig anstellt. Das bedeutet, die Gespräche sollten sich außerhalb der Arbeitszeit und -umgebung auch nicht mit Arbeitsthemen beschäftigen. Man kann über Familie und Urlaube, Sport und Hobbys reden. Diese persönliche Beziehung widerstrebt jedoch vielen Deutschen, die keine Lust haben, über private oder gar intime Dinge mit einem völlig Fremden zu reden. „Dienst ist Dienst und Schnaps ist Schnaps", heißt es da sprichwörtlich, und genau diese Einstellung macht es so schwierig, gute Guanxi aufzubauen.

Das System von konzentrischen Beziehungsnetzwerken mit strikt durchorganisierter Vetternwirtschaft und systematischem Lobbying hilft Chinesen nicht nur, eine Arbeitsstelle zu bekommen oder zu behalten. Es wird sowohl bei der Auftragsvergabe eingesetzt oder aber um irgendwelche Vergünstigungen zu erhalten. Die richtigen Beziehungen an der richtigen Stelle, ob bei Behörden, Ministerien, Polizei oder Zoll, bringen wertvolle Zeit- und Kostenvorteile – ein entscheidender Wettbewerbsvorteil.

Der Ausdruck „houtai" bezeichnet in diesem Zusammenhang eine klare hierarchische Struktur, die aber nicht mit dem Augenschein übereinstimmt. Das komplexe System von Titel und Position, von Qualifikation und Zuständigkeit, sowohl bei Behörden, in der Regierung oder auch in der Wirtschaft, findet vor, meistens aber hinter den Kulissen statt. Genau das ist mit „houtai" gemeint. Die Person mit der scheinbar ranghöchsten Stellung im Unternehmen oder in einer Institution muss nicht zwangsläufig die wichtigste und einflussreichste Person sein. Vielleicht tritt diese nie in Erscheinung, sondern ist der „Strippenzieher im Hintergrund". „houtai" hängt stark von den unsichtbaren Beziehungen, den Guanxi, ab.

Die Kunst des Geschäftemachens in China besteht deshalb einerseits darin, genau diese Personen, die die wahren Entscheidungen treffen, zu identifizieren. Wer ist der Vorgesetzte und wer der Untergebene? Diesen Unterschied zu erkennen ist essenziell für den Erfolg einer Unternehmung, kann aber Monate dauern. Manchmal wird man es nie erfahren und hat immer nur vorgeschobene Marionetten vor sich und hat viel zu viel Zeit, Geld und Mühe auf die falsche Person verwandt. Wenn die richtige Person aber erst mal identifiziert und dann die richtige Guanxi aufgebaut wurden, ist der Erfolg in greifbare Nähe gerückt.

Sein Verhalten am Guanxi-Prinzip und houtai auszurichten, bezeichnet man als **„durch die Hintertür" gehen**. Die Grenzen der Legalität sind allerdings fließend, da die durch die Guanxi erworbene Vorzugsbehandlung gerne mit harter Währung ausgeglichen wird. Als Übervorteilung durch Amts- oder Machtmissbrauch würde ein Chinese dieses Tun jedoch nicht bezeichnen. Es ist einfach ganz normal und selbstverständlich und wird auch so von Allen akzeptiert. Allerdings kommt es bisweilen durch übertriebenen Familienegoismus zu Formen, wo kleine Gefälligkeiten zu knallharter Korruption eskalieren, die natürlich auch in China illegal ist.

Renqing

„Renqing" könnte man am ehesten mit **„gegenseitiger Verpflichtung"** übersetzen. Das ist nicht nur in Asien, sondern in fast allen traditionellen Gesellschaftssystemen eine gängige Verhaltensweise und geschäftliche Tugend. In China stellt „renqing" eine wesentliche Basis für die so wichtigen **Guanxi**-Beziehungen dar. Es steht für wechselseitige Gefälligkeiten im Beziehungsnetzwerk. Einer Gefälligkeit einer Seite muss zwangsläufig eine Gefälligkeit der anderen Seite folgen, auch ohne dass diese explizit eingefordert würde. Es besteht also immer ein bewusst aufrecht erhaltenes Ungleichgewicht, und genau diese sich ständig abwechselnden Verpflichtungen untermauen die Verbundenheit, aber auch die Abhängigkeit von der anderen Partei.

„Renqing" sind wie Schulden, die sich über viele Jahre oder gar ein Leben lang langsam aufbauen können. Jede Partei weiß um den Wert der einseitig erbrachten Gefälligkeiten und die Zwangsläufigkeit, das Konto irgendwann wieder ausgleichen zu müssen. Es gilt als selbstverständlich, irgendwann eine adäquate Gegenleistung zu erbringen. Viele

Guanxi-Beziehungen basieren sogar auf „renqing", die vererbt werden können und so über Generationen Bestand haben.

Sich des „renqing" im kleinen Rahmen zu bedienen, ist eine Kunst, die sich aber auch Ausländer durch Einladungen und Geschenke beim Aufbau von Beziehungen zunutze machen können. Auch hier verdeutlichen sich die Unterschiede zwischen chinesischer und deutscher Firmenkultur, wo „rengqing" sofort in die Ecke der Bestechung oder Bestechlichkeit gestellt werden würde.

„Zhengren"-Charaktere

Dies ist ein **weiterer chinesischer Ausdruck, der bestimmte unverständliche Verhaltensweisen zu erklären vermag**. „Zheng" bedeutet „etwas ausrichten" oder „in Ordnung bringen". Das Wort „Ren" heisst einfach nur „Mensch". In der Kombination ist damit gemeint, Dinge „auf den Kopf zu stellen" oder „in Unordnung bringen" oder aber eine Person zurecht zu stutzen bzw. ihr „Leid zufügen" indem man ihr bewusst Schwierigkeiten bereitet, zum Beispiel in sozialer und politischer Hinsicht. Im Interesse der Erhaltung des eigenen Status Quo ist dies leider eine gängige Methode – vor allem in staatlichen Systemen wie Politik und Verwaltung.

Obwohl dieser Typus von Mensch durch die zunehmende Privatisierung immer seltener anzutreffen ist, findet man ihn immer noch vor. Die eine Variante von solchen Personen verbringt ihre Zeit mit aktivem Nichtstun auf einem vielleicht unliebsamen, aber dafür geruhsamen Posten und tut alles, dass sich dieser Zustand nicht ändert. Sie trägt nicht zur Weiterentwicklung des Systems oder zur Steigerung der Produktivität bei. Sie hat aber auch keine bösen Absichten und kümmert sich nur um ihre eigenen Belange. Sie steht niemandem im Wege und ist an und für sich harmlos, wenn man sie in Ruhe lässt. Man wird sich höchstens über ihre Langsamkeit, Behäbigkeit und Unflexibilität aufregen, weil sie durch ihre Art die ohnehin schon komplexen Strukturen und die langwierigen Prozeduren der Bürokratie noch weiter in Verruf bringt.

Doch dann gibt es den eigentlichen „Zhengren"-Bürokraten, der Zwietracht säht, der Intrigen schmiedet und der Kollegen in Verruf bringt. Er nutzt seine Stellung und seinen Einfluss aus, um auf Kosten anderer persönliche Vorteile zu erzielen. Das kann bei der Beförderung hilfreich sein oder der Erlangung bestimmter Vergünstigungen. Er folgt in seinen Handlungen einem alten chinesischen Sprichwort, nachdem man selbst einen Kopf größer wird als die anderen, indem man die anderen einfach einen Kopf kürzer macht. Diese Menschen sind ebenso unberechenbar wie gefährlich und man sollte sie sich, wenn man sie als „Zhenren"-Charaktere identifiziert zu haben glaubt, nie zum Feind machen.

Zu den aktiven Zeiten des kommunistischen Überwachungsstaates waren sie in den Arbeitseinheiten, den Danweis, die gefürchteten Kontrolleure und Kollaborateure des Staates, die ihre Mitbewohner angeschwärzt haben und für alle Menschen um sie herum eigentlich immer nur eine Behinderung, Belastung und Beeinträchtigung der Lebensqualität darstellten.

Loyalität

Dies ist eigentlich ein sehr kurzes Kapitel, denn der überwiegende Teil der Ausländer mit substanzieller Chinaerfahrung würde einfach sagen: Loyalität gibt es in China nicht! Das kann man so natürlich nicht unkommentiert im Raum stehen lassen, aber einseitig betrachtet haben diese harten Worte ihre absolute Berechtigung und Richtigkeit.

Die Loyalität der Chinesen gilt der **Familie** und im weiteren Sinne ihren etablierten **Guanxi-Beziehungen**. In Bezug auf die familiären Bindungen fühlen sie sich lebenslang verpflichtet. Man hält sich an getroffene Vereinbarungen, respektiert die Autoritäten und Hierarchien und folgt den ungeschriebenen Regeln und Vorschriften. Die Beziehungen basieren auf den Synonymen für Loyalität wie Anstand, Fairness, Redlichkeit, Treue und Zuverlässigkeit.

Die Loyalität der Chinesen gilt weiterhin dem **Geld**. Dem Erwerb und der Mehrung des Geldes werden fast alle anderen Ziele untergeordnet. Entsprechend bleiben viele wichtigen Aspekte des menschlichen Verhaltens und der zwischenmenschlichen Beziehungen dabei auf der Strecke. Das betrifft im Wesentlichen die Loyalität der Chinesen in ihre Rolle im Zusammenhang mit **Dienstverhältnissen**.

Loyalität wird üblicherweise im Sinne von Zuverlässigkeit und Anständigkeit gegenüber der Gruppe, der man sich zugehörig oder gar verbunden fühlt, gebraucht. Bestes Beispiel ist das **Arbeitsverhältnis**, wo sich ein **Arbeitgeber** bzw. **Dienstherr** eigentlich stets auf die **Treue** seines **Mitarbeiters** verlassen können muss. Loyalität wird hier gefordert, wenn es darum geht, die eigenen Ziele den Zielen des Unternehmens unterzuordnen. Dabei geht es auch um den fairen und aufrechten Umgang mit Vorgesetzten und Kollegen, Kunden und Lieferanten.

Jeder Mitarbeiter ist in den **ethischen** Kontext und das Wertesystem eines Unternehmens eingebunden, wobei der Loyalitätspflicht des Mitarbeiters die **Fürsorgepflicht** des jeweiligen Vorgesetzten gleichermaßen gegenübersteht. Rechte und Pflichten halten einander die Waage und garantieren beiden Seiten mehr als nur das notwendige Mass an beruflicher Koexistenz.

Loyalität ist auch im Westen heute nur noch selten anzutreffen in dem Arbeitsverhältnis, das Jahrzehnte überdauert. Diesem Loyalitätsideal steht in China jedoch ein permanentes Jobhopping gegenüber. Für nur wenige hundert Yuan würden fast alle Chinesen ohne zu zögern von heute auf morgen ihren Arbeitsplatz wechseln. Dass damit für den Arbeitgeber alle Investitionen in Aus- und Weiterbildung und alle Bemühungen in Integration in das Unternehmenssystem unwiederbringlich verloren sind, scheint ihnen völlig egal zu sein.

Man kann sich nie sicher sein, welcher Mitarbeiter am nächsten Arbeitstag überhaupt noch an seinem Arbeitsplatz erscheint oder sich einfach an den bestbietenden Wettbewerber weiterverkauft hat. Die Attraktivität des schnellen Geldes zur kurzfristigen **Bereicherung und Er-**

reichung persönlicher Ziele hat immer Vorrang. Diese mangelnde Einstellung zur Loyalität auf Kosten des Arbeitgebers wird nicht mal ansatzweise mit Vertrauensbruch in Verbindung gesetzt und hat keinerlei schlechtes Gewissen oder gar Scham zur Folge. Ein persönliches Anstandsgefühl scheint in dieser Hinsicht nicht existent zu sein. Damit haben vor allem die Ausländer ein riesengroßes Problem, dem sich aber zumindest in der jetzigen Zeit der rasanten wirtschaftlichen Entwicklung Chinas jeder stellen muss.

Sorgfaltspflicht

China ist ein **Entwicklungsland** und diese Tatsache spiegelt sich auch im äußeren Erscheinungsbild manch kleinerer und abgelegener Stadt oder in nicht zentral gelegener Gassen und Straße in den Metropolen wieder. Es ist völlig chaotisch, nicht immer so rein, wie wir es im Westen gewohnt sind und es empfiehlt sich, im öffentlichen Raum nichts anzufassen, weil man Bedenken haben muss, sich sofort zu infizieren. Man erhält den Eindruck, dass sich niemand um die generelle Qualität und Werterhaltung von Dingen oder auch um deren Äußerlichkeiten kümmert und dass es auch niemanden interessiert.

Denselben Eindruck erhält man bei der Begutachtung des **Zustandes typisch chinesischer Fabriken und Produktionsstätten.** Jeder Ausländer wundert sich über den Anblick von heruntergekommenen Gebäuden, dreckigen Treppenhäusern mit abgeschlagenen Treppenstufen, blinden und zerschlagenen Scheiben, verstaubten Lagerhallen, verrosteten Maschinen oder zerkratzten Tischen und abgewetzten Sofas in Besprechungszimmern. Die zwei Fragen, die sich jeder Ausländer stellt, sind, wie konnte es überhaupt dazu kommen und warum wird es nicht geändert?

Die erste Frage lässt sich relativ einfach beantworten. Der **Umgang chinesischer Mitarbeiter mit Firmeneigentum** ist überaus nachlässig und gedankenlos. Sie lassen es an der bei uns üblichen und allgemein erwarteten Sorgfaltspflicht missen. Sie haben kein Gefühl für den

Wert von Gegenständen entwickelt, vor allem gegenüber Maschinen und Geräten, die der besonderen Pflege und Wartung bedürfen und die schonend behandelt werden müssen. Auch wenn etwas nicht (mehr) funktioniert, wird der Ursache nicht auf den Grund gegangen, sondern der Umstand einfach ignoriert. Es siegt der Fatalismus nach der Devise „dann ist es eben kaputt".

Das vermutlich hängt wiederum mit einem anderen Verständnis von Identifikation mit dem Unternehmen zusammen. Das generelle Verhältnis der Chinesen zu materiellen Dingen, die ihnen nicht unmittelbar gehören, ist anders. Es ist ihnen nicht wichtig.

Sie kommen deshalb auch gar nicht erst auf die Idee, sich um einen schonenden Umgang zu kümmern oder gar sich persönlich um die Behebung eines Problems zu bemühen, sofern sie nicht jemand gezielt dazu aufgefordert hat.

Die Anschaffungs- und laufenden Kosten für solche Hardware sind für die meisten Chinesen ohnehin so astronomisch hoch, dass sie jenseits ihrer Vorstellungskraft liegen und jegliche Relation dazu verlieren. Es ist mehr als sie in ihrem Leben je verdienen werden und von daher besteht auch nicht die Notwendigkeit, sich gezielt mit dem adäquaten Umgang auseinanderzusetzen. Ein gegenteiliger Effekt tritt auf: statt ganz besonderer Vorsicht wird eine völlige Ignoranz in Bezug auf den Wert an den Tage gelegt.

Das hat zur Folge, dass empfindliche Maschinen nicht abgedeckt werden, wenn zum Beispiel im Raum Schleifarbeiten durchgeführt werden, oder Türkanten werden nicht geschont bzw. geschützt, wenn Möbel in die Räume transportiert werden. Das negative Ergebnis dieser Nachlässigkeit ist den Chinesen oftmals egal und Beeinträchtigungen solcher Oberflächlichkeiten stören sie überhaupt nicht.

Damit kommen wir zur zweiten Frage, **warum bestimmte Verhältnisse oder Bedingungen nicht geändert werden.** Warum wird nicht gesäubert, geordnet, repariert? Weil der reinen Optik keine Bedeutung beigemessen wird. Wo sich unsereins einfach aufgrund des unattraktiven Umfeldes nicht wohlfühlen würde, fühlt sich der Chinese nicht in seiner Lebensqualität beeinträchtigt.

Ein Rezeptionist könnte jeden Tag lang an einer Glastheke mit zerbrochener Scheibe arbeiten und weder ihn noch den Vorgesetzten oder den Firmenchef würde diese Tatsache stören. Bestenfalls ist der Sprung mit einem Stück Klebeband provisorisch überklebt, das aber nach spätestens zwei Tagen schon wieder in Fetzen hängt. Und dabei bleibt es dann. Jeder Deutsche würde darauf bestehen, diesen untragbaren Zustand zu ändern oder ihn zumindest in bestmöglicher Weise versuchen zu kaschieren.

Ein Chinese könnte zehn Mal am Tag an einem dreckigen Lappen auf dem Boden vorbei durchs Büro laufen. Jeder Deutsche hätte ihn spätestens beim zweiten Mal aufgehoben, auch wenn er ihn nicht dort hat fallen lassen und er für die Reinigung des Fußbodens nicht zuständig ist. Es würde ihn einfach so sehr stören, dass die Ursache beseitigt werden muss. Chinesen sehen es nicht als notwendig an, sich ein adäquates Arbeitsumfeld oder gar eine angenehme Atmosphäre zu schaffen, mit dem Ergebnis, dass die überwiegende Zahl rein chinesischer Firmen so aussehen, wie sie aussehen: katastrophal.

Um diesen Zustand zu ertragen, um die Ignoranz gegenüber materiellen Dingen und die Gedankenlosigkeit in Bezug auf öffentlichen Raum zu akzeptieren, braucht man eine sehr **hohe Toleranzgrenze**. Um diese Denkstrukturen allerdings zu durchbrechen, die gegenseitige Rücksichtnahme und die Sorgfaltspflicht zu erhöhen, benötigt man wahrlich mehr als ein dickes Fell: viel Zeit und noch mehr Geduld.

Man muss ständig gegenwirken, ermahnen, appellieren, erinnern und energisch darauf bestehen, dass sich der Umgang zwischen Mensch und Material im Unternehmen im Interesse der langfristigen Werterhaltung deutlich verbessert. Wenn man die Tatsache der Notwendigkeit ständiger Erziehung ignoriert, wird in kürzester Zeit ein deutlicher Qualitätsverlust überall im Unternehmen vorzufinden sein.

Missverständnisse

Missverständnisse gehören in China zum beruflichen Alltag. Doch **woher kommen sie?**

Es scheint normal zu sein, dass beispielsweise ein Auftrag von Chinesen nicht so abgewickelt wird, wie es verlangt wurde oder dass ein Muster nicht so hergestellt wird, wie es bestellt wurde. Das Resultat ist große Enttäuschung oder Aufregung des Ausländers, der sich dann entweder bei seinem Geschäftspartner oder Lieferanten beschwert oder sich seinen Teil denkt. Die vorschnelle Begründung lautet oftmals, „die Chinesen sind einfach zu doof". Doch ist das wirklich so? Vielleicht lassen sich sowohl Ursache als auch Wirkung am besten anhand von **zwei einfachen Beispielen** aus dem unternehmerischen Produktionsalltag erklären.

Nehmen wir an, eine Produktionsagentur in Hongkong bittet in China um ein Angebot für eine Containerladung voller Stühle, die jeweils einzeln in einer Exportkartonage verpackt werden sollen. Die Transportkosten frei Haus Los Angeles soll der Lieferant doch bitte gleich mit aufgeben, jedoch als separaten Kostenfaktor. Die gewünschten Informationen kommen und das Angebot an den Endkunden in den USA wird erstellt. Die Preise scheinen gut zu sein und nach der Freigabe der Muster wird der Auftrag auch erteilt.

Kurz vor der Verschiffung fragt der amerikanische Kunde bei der Agentur nach, ob der chinesische Hersteller noch kurzfristig den Nachweis für die Pestizid-Behandlung der Holzpaletten beibringen könnte, denn dieses gängige Dokument wird vom Zoll bei der Einfuhr benötigt. Der Kundenbetreuer gibt die Frage an seine Kontaktperson in China weiter und muss zu seinem größten Erstaunen hören, dass die Preise für Verpackung und Transport gar nicht auf Basis einer Palettierung gerechnet wurden. Stattdessen sollten die einzelnen Kartons, wie durchaus üblich, einfach in dem Container übereinander gestapelt werden. Auf dieser besseren Volumenauslastung basieren natürlich auch alle innerchinesischen Transportkosten per LKW zum chinesischen Hafen als auch die Seefrachtkosten für den Container.

Der Endkunde erwartet selbstverständlich, dass die Paletten in dem Container innerhalb von einer halben Stunden per Gabelstapler ausgeladen werden können, um dann direkt ins Hochregallager gebracht zu werden. Deshalb müssen kurzfristig für teures Geld Paletten gekauft und durch das höhere Volumen ein weiterer nur halbvoller Container dazu gebucht werden. Die Agentur in Hongkong schäumt, weil diese zusätzlichen Kosten komplett auf ihre Rechnung gehen. Sie stellt den Herstellungspartner in China wegen dessen Unprofessionalität bzw. Falschinformation zur Rede.

Der Fehler lag jedoch einzig und allein auf der Seite des ausländischen Auftraggebers in Hongkong, denn dieser hat etwas vorausgesetzt, was er nicht hätte voraussetzen dürfen. Die Schuld in diesem Fall auf den Chinesen abzuwälzen, der angeblich nicht nachgedacht hat, ist absolut falsch. Obwohl der Ausländer vermutlich immer noch denkt, sein chinesischer Partner hätte von allein auf die Notwendigkeit der Palettierung kommen müssen, wird er bei der nächsten Anfrage sicherlich den wichtigen Punkt der richtigen Verpackung und Verschiffung explizit schriftlich definieren, um ein solches Missverständnis zu vermeiden. Und genau das ist auch gefordert.

Ein anderer Fall: Bei der Qualitätskontrolle stellt der ausländische Auftraggeber fest, dass viele Oberflächen der Profile bei Aluminiumkoffern zerkratzt sind. Er verlangt eine vollständige Aussortierung und Nachproduktion der fehlerhaften Teile. Der Chinese weigert sich, weil er sagt, das wäre so nicht vereinbart gewesen. Der Ausländer argumentiert, dass man doch wohl nicht gesondert vereinbaren müsse, dass die bestellten Teile optisch einwandfrei sein müssen und zerkratzte Oberflächen nicht akzeptabel wären. Der Chinese wiederum weist auf die Empfindlichkeit des Materials hin. Um Zerkratzen zu vermeiden, hätte er die Konfektionierung entweder in einen staubfreien Raum verlegen müssen oder aber vorher alle Förderbänder reinigen und Tische neu mit Stoff beziehen lassen müssen. Diese veränderte Arbeitsumgebung oder Fertigungsprozedur hätte aber entscheidende Mehrkosten verursacht. Das abgenommene Handmuster hätte übrigens ebenfalls diese Kratzer aufgewiesen. Außerdem hätten sich seine bisherigen chinesischen Kunden nicht darüber beschwert, dass Kratzer auf den unwichtigen Kanten seien und deshalb Grund zur Beanstandung darstellten.

Natürlich kann man nun sagen, dass ein guter chinesischer Hersteller um den Qualitätsanspruch seiner ausländischen Klientel weiß und er von sich aus schon dafür Sorge tragen sollte, dass gravierende Qualitätsmängel nicht entstehen und als Folge dessen auch diese Diskussionen gar nicht erst aufkommen. Aber viele chinesische Firmen, die wirklich billige Produkte anbieten, können oder wollen sich gar nicht erst auf dieses Niveau begeben, weil der Aufwand dafür viel zu groß wäre. Wenn es also nicht speziell ausgehandelt und vereinbart wurde, würden sie die Produkte nach dem rein chinesischen „Schema F" fertigen.

Wiederum liegt der Fehler in der mangelhaften Kommunikation des unerfahrenen ausländischen Auftraggebers. Spätestens bei der Besichtigung der Produktionsstätte und bei der Begutachtung des vorgelegten Musters hätte er darauf hinweisen müssen, dass Kratzer einen Grund zur Beanstandung darstellen können. Dann wären auch die Rahmenbedingungen der Herstellung und die Mehrkosten im Vorfeld geklärt worden. So waren beide Seiten mit dem Ergebnis der Zusammenarbeit unzufrieden.

Als **Quintessenz** kann man sagen, dass es fast immer gute Gründe gibt, warum die Chinesen tun, was sie tun und wie sie es tun und warum die Ausländer mit dem Ergebnis höchst unzufrieden sind. Man geht von anderen Voraussetzungen aus, der kulturelle Hintergrund ist nicht identisch, die Erwartungshaltung ist anders, die Möglichkeiten der Umsetzung sind begrenzt, die kurzfristige Entscheidung bei Problemen ist nicht immer möglich und die Flexibilität nicht gegeben. In einem Wort, die Kultur ist nicht kompatibel. Es ist selten so, dass die Chinesen nicht zugehört oder etwas nicht verstanden haben. Es ist meistens so, dass die Vorgaben nicht eindeutig geklärt wurden oder die Erläuterungen unvollständig waren. Der Teil, der unausgesprochen blieb, wurde von jeder Seite mit Inhalten gefüllt, die dem jeweiligen Erfahrungshorizont und dem Vorstellungsvermögen entsprachen. Aber statt einen Fehler zuzugeben, ist es natürlich viel einfacher, die Doofheit des Anderen vorzuschieben. Und das gilt für beide Seiten.

Kritik

In China zu reisen, zu leben oder zu arbeiten führt zwangsläufig zu Irritationen, Skepsis und Zweifel über Land und Leute, Kultur und Gesellschaft, Politik und Wirtschaft. Bisweilen artet das Unverständnis auch in regelrechte Ablehnung aus. Ob die Gründe dafür aus ausländischer Sicht gerechtfertigt sein mögen oder nicht, steht hier nicht zur Debatte. Entscheidend ist, dass man zwar eine kritische Haltung haben kann, mit dem öffentlichen Ausdruck seiner Kritik jedoch sehr vorsichtig umgehen muss.

Öffentliche Kritik in und an China ist ein generelles **Tabu**. Kritik an der chinesischen Führung kann sogar strafrechtlich verfolgt werden. Sollte es während eines vertraulichen Gesprächs zu kritischen politischen Äußerungen kommen, darf man seine Gesprächspartner keinesfalls gegenüber Dritten zitieren. Aber die Wahrscheinlichkeit, dass es jemals dazu kommt, ist ohnehin sehr gering.

Auch **Kritik am eigenen Land** zu üben, kommt in China nicht gut an. Gerne wird in Deutschland über Verfehlungen der eigenen Bürokratie protestiert oder man regt sich in fröhlicher Runde über so manchen Fauxpas von Politikern auf. Wer jedoch vor Chinesen über die eigene Regierung lästert, schadet damit nicht nur dem Nationalstolz, sondern auch dem eigenen Ansehen. Im Gegenteil, man darf gerne die übertriebene Freude am eigenen Land zum Ausdruck bringen.

Wie üblich wird in China auch in Bezug auf die Kritik gerne ein **rhetorischer Umweg** gewählt und man kleidet seine Kritik einfach in ein

Lob. Ist ein Arbeiter mit der Erledigung seiner Tätigkeit zu langsam gewesen, wird gerne gesagt, er war zusätzlich mit anderen wichtigen Aufgaben beschäftigt. Schmeckt ein bestimmtes Gericht nicht, werden die Vorzüge der anderen Gänge hervorgehoben. Ist die Klimaanlage eines Autos defekt, wird dieses Manko mit anderen Vorteilen des Wagens kaschiert. Entspricht ein Hotelzimmer nicht den Erwartungen eines Gastes, weil es aufgrund der Lage direkt oberhalb einer Diskothek viel zu laut ist, bewundert man einfach den schönen Ausblick. Das ist nur eine Frage der Sichtweise, doch wer aufmerksam zuhört, kann die eindeutige Kritik zwischen den Zeilen deutlich lesen.

Das Kritikverhalten oder vielmehr die **Vermeidung der direkten Kritik** hat lange Tradition und entspricht der Neigung der chinesischen Kultur zur Aufrechterhaltung der Harmonie. China hat keine kultivierte Streitkultur wie im Westen, sondern eine ausgeprägte Konsenskultur. Harmoniefähigkeit ist viel wichtiger als Konfliktfähigkeit und schon von Kindesbeinen an wird diese Einstellung in die Erziehungsprinzipien mit eingebracht.

Bei den täglichen großen oder kleinen **Konflikten im Geschäftsalltag** ist es wichtig, goldene Brücken zu bauen, statt offene Kritik zu üben, damit beide Parteien ohne Gesichtsverlust aus dem Konflikt heraus kommen. Formelle Besprechungen werden entsprechend gerne sehr allgemein und unverbindlich gehalten, um mögliche Kritikpunkte zu vermeiden. Seine Meinung klar zu äußern, ist unhöflich. Wichtig ist, dass immer eine positive Atmosphäre herrscht. Dauerndes gegenseitiges Lob und Dank für gute Zusammenarbeit gehen vielen Ausländern ziemlich auf die Nerven, weil sie es als aufgesetzt und heuchlerisch empfinden.

Noch dazu wird ständig um das eigentliche Thema herumgeredet. Aber so ist es eben. Man lässt seine Gesprächspartner einfach durch geschickte Nebensätze wissen, was man wirklich denkt und womit man nicht zufrieden ist. Das ist natürlich umständlich und langwierig und anstrengend. Aber im Interesse der gegenseitigen Beziehung ein notwendiges Übel der China-Strategie.

Im Interesse der guten Beziehung nimmt man es mit der Wahrheit auch nicht immer so genau. **Übertreibungen** werden als rhetorisches Mittel zum Zweck der Schmeichelei und des Lobes gezielt eingesetzt. In Deutschland würde man es als kontraproduktives „Einschleimen" bezeichnen und als unangenehm oder zumindest unangemessen einstufen. Nicht aber in China. Ein „sehr guter Freund" ist jemand, den man vielleicht mal zufällig getroffen hat, ein „irrsinniger erfolgreicher Mitarbeiter" ist ein Verkäufer mit gutem Ergebnis innerhalb der vorgegebenen Umsatzerwartung, ein mittelmäßiger Sportler wird gleich als „Beckenbauer" geadelt und natürlich wünscht man sich Glück und langes Leben auf tausend Jahre.

Im Geschäftsleben darf man nicht denken, der chinesische Gegenüber würde absichtlich falsche Aussagen treffen oder gar lügen. Die Übertreibung ist genau wie die Untertreibung eine Form der Kommunikation, die ebenso wichtig wie auch richtig einzuschätzen ist. Bescheiden sein, unauffällig bleiben, sich kleiner machen als man ist und Zurückhaltung üben ist in einem politischen System wie China meist besser und vor allem sicherer – eine Tugend, die sich nach vielen schlechten Erfahrungen mit Neid und Missgunst bewährt hat.

Das **Kompliment** als **Gegenpol zur Kritik** kann und sollte ebenfalls genutzt werden, um sein Ziel zu erreichen. Der Umgang mit Komplimenten ist auch etwas anders als bei uns. Ein Lob – ob am Land im Allgemeinen oder am Menschen im Speziellen – wird nicht nur in China gerne zur Kenntnis genommen. Für chinesische Angestellte kann es persönlich sehr motivierend sein, wenn man sie offensichtlich als wichtig und besonders behandelt. In Deutschland würde man darüber nur müde lächeln, weil es vom kulturellen Kontext her unpassend wäre. Trotzdem sollte man öfters mal „über seinen Schatten springen" und sein Verhalten im Interesse des höheren Zieles an die Erwartungshaltung seines Gesprächspartners anpassen.

Rund ums Essen

Speisen

Essen und Trinken ist in China mehr als nur ein profaner Akt der Nahrungsaufnahme. Es ist ein **zentraler Bestandteil des täglichen Lebens**. Ihm wird nicht nur besondere Aufmerksamkeit gewidmet, sondern viel Zeit und noch mehr Geld geopfert. Bis zur Hälfte des monatlichen Einkommens wird durchschnittlich für die Verköstigung ausgegeben. Bei den Kantonesen im Süden des Landes ist es manchmal sogar noch mehr. Der hohe Stellenwert des Essens spiegelt sich auch in der früher im Bauern- und Arbeiterjargon üblichen Begrüßungsformel wieder: „Chi fan le ma?" heißt wörtlich übersetzt „Hast du schon Reis gegessen?". Doch seit die wirklichen Hungerzeiten während des „Großen Sprungs nach vorn" und der Kulturrevolution vorbei sind, ist auch diese Form der Begrüßung nicht mehr up-to-date.

Die chinesische Küche bietet glücklicherweise viel mehr als ein paar Dutzend verschiedene Reissorten. Sie ist **äußerst vielfältig** und hat nur sehr wenig gemein mit den völlig verwestlichten Speisen, die chinesische Restaurants in Deutschland servieren.

Die unterschiedlichen Zutaten, Zusammensetzungen der Gerichte, Zubereitungsformen, Garzeiten, Serviereigenarten und die jeweiligen Geschmacksrichtungen variieren innerhalb des Landes erheblich. Insofern kann man auch nicht von einer chinesischen Küche reden.

In der **Hingabe zum Essen** liegt wohl auch der größte Unterschied zwischen Europäern und Chinesen. Im Westen ist **Kochen** ein Handwerk, in China ist es eine **Kunst**, fast eine **Tugend**. In China muss man mit allen Sinnen genießen. Ziel der chinesischen Küche ist eine „Hochzeit der Aromen", wie es von einem internationalen Spitzenkoch einmal sehr treffend formuliert wurde. Doch darüber geht es weit hinaus. Wohlbefinden und Gesundheit sind in China direkt miteinander verknüpft. Als Folge dieses ganzheitlichen Denkens wird fast jedem Gericht eine besondere medizinische Eigenschaft zugeschrieben. Fast alle Formen, Arten und Sorten pflanzlicher und tierischer Natur üben spezielle Heilwirkungen auf bestimmte Körperorgane aus. **Essen ist insofern Nahrung für Körper, Geist und Seele.**

Fast alle Chinareisenden haben zwar schon im Vorfeld ihrer Besuche etwas über chinesisches Essen und die landesüblichen Essgewohnheiten gelesen, tun sich aber meistens schwer, sich an beides zu gewöhnen. Doch zum Glück geht das nicht nur den Ausländern so. Ein Kantonese wird vielleicht die nordchinesische Küche gar nicht mögen und ein Shanghaier wird möglicherweise große Schwierigkeiten mit den scharfen Sichuan-Gerichten haben. Die regionalen Unterschiede sind einfach zu groß.

Die **einzelnen Speisen** werden immer **nacheinander aufgetragen** und es beginnt mit vielen kleinen kalten Vorspeisen, wie zum Beispiel sauer Eingelegtes, Entenfleischscheibchen oder einfach nur Erdnüsse. Danach folgen Stück für Stück die warmen Gerichte. Später folgt dann die Suppe und dann noch die Nudeln oder der Reis, um den Magen restlos zu füllen. Meistens hat man das Gefühl, schon nach den ersten Runden völlig satt zu sein. Deshalb sollte man sich, auch wenn es noch so gut schmeckt, immer nur mit kleinen Portionen zufrieden geben, damit man die Endrunde noch übersteht und immer wieder zugreifen kann. Den krönenden und manchmal erlösenden Abschluss dieses Marathons bildet meistens eine Platte mit Obstschnitzen.

Ein Sprichwort besagt, „die Chinesen essen alles, was vier Beine hat, außer Tisch und Stuhl, und alles, was irgendwie fliegen kann, außer Flugzeugen." Das hat auch seine Richtigkeit, mit dem Ergebnis, dass man sich bei einem kulinarischen Ausflug mit seinen Geschäftspartnern auf allerlei Ungewohntes einstellen sollte, das sich sowohl von der Grundsubstanz und der Zusammensetzung als auch von der Zubereitung und dem Geschmack erheblich von westlichen Gewohnheiten unterscheidet.

In der chinesischen Küche wird alles eingesetzt, was die Natur dem Koch an Basiselementen zu bieten hat. Entsprechend exotisch lesen sich die Gerichte auf den chinesischen Speisekarten. Ob Hühnerbrüste oder Hühnerfüße, Bambussprosse oder Bambusratte, Tausendfüßler oder tausendjährige Eier. Tiere jeglicher Art führen in China generell ein wahres Hundeleben, obwohl der Verzehr von Hundefleisch entgegen gängiger Klischees gesetzlich verboten ist. Das wird aber keinen kantonesischen Chefkoch davon abhalten, diesen brühwarm zu servieren. Selbst mit ihren sieben Leben kann eine Katze – zumindest in Südchina – kaum dem Kochtopf entrinnen.

Dazu kommen mitunter **Spezialitäten** wie Schlange, Krokodil, Waschbär, Gürteltier, Eidechse oder Wasserschildkröte auf den Tisch. Im Norden werden schon mal im ganzen frittierte Skorpione, gedünstete Käfer oder auch Ameisenomeletts angeboten, was nicht nur für Deutsche sicher sehr gewöhnungsbedürftig ist. Es ist eine Frage des Fingerspitzengefühls des Gastgebers, diese Gerichte auszuwählen oder der eigenen Experimentierfreude, sich daran zu versuchen.

Ein besonders Problem besteht darin, dass zu den exquisitesten und teuersten Gerichten hauptsächlich die Art von Speisen zählen, die

Ausländer inhaltlich, optisch und geschmacklich am wenigsten attraktiv finden. Dazu zählt alles was glibbert, wie zum Beispiel Seegurken, Haifischflossen, Schwalbennester, Fischmägen und reines Fett. Auch bei dem Genuss von geronnenem Schweineblut hat sich schon so manchem Westler ungewollt der Magen umgedreht. Wie gerne hätte er da die zwangzigmal billigeren, lecker gefüllten Teigtaschen gewählt – wenn er die Wahl gehabt hätte.

Allein aus diesem Grunde graut es vielen eher konservativ eingestellten Geschäftsleuten schon vor dem Gang zum gemeinsamen Essen. Aber erstens darf man nicht vergessen, dass die Mehrzahl chinesischer Alltagsgerichte, bestehend aus „normalem" Fleisch und verschiedenen Gemüsesorten sehr wohlschmeckend und auch für westliche Gemüter und Geschmäcker sehr gut geeignet sind. Viele seltene Spezialitäten werden auch von Chinesen nicht so gerne gegessen – zumal diese auch das übliche Budget sprengen würden. Deshalb sollte man grundsätzlich dem fremden Essen gegenüber offen sein. Wer in China nur zum Italiener geht, verpasst einen ganz wichtigen Teil chinesischer Kultur. Schließlich ist Chinas vielfältige Esskultur nicht ohne Grund berühmt.

Natürlich lässt sich nicht immer auf den ersten Blick identifizieren, was da auf den Tisch kommt. Also sollte man erst einmal ein klein wenig von allem probieren und nicht erst grundsätzlich fragen, um was es sich handelt. Westler tendieren leider dazu, immer gleich wissen zu wollen, was es gibt. Das ist ein Mischung aus Neugier, was gut ist, und übertriebener Skepsis, was nicht so gut ist. Als Ergebnis sind sie voreingenommen und verschmähen aus Ekel ein Gericht, was ihnen vielleicht sogar gut geschmeckt hätte. Man muss in China gerade beim Essen auch dem Zufall und der Überraschung mal eine Chance lassen und sich erst anschließend aufklären lassen.

Auch die **Zubereitungsarten** an sich sorgen für so manche **Überraschung**. Man sieht den Speisen schließlich nicht an, wie sie schmecken. Plötzlich sind die Tomaten gezuckert, der Salat bitter, das Gemüse extrem scharf und die Soße sauer. Wenn dann noch kalte Suppe serviert wird, ist man sich nicht sicher, ob der Koch überhaupt bei Sinnen ist.

Essen in China ist nun mal eine fantastische Reise ins Unbekannte. Und erst diese Unterschiede machen die Qualität eines China-Aufenthalts aus. Das heißt ja auch nicht, dass man alles mögen muss. Wer trotzdem noch im Allgemeinen die vorzügliche Küche lobt, hat schon halb gewonnen.

Fast Food

Zwischen zwei Geschäftsterminen geht der Ausländer in einer chinesischen Stadt schnell mal eben zum großen, gelben „M". Was für Viele hierzulande kaum denkbar wäre, **gehört in China zum Alltag**. Das liegt nicht nur daran, dass man seit Jahren an allen Ecken und Enden Chinas auf McDonalds, Delifrance oder Starbucks trifft. Längst sind fast alle großen Fast-Food-Ketten in China allgegenwärtig. Jeder größere Ort verfügt über eine Filiale von KFC oder Pizza Hut. Hier findet jeder gestresste, magengeplagte und eilige Reisende nicht nur willkommene Minuten des Ausruhens in klimatisierter Umgebung, sondern auch den altbekannten Hamburger mit Pommes Frites, den er zwar zu Hause verschmäht, in der exotischen Fremde jedoch dankbar annimmt. Der Besuch in einem Schnellrestaurant ist für sehr viele Ausländer eine kleine Flucht vor dem anstrengenden chinesischen Alltag.

Und damit ist er nicht allein. Auch die Chinesen bekunden zunehmendes Interesse für die uramerikanische Systemgastronomie und leiten dadurch eine Revolution in ihrem speisenbezogenen Konsumverhalten ein. Wie in anderen Ländern dieser Welt auch, sind es vor allem die Kinder und Jugendlichen, die sich für Burger und Pizza begeistern. Fast Food ist schnell, einfach und praktisch, westlich und begehrenswert und damit „in".

Allerdings ist es auch sehr teuer und eine Mahlzeit bei McDonalds kostet in China den durchschnittlichen Tageslohn eines Arbeiters.

Trotzdem sind mittlerweile viele kleine chinesische Frühstücksstände westlichen Fast-Food-Filialen gewichen. Statt der Dampfbrötchen

„Mantou", den in Öl gebackenen Mehlstangen „Youtiao" und der traditionellen Reissuppe, isst man heute zunehmend zum **Frühstück** belegte Brote – zumindest die jungen Leute in der Großstadt. Neben weichem und süßem Toast und Baguettes haben die Chinesen auch ihre Liebe zum Croissant entdeckt, das bei vielen als ein kleines Symbol für Chinas Öffnungspolitik gilt, weil es gerne von Deng Xiaoping gegessen wurde. Croissants werden in China „niujiao", also „Büffelhörner", genannt. Dazu trinkt man Milch oder Kaffee, Orangensaft oder Softdrinks, Red Bull oder Eistee statt Tee. Auf jeden Fall dominieren westliche Getränke.

Diese vor wenigen Jahren noch unbekannte Form ausländischer Lebensmittel und Ernährungsgewohnheiten sind auch ein Ausdruck der neuen Supermarktkultur. Wer es sich leisten kann, verzichtet gerne auf den täglichen Einkaufsgang auf chaotischen lokalen Märkten und bevorzugt übersichtliche, moderne und hygienische Supermärkte mit riesig großer Auswahl. Diese Generation von Chinesen ist auch die klassische Klientel von „normalen" und Fast-Food-Restaurants.

Interessant ist die Tatsache, dass viele **wohlhabende Chinesen** nur deshalb in **westliche Lokale** gehen, weil es **prestigeträchtig** ist. Aus kulinarischer Sicht spielen westliche Gerichte für sie keine wirklich wichtige Rolle – ganz im Gegenteil. Die Speisen werden als fad, eintönig und langweilig beschrieben. Aber es ist chic, dort zu essen, und es symbolisiert einen modernen Lebensstil. Wer ein ausländisches Restaurant besuchen kann, bringt seinen neu erworbenen Status eindeutig zum Ausdruck. Abgesehen davon mögen die Chinesen in „richtigen" Restaurants die stilvolle Atmosphäre, die bequemen Stühle, die unbefleckten Tischdecken und das feine Geschirr. Dafür nehmen sie es sogar in Kauf, neben „Barbaren" zu sitzen, die mit dem Messer blutiges Fleisch zerschneiden und es mit der Gabel brutal aufspießen.

Zur Eröffnung des ersten McDonalds-Restaurants in Peking Anfang der 90er Jahre standen Hunderte von Menschen auf der Straße, belagerten die Eingänge und begehrten Einlass. Sie waren wie wild auf das neue westliche Essensangebot. Ein Blick auf die angewiderten Gesichter der

Essenden und die Berge von übrig gelassenen Gerichten drückte aber etwas anderes aus. Von riesigen, fetttriefenden Hamburgern, die man mit beiden Händen festhalten musste, auch nur abzubeißen, widersprach allen auch nur ansatzweise bekannten Gewohnheiten und üblichen Formen chinesischer Esskultur. Heutzutage gibt es allein von dieser einen amerikanischen Fast-Food-Kette fast 1000 Filialen im ganzen Land. Und die Anzahl wird zukünftig noch dramatisch ansteigen.

In Zusammenarbeit mit dem chinesischen Ölkonzern Sinopec, der in China etwa 30 000 Tankstellen unterhält, will McDonalds in China noch Tausende von „Drive-Through"-Restaurants einrichten, um die rasant steigende Zahl von Autofahrern mit Big Mac und Co. zu versorgen. Darüber werden sich nicht nur die Chinesen, sondern auch so manche Ausländer freuen. Aber spätestens dann sollte sich auch jeder Ausländer ernsthaft überlegen, sich nicht doch lieber gezielt mit der chinesischen Küche auseinanderzusetzen.

Essstäbchen

In China wird normalerweise mit Stäbchen gegessen. **Ausnahmen** bilden manche Regionen in Westchina, wie zum Beispiel **Tibet** und die uighurische Autonome Region Xinjiang, wo zu **bestimmten Gerichten** auch ganz selbstverständlich Gabel und Löffel gereicht werden.

Chinesische Essstäbchen haben im Gegensatz zu japanischen Stäbchen, die vorne spitz zulaufen, ein stumpfes Ende. Sie sind als **Einwegstäbchen** entweder aus schnellwachsendem **Plantagenholz** oder aus **Bambus** gefertigt. Als **wiederverwendbare Version** gibt es sie aus **Kunststoff** oder **lackiertem Holz**. Es gibt auch **Edelausführungen aus Knochen** oder gar **Elfenbein** und **Silber**. Viele Chinabesucher bringen sich Stäbchen als schönes Souvenir mit nach Hause. Dabei sollte man darauf achten, ob man die Stäbchen tatsächlich zum Essen benutzen oder nur als Dekoration verwenden möchte. Besonders aufwändig bemalte und lackierte Stäbchen haben nämlich eine empfindliche Oberfläche und sind nur selten fürs wirkliche Essen geeignet.

In Restaurants, vor allem **in günstigen Straßenrestaurants**, sollte man lieber auf **Einwegstäbchen** zurückgreifen. Sie sind am hygienischsten, wenn sie auch nicht sehr ästhetisch aussehen mögen. Im Interesse der eigenen Gesundheit sollte man ruhig mal die Tatsache vergessen, dass fast alle chinesischen Einweggstäbchen nach wie vor aus indonesischem oder malayischem Tropenholz hergestellt werden. Die gängigen weißen Kunststoffstäbchen, die in Bechern auf dem Tisch stehen, werden fast immer nur kurz und damit absolut unzureichend unter heißem Wasser abgespült und dadurch quasi nie von den Keimen befreit. Die beste Variante für den Chinareisenden, der nicht ständig von einem Geschäftspartner in gehobene Restaurants eingeladen wird, besteht darin, stets sein eigenes Paar Stäbchen in einer fettresistenten Hülle mit sich zu führen.

Bei **Einwegstäbchen** sollte man darauf achten, nachdem man sie aus der Papierhülle gezogen und vor dem Gebrauch in zwei Teile gebrochen hat, sie sorgfältig gegeneinander zu reiben. Das ist notwendig, um die abstehenden scharfen Holzspäne an den Innenflanken loszuwerden. Ansonsten kann man sich empfindlich an den Lippen verletzen. Einfache Holz- oder Bambusstäbchen haben den großen Vorteil, dass die Oberflächen rauer sind, was dem ungeübten Stäbchenesser das Festhalten rutschiger Speisen wesentlich erleichtert.

Es gibt manchmal **spezielle Stäbchen** zum Aufgeben der Speisen auf den eigenen Teller, die dann meistens größer und länger als die eigenen Essstäbchen sind. Man nimmt sich also mit diesen großen **Vorlegestäbchen** immer etwas aus der Mitte, um es auf dem eigenen Schüsselchen abzulegen. Danach legt man die Vorlegestäbchen wieder zurück und verwendet sein eigenes Paar Stäbchen zum eigentlichen Essen. Üblicherweise hat man aber nur ein einziges Paar Stäbchen, das für beide Aktionen verwendet wird.

Die **persönlichen Stäbchen** liegen neben dem Teller mit der Spitze auf einem kleinen Untersatz. Das ist zumeist ein Schälchen oder Bänkchen aus Holz oder Porzellan, um zu vermeiden, dass die Spitze in Kontakt mit der unsauberen Tischplatte oder dem Tischtuch treten könnte. Auf diese **Ablegeplatte** oder auf den **Tellerrand** sollte man die Stäbchen auch jedes Mal wieder legen, wenn man die Stäbchen nicht zur Speise oder zum Mund führt. Während des Essens ziemt es sich nicht, unbewussterweise mit den Stäbchen herumzuspielen, wie manche Menschen das aus Nervosität mit Stiften oder ihrer Brille zu tun pflegen.

Ein typischer Fauxpas besteht darin, die Essstäbchen senkrecht in die gefüllte Reisschüssel zu stecken. **Diese Handlung s**ymbolisiert in China einen Totenakt und würde nicht nur sehr unpassend sein, sondern geradezu ein böses Omen darstellen.

Es ist ganz normal, wenn beim **ersten Gebrauch** der Essstäbchen die Hände verkrampfen. Die Stäbchen wollen einfach nicht tun, was man von ihnen will. Immer überkreuzen sie sich und man bekommt die Speisen einfach nicht zum Halten. Das ist nicht peinlich, denn Chinesen sind den hilflosen Anblick der Ausländer gewohnt und zeigen den China-Neulingen immer gerne die richtige Finger- und Handhaltung. Besser wäre es natürlich, bereits **zu Hause** den richtigen Gebrauch der Stäbchen zu **üben**. Das hat nicht nur den Vorteil, dass man tatsächlich zum Essen kommt, sondern auch, dass der chinesische Gastgeber mit Wohlwollen sieht, was man schon kann. Er wird einen dafür bewundernd loben und man selbst sammelt Pluspunkte. Sollte man gar nicht mit den Stäbchen klarkommen, ist es möglich, Messer und Gabel zu bestellen. Das ist in jedem Restaurant heute gar kein Problem mehr. Aber Sympathiewerte erzielt man damit nicht und es ist eher peinlich.

Als typische Prüfung des perfekten Beherrschens von Essstäbchen gilt das Aufnehmen von Erdnüssen bzw. die Steigerung, zwei Erdnüsse auf einmal nehmen zu können. Am schwierigsten sind jedoch extra weiche gedünstete Tofu-Stücke, die bei zu viel Druck zerbrechen, sowie das Festhalten der extrem rutschigen Shiitake-Pilze. Das bereitet sogar vielen Chinesen Schwierigkeiten. Und sollte unterwegs zum Teller mal etwas herunterfallen, so löst ein einfaches Lachen das Problem.

Getränke

In Chinas Restaurants dominiert – vor allem, wenn in größerer Runde mit chinesischen Freunden oder Geschäftspartnern gefeiert wird – der **Schnaps**, der „baijiu" genannt wird. „baijiu" wird ähnlich wie **Kornbrand** und **Wodka** auf Getreidebasis hergestellt, wobei mit Getreide durchaus Hirse und sogar Bohnen gemeint sind. Diese Gruppe von Spirituosen enthält meist Alkoholkonzentrationen von über 50% und lässt sich in zwei Geschmackskategorien unterteilen. Der „qingxiang jiu" ist der „klare" Schnaps mit einem eher frischen und leichten Geschmack, während der „jiangxiang jiu" als „dicker" Schnaps bezeichnet wird mit einem schweren, kräftigeren Geschmack.

Der teure „Maotai", aus dem gleichnamigen Ort in der Provinz Guizhou, ist wegen Maos Vorliebe dafür vielleicht der beliebteste Schnaps. Er hat einen sehr starken Geruch und wird manchmal als „white wine" bezeichnet, hat jedoch mit Weißwein nicht das Geringste zu tun. Weitere hochprozentige Markenschnäpse sind „Wuliangye" aus Sichuan, „Fenjiu" aus Shanxi sowie „Erguotou". Viele der dekorativen Schnapsflaschen – bisweilen sind sie aus Keramik – werden nach Entleerung gerne aufgehoben und manchmal sogar als Blumenvasen weiterverwendet.

Bei **Einladungen zum Essen** wird gerne und vor allem oft angestoßen. Man sollte sich darauf einstellen, dass an einem Abend sehr viele Flaschen geleert werden und man sich dem Mittrinken nur schwer entziehen kann. Gerade in Nordchina trinkt man dabei gerne über den Durst und je nach Temperament und Trinkfestigkeit des chinesischen Gegenübers kann es schnell in eine Art Kampftrinken ausarten. Man sollte sich gut überlegen, ob man hier mithalten kann oder will. Wenn einem eine Person aus der Runde zuprostet, sollte man immer darauf achten, nur ganz kleine Schlucke zu nehmen oder aber stets auch der ganzen Runde zuprosten. Auf diese Weise trinkt jeder mit und man verhindert, als einziger in der Runde zu schnell angetrunken zu werden.

Im Gegensatz zu Europa, wo man üblicherweise erst dann nachschenkt, wenn ein Glas leergetrunken ist, muss in China ein Trinkglas immer voll sein. Es wird ständig nachgeschenkt, auch wenn noch fast gar nichts getrunken wurde. Selbst in ein bereits randvolles Glas passen immer noch ein paar Tropfen mehr hinein. Die Gläser laufen manchmal sogar über, aber das macht nichts. Es ist nicht üblich, sich selbst nachzugießen. Das übernimmt im Restaurant stets eine Kellnerin, da sich während des ganzen Essens fast immer eine oder zwei Bedienungen im Raum aufhalten, die jedes geleerte Glas sofort wieder auffüllen. Alternativ übernimmt dies der Gastgeber. Im Gegenzug kann man als aufmerksamer Gast kulturelle Pluspunkte sammeln, wenn man seinem Sitznachbarn ebenfalls ungefragt nachschenkt, wenn es der Pegelstand des Glases erlaubt.

Den **Konsum alkoholischer Getränke** kategorisch **ablehnen, wird nicht so leicht akzeptiert**, wie das vielleicht bei bestimmten Speisen der Fall ist. Vielleicht kann man sagen, dass man gerade ein Medikament nimmt, das den parallelen Alkoholkonsum verbietet. So kann man relativ einfach um das Trinken herumkommen, ohne dass der Gastgeber sein Gesicht verliert. Statt eine unplausible und damit unhöfliche Begründung zu suchen, wäre es jedoch besser, nur ganz leicht am Glas zu nippen. Ein beliebter Trick ist es, sein Schnapsgläschen einfach mit Tee auffüllen zu lassen. Um dies unbemerkt von den Umsitzenden aber zu erreichen, bedarf es allerdings ausreichender Chinesischkenntnisse.

Jeder durchschnittliche Ausländer verträgt mehr Alkohol als die meisten Chinesen. Das liegt daran, dass fast die Hälfte aller Chinesen Alkohol nur sehr schlecht vertragen, da ihnen im Körper ein wichtiges Enzym, das „Acetaldehyddehydrogenase" genannt wird, fehlt, das zum Alkoholabbau benötigt wird. Da wundert es auch kaum, dass schon nach ziemlich kurzer Zeit die trinkfreudigen Gastgeber mit hochrotem Kopf am Tisch sitzen und immer redseliger und kontaktfreudiger werden.

Bei Anstoßen und Zuprosten gibt es ein paar Feinheiten, die vielleicht nicht sofort auffallen, aber auf die man achten sollte. Gerade gegenüber einer älteren oder übergeordneten Person gilt es als besonderer Respektsbeweis, wenn das Glas mit beiden Händen gehalten wird, wobei die eine Hand mit der Handfläche nach oben zeigend unter den Glasboden liegt. Man nickt sich freundlich zu und hält beim Anstoßen sein Glas etwas niedriger als das Glas des Gegenübers. Das Beherrschen und Einhalten dieser Formalitäten wird jedoch von keinem Ausländer, der ohnehin außerhalb der gesellschaftlichen Hierarchie steht, erwartet.

Der Gegenpol zum deutschen **„Prost"** oder vielmehr **„auf ex"** ist der wichtige Ausdruck „gan bei". Eigentlich heißt das wörtlich übersetzt soviel wie *„trockenes Glas"* und gemeint ist dann, sein Glas in einem Zug komplett zu leeren. Das wird zwar gerne gesehen, muss nicht zwangsläufig so sein. Da an einem Abend abgesehen von allgemeinen Begrüßungs- und Abschiedsschnäpsen jeder jedem mindestens einmal zuprosten möchte, summiert sich die Zahl der Schnäpse erheblich, auch wenn die chinesischen Schnapsgläser recht klein sind.

Das ist bei **Bier** aber anders. Es ist durchaus üblich, zum Essen auch Bier zu bestellen. Die bekannteste und am weitesten verbreitete Biersorte in China ist „Tsingtao" aus der nordchinesischen Stadt Qingdao. Dort wurde im Jahr 1903, sechs Jahre nachdem die deutschen Kolonialkräfte den Küstenort einnahmen, die Germania Brauerei AG gegründet. Nach dem Ausbruch des ersten Weltkrieges rückten die Deutschen zwar wieder ab, doch die deutsche Biermarke überlebte alle politische Wirren und wirtschaftlichen Entwicklungen.

Wenn das Bierglas noch zu voll ist, kann man darauf zeigen und bei einem „gan bei" mit einem „ban bei" kontern. Das bedeutet dann nur halb austrinken. Solche kleinen Floskeln sind hervorragend geeignet, um gute Stimmung zu verbreiten. Es ist ebenso üblich wie höflich, einen **Trinkspruch** auszubringen bzw. jeden Trinkspruch auch zu erwidern. Bei festlichen Anlässen wird der Gastgeber außerdem ein paar nette Worte sagen, die den Ausländer ebenfalls dazu ermutigen sollte, seinen Dank zum Ausdruck zu bringen und die Zukunft der guten Geschäftsbeziehung wortreich und blumig zu besiegeln.

Rotwein im Allgemeinen und die führende Marke „Große Mauer" ist noch sehr teuer und vor allem in rein chinesischen Restaurants eher selten anzufinden. Aber Wein ist in China stark im Kommen. Drei staatseigene Konzerne dominieren den Markt und rund 400 Weinbaubetriebe decken nicht nur den wachsenden lokalen Bedarf, sondern beliefern auch zunehmend den Exportmarkt. Einen Cabernet Sauvignon oder Chardonnay aus Shaanxi beispielsweise zu bekommen, ist also kein Problem mehr. Gemäß dem chinesischen Sprichwort „Wer Wein kauft, trinkt ihn nicht. Wer Wein trinkt, kauft ihn nicht." gilt Wein bis dato vor allem als beliebter Geschenkartikel.

Auf den **Genuss von Leitungswasser** sollte man generell verzichten, da es kein Trinkwasser ist – selbst in internationalen Hotels. In gehobenen Häusern stehen meistens kostenfrei Wasserflaschen zur Verfügung, die täglich ausgetauscht werden. Wo immer man solche Flaschen kauft, sollte man darauf achten, dass das Kunststoffsiegel am Deckel unbeschädigt ist.

Eine interessante Tatsache ist, dass man **Suppe** in China als Getränk bezeichnet und nicht als Speise. Daraus resultiert auch der sprachliche Umgang, denn eine Suppe „isst" man nicht, sondern man „trinkt" sie.

Wenn man einen Blick auf die Trinkgewohnheiten während des Tages oder während der Arbeitszeit wirft, eröffnet sich natürlich ein ganz anders Bild. Kaffeemaschinen stehen, anders als bei uns, in Büros nur äußerst selten zur Verfügung – eigentlich nur, wenn sie dort von Ausländern für den eigenen Bedarf aufgestellt wurden. Stattdessen ist es üblich, als Besucher immer eine kleine Flasche Wasser zu bekommen. Manchmal werden auch gekühlte Soft Drinks wie zum Beispiel Coca Cola oder auch Eistee angeboten.

Das vorherrschende Getränk in China ist aber immer noch der **Tee**. Üblicherweise wird zu jedem Essen in jedem noch so kleinen Straßenrestaurant kostenlos Tee als Durstlöscher bereitgestellt. Hauptsächlich handelt es sich hierbei um Jasmintee oder halbfermentierten grünen Tee. Da die Kanne immer wieder mit kochenden Wasser aufgefüllt wird, ändert sich entsprechend die Stärke und die Bitterheit des Teegeschmacks. Im Restaurant schenkt einem ständig irgendjemand frischen Tee in sein Teeschälchen. Insofern erwartet niemand, dass man dieses austrinkt. Man nippt einfach nur immer wieder daran. Man klopft mit drei Fingern auf den Tisch, um weiterem Nachgießen Einhalt zu gebieten oder um sich für das Nachschenken von Tee zu bedanken.

In chinesischen Firmen trinken die Arbeiter und Angestellten eigentlich den ganzen Tag über Tee. Es gibt große Regale, wo jeder Mitarbeiter seine speziell gestaltete oder markierte Teetasse aufbewahrt. Dafür gibt es dann auch riesige Heißwasserboiler für das Aufbrühen frischen Tees. Am eigentlichen Arbeitsplatz ist das Trinken jedoch untersagt.

Auf den Tee wird im Kapitel „Kunst und Kultur" noch näher eingegangen.

Trinkspiele

Äußerst beliebt sind nicht nur **Tischreden** über die erfolgreiche künftige Zusammenarbeit und wiederholte Ansprachen zum Wohl des Gastes, die man entsprechend erwidern sollte.

Neben den **Trinksprüchen** wird auch vielen mehr oder weniger geistvollen **Trinkspielen** mit Begeisterung gefrönt, wobei es immer darauf hinausläuft, dass der Besiegte zum Trinken verurteilt wird.

Neben einer Vielzahl von **Würfelspielen** äußern sich die meisten Trinkspiele durch Finger- oder Handbewegungen in Kombination mit entsprechenden Worten oder Aussprüchen. Sieg oder Niederlage wird durch die Reaktionsfähigkeit in nur Bruchteilen von Sekunden entschieden, was bisweilen großes Können der Kontrahenten voraussetzt. Am gängigsten, auch im Westen bekannt, gilt das Spiel „Brunnen, Schere, Stein, Papier", das manchmal als „Schnick, schnack, schnuck" betitelt wird. Dazu gibt es je nach Region eine Unzahl chinesischer Varianten. Diesen allein beizuwohnen, ist ein Riesenspaß und garantiert gute Unterhaltung, vor allem, wenn die Aufregung und Erregung der Chinesen nach dem Konsum mehrerer Schnäpse oder Biere zunehmend steigt.

Trinkspiele haben ihren **Ursprung** schon am Ende der Han-Dynastie, also in den Jahren 206 bis 220 vor Christus und waren im alten China unter dem Namen „jiuling" sehr beliebt. Sie entwickelten sich mit der Zeit zu kungfu-ähnlichen Kämpfen und Herausforderungen, denn bereits im Shaolin-Kloster, der berühmtesten Kungfu-Schule Chinas, gab es einen Kampfstil mit dem Namen „zui quan", was „betrunkene Faust" bedeutet und die Bewegungen eines Volltrunkenen imitiert. Ein berühmtes Gemälde des Künstlers Yan Hui aus der Yuan-Dynastie heißt „Zui xian tu". Das bedeutet „Die betrunkenen Unsterblichen" und zeigt einige der Gesten in diesen Spielen.

Mit Trinkspielen werden wahre Meisterschaften ausgerichtet und mitunter wird von den Teilnehmern fundiertes Wissen über chinesische Klassiker der Literatur und Philosophie verlangt. Früher hatten Trinkspiele oft einen humoristischen Anstrich. Als Beispiel dient das heute fast in Vergessenheit geratene Fingerspiel „Mann, Frau und Nebenfrau". Der Daumen ist der Gatte, der Zeigefinger steht für die Gattin und der kleine Finger symbolisiert die Nebenfrau. Der Gatte siegt über die Gattin, die Gattin über die Nebenfrau und die Nebenfrau über den Gatten.

In der ersten Hälfte des 20. Jahrhunderts wurde zu Trommelschlägen eines Dieners eine Blume herumgereicht. Wer die Blume in der Hand hielt, wenn die Trommel zu schlagen aufhörte, musste trinken. Diese schöne Form des Trinkspiels, das ausschließlich auf Zufall und nicht auf Können beruht, ist heute verständlicherweise nicht mehr anzutreffen.

Die kulturellen oder kultivierten Komponenten von Trinkspielen geraten heute ohnehin in den Hintergrund. Heute übliche Varianten sind eher grob. Man haut zum Beispiel dreimal auf den Tisch und brüllt dann einen von vier Tiernamen heraus, wie zum Beispiel Huhn, Katze, Hund oder Tiger. Gemäß einer vorgegebenen Hierarchie schlägt die Katze das Huhn, der Hund die Katze, der Tiger den Hund und das Huhn wiederum den Tiger.

Rauchen

Das Rauchen ist **unverzichtbarer Teil der Kultur**. In China gibt es Schätzungen zufolge über 300 Millionen aktive Raucher – das sind mehr Menschen, als die USA Einwohner hat – und die Tendenz ist steigend. Rauchen ist in China in fast allen Lebenslagen und Arbeitssituationen nicht nur toleriert, sondern integraler Bestandteil des sozialen und kulturellen Zusammenlebens.

Das **beste Tabakanbaugebiet Chinas** ist die **Provinz Yunnan** im tropischen Süden des Landes. Deshalb kommen auch die meisten chinesischen Zigarettenmarken von dort. Einer der größten Zigarettenhersteller Asiens ist das in Yunnan ansässige Unternehmen Hongta. Das wichtigste Tabakerzeugnis dieses Unternehmens ist gleichzeitig eine der bekanntesten Markenartikel in China. „Hongtashan" bedeutet „roter Pagodenberg" und wird als Exklusivmarke bevorzugt in chinesischen Regierungskreisen geraucht. „Hongtashan" hat in China einen vergleichbaren Bekanntheitsgrad wie „Marlboro" im Westen, mit dem kleinen Unterschied, dass die Schachtel sogar noch 20% teurer ist als ihr amerikanisches Pendant. Ähnlich beliebt und genauso hochgeschätzt wird die Zigarettenmarke „Zhonghua", die übersetzt „China" heißt. Allerdings ist „Zhonghua" im Gegensatz zur Alltagsbezeichnung „Zhongguo" der vornehme bzw. feierliche Ausdruck der Landesbezeichnung als Kurzform von „Zhonghua Renmin Gonghehuo", also „Volksrepublik China". Zhonghua-Zigaretten haben als Motiv den Pekinger Himmelstempel.

Die **Einnahmen aus der Tabaksteuer** des Tabakmonopols der „China National Tobacco Corporation" liegen bei **etwa 5 Milliarden US-Dollar jährlich** und stellen die bestsprudelnde Einnahmequelle der chinesischen Regierung dar. Mit steigendem Einkommen und höherer Kaufkraft wächst allerdings die Bereitschaft und die Möglichkeit, die begehrten – wenngleich viel teureren – ausländischen Marken zu konsumieren. Da die Importzölle für ausländische Zigaretten jedoch bei 180% liegen und dazu 45% Verbrauchs- und 17% Luxussteuer kommen, ist dies quasi eine direkte Aufforderung zu Schmuggel und Plagiatentum.

Laut Schätzungen ausländischer Experten werden von den zehn Millionen Todesfällen, die in den nächsten zwei oder drei Jahrzehnten jährlich weltweit erwartet werden, und die unmittelbar auf das Rauchen zurückzuführen sind, ca. zwei Millionen allein in China zu verzeichnen sein. Schätzungen zufolge werden fast fünfzig Millionen der heute lebenden Kinder in China wahrscheinlich einmal an tabakbedingten Krankheiten sterben. Aus der weltweit bisher umfangreichsten Studie über die Risiken des Rauchens geht auch hervor, dass der blaue Dunst schon heute täglich 2000 Menschen in China tötet.

Chinesische Erwachsene kennen die **Risiken des Rauchens** gar nicht oder unterschätzen sie. Zwei Drittel aller Erwachsenen glaubt, Rauchen schade nicht oder nur wenig. Der Zusammenhang mit Lungenkrebs oder Herzleiden ist ihnen weitestgehend unbekannt.

Heute müssen alle Packungen entsprechende Aufschriften über Gesundheitsgefährdung tragen, aber trotzdem ist der Anteil der rauchenden Bevölkerung in den letzten Jahren um durchschnittlich 2% pro Jahr angestiegen. Es wird in diesem Zusammenhang immer gerne auf Deng Xiaoping verwiesen. Der kleine Mann, lange Jahre der erste Mann im Staat, rauchte wie wild und wurde 92 Jahre alt. Dadurch wurde er gar zur Ikone chinesischer Raucher.

In Peking und gut zwei Dutzend anderer Städte ist inzwischen ein **Gesetz** in Kraft getreten, wonach das **Rauchen auf öffentlichen Plätzen verboten** ist. Das gilt für Bahnhöfe genauso wie für Geschäfte, Kinos, Theater, Schulen und Fußballstadien. Rauchfrei sind ebenfalls Busse und Taxis. Auch bei Sitzungen des chinesischen Volkskongresses in der „Großen Halle des Volkes" darf künftig nicht mehr geraucht werden. In der Öffentlichkeit hat man aber das Gefühl, dass diese Verbote kaum beachtet werden, zumal sowohl Kontrollen als auch Strafen zu gering sind, um einem Raucher die Lust zu nehmen.

Geraucht wird also immer und überall, selbst in den Restaurants und zwischen den einzelnen Menügängen. Stäbchen in der rechten und qualmende Zigarette in der linken Hand haltend – so lässt sich so mancher Chinese das Essen schmecken. Das ist völlig normal, für den gesundheitsbewussten Nichtraucher aber bisweilen eine ziemliche Zumutung, vor allem wenn die Räume nicht gelüftet werden und bei fortschreitender Zeit in einem separaten Essraum die Luft ganz schön dick werden kann.

Es ist üblich, dass vor Besprechungen oder während des Essens Zigaretten großzügig angeboten oder ausgetauscht werden. Als Zeichen des Dankes und der Verbundenheit sollte man sie annehmen und als Nichtraucher einfach in die Brusttasche stecken. Vielleicht hat man gar selbst eine Schachtel mit bekannten ausländischen Zigaretten dabei, die man im Gegenzug anbietet. Das wird hochgeschätzt, denn die eigene Zigarettenschachtel herausholen, um sich selbst zu bedienen, ohne allen anderen am Tisch eine Zigarette angeboten zu haben, wäre sehr unhöflich.

Tischordnung

Bei allen offiziellen oder formellen Anlässen, ob im Konferenzzimmer oder im Restaurant, gelten **bestimmte Sitzregeln, die man beachten sollte**. Die richtige Tischordnung muss in China stets eingehalten werden. In allen Situationen ist eine höfliche Zurückhaltung angebracht. Insofern sollte man sich nie einfach irgendwo hinsetzen, schon gar nicht bevor der chinesischen Partner Platz genommen hat, sondern solange **abwarten, bis man einen bestimmten Platz angeboten bzw. fest zugewiesen bekommt**. Ansonsten könnte das nicht nur peinliche Folgen haben, sondern einen Gesichtsverlust auf beiden Seiten bewirken.

Nach der **Aufforderung sich zu setzen**, sollte man dieser zwar **formell nachkommen**, aber **erst bei der zweiten Aufforderung**, es sich ruhig bequem zu machen, kann man sich **gemütlicher hinsetzen und auch anlehnen**. Man muss jedoch je nach Situation nicht damit rechnen, dass alle Chinesen diese Prozedur strikt einhalten oder wirklich Wert darauf legen würden.

Der **ranghöchste und wichtigste Gast** erhält üblicherweise den **Platz direkt gegenüber der Eingangstür**. **Links von ihm** sitzt der **Gastgeber**, daneben dann die zweitwichtigste **Person der chinesischen Gruppe**. **Rechts neben dem Sprecher der Ausländer** wird er **seine Begleiter** formieren. Mit wachsender räumlicher Entfernung von beiden Delegationsleitern nimmt auch die Rangposition der übrigen Personen ab. Diese manchmal recht komplizierte Ordnung wird aber in der Praxis oft nicht mehr eingehalten.

Bei offiziellen Verhandlungen gelten etwas **andere Regeln**, da sich dann die Vertreter der beiden Parteien **an den Längsseiten der Tische gegenüber** sitzen. Hier sitzen dann **in der Mitte die jeweils Ranghöchsten**, damit sie einander anschauen können. **Zu beiden Seiten** hin haben sie **nach Hierarchie abgestuft ihre Untergebenen** gruppiert. Man sollte daran denken, dass die Anzahl und Zuständigkeit der Delegationsmitglieder bei wichtigen Treffen möglichst ausgeglichen sein sollte.

Tischsitten

Man kocht und isst in China überall mit Leidenschaft. **Das Essen dient dabei aber nicht nur dem möglichst genussvollen Stillen des Hungers.** Das gemeinsame Speisen ist auch ein äußerst **wichtiges Element zur Pflege zwischenmenschlicher Beziehungen** und hilft, **interkulturelle Distanzen** zu **verringern, Vorurteile ab-** und ein **persönliches Verhältnis** zwischen Gast und Gastgeber **aufzubauen.** Treffen und Unterhaltungen in großer Runde finden wegen der sehr beengten Platzverhältnisse in den Wohnungen nur in Restaurants statt. Kneipen als freizeitliche Begegnungsstätte sind in China fast noch unbekannt. Das traditionelle gemeinsame Bankett im Restaurant verknüpft als gesellschaftliches Ereignis soziale wie auch geschäftliche Interessen. Der stets runde Tisch hat dabei Symbolcharakter. Er erleichtert die Kommunikation nicht nur, sondern fördert sie geradezu.

Die **Essensgesellschaft** umfasst **meistens zwischen acht und zwölf Personen**. Die passen noch gut um einen der großen, runden Tische. Bei noch mehr Personen werden eben zwei Tische belegt. Einen besonderen Gast wird man auch in ein besonderes Restaurant einladen. Als gängig haben sich **edle Fischrestaurants** erwiesen, wo in großen Aquarien alle Arten von lebenden Fischen, Muscheln, Krebsen und Krabben ausgestellt werden, die dann einzeln ausgewählt und frisch zubereitet werden.

Alle **chinesischen Restaurants** haben neben einem großen Saal mit vielen einzeln stehenden Tischen für „gewöhnliche" Gäste **auch noch mehrere kleinere Räume**, in denen oftmals nur ein Tisch für eine kleine Gesellschaft steht. Diese Räume werden in der Regel **speziell für Geschäftsessen** angemietet, damit die Gesellschaft unter sich bleibt. Dorthin wird man meist geführt. Die Räume sind fast immer mit Karaoke-Anlagen ausgestattet und riesigen **Klimaanlagen**, die auf Tiefkühltemperatur eingestellt sind. Trotz tropischer Außentemperaturen ist daher die Mitnahme einer **leichten Jacke** angebracht. Ein Essen kann durchaus mehrere Stunden dauern. Da Chinesen eher früh dinieren, beginnt das Essen meist schon gegen 18 Uhr.

Es ist üblich, dass der Gastgeber die einzelnen Gerichte auswählt. Das ist auch einfacher, weil bis auf einige Ausnahmen von reich bebilderten Speisekarten eine englische Übersetzung des Speisenangebots nur sehr selten vorliegt. Außerdem ist es ein Akt der Höflichkeit, den Gastgeber auswählen zu lassen. Der chinesische Partner wird begeistert und stolz sein, wenn man ihn noch dazu auffordert, doch bitte vor allem lokale Spezialitäten zu bestellen, die man gerne probieren möchte.

Ein **Geschäftsessen** umfasst in China immer **mehrere Gänge** – als **Faustregel** gilt mindestens **ein Gang pro Teilnehmerzahl** – **und zahlreiche Einzelgerichte**. Nie wird ein Gericht einer Einzelperson serviert, sondern alle Gerichte sind für alle da und werden auf einer großen drehbaren Glasscheibe in der Mitte des Tisches platziert. Diese Scheibe wird immer nur im Uhrzeigersinn gedreht und man muss dafür den richtigen Moment abpassen, um einer anderen Person nicht beim Aufgeben der Speisen die Platte weiterzudrehen. Immer wenn eine neue Speise aufgetragen wird, wird der Gastgeber sie soweit drehen, dass man selbst als Ehrengast sich als Erster bedienen kann. Dann dreht man die Platte um eine Sitzposition weiter, damit der Nachbar an die Reihe kommt. So geht es dann immer weiter in der Runde. Man sollte sich immer nur ein wenig nehmen, damit von jedem Gericht für alle am Tisch genug zum Probieren übrig bleibt.

In China zu essen bedeutet nicht, dass man alles mögen wird, was man vorgesetzt bekommt. Vor allem bedeutet es aber nicht, dass man alles essen muss, was man – ob man will oder nicht – aus Höflichkeit und Respekt ungefragt von seinem Gastgeber auf den Teller gelegt bekommt. Niemand muss sich zwingen, etwas aufzuessen, was er nicht mag. Aus Vorsicht ist es daher ratsam, erst einmal ein kleines Stück zu nehmen oder abzubeißen, um unliebsame Überraschungen zu vermeiden. Die Reste dann einfach im Schälchen oder am Rand des Tellers liegenzulassen, stellt für niemanden ein Problem dar.

Ein **kleiner Trick** sei an dieser Stelle genannt. Man wird immer mal etwas im Mund haben, was man aus welchen Gründen auch immer einfach nicht runterbekommt. Natürlich kann man es nicht immer einfach ausspucken. Also immer dafür Sorge tragen, ein reichlich gefülltes Glas vor sich stehen zu haben, um im Notfall das unliebsame Teil wie bittere Medizin hinunterspülen zu können. Einen letzten Ausweg kann das allseits zur Verfügung stehende Papiertaschentuch bieten. In das kann man dann durch angedeutetes Räuspern dezent den Mundinhalt entleeren und beim nächsten Toilettengang entsorgen.

Möchte man ein bestimmtes Gericht unter keinen Umständen essen, und nicht mal probieren, sollte man eine glaubwürdige Erklärung als Vorwand abgeben. Nur von vorneherein etwas kategorisch abzulehnen, könnte negativ aufstoßen. Bei späteren Gängen kann man einfach sagen, man wäre viel zu satt. Zu Beginn des Essens geht das leider nicht. Man könnte sich aber beispielsweise als Vegetarier ausgeben oder auf eine Magenkrankheit anspielen oder sagen, man könne bestimmte Gerichte aus religiösen Gründen nicht essen. Das klingt immer noch glaubwürdiger als eine bösartige Hühnerfußallergie vorzugeben. Meistens reicht der einfache Hinweis, dass man seinen Magen erst langsam an das gute chinesische Essen gewöhnen möchte.

Das Essen selbst verläuft sehr formlos und die Chinesen möchten sich entspannen. Eine Folge dessen sind **Tischmanieren**, die sich teilweise sehr vom Westen unterschieden. Das sieht und das hört man. Deutliches Schmatzen oder Schlürfen ist weder störend noch ungezogen oder gar unhöflich. Genauso ist es durchaus normal, mit vollem Mund zu reden oder gar mit Tee zu gurgeln. Selbst Rülpsen ist in China kein Zeichen für schlechte Manieren und stellt keinen Affront dar. Wer sich nach bestimmten Fleischgerichten mit einem Zahnstocher die Zahnzwischenräume säubern möchte, sollte allerdings eine Hand als Sichtschutz vor den Mund halten. Bei Tisch sollte man prinzipiell nicht die **Nase schnäuzen** und das **benutzte Taschentuch** auch noch einstecken, da ausgeschiedene Körpersäfte als äußerst unhygienisch gelten und man sie nie mit sich herumtragen darf. Wer das Bedürfnis nach Naseputzen hat, sollte dafür auf die Toilette gehen.

Da in China viele **Fische** und **Fleischgerichte** einfach in kleine Stückchen zerhackt werden, ist die Prozedur des Trennens von essbaren und nicht essbaren Teilen manchmal sehr aufwendig und mühselig. Chinesen entpuppen sich hier als wahre Meister in der Mundakrobatik. Sie stecken zum Beispiel ein Stück Fisch samt aller Gräten in den Mund und lutschen dann ohne hinzusehen die Filetstücke ab und spucken nur die Gräten wieder aus. Für Ausländer ein Ding der Unmöglichkeit.

Knochen, Gräten, Krebsschalen oder andere nicht essbare Reste wie Knorpel werden einfach auf den eigenen Teller gespuckt, neben dem Teller auf der Tischdecke abgelegt oder unter den Tisch geworfen, wobei Letzteres immer seltener wird. Ist der Teller voll mit Abfällen, wird er vom Restaurantpersonal gegen einen leeren frischen Teller ausgetauscht. Nach einem Essen sehen viele Tische wie ein sehr unappetitliches Schlachtfeld aus. Tischtuch und Teller sind übersät mit Flecken, fallengelassenen Essensteilen, liegengelassenen Essensresten, Zigarettenkippen und Papiertaschentüchern. Das ist für Chinesen ebenso normal wie für Deutsche gewöhnungsbedürftig, da man in Deutschland ja schon ein schlechtes Gewissen bekommt, wenn man beim Aufgeben aus Versehen einen kleinen Soßenfleck auf der frischen Tischdecke hinterlassen hat.

Ist man wirklich satt, was auf Chinesisch „chibaole" heißt, sollte man das auch kundtun, denn es kommen ohnehin noch weitere Gerichte – ob man will oder nicht. Mit „wanle" meint man, dass man wirklich fertig ist und nun keinen Bissen mehr hinunterkriegt. Ein Obstschnitz wird aber immer noch hinein passen. Sich anschließend für das gute Essen zu bedanken ist keine typisch chinesische Verhaltensweise, sondern einfach eine Frage der guten Erziehung überall auf der Welt. Die paar kleinen Worte „hen haochi" – schmeckt sehr gut – und „xiexie", danke, sollte jeder Ausländer in allen Lebenslagen problemlos beherrschen können.

Sobald der letzte Gang serviert wurde, ist dies oft ein eindeutiges Zeichen zum sofortigen Aufbruch, was Ausländern ziemlich abrupt erscheint. Wie auf Knopfdruck verlassen alle Chinesen plötzlich den Raum. Wo vorher beispielsweise bei einem großen Empfang noch über einhundert Personen fröhlich gegessen, getrunken und gefeiert haben, wird man plötzlich innerhalb von nur wenigen Minuten mit einem komplett leeren Saal konfrontiert.

Was für uns befremdlich ist, ist weiterhin die Tatsache, dass immer sehr **viele Speisen übrig bleiben**, die dann zumeist weggeworfen werden. Selbst wenn man schon dreimal gesagt hat, vollkommen satt zu sein, werden weitere Speisen bestellt oder aufgetragen. Niemand wird diese Mengen vertilgen können und das ist auch gar nicht die Idee. Wenn während eines Essens alles aufgegessen würde, wäre das ein Zeichen dessen, dass Gastgeberpflichten verletzt und den Gästen nicht ausreichend Speisen angeboten wurden. Das wäre die größtmögliche Blamage und Peinlichkeit für den Gastgeber. Leer gegessene Teller und Platten sind deshalb ein Ding der Unmöglichkeit, selbst wenn es eine Verschwendung sondergleichen darstellt. Es muss immer eine gewisse Menge übrig bleiben.

In vielen Regionen Chinas herrscht heute noch große Armut und viele Angehörige der heute wohlhabenden Mittelschicht haben diese Zeit des extremen Mangels noch persönlich miterlebt. Mit Lebensmitteln so großzügig umgehen zu können ist daher für viele Menschen in China ein sichtbarer Ausdruck des neu erworbenen Wohlstands.

Als Europäer erscheint einem so manches Verhalten in China nicht nur eigenartig und sonderbar, sondern geradezu unzivilisiert und abstoßend. Dabei sollte man nicht vergessen, dass jede Kultur ihren eigenen Verhaltenskodex besitzt, der sich aus langsam entwickelten Ge- und Verboten der Gesellschaft zusammensetzt. Andersartigkeit muss ja nicht schlecht sein. Es wäre ein großer Fehler und arrogant sondergleichen, sich über chinesische Tischmanieren beschweren zu wollen, nur weil sie nicht mit dem Verhalten in unserer Kultur deckungsgleich sind. Schließlich sind wir als Gast in China und nicht umgekehrt und es ist alles nur eine Frage der Gewohnheit.

Rechnung

In China wird man bei jeder Gelegenheit zum Essen eingeladen. Auf jede Einladung sollte den guten Sitten entsprechend eine Gegeneinladung folgen. Das ist einfach ein Ritual. Ob das dann tatsächlich so gemeint oder auch gemacht wird, steht erst mal nicht zur Debatte. Es ist **üblich**, dass der **chinesische Gastgeber die Rechnungen für den anreisenden ausländischen Geschäftspartner bezahlt**, selbst bei wiederholten Restaurantbesuchen innerhalb weniger Tage. **Getrennte Rechnungen** sind absolut **verpönt**, unabhängig davon, wer was bestellt oder tatsächlich konsumiert hat.

Man sollte ruhig durch entsprechende Gestik anbieten, selbst auch einmal die Rechnung übernehmen zu wollen, was jedoch kategorisch abgelehnt werden wird. Man sollte sich dann nicht allzu sehr dagegen wehren, damit der Einladende sein Gesicht wahrt. Wenn man jedoch das Gefühl hat, nun wirklich eine **Rechnung selber zahlen** zu wollen oder zu müssen, muss das unbemerkt vom eigentlichen Gastgeber möglichst **diskret** beglichen werden. Dafür geht man in der letzten Phase des Essens nach draußen, um die Zahlungsformalitäten direkt mit dem Keller zu erledigen.

Etwas anders ist die Situation, wenn man **mit mehreren verschiedenen chinesischen Parteien essen** geht. Dann wird spielerisch um die **Rechnung** und um die Ehre des Bezahlens gekämpft. In Anwesenheit anderer Gäste wird trotzdem nur selten ein Portemonnaie oder gar Bargeld gezückt. Das wäre eher unhöflich. Bestenfalls gibt der Bezahlende dem Kellner seine Kreditkarte und studiert vielleicht nochmals die Rechnung auf Richtigkeit.

Wer **allein in ein Restaurant** geht und zahlen möchte, sagt einfach „maidan" und wer dann noch einen Beleg benötigt, bekommt ihn mit den Worten „fapiao".

Trinkgelder zu geben ist in China unüblich. In Restaurants könnte dies geradezu unhöflich wirken. Diese Praxis wird auch in andern Bereichen, wie zum Beispiel bei Taxifahrern ähnlich gehandhabt. Mögliche Ausnahmen bilden zum Beispiel kleine Trinkgelder für den Gepäckservice oder für die Zimmermädchen in internationalen Hotels, für das Reinigungspersonal an der Flughafentoilette oder für gute Dienstleistungen von Reiseführern oder Busfahrern einer Reisegruppe. Ansonsten hat Trinkgeld in China einfach keine Tradition und wird sogar als Beleidigung empfunden. Auch für das gutgemeinte Dankeschön des China-Reisenden heißt es hier: andere Länder, andere Sitten.

Alltägliche Herausforderungen

Gedrängel

Jedem China-Reisenden fällt sofort auf, dass überall ungeduldig gedrängelt wird – egal ob an der Bushaltestelle, am Eingang zum Kino, am Lift, in Geschäften, an den Verkaufsschaltern an Bahnhöfen oder im Restaurant. Sobald eine **wartende Gruppe** etwas größer wird, geht es jedem Einzelnen nur noch darum, sich selbst einen guten Platz zu ergattern. Das folgende Gedrängel zeigt dabei wenig rücksichtsvolles Verhalten den anderen gegenüber. Da wird gerangelt, gerempelt und geschubst. Es wird geschimpft, geflucht und gestritten. Nicht selten kommt es zu regelrechten Handgreiflichkeiten und bei daraus resultierenden Kleinkriegen sind die Chinesen auch nicht zimperlich.

Es gibt **kein Anstellen und kein Warten**, erst recht **kein Vorlassen, Platz anbieten oder helfen**. Eine besondere Bevorzugung von Frauen ist den Menschen in China übrigens auch fremd. Wer als Europäer einer chinesischen Frau also die Tür aufhält oder ihr den Vortritt lässt, wird wohl einen – positiv – überraschten Blick ernten. Selbst als schwangere

Frau, als älterer Mitbürger, als Elternpaar mit Kleinkindern oder als ein mit schwer bepackten Taschen versehener Reisender sollte man sich nicht darauf verlassen, irgendwie bevorzugt behandelt zu werden.

Ordentliches **Schlangestehen** sollte man im eigenen Interesse gleich vergessen. Es wird einem niemand danken. Einheimische mit demselben Ziel bilden in China ohnehin keine erkennbare Schlange, sondern nur eine wilde, drängelnde Masse. Mit Geduld und Nachsicht hat man vor allem in **öffentlichen Verkehrsmitteln** keine Chance. Dies ist einer der anstrengendsten und körperintensivsten Teile jedes China-Besuchs. Am besten man holt tief Luft, vergisst die guten Erziehungsvorsätze und seine soziale Ader, stürzt sich ebenfalls mit in die Masse und kämpft sich ohne Rücksicht auf Verluste regelrecht mit Ellbogeneinsatz durch die Menge. Das erfordert nicht nur Überwindungskraft, sondern auch Durchsetzungsvermögen.

Eine kleine Anekdote aus der Historie Chinas sei an dieser Stelle geschildert. Anfang der 90er Jahre versuchten wir, in Kanton ein Zugticket Richtung Norden zu ergattern. Zu jener Zeit gab es viel weniger zur Verfügung stehende Plätze als fahrwillige Anwärter auf dieselben. Hundertschaften lieferten sich mit unglaublichem Schreien regelrechte Kämpfe um die begehrten Fahrkarten vor den Schaltern. Die Polizei griff ein. Um diese Masse an Menschen irgendwie unter Kontrolle zu halten und einigermaßen zur Vernunft zu bringen, wurden Schlagstöcke und elektrische Viehtreiber eingesetzt.

Zum Glück sind derartige Verhältnisse heute nicht mehr an der Tagesordnung. Aber nach wie vor herrscht in China purer Egoismus und man ist anfänglich sehr erstaunt, weil man diese Formen der offensichtlichen und bisweilen sogar aggressiven Unhöflichkeit nicht mit der Tugendhaftigkeit der Chinesen in Verbindung bringen würde. Höflichkeit ist tatsächlich eine alte chinesische Tugend, aber in der Öffentlichkeit ist von dieser nicht viel zu bemerken. Doch es ist nicht unbedingt mangelndes Sozialverhalten, sondern auch das Resultat von sich ändernden Wertesystemen einer Gesellschaft im Umbruch.

Erst wer in China gewesen ist, wird bei jedem darauffolgenden England-Aufenthalt den obligatorischen Satz an jeder Bushaltestelle „It's a queue" als unglaublich angenehm empfinden.

Lautstärke

Jeder Ausländer, der nach China fährt, ist nach kürzester Zeit vollkommen ob des hohen Geräuschpegels genervt. Egal, wo man sich befindet, man ist einer **Dauerbeschallung** ausgesetzt, die oftmals schwer zu ertragen ist. Ob scheppernde Presslufthämmer, quäkende Lautsprecher, hupende Transportfahrzeuge, klappernde Majiang-Spielsteine, schreiende Mobil-Telefonierer oder zeternde Marktschreierinnen – es gibt keinen Bereich des täglichen Lebens, der nicht durch Lautstärke gekennzeichnet wäre.

Die Chinesen scheinen diese Lautstärke zu lieben. Ob auf der Arbeit, beim Sport, im Restaurant, in Geschäften, auf der Straße oder selbst im Park – es geht immer laut zu. Da wird in der Öffentlichkeit ohne Rücksicht auf Andere gerufen, geschrien oder gebrüllt. Entsprechend müssen die anderen Hintergrundgeräusche noch übertönt werden.

Unabhängig von Tages- oder Nachtzeiten, von Werktagen oder Wochenende, stehen aber auch Türen und Fenster von Büros und Privatwohnungen sperrangelweit offen, und Fernseher oder Musikanlagen laufen in voller Lautstärke als möchte man seine gesamte Umwelt mit unterhalten. Auf eine Privat- oder gar Intimsphäre zu achten, weder bei sich selbst oder bei anderen, scheint Chinesen fremd zu sein. Der allgegenwärtige Krach bietet den Einheimischen keinen Grund zur allgemeinen Aufregung und scheint die Chinesen auch gar nicht zu stören. Vor allem kommt es ihnen auch gar nicht erst in den Sinn, dass sie die Lebensqualität ihrer Mitmenschen durch den selbst hervorgerufenen Krach beinträchtigen.

Diese Form der Dauerbeschallung geht anscheinend nur allen Ausländer gehörig auf die Nerven. Und das bezieht sich nicht nur auf die dauernden Hupkonzerte im Straßenverkehr. Durch den ohnehin schon stressigen Aufenthalt im Land möchte man zumindest bisweilen eine Auszeit nehmen, Pause machen, abschalten, zur Besinnung kommen und dabei Kraft schöpfen. Das geht aber nur durch Ruhe und Besinnlichkeit.

Die sucht man in der Mittagspause im Restaurant genauso vergeblich wie beim vermeintlich erholsamen Schlendern im Park oder gar bei Wandern in der freien Natur, wo Horden von Chinesen mit auf voller Lautstärke aufgedrehten Radios unterwegs sind oder singen oder in maximaler Dezibelzahl miteinander debattieren. Ein Gefühl für die wohltuende Stille scheint ihnen völlig abzugehen.

Natürlich gibt es wie so oft in China dafür eine passende **Erklärung** und einen adäquaten Begriff. Das richtige Wort für dieses Phänomen heißt „renao", was man am besten mit „Trubel" übersetzen könnte. Allein dieser Ausdruck zeigt bereits, dass es sich um etwas Positives zu handeln scheint. „renao" steht sinnbildlich für Spaß, Lebensfreude und Stimmung.

Ein dezentes Gespräch in einem deutschen Restaurant würde ein Chinese eher unangenehm als wohltuend erholsam empfinden. Warum sollte er sich bei guter Laune denn auch leise verhalten? Warum sollte man auf einem Empfang allenfalls gedämpft sprechen? Warum die Nebenstehenden nicht auch an einer guten Nachricht teilhaben lassen?

In einer chinesischen Oper beispielsweise wird ebenfalls deutlich, wie man seinen Emotionen freien Lauf lassen kann oder vielmehr muss. Da wird mitgelacht und gelitten, mitgesprochen, lautstark kritisiert und gehörig zugestimmt. Und alle hören und fiebern mit und machen mit. Das ist normal. Das ist Teil der Show. Wo in Deutschland im Theater schon ein leises Rascheln oder Gemurmel unwillige Reaktionen bei nahesitzenden Zuschauern hervorrufen würde, da fühlt sich ein Chinese nicht wohl. Es entspricht nicht seinem Charakter. Es käme ihm gar nicht in den Sinn, sich ruhig zu verhalten – ganz im Gegenteil, das wäre eher unbehaglich.

Selbst in den Separees in einem Restaurant, die man eigentlich mietet, um etwas ungestörter zu sein, ist es mit der Ruhe nicht weit her. Selbst da läuft permanent Fernsehen im Hintergrund mit dem Pegel am Anschlag, weil das die Atmosphäre belebt und für Stimmung sorgt. Leider nicht bei jedermann. Denn an diesen Umstand muss man sich als Ausländer erst gewöhnen, auch wenn es schwerfällt. Man sollte auch gar nicht erst versuchen, um Verständnis zu bitten, wenn man seine Ruhe haben will. Das geht manchmal nur, wenn man selbst laut wird, um überdurchschnittliche Lärmverursacher mit den richtigen Worten zur zeitweiligen Räson zu bringen.

Andererseits gibt es fast überall in Asien einen **entscheidenden Gegenpol** zu „renao" – eine regelrechte Tradition der Stille. In **Tempeln, Klöstern** und manchen **Gärten** herrscht eine vollkommene Ruhe und Harmonie, die auch als solche akzeptiert wird. In der Philosophie des Dao spielt die Stille ein wichtige Rolle. Es geht um Einkehr, Besinnung und geistige Versenkung. Um eins zu werden mit sich selbst ist Ruhe und Stille ein wichtiges Element. In China wäre ein ausgeglicheneres Verhältnis zwischen Stille und „re'nao" wirklich wünschenswert, ist aber leider nicht zu realisieren.

Gerüche

Zu den Eindrücken, die bei jedem China-Reisenden die nachhaltigsten Erinnerungen hinterlassen, gehören zweifellos auch die erstaunliche Vielfalt der Gerüche der Städte. Leider sind diese selten nur positiv – vor allem in der Konzentration und Kombination – und man muss sich von seinen vielleicht romantischen Vorstellungen à la „Lavendel, Oleander, Jasmin" sehr schnell verabschieden. Reisen in China ist olfaktorisch ein unglaublich intensives, aber auch ambivalentes Erlebnis.

Überall ist **„dicke Luft"**. Wabernde Auspuffgase von Tausenden von Pkw, Lastwagen und Bussen sind in manchen Stadtteilen nur schwer zu ertragen, es stinkt nach Zweitaktbenzin und von den Baustellen drängen üble Gerüche von flüssigem Teer und frischer Farbe auf die

Straße. Viele Menschen schwitzen aufgrund der hohen Temperaturen und Luftfeuchtigkeit stark und zusammen mit dem knoblauchhaltigen Mundgeruch sowie dem Staub und Muff alter Kleidungsstücke dünsten sie eine ganz eigene Mischung aus.

In engen Gassen sind viele Gerüche bemerkbar, die aus der Vermischung unterschiedlicher Ausdünstungen der kleinen Straßenrestaurants, Stände und Kioske hervorgehen. An jeder Straßenecke wird schließlich etwas anderes gegrillt, gebraten, gedünstet, frittiert, gebacken, gekocht, gepfeffert oder mit Zucker überzogen. Die einzelnen teils angenehmen oder nur fremdartigen Gerüche des Kochens und des Essens vermischen sich unmittelbar mit dem beißenden Geruch von Kohle. Die dezent rauchigen Noten werden meist durch verbrannte Noten überschattet, und die Fettgerüche der Dunstabzugshauben rufen eher ein Kratzen und Würgen im Hals hervor als dass das eine Einladung zum weiteren Schnuppern wäre.

Auf den Märkten kann man die unterschiedlichsten Blumen, Gemüse- und Obstsorten und deren zahllose unbekannten Düfte entdecken. Im Herbst blüht in China zum Beispiel die Osmanthus, und obwohl die Blume sehr klein ist, besitzt sie einen anregenden, fast hypnotischen Duft. Ob von frischen Granatäpfeln, herben Drachenfrüchten oder reifen Birnen – überall liegt ein wild-exotischer Duft in der Luft. Eine geöffnete Durian-Frucht dagegen ist von ihrer ausströmenden Geruchsintensität her kaum zu ertragen und man geht schnell weiter. Es gibt natürlich auch unzählige von tollen frischen Gewürzen, die sorgfältig zu Kegeln aufgetürmt auf ihre Käufer warten und ein fantastisches Aroma verbreiten. China ist berühmt für Zimt und Ingwer, aber auch Pfeffer und Anis tragen ihren Teil zur voll erfüllten Luft bei.

Auf anderen Teilen der Märkte nehmen einem jedoch vor allem die **Verkaufsstände von neuen Schuhen** förmlich den Atem. Die ausdünstenden Lösemittel von Kunststoffen, die verschiedenen Klebstoffe und die Imprägniermittel von Leder entwickeln eine umwerfende Geruchsmischung. Der Mix macht's und auch die Menge. In vielen **Hausaltären** oder **Tempeln** sind zart duftende Weihrauchstäbchen entzündet. Der eigentlich angenehm süßliche Duft wird durch die Potenzierung von Hunderten von Weihrauchstäben aber völlig verdrängt.

In **Wohnvierteln** riecht es bisweilen frisch nach Waschpulver und Stärke, weil die Wäsche sowohl draußen gewaschen und auch zum Trocknen aufgehängt wird. Dagegen stinken die öffentlichen Latrinen und die Kanalisation bisweilen zum Himmel. Immer steht einem fremden, interessanten Geruch ein unangenehmer Gestank entgegen. Das ist einerseits eine spannende, neue Erfahrung, aber auch eine, die man nicht immer haben möchte. Vor allem, weil man sich nirgendwo in China den Gerüchen wirklich entziehen kann. Kein Wunder also, dass selbst viele Chinesen Atemschutzmasken tragen. Ich selbst würde es nicht tun, weil sonst die Empfindung eines wichtigen Teil Chinas verloren ginge und China sollte man mit allen Sinnen genießen.

Sauberkeit

Wenn es ein typisch chinesisches Berufsbild gibt, das auch tatsächlich außerhalb Chinas in manchmal fast monopolartiger Manier ausgeübt wird bzw. wurde – dann ist es neben dem Koch das der Reinigung bzw. der Wäscherei. Wahrscheinlich rührt daher das Klischee des überreinlichen Chinesen. Doch China ist eben ein Land der Widersprüchlichkeit und Ambivalenz und das betrifft auch die Sauberkeit. Man tritt aus dem Eingangsbereich seiner gepflegten Vier-Sterne-Unterkunft eines international renommierten Hotelbetreibers auf die Straße und befindet sich auf einmal in einer anderen Welt.

Eine der größten Herausforderungen in China ist der **Kampf gegen den Dreck**. Allerdings muss man zugeben, dass sich die Situation innerhalb der letzten zwanzig Jahre in allen Teilen des Landes extrem verbessert hat. Doch noch gibt es reichlich Optimierungspotenzial. Das betrifft vor allem Geschäftsleute, die in China eine Produktion aufbauen wollen oder aber saubere Produkte aus chinesischen Fabriken erwarten. Sandige Straßen, die sich nach Regengüssen in lehmige Rutschbahnen verwandeln, extreme Luftverschmutzung mit ständig hohem Staubanteil, undichte Fenster und Türen, keine konsequente Reinigung der Kleidung und vor allem der Schuhe beim Betreten von Innenräumen, macht die Forderung nach sauberem Gebäuden fast zur Sisyphusarbeit.

Dazu kommt die mangelnde Infrastruktur in Bezug auf effektive Straßenreinigung, regelmäßige Müllabfuhr, funktionierende Abwassersysteme, installierte Filteranlagen und vor allem das nicht vorhandene Bewusstsein für den Wert und die Bedeutung von Sauberkeit in der Öffentlichkeit.

Um es vorwegzunehmen, in früheren Tagen der Arbeitstätigkeit in China war es ein vergeblicher, ein fast aussichtsloser Kampf gegen den Dreck. Tägliches Reinigen bzw. Reinigenlassen der Arbeitsplätze, Maschinen, Förderbänder, Fußmatten vor allen Türen, ständige Kontrolle der Schuhe, Erarbeiten einer strikten Reinigungsprozedur durch das Reinigungspersonal sind nur einige Maßnahmen im Interesse der notwendigen Hygiene.

Inzwischen haben sich die **Rahmenbedingungen** zwar **etwas gebessert**, doch die **generellen Probleme** sind **geblieben**.

In ausländisch geführten Firmen werden zum Beispiel oft für Computer und technische Geräte spezielle Abdeckfolien eingesetzt oder gar Schutzhauben aus Baumwolle genäht, um auch äußerlich gegenüber den chinesischen Angestellten und Arbeitern zu demonstrieren, wie wichtig dem Management der Faktor Sauberkeit ist und um die chinesischen Mitarbeiter auch täglich daran zu erinnern. Doch nur permanente Kontrolle und konsequente Verfolgung von Dreckverursachern siegt über jede Ermahnung, die Einsicht voraussetzt. Doch genau daran hapert es.

Überlegungen, dass zumindest in Produktionsräumen, wo staub- und kratzempfindliche Produkte hergestellt oder entsprechend sensible Gerätschaften verwendet werden, nach japanischem Vorbild die Straßenschuhe ausgezogen werden müssen, um sie durch bereitgestellte Pantoffeln zu ersetzen, setzen sich nur langsam durch.

Angemessene Reinigungsmaterialien und Pflegemittel sind in China für alle speziellen Einsatzzwecke zwar zu bekommen, doch diese sind meist importiert und entsprechend teuer. Also werden bevorzugt die chinesischen Alternativen eingesetzt. Probleme bereiten dann ganz normale Alltagsgegenstände wie zweckmäßige Besen und Aufnehmer. Die lokal verfügbaren Produkte sind entweder unpraktisch oder schon nach wenigen Tagen so verbraucht, dass keine effektive Reinigung mehr stattfinden kann. Natürlich sehen chinesische Mitarbeiter nicht ein, dann gleich wieder neue Wischer oder Tücher oder Besen anzuschaffen. Lieber wird mit völlig verschmutzten Geräten weitergearbeitet und der Dreck damit nur gleichmäßig verteilt.

Solange die Einsicht jedes einzelnen Chinesen zum Leben und Arbeiten in einer öffentlich sauberen Umgebung nicht vorhanden ist, wird sich diese Situation leider auch nicht ändern. Sich **darüber aufzuregen, hat keinen Zweck**. Das wäre wie ein Kampf gegen Windmühlenflügel. **Also bleibt nur das gute Vorbild, der stetige Appell oder die drohende Strafe.** Am besten wäre alles gleichzeitig.

Toiletten

Wie es anders nicht sein könnte, trifft man in einem so großen und heterogenen Land wie China auch auf die erstaunlichsten Toilettenformen und -qualitäten. Sie reichen von neuen, modernen und sauberen Sitzklosetts westlicher Herkunft in den großen Hotels bis zu primitiv ausgehobenen Gräben ohne irgendwelche Abschirmungen in den ländlichen Landesregionen. In diese Gegenden verschlägt es den durchschnittlichen Geschäftsreisenden wahrscheinlich nur selten. Auch wird er vielleicht ein Buchkapitel, das sich nur mit der Toilette als solcher auseinandersetzt, für wenig ansprechend halten. Doch im Interesse des neugierigen Chinabesuchers, der wissen will, was ihn irgendwann und irgendwo auf seinen Reisen durch die Niederungen des Landes erwarten könnte, wurden diese Ausführungen mit eingefügt.

Das Sauberkeitsbedürfnis der Deutschen ist gerade in Bezug auf die Qualität der Sanitärräume besonders stark ausgeprägt. Hier geht es schließlich nicht nur um die allgemeine Hygiene, sondern um die Pflege intimer Körperregionen. Der Grund für das Anmieten von Zimmern in teuren, internationalen Hotels liegt vermutlich mehr in der Gewissheit, ein adäquat gepflegtes Badezimmer vorzufinden als auf einem neuen Federkernbett zu schlafen. Diese Erwartungshaltung wird überall im Land bei Hotels einer bestimmten Kategorie vollständig erfüllt. Diesen Luxus der europäischen „Hinsetz-Toiletten" weiß man in China bald zu schätzen.

Je nach Größe, Qualität und Ausstattung des Hauses oder des Restaurants sinkt das Niveau allerdings erheblich und dann kann es kritisch werden. Wer unterwegs ein dringendes Bedürfnis verspürt, hat selten die Möglichkeit, erst ein Sheraton Hotel aufzusuchen, sondern muss mit dem vorlieb nehmen, was er kurzfristig finden kann. Vorbereitung ist also wichtig. Das betrifft aus anatomischen Gründen vor allem die Damenwelt.

Chinesische Toiletten sind – ähnlich wie in unserem Nachbarland Frankreich – keine Sitzklos, sondern **Hocktoiletten**. Jede Ausnahme dieser Regel ist nur für die verwöhnten und sitzgewöhnten Ausländer gedacht, wobei allein die Vorstellung, einen direkten Körperkontakt mit einem so unsauberen Ding wie einer öffentlich genutzten Toilettenschüssel zu haben, den Chinesen schon zuwider ist. Entscheidend dabei ist das Wort „sauber". Hier scheiden sich die Geister, denn erstens setzt es die Einsicht voraus, den intimen Ort stets so zu verlassen, wie man ihn vorzufinden wünscht und zweitens die Notwendigkeit, den gewünschten Zustand im Falles einer Zuwiderhandlung durch Dritte wieder herstellen zu lassen. An beidem scheitert es in China.

Öffentliche Toiletten, sei es in lokalen Restaurants, an Bahnhöfen oder in Wohnvierteln, sind wahrlich nicht die schönsten Orte in China. Normalerweise sind es nur unappetitliche, stinkende Löcher im Boden oder ein teilgefüllter Lehmgraben oder eine offene Metallrinne, über die man sich hockt. Es gibt weiterhin fünf bis zehn Meter lange eingefließte Rinnen mit einer vollautomatischen Spülung, was bedeutet, dass entweder in regelmäßigen Abständen ein spritzender Wasserstrahl eingelassen wird oder in denen ständig ein dünnes Rinnsaal an Wasser läuft. Hockt man also am unteren Ende der Rinne, kann man die Ausscheidungen aller vor einem hockenden Leute unter sich vorbeischwimmen sehen. Das ist nicht der berauschendste Anblick. Natürlich kann es einige Zeit dauern, bis man es schafft, die Balance über der Rinne halten zu können, aber so muss man sich immerhin keine Gedanken darüber machen, ob der Toilettensitz nun wirklich sauber oder rein ist oder eben nicht.

Manche Toiletten haben gar keine Spülung, während bei anderen die Hinterlassenschaften manchmal mit einem Eimer Wasser weggespült werden können. Einige Toiletten haben sehr niedrige Trennwände und das Vorhandensein von Türen ist alles andere als selbstverständlich. Der Grund für diese Konstruktionen ist ganz pragmatischer Art und liegt weiterhin im Gemeinschaftssinn der Chinesen. Betritt man so eine Toilette, sieht man auf den ersten Blick alle freien oder besetzten Boxen mit hockenden Personen mit runtergelassenen Hosen. Wenn noch was frei ist, hockt man sich nebeneinander und kann sich gut unterhalten, indem man nur den Kopf zur Seite dreht. Das nicht nur minutenlange dauernde Geschnatter auf einer solchen Toilette ist kaum vorstellbar. Gerne wird das in China selten „stille Örtchen" auch genutzt, um gemütlich Zeitung zu lesen.

Obwohl die Benutzung manchmal etwas Kleingeld kostet, wird Toilettenpapier auf keiner öffentlichen Toilette zur Verfügung gestellt. Selbst in manchen Hotels oder Restaurants oder Firmentoiletten sucht man manchmal vergeblich danach. Es ist nicht nur ratsam, sondern **zwingende Notwendigkeit**, immer und überall wirklich ausreichend **Toilettenpapier oder Papiertaschentücher dabei zu haben**. Das wird dann nicht nur zur eigenen Reinigung benötigt, sondern gegebenenfalls auch, um eine Basisreinigung der Toilette selbst vorzunehmen. Das kostet manchmal ein gehöriges Maß an Überwindung und man muss lernen, damit umzugehen.

Was macht man anschließend mit dem benutzten Toilettenpapier? Bloß nicht in die Schüssel werfen, denn die Spülungsqualität, der Wasserdruck und das gesamte Abwassersystem ist sehr oft mit dem

Toilettenpapier überfordert. Das bedeutet, man wirft es einfach in den Mülleimer neben der Toilette oder auf den Boden in die Ecke. Die optischen und geruchsbedingten Folgen dieses Handelns, gerade im Sommer stark klimabedingt, kann sich jeder selbst vorstellen, ohne dass man hier ins Detail gehen muss.

In manchen öffentlichen Toilettenbereichen werden – wie in Deutschland an Tankstellen – die Türen abgeschlossen und die Schlüssel nur auf persönliche Anforderung herausgegeben. Kurzfristig ist dies akzeptabel, aber langfristig stellt sie eine Bevormundung der Bürger da und bringt keine Lösung des Problems mit sich. Dieses Problem liegt unter anderem darin, dass sich – unabhängig von den eigenen Hygienesitten und -gebräuchen – niemand für Gemeinschaftseinrichtungen persönlich verantwortlich fühlt. Wenn etwas defekt oder verschmutzt ist, wird kaum ein Chinese von sich aus Meldung machen oder gar versuchen, das Problem zu lösen. Selbst wenn Toilettenpapier fehlt, die Seife aufgebraucht oder das Handtuch völlig durchnässt ist, wird nicht im Interesse des nächsten Benutzers dafür gesorgt, dass der Missstand beseitigt wird.

Diese „Das geht mich nichts an"- oder „Das ist nicht mein Problem"- Einstellung lässt sich auf viele andere Bereiche übertragen. Das Sozial- und Gemeinschaftsgefühl ist auch am Arbeitsplatz relativ gering ausgeprägt. Im Interesse des Allgemeinwohls hilft trotz vieler Appelle nur die ständige Kontrolle öffentlicher Räumlichkeiten und Einrichtungen.

Die Aufgaben müssen bis ins kleinste Detail genau verteilt werden. Ohne eine direkte Zuordnung der Verantwortlichkeit mit einer Auflistung aller Eventualitäten kann man nicht damit rechnen, eine auf Eigeninitiative beruhende befriedigende Lösung zu finden.

Fazit: Von Ausländern wird der Toilettengang in China außerhalb des Schutzes seines 5-Sterne-Hotels als sehr unangenehm empfunden. Um sich diese Erfahrungen zu ersparen, sollte man jede Gelegenheit nutzen, um im Vorfeld jedes Ausflugs saubere Toiletten aufzusuchen, wie zum Beispiel die meist annehmbar sauberen Waschräume von Schnellrestaurants wie KFC oder McDonalds.

Spucken

Alle Ausländer sind von dem häufigen Spucken der Chinesen, das lautstark praktiziert wird, schockiert und angewidert. Früher wurde von allen Männern, Frauen und Kindern immer und überall hingespuckt – nicht nur auf die Straße, sondern auch auf die Fußböden in Hotels, Restaurants, Aufzügen und öffentlichen Verkehrsmitteln.

Allein die Folgen zu sehen, bzw. allzu oft in das unliebsame Ergebnis dieses Vorgangs hineinzutreten, ist schon schlimm genug, doch man hat auch keine Chance, dem Zusehen bzw. Zuhören des Spuckens zu entgehen. Denn das wird in keinster Weise dezent gemacht. Man sieht und vor allem hört den ganzen Tag lang um sich herum gedehntes Röcheln und Räuspern. Der Schleim aus Nase und Hals wird lautstark hochgezogen und dann ebenso lautstark ungeniert auf die Straße gespuckt.

Auf den Boden zu rotzen war in China schon immer so. Woher genau dieser **Brauch** des Spuckens in China herrührt, ist **nicht ganz eindeutig**. Eine Folge der Kulturrevolution war zwar, sich möglichst proletarisch verhalten, um dadurch unverdächtig zu erscheinen. Das allein ist jedoch keine gültige Begründung für das Spucken. Auch das sofortige Ausscheiden von üblen oder gar bösen Körpersäften mit chinesischer Mythologie, daoistischer Religion oder buddhistischem Brauchtum zu erklären, wäre sicherlich zu einfach.

Es bleibt also erst mal dabei, sich auf geeignete Gegenmaßnahmen zu konzentrieren, anstatt nach der Ursache des Übels zu forschen. Obwohl man dieses sehr unangenehme Verhalten in den Großstädten bereits erfolgreich reduzieren konnte, ist das Spucken auf dem Land immer noch eine Art Volkssport. Abgesehen von der Tatsache der allgemeinen Verunreinigung verbreitet das Spucken auch Viren und Keime.

Dieses traditionelle Verhalten der Chinesen ist nicht nur peniblen Ausländern, sondern auch der chinesischen Führung seit langem ein Dorn im Auge. Kein imperialer Erlass und kein kommunistisches Parteiverbot hat den Menschen je ihre Spuckleidenschaft austreiben können. Nur die Krankheit **SARS** läutete eine kleine Wende ein. Man sieht heutzutage viele Schilder mit Spuckverboten und man liest auf vielen Wandanschlägen Aufschrift wie „Spucken verboten – SARS-Gefahr". Dadurch soll der Öffentlichkeit ein neues Gesundheitsbewusstsein gelehrt werden, um diese unhygienische Angewohnheit abzulegen.

Doch die Erfolge halten sich in Grenzen. Vielen Chinesen ist die Vorstellung, sich mit einem Papiertaschentuch die Nase zu putzen, einfach zuwider und so praktizieren sie das Spucken – wenn auch in begrenzterem Maße als noch vor ein paar Jahren – munter weiter. Daran hat auch eine **Geldbuße von 50 Yuan**, mit der öffentliches **Spucken in Großstädten** geahndet wird, nichts ändern können. Als Folge dessen soll die Bestrafung unfolgsamer Bürger noch intensiviert werden.

Die **Olympischen Spiele 2008** in Peking bieten nun neuen Anlass, den Hygieneforderungen der Staatsführung Nachdruck zu verleihen. Was soll schließlich die Weltbevölkerung denken, wenn China plötzlich im Zentrum des globalen Interesses steht und die Gastgeber ihren unliebsamen Auswurf überall in der Stadt verteilen? Das würde dem Ansehen Chinas sehr schaden. Als Teil einer großen Kampagne, die die Bevölkerung zu „zivilisierterem Verhalten" aufruft, wurden Millionen von Broschüren über korrekte Umgangsformen in der Öffentlichkeit gedruckt und an die Haushalte verteilt. Vor allem wird dort über das anzustrebende Verhalten gegenüber bzw. im Beisein von Ausländern informiert. Dieser **Olympia-Knigge** weist nicht nur auf richtige und vor allem geräuscharme Umgangsformen bei Tisch hin, sondern prangert auch das Spucken an.

Da es trotz aller Appelle unmöglich sein wird, das geräuschvolle Hochziehen auszumerzen, und selbst Chinas Behörden das Herunterschlucken von Schleim als ungesund einstufen, hat man das Aufstellen von mehr Spucknäpfen und Mülleimern beschlossen. Dazu kommt die kostenfreie Verteilung kleiner beschichteter Papiertüten, in die die Chinesen dann getrost speien dürfen.

Umweltsituation

Die Umweltsituation Chinas ist heutzutage in vielen Bereichen schon grenzwertig. Doch das Land wird in Zukunft mit noch schwerwiegenderen Problemen konfrontiert werden. Durch das schnelle und vor allem unkontrollierte Wirtschafts- und Bevölkerungswachstum wird der Bedarf an Bauland, Lebensmitteln, Energie und Rohstoffen stark zunehmen. Innerhalb einer Dekade kommen bis zu 125 Millionen Chinesen neu hinzu, was der Gesamtbevölkerung Japans entspricht. Das hat massive Auswirkungen auf die ohnehin schon stark belastete Umwelt.

Die Verschlechterung der Umweltsituation ist in allen Bereichen des öffentlichen Lebens bemerkbar. **Luftverschmutzung** steigt nicht nur durch die Kohleindustrie, sondern vor allem durch den steigenden Kohlenmonoxidausstoß des Verkehrs dramatisch an. Die Folge sind saurer Regen, regelmäßige Überschwemmungen durch rigides Abholzen ohne Aufforstungsprogramme, zunehmende Bodenbelastung durch illegale Mülldeponien und Wasservergiftungen mangels Filter und moderner Aufbereitungsanlagen.

Es gibt auch in China viele **ökologische Schäden**, die sich direkt der Verpackung zurechnen lassen. Schätzungen zufolge hat sich der Anteil an reinem Hausmüll in den chinesischen Städten allein zwischen Anfang und Ende der 80er Jahre, als das boomende Wirtschaftswachstum noch am Anfang stand, verdoppelt. Mülltrennung ist wegen akuten Platzmangels in den Wohnungen so gut wie unmöglich. Aufgrund mangelnder Aufklärung ist ohnehin kein Bewusstsein für die Notwendigkeit der Mülltrennung vorhanden. China ist jedoch trotzdem nicht mit unserer Wohlstands- und Wegwerfgesellschaft zu vergleichen.

Alles, was sich noch irgendwie reparieren oder wiederverwenden lässt, wird auch nicht weggeworfen. Zusätzlich durchsieben Heerscharen von Tagelöhnern die Mülltonnen und Deponien der Städte auf der Suche nach verwert- und verkaufbaren Gegenständen und Verpackungsmaterialien. Da die Umwelt ohnehin sehr belastet ist, fällt der zusätzliche Verpackungsmüll kaum mehr ins Gewicht. Von den wachsenden Bestrebungen westlicher Industrienationen, die Verpackung eines Gutes aus umweltrelevanten Gründen auf ein Minimum zu reduzieren, ist man deshalb noch weit entfernt.

Über die **heutige Müllsituation** gibt es keine realistischen oder wirklich glaubwürdigen Erhebungen. Der Müll wird größtenteils deponiert oder auch verklappt, denn durch seine schlechte Zusammensetzung ist er kaum verbrennbar. Wegen mangelnder Kontrollen ist internationaler Mülltourismus nach China eine lukrative Einnahmequelle für ignorante und korrupte Geschäftsleute.

Die **Folgen** der in allen Bereichen prekären Umweltsituation und des mangelnden Umweltbewusstseins wird jeder Ausländer sehr schnell am eigenen Leib bemerken. Mit ständig verstaubter Kleidung und einem schwarzen klebrigen Film auf der Haut herumzulaufen, mag ja noch akzeptierbar sein. Aber kaum ein Chinareisender hat nicht mit Atemproblemen und Bindehautentzündungen zu kämpfen. Ein paar Jahre Aufenthalt im Land kosten mindestens den doppelten Zeitraum an Gesundheitseinbußen, verglichen mit dem Leben und Arbeiten in anderen Ländern. Gerade wer erwägt, mit seiner ganzen Familie nach China zu gehen, sollte sich dessen eindeutig bewusst sein.

Obwohl die chinesische Regierung entsprechende **Umweltgesetze** erlassen hat, die in vielen Bereichen bereits mit westlichen Standards vergleichbar sind, und obwohl die Entwicklung umweltfreundlicher Technologien propagiert und unterstützt wird und obwohl von staatlicher Seite Investitionen in Milliardenhöhe für bestimmte Umweltprogramme bereitgestellt werden, steckt in China der verantwortungsvolle Umgang mit den natürlichen Ressourcen noch in den Kinderschuhen.

Chinas oberstes umweltpolitisches Organ, die „**State Environment Protection**" **(SEPA)**, bestätigt die herrschenden Missstände im Land. Die jährlichen Verluste, die direkt auf Umweltzerstörungen zurückzuführen sind, werden auf zweistellige Milliardenhöhe geschätzt. Weniger als zehn der 570 wichtigsten Städte des Landes erreichen internationale Standards für die Kontrolle der Umweltqualität und 16 von 20 der am meisten verschmutzten Städte der Welt findet man heute in China.

Spezielle Maschinen, Geräte oder Technologien, um den Umweltbelastungen wie zum Beispiel Grundwasserverschmutzung oder Luftemissionen Herr zu werden, sind zwar sowohl bekannt als auch verfügbar, aber sie sind für die meisten Unternehmen zu teuer in der Anschaffung und der Betreibung. Trotz klarer Vorschriften und Richtlinien für den Einbau und Betrieb dieser Anlagen wird die Umsetzung nicht kontrolliert und die Nichteinhaltung der Umweltgesetze auch nicht konsequent geahndet. Lieber niedrige Strafen zahlen – wenn es überhaupt dazu kommen sollte –, statt die Unternehmen umrüsten oder einfach teurere Filter einzukaufen, lautet das allgemeine Motto.

Das **größere Problem** besteht aber eher darin, dass man sich einfach keine Gedanken über die Wichtigkeit und Bedeutung der Umwelt und deren Erhaltung macht. Zur Zeit werden alle erwirtschafteten Gelder ausschließlich in den Auf- und Ausbau neuer Industriebetriebe gesteckt und nicht zur Modernisierung maroder Anlagen verwendet. Kurzfristige Gewinnmaximierung siegt klar über langfristige Ressourcenschonung. Entsprechend wird Chinas Bedarf an Umwelttechnologie in der Zukunft noch stark ansteigen, wenn die Zeit und die Menschen reif dafür sind.

Aus dem Blickwinkel westlicher Umweltexperten herrscht hier ein sehr kurzsichtiges Denken und Handeln. Aber vor hundert Jahren dachte auch in Deutschland noch niemand an die langfristigen Folgen der Umweltzerstörung geschweige denn an geeignete Präventivmaßnahmen. Dieses Argument wird von den Chinesen auch immer gebracht, wenn es um kritische Anmerkungen des Auslandes über die Umweltsituation Chinas geht. Ihr Generationenerbe zu verwalten ist ein Luxus, den sich die Chinesen (noch) nicht leisten können oder wollen.

Verkehr

Viele Besucher des Landes sind überrascht, wenn nicht gar enttäuscht, wenn sie in China nicht wie erwartet auf Heerscharen von Fahrradfahrern treffen. Was früher zum normalen Alltagsbild in chinesischen Städten zählte, ist heute größtenteils ein Relikt der Vergangenheit. Vor zwanzig Jahren gab es quasi noch keinerlei Privatautos, sondern nur Regierungsfahrzeuge und Lastwagen. Heute beherrschen **über 20 Millionen Fahrzeuge** die Straßen und viele Städte sind zu den Stoßzeiten dem Verkehrsinfarkt nahe. Doch ein Ende dieses unglaublichen Booms ist nicht in Sicht.

Es wird geschätzt, dass bis zum Jahre 2020 die Zahl der Autos noch auf 140 Millionen anwachsen und sich damit gegenüber heute versiebenfachen wird. Irgendwann wird die Zahl der Autos auf die Höchstgrenze von 250 Millionen Stück ansteigen. Doch diese gewaltig erscheinende Zahl würde trotzdem bedeuten, dass „nur" 150 von 1000 Menschen ein Fahrzeug besitzen würden. Heute sind allein in Deutschland ca. 50 Millionen Automobile zugelassen. Das entspricht einem Verhältnis von etwa zwei Fahrzeugen für drei Bürger.

In gleichem Verhältnis zur steigenden Fahrzeugzahl schreitet auch die **Entwicklung der verkehrstechnischen Infrastruktur.** Ende der 80er Jahre gab es nur wenige hundert Kilometer Autobahn im ganzen Land; heute hat China selbst die USA mit fast ca. 100 000 Kilometern überholt. Auch das Eisenbahnnetz hat sich innerhalb der letzten fünf Jahre verdoppelt. Weiterhin sind über einhundert neue Flughäfen bereits gebaut oder für die kommenden Jahre in konkreter Planung.

Zielsetzung dieser konsequenten Verkehrspolitik ist nicht nur, den wachsenden Bedürfnissen des innerchinesischen Reise- und Warenverkehrs Rechnung zu tragen. Auch die Erschließung der rückständigeren westlichen Landesteile hat große Priorität, um das Ungleichgewicht in Bezug auf pro Kopf erwirtschaftetem Bruttosozialprodukt zwischen Ostküste und Hinterland so nach und nach auszugleichen. Dafür sollen für ausländische Investitionen im Westen Chinas Anreize geschaffen werden, die jedoch zwangsläufig mit guter Verkehrsanbindung gekoppelt sein müssen. Ein gleichmäßigeres Wachstum und ein langsamer Ausgleich des extremen Ost-West-Gefälles gilt als Notwendigkeit für die kontrollierte wirtschaftliche Entwicklung des ganzen Landes und damit für die sozialpolitische Sicherheit.

Die **Folgen dieser rasanten Entwicklung** sind für das Land und vor allem für seine Umwelt jedoch kaum abzuschätzen. Es gibt wahrhaft apokalyptische Szenarien, was allein die drohende Autodichte für die Chinesen für Konsequenzen haben wird. Der einerseits gewollte Luxus der individuellen Mobilität und die damit verbundene Unabhängigkeit und Flexibilität bei der Fortbewegung in Beruf und Freizeit fordern nun mal ihren Preis. Doch wegen dieses weltgrößten noch unerschlossenen Absatzmarkts für Fahrzeuge jeder Art fokussiert jeder internationale Autobauer seine Expansionsstrategien auf China. Die negativen Folgen der zukünftigen Verkehrssituation wurden in der Entscheidungsfindung sicherlich berücksichtigt, doch welchen Stellenwert sie im Verhältnis zum erwarteten Profit haben, kann man sich denken. Nur die Folgen mag man sich kaum vorstellen.

Verkehrsmittel

Sich durch China zu bewegen bedeutet, einen Kontinent zu durchqueren. Es gibt die unterschiedlichsten Möglichkeiten, aber auch die Notwendigkeit, kaum vergleichbare Qualitäten und Preise von Verkehrsmitteln miteinander zu kombinieren. Nicht immer hat man die Wahl, aber sehr oft die Qual der Wahl. Leider genießt vor allem der Faktor Zeit bei den eilig durchs Land reisenden Ausländern den höchsten Stellenwert, doch diese Zeitersparnis beim Reisen verhindert eine intensivere Auseinandersetzung mit Land und Leuten.

Man denke allein an den **Transrapid** deutscher Herkunft, der seit dem Jahr 2002 den neuen internationalen Flughafen Pudong mit dem Finanzviertel Pudong verbindet. Als schnellste kommerzielle Magnetschwebebahn der Welt wird eine Maximalgeschwindigkeit von bis zu 431 Stundenkilometer im täglichen Normalbetrieb erreicht. Der in China „Maglev" bzw. „Cixuanfu lieche" genannte Zug benötigt für die ca. 30 km lange Strecke zwischen dem Flughafenterminal und der Longyang-Haltestelle gerademal acht Minuten. Ein einerseits tolles Erlebnis, anderseits keine wirklich adäquate Art, sich vielleicht erstmals China anzunähern.

Genauso dominiert bei innerstädtischen Reisen das **Flugzeug** als Mittel zum Zweck. Das Flugnetz ist dicht und die Preise akzeptabel, aber die Zuverlässigkeit der Verbindungen lässt zu wünschen übrig. Verspätungen sind an der Tagesordnung. Das sollte bei engen Terminplänen eingeplant werden. Empfehlenswert ist es, auf längeren Flügen nie den letzten Flug zu wählen, da man sonst bei einer zum Beispiel wetterbedingten Stornierung des Fluges über Nacht festsitzt.

Früher fuhr man in China fast nur mit dem **Zug**. Das tun die Einheimischen immer noch, aber immer seltener die Ausländer, die geschäftlich im Lande unterwegs sind. Dabei ist gerade das Bahnfahren ein besonders Erlebnis „am Puls der Menschen". Auf längeren Strecken und vor allem bei Übernachtverbindungen empfiehlt sich ein Liegewagenabteil, wobei man zwischen dem sogenannten „Hard Sleeper" und „Soft Sleeper" wählen kann. Das ist nur eine Frage des gewünschten Komforts und des Reisebudgets.

Bei Reisen während des chinesischen Neujahrs, des Frühlingsfestes, oder der Ferien an anderen wichtigen Feiertagen kommt es überall im Land zu Engpässen. Sich selbst an den Schaltern der Bahnhöfen oder Busbahnhöfe Tickets zu besorgen, ist eine interessante Erfahrung, lässt einen jedoch erahnen, weshalb Selbstverteidigung und Kampfkünste bei Chinesen so hoch im Kurs stehen. Mehrtägige Vorbuchungen sind für alle Arten von Verkehrsmitteln bei populären Destinationen manchmal zwingend erforderlich. Ein Reisebüro oder der offizielle „China Travel Service" helfen bei der Organisation. Ebenso kann jedes größere Hotel entsprechende Reservierungen übernehmen und man bekommt seine Bahn- oder Flugtickets in sein Zimmer geliefert.

Als **kostengünstigste Wahl**, sich das Land anzusehen und sich zwischen zwei Städten zu bewegen, gilt der **Überlandbus**. Dieses sind meistens doppelstöckige, superenge, stickig-heiße und vermiefte Gefährte mit Liegesitzen, die innerhalb der Ausländergemeinde fast ausschließlich von Rucksacktouristen genutzt werden. Im Gegenzug dazu gibt es aber auch **vollklimatisierte Reisebusse**, die zum Beispiel Kanton direkt mit Hongkong verbinden oder die für Reisetouren genutzt werden. Diese Busse haben dann internationalen Standard.

Sich **öffentlicher Verkehrsmittel** zu bedienen, rangiert in der Empfehlung von hervorragend, weil schnell, sauber und sicher, wie zum Beispiel die Untergrundbahnen von Kanton oder Peking, bis zum genauen Gegenteil der eben aufgeführten Attribute bei innerstädtischen Bussen. Busse sind in den Großstädten meist hoffnungslos überfüllt und es herrscht ein unsoziales Gedränge, indem man unbedingt auf seine Wertsachen achten sollte. Man wird aus gutem Grund kaum jemals einen Ausländer in diesen völlig vollgestopften Bussen sehen, denn man braucht hierfür viel Zeit und gute Nerven.

In chinesischen Städten ist die einfachste Möglichkeit, von A nach B zu gelangen, ein **Taxi** zu nehmen. Ein chinesisches Taxi ist im internationalen Vergleich sehr billig. Alle legalen Taxen – Vorsicht, gerade an Flughäfen bieten viele Privatfahrer ihre illegalen Dienste an, die manchmal sehr teuer werden können – sind mit Taxametern ausgestattet, deren Grundpreis sich nach Größe und Qualität des Fahrzeugs richtet. Ab einer bestimmten Strecke zahlt man dann einen Kilometerpreis.

Selbst Taxifahrer versuchen manchmal, eine überteuerte Pauschalsumme zum Fahrziel auszuhandeln, worauf man sich nie einlassen sollte. Wenn das Taxameter läuft, kann man sich entspannen. Wer so tut, als würde er sich auskennen, wird vielleicht vermeiden, die eine oder andere überflüssige Straßenwindung mitzunehmen, obwohl die Preisdifferenz ohnehin nicht eklatant sein würde. Im Allgemeinen sind die Taxifahrer in China zuverlässig, sprechen allerdings so gut wie nie auch nur ein Wort Englisch.

Die Fahrkünste aller chinesischen Fahrer sind oft erstaunlich. Sie rangieren zwischen Kreativität, Improvisationstalent und Rücksichtslosigkeit – gerne auch in Kombination. Wem die bisweilen chaotischen Verkehrsverhältnisse oder auch die begrenzten Fahrkünste seines Chauffeurs zu wild sind, sollte entweder nicht auf die Straße starren oder aber sagen „tai kuai", also „zu schnell" oder „man man lai", was etwa „immer mit der Ruhe" bedeutet. Endlich loszufahren würde man mit der Aufforderung „zou ba!" beschleunigen. Den Taxifahrer dazu zu bewegen, die auf Tiefkühltemperatur eingestellte Klimaanlage ein wenig zu regulieren, erreicht man mit den Worten „tai leng" oder „zu kalt".

Mietwagen samt Fahrer kann man sich in allen Städten über das Hotel organisieren lassen. Das ist vor allem bei Kurzausflügen touristischer Art eine interessante, flexible und kostengünstige Alternative zu organisierten Touren oder dem regulären Taxi. Beispiel wäre ein Tagesausflug zur Großen Mauer im Norden Pekings. Das Selbstfahren ist durch die Vorschrift, einen chinesischen Führerscheins zu haben, weder möglich noch aufgrund der selten in nichtchinesischen Zeichen beschrifteten Straßenschilder empfehlenswert.

Wenn man chinesische Geschäftspartner besucht, wird man normalerweise vom Flughafen oder vom Hotel abgeholt. Dieses Angebot sollte man auch nutzen, da der direkte Weg zu den oftmals in weit verstreuten Industriegebieten liegenden Unternehmen für die meisten Taxifahrer ohnehin nicht zu finden ist. In den bequemen Wagen der Geschäftsführer oder in klimatisierten japanischen Kleinbussen kann man sich dann zu seinem Ziel schaukeln lassen, was durchaus ein bis zwei Stunden dauern kann. Oft haben die Abholenden Wasserflaschen für ihre Gäste dabei, ansonsten sollte man selber dafür Sorge tragen. Es ist durchaus üblich und auch allgemein akzeptiert, während der Fahrten die Gelegenheit zu einem Schläfchen zu nutzen.

Kriminalität

China ist ein **sicheres Reiseland**. Im Vergleich zu jeder europäischen Großstadt ist die Kriminalitätsrate in Shanghai oder Peking wesentlich geringer. Das betrifft auch das Ausgehen am Abend oder das Erkunden von Stadtteilen als Frau. Das ist überaus erfreulich und bereitet dem Chinafahrer viel weniger Kopfschmerzen als jedem Afrika- oder Südamerika-Reisenden.

Natürlich sollte man wie überall auf der Welt alle ganz normalen Vorsichtsregeln wahren. Dazu gehört das Deponieren von **Wertsachen** im Safe der Hotelrezeption und das nicht demonstrative Vorzeigen oder Tragen von Geld, Schmuck oder teurer Fotoausstattung. Wer ganz allein zur Nachtzeit in dunklen Vergnügungsvierteln unterwegs ist, darf sich natürlich nicht wundern, dass das Risiko, hier irgendwann einmal unliebsam ausgeplündert zu werden, exponentiell steigt. Und sich vor allem in überfüllten touristischen Zentren vor Taschendieben in Acht zu nehmen und statt einem Rucksack auf dem Rücken lieber eine vor der Brust getragene Tasche zu verwenden, muss wohl auch nicht explizit erwähnt werden.

Unbedarften Reisenden, die sich gerne in **Hotelbars** oder **Diskotheken** aufhalten und dann der Intensivierung einer netten Bekanntschaft im Abschluss nicht abgeneigt sind, seien vor KO-Tropfen gewarnt. Die vermeintlich nette Begleitung könnte einem während eines Toilettengangs die Knock-Out-Tropfen mit ins Getränk mischen. Wer dann Stunden später oder erst nach einem vollen Tag wieder zu sich kommt, wird sich um Geld, Kreditkarte und Wertsachen erleichtert vorfinden. Also gilt: Vorsicht ist besser als Nachsicht.

Natürlich ist die Kriminalität in China in all ihren Schattierungen überall weit verbreitet. Dazu zählen Drogenhandel, Schwerkriminalität wie Erpressung, Raub und Mord sowie organisiertes Bandenwesen, Glücksspiel und Prostitution. Dazu kommen professioneller Vertrieb von Produktplagiaten, Substraten illegal gejagter Tiere oder gar Organhandel. Gerade im infrastrukturell wenig erschlossenen Süden des Landes kommt es zu verstärkten Menschenhandel-Aktivitäten.

Die trotz allem noch relativ **niedrige Kriminalitätsrate** liegt auch an den drastischen Strafen, die in China für alle Vergehen verhängt werden, und bis zur Todesstrafe gehen. In keinem Land der Welt werden mehr Menschen zum Tode verurteilt und dann auch exekutiert. Die Schätzungen schwanken zwischen 2000 und 8000 jährlich Hingerichteten, was in der Summe mehr Vollstreckungen bedeutet als in der gesamten übrigen Welt zusammen. Zur Abschreckung werden diese Hinrichtungen meist vor dem chinesischen Neujahr vollzogen, um die Millionen in ihre Heimatprovinzen reisenden Chinesen davor zu warnen, sich den Verlockungen dunkler Geschäfte hinzugeben. Immerhin finden die Exekutionen, die bis Mitte der 90er Jahre zur Volksunterhaltung öffentlich in Fussballstadien vollzogen wurden, heute nur noch unter Ausschluss der Öffentlichkeit statt.

Wenngleich die Kriminalität in China tendenziell ansteigt, ist die Anzahl von Ausländern, die tatsächlich zum Opfer werden, absolut vernachlässigbar. Auch die Wahrscheinlichkeit, dass man als Ausländer zukünftig mit extremen Auswüchsen der Kriminalität direkt konfrontiert wird, ist sehr gering.

Neugier

Je vertrauter den Chinesen der Anblick von ausländischen Reisenden wird, desto weniger sammeln sich Schaulustige um jede Langnase. Dennoch sollte man es **gelassen und stilvoll hinnehmen**, wenn man – vor allem in entlegeneren Landesteilen – allein durch sein äußeres Erscheinungsbild einen hohen Unterhaltungswert besitzt, der Scharen von Menschen anlockt. Die Attraktion wird hervorgerufen durch blonde Haare, möglichst noch lang, und nicht nur auf dem Kopf, sondern auch im Gesicht und auf den Unterarmen, und eben ein vergleichsweise ausgeprägtes Riechorgan.

Im Westen gilt ein fester, bestimmter **Blick in die Augen des Gegenübers** als Ausdruck von Stärke oder aufmerksamen Zuhören. In China wird es eher als unangenehm und aufdringlich empfunden, dem Gesprächspartner zu lange oder zu bestimmt in die Augen zu sehen. Von dieser dezenten Zurückhaltung ist auf der Straße jedoch nichts zu verspüren. Als Ausländer wird man sehr oft unverhohlen angestarrt bzw. regelrecht angeglotzt. Und zwar ohne Unterlass und mit wachsender Begeisterung.

Es gibt keinerlei Diskretion, wenn Chinesen mit dem Finger auf den Ausländer zeigen und ihrer Überraschung unverhohlen freien Lauf lassen. Die anfängliche Zurückhaltung, das Misstrauen oder zumindest die Skepsis macht schnell einer unglaublichen Neugier Platz, mit der viele Ausländer, die nur ungern im Zentrum des allgemeinen Interesses einer ganzen Gruppe stehen, nur schlecht umgehen können.

Man wird auf einmal bestürmt und mit **Fragen** nach dem woher, wohin und warum überhäuft. Die Chinesen scheint alles ganz genau zu interessieren und sie lassen nicht nach, einen mit immer neuen Fragen nach Haus, Auto, Kleidung, Arbeit und Familie regelrecht zu löchern. In solchen Situationen merkt man, dass das Land jahrzehntelang isoliert war und der direkte Zugang zu Ausländern immer noch nicht überall eine Selbstverständlichkeit ist.

Man muss sich auf unverblümte, direkte und teils sehr intime Fragen nach Alter, Beruf, Einkommen und den Kosten für bestimmte Dinge einstellen. Das ist eine manchmal amüsante Mischung aus Neugier und Naivität, vor allem, weil die Chinesen die genauen Lebensumstände gerne miteinander vergleichen möchten. Man sollte das Spiel mitspielen aber auch mal die Wahrheit etwas modifizieren, um einen Kulturschock zu vermeiden. Als Student wurde ich nach dem Preis für meine sehr schöne Goretexjacke gefragt und ich sagte wahrheitsgemäß „400 Mark". Der Fragende zuckte mit einer Mischung aus Verwunderung und grenzenlosem Unverständnis mit den Achseln und sagte, dass sein Regenjacke umgerechnet drei Mark gekostet hätte und die ihre Aufgabe auch erfüllen würde.

Aufgrund ihrer **Kontaktfreudigkeit** muss man vor allem auf langen Bahnfahrten damit rechnen, sehr schnell in eine stundenlange Konversation verwickelt zu werden. Das ist, wenn die Kommunikation einigermaßen funktioniert, eine fantastische Möglichkeit für beide Seiten, Details über Land und Leute aus erster Hand zu erfahren. Einfach nur stumm nebeneinander zu sitzen, wäre einem Chinesen ein Gräuel. Allerdings wird die Neugier der Chinesen oftmals als Belästigung empfunden und man möchte einfach nur seine Ruhe haben, vor allem, weil immer nur die gleichen Fragen gestellt werden. Dann sollte man nett und freundlich auf seinen Gemütszustand hinweisen und auf die Aufmerksamkeit, das Interesse und die Anteilnahme an der eigenen Person nicht einfach ungeduldig, abweisend oder gar unfreundlich reagieren.

Begegnungen

Wie überall auf der Welt, gibt es auch in China willkommene und weniger willkommene Begegnungen mit den Landesbewohnern. Man darf ruhig misstrauisch und skeptisch sein, sollte aber aus Angst vor unliebsamen Überraschungen auf eine direkte Kontaktaufnahme nie abweisend oder gar unhöflich reagieren. Seinem gesunden Menschenverstand vertrauend, kann man ruhig – wenn man ein schlechtes Gefühl hat – Fragen oder Bitten oder Hilfsangebote höflich und mit einem Lächeln auf den

Lippen ablehnen. Man sollte sich jedoch nie vorschnell die Chance auf besondere Begegnungen und positive Erfahrungen nehmen. Und diese kann es jeden Tag in vielfältiger Form geben.

Manchmal wird man von chinesischen **Studenten** angesprochen, die die Chance nutzen wollen, ihre Englischkenntnisse anzuwenden. Sie werden selig sein, wenn man Ihnen ein paar Minuten Aufmerksamkeit schenkt und sich auf ein kurzes, unverbindliches Gespräch einlässt. Es gibt immer mal wieder gebildete und **hilfsbereite Chinesen**, die einem etwas orientierungslos aussehenden Ausländer ihre Hilfe anbieten möchten. Das kann der Kauf eines Zugtickets sein, auf das vielleicht sogar eine spontane Einladung auf ein Tee folgen könnte. Letzteres ist nicht unbedingt wörtlich zu nehmen, aber Ersteres darf man gerne annehmen. Eine Gegenleistung wird nicht verlangt und ein Trinkgeld anzubieten, könnte gar als Beleidigung aufgefasst werden.

In größeren Städten und hier vor allem an Sammelpunkten vor Sehenswürdigkeiten wie Tempeln oder Pagoden haben viele **Bettler** vor allem die reichen Ausländer im Visier. Die zerlumpten Kinder, die meistens von einem dabei stehenden Erwachsenen dazu angehalten werden zu betteln, gehen dabei am aggressivsten vor. Diese Sorte von Bettlern gehen unmittelbar auf Tuchfühlung, was gerade die Deutschen überhaupt nicht mögen. Da muss man manchmal laut oder gar grob werden, um diese Kletten loszuwerden. Mit wiederholten Ablehnungen wird man nicht weit kommen.

Wer als offensichtlicher **Tourist** durch China reist, wird gerade an Bahnhöfen oft von Fremden angesprochen, die einen zu einem Hotel, einem Restaurant oder speziellen Geschäft bringen möchten. Dort erhalten diese **Schlepper** Kommission für jeden potenziellen Kunden, den sie mitbringen. In den seltensten Fällen sind die Kenntnisse dieser Leute wirklich wertvoll, da sie nur die eigenen Interessen verfolgen, aber nicht auf die selten deckungsgleichen Bedürfnisse der Ausländer eingehen.

Am beeindruckendsten ist immer das Beobachten der **ganz normalen Bevölkerung**. Was kann es Schöneres geben, als sich an eine belebte Kreuzung mit gutem Überblick zu setzen, und einfach nur die vorüberziehenden Menschen zu betrachten. Ihre Verhandlungstaktiken auf den Märkten zu beobachten, ihre anmutigen Taiji-Übungen in den frühen Morgenstunden im Park zu bewundern oder einfach nur zuzusehen, wie sie sich im dichten Straßenverkehr bewegen, ist die beste Möglichkeit, etwas über China und die Chinesen zu lernen.

Man sieht zum Beispiel öfters Männer, die sich den Fingernagel ihres kleinen Fingers zentimeterlang wachsen lassen. Das symbolisiert ihren Status des höher gestellten Angestellten, der keine körperliche Arbeit mehr zu machen braucht, denn dabei würde der lange Nagel abbrechen. Dann trifft man immer wieder auf Männer oder Frauen, die ein großes Muttermal im Gesicht haben, aus dessen Mitte manchmal nur ein einziges Haar herauswächst, das dann mehrere Zentimeter weit herunterhängt. Bei uns würde man es intuitiv herausreißen oder abschneiden, aber in China bedeutet das ein Symbol für langes Leben. Und spätestens, wenn einem auf der Straße ein Rückwärtsläufer entgegenkommt, weiß man, dass die Welt nicht Kopf steht, sondern dass man in China ist.

Medizin

Jeder Reisende sollte sich überall auf der Welt auf die hygienischen und klimatischen Voraussetzungen seines Reisezieles einrichten und dabei die speziellen Rahmenbedingungen und Umstände seiner individuellen Reiseart berücksichtigen. Das bedeutet nicht nur die übliche Vorsorge in Bezug auf das Impfen oder die Mitnahme spezieller rezeptpflichtiger Medikamente. Man sollte nicht vergessen, dass China immer noch ein Dritte-Welt-Land ist und dass die **medizinische Versorgung nicht mit westlichen Standards zu vergleichen** ist. Eine kleine **Auseinandersetzung mit den Grundlagen chinesischer Medizin** ist im Vorfeld vielleicht wichtig und lesenswert zugleich.

Die chinesische Medizin und Heilkunde unterscheidet sich grundlegend von westlichen Prinzipien und Anschauungsweisen. Dabei hat es eine einheitliche chinesische Heilkunde bis ins 20. Jahrhundert hinein gar nicht gegeben. Die verschiedenen Sitten und Gebräuche, bedingt durch die Größe des Landes, das Völkergemisch und die Vielfalt der Kulturen, führten zu unterschiedlichsten Entwicklungen auf dem Gebiet der Medizin im weitesten Sinne, die eine homogene Philosophie oder gar ein einheitliches Ideensystem gar nicht zuließen.

In der Vergangenheit wie auch in der Gegenwart wurden in China magische und abergläubische Elemente, religiöse Grundlagen und naturgesetzliche Beobachtungen sowie wissenschaftliche Erkenntnisse zu komplexen medizinischen Denkschemata verknüpft. In China existieren bis heute viele sich einander widersprechende Vorstellungen vom Krank- und Gesundsein und es gibt kein verbindliches Erklärungsmodell, das als Grundlage für die gesamte Medizin dient.

Der größte **Unterschied zwischen China und den Ländern außerhalb „der Mitte"** besteht wohl darin, dass im Westen althergebrachte Kenntnisse aufgrund von Wissensfortschritten als veraltet angesehen und entsprechend ersetzt wurden, während in China eine ständige Wissenserweiterung durch ein Hinzufügen neuer Erkenntnisse vollzogen wurde. Trotz allem bestehen innerhalb der chinesischen Heilkunde bestimmte Übereinstimmungen, die bis zum heutigen Tage ihre Gültigkeit besitzen. Alle beobachteten Phänomene in der Natur sind untrennbar miteinander verbunden. Es ist das Prinzip des steten Wandels, der ständigen Dynamik, des Yin und Yang. Es ist ein komplexes System der Kontrolle und der Überwindung. Es sind verschiedene Phasen, die einander bedingen und sich gegenseitig hervorbringen wie zum Beispiel Tag und Nacht oder Ebbe und Flut.

Als Folge dieses ganzheitlichen Denkens können einzelne Teile des menschlichen Organismus nicht isoliert gesehen, bewertet und behandelt werden. Alle Einzelerscheinungen, wie zum Beispiel Krankheitssymptome, haben ihren Ursprung im Ganzen, es ist immer der gesamte Kreislauf, der stete Strom, der beachtet werden muss. Krankheit bedeutet einen Verlust der inneren Harmonie und ist nicht nur physischer, sondern auch psychischer Qualität. Krankheiten basieren aus chinesischer Sicht auf Umwelteinflüssen oder menschlicher Nachlässigkeit, auf Unausgewogenheit bestimmter Funktionszentren, die die Harmonie des einheitlichen Energiestroms des Körpers, des sogenannte Qi, negativ beeinflussen.

In der traditionellen chinesischen Arzneikunde stand über zwei Jahrtausende der Umgang mit Krankheiten im Vordergrund. Für den unkundigen Ausländer wirken so manche exotische Ingredienzen, die man sowohl bei Ärzten, in Apotheken, aber auch in Krankenhäusern zu Gesicht bekommt, auf den ersten Blick nicht sehr vertrauenserweckend, da sie westlicher Schulmedizin grundlegend widersprechen. Das bezieht sich aber meist auf die äußere Form.

Beim Besuch einer traditionellen **Apotheke** beispielsweise schlagen einem Gerüche wie aus „1001 Nacht" entgegen. Allein der Anblick des unüberschaubaren Sortiments der angebotenen Mittel ist für einen Mitteleuropäer sehr gewöhnungsbedürftig. Getrocknete und konservierte Insekten und Echsen liegen gestapelt oder hängen aufgerollt und verknotet neben- und übereinander. Teile von Knochen, Geweihen, Zähnen, Eiern, Tierhoden und -penissen sowie ein unfassbares, unüberschaubares, undefinierbares und unbegreifbares Sammelsurium von Kräutern, Blätter, Pilzen und Beeren werden in Streifen, Kügelchen und in Pulverform gelagert. Als Arzneigefäße und Aufbewahrungsorte für Pillen, Pasten und Pulver, Elixiere und andere arzneiliche Flüssigkeiten, skurrile medizinische Substanzen und Essenzen aller Art, dienen Gläser, Tiegel, Körbe, Dosen und Holzspanschachteln. Für jeden Kunden oder Patienten wird aus diesen Zutaten ein individuelles Medikament zusammengemischt und abgewogen, das dann zum Beispiel als Tee aufgebrüht eingenommen werden muss.

Die Namen vieler medizinischer Produkte und die Beschreibungen der Einsatzmöglichkeiten und Wirkungsbereiche sind genau wie ihr Inhalt oder deren Verpackung überaus fantasievoll. Packungen wurden nicht nur mit Sätzen wie „heilt besonders" (zhuan zhi) versehen. Auch sind wundersame Elixiere „mit der Kraft des schlafenden Drachens" (zhushi wolongdan) oder „zur Rettung aus Gefahr" (jiuwei babao hongling dan) zu finden oder auch ein Pulver „das die Soldaten zum

Laufen bringt" (zhuge xingjunsan). Diese blumige Ausdrucksweise ist bis zum heutigen Tage ein eindeutig chinesisches Charakteristikum in der Packungsbeschriftung.

Was bedeutet das nun **für den Reisenden**, der plötzlich Durchfall bekommt, der nicht einschlafen kann, der sich wundgelaufen hat, dem vom Essen übel wurde oder dessen Bindehaut sich entzündet hat? Es bedeutet, dass er die Wahl hat, sich in China entweder westliche Arzneimittel verschreiben zu lassen oder auf lokale Alternativen zurückzugreifen. Viele ausländische Medikamente sind in den Großstädten problemlos verfügbar, auf dem Land aber nicht unbedingt. Und wenn, dann vielleicht nur als Generika unter anderem Namen.

Wer richtig krank wird, kann durchaus in ein städtisches Krankenhaus gehen, das in der Regel gut ausgestattet sein wird. Er muss aber damit rechnen, das nicht nur die Untersuchungsmethode absolut nichts mit seinem bisherigen Erfahrungen zu Hause zu tun hat. Warum untersucht der Arzt die Hände, die Augen und vor allem die Zunge, wenn man Rückenschmerzen verspürt? Auch die Diagnose und das verschriebene Medikament siegt selten über die Skepsis. Gerade wenn es um die eigene Gesundheit geht, sind die meisten Ausländer überempfindlich und nicht bereit, sich im fernen Ausland ohne die Möglichkeit zur direkten Konsultation eines Arztes ihres Vertrauens auf Experimente einzulassen. Man sollte dabei nicht vergessen, dass die westliche Schulmedizin jedoch nur ein Prinzip von Vielen auf der Welt repräsentiert und dass die chinesische Medizin dem Westen in sehr vielen Bereichen überlegen ist.

Zahlen

Man ist gut beraten, sich den Wortlaut und die richtige Aussprache der wichtigsten Zahlen gut einzuprägen, um beim Kauf und Verhandeln gut gewappnet zu sein. Ein klassische Falle bzw. **Fehlerquelle** ist die **Verwechslung von „vier" und „zehn"**, da „zehn" („shi") oft genauso ausgesprochen wird wie „vier" („si") und dementsprechend oft für Verwirrung und Missverständnisse bei Uhrzeiten oder Kaufpreisen hervorruft.

Zur Verdeutlichung bei Kommunikationsproblemen im öffentlichen Leben, oftmals einfach wie auf Straßenmärkten lautstärkenbedingt, werden **Zahlen zur Bestätigung mit Handzeichen wiederholt oder signalisiert**. Im Gegensatz zum Westen werden alle Ziffern von eins bis neun mit nur einer Hand dargestellt. Die entsprechende Symbolik sollte jeder China-Reisende im Vorfeld auf jeden Fall lernen und auch selbst aktiv parat haben. Dieses Wissen und diese Fingerfertigkeit hilft nicht nur, es ist essenziell im Alltagsleben.

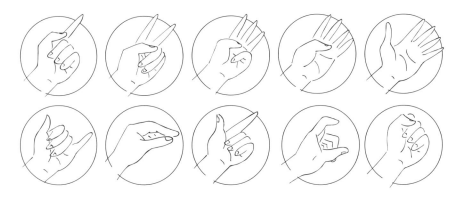

Bei **Verhandlungen, wo es um größere Beträge geht**, sollte man beachten, dass in China amerikanische Bezeichnungen verwendet werden. Was bei uns eine Milliarde ist, wird in China als Billion bezeichnet. Ein Unterschied von immerhin drei Nullen. Ansonsten wird nicht in tausender Schritten gedacht und gerechnet, sondern in der Einheit zehntausend, die „wan" heißt. Die Zahl Hunderttausend ist also nicht „yibai qian", das bedeutet „hundert mal tausend", wie man vielleicht glauben könnte, sondern „shi wan". Das heißt das „zehn mal zehntausend".

Um Übersetzungs- und Verständnisprobleme zu vermeiden, ist es daher sehr hilfreich, eine Tafel zur Hand zu haben, auf der die Zahlen aufgeschrieben und für beide Parteien in lokalen Währungen umgerechnet werden können. Auch sonst erweisen sich **visuelle Hilfsmittel beim Zahlen-Handling** als **sehr nützlich**.

Freizeitaktivitäten

Privateinladungen

Einladungen von privater Seite sind in China eine **seltene Ausnahme**. Das liegt einerseits an der sehr eingeschränkten Wohnsituation vieler chinesischer Familien. Es gibt einfach nicht ausreichend Platz in den Wohnzimmern, um auch nur zwei zusätzlichen Personen in angemessener Weise Platz bieten zu können und diese dann standesgemäß zu bewirten. Unter sich gibt es da keinerlei Berührungsängste und selbst in der kleinsten Wohnung finden viele chinesische Freunde Platz. Aber gegenüber ausländischen Gästen ist man da sehr reserviert, weil man glaubt, ihnen ein gewisses Maß an Komfort bieten zu müssen und die eigenen Wohn- und Lebensverhältnisse dies nur in den seltensten Fällen zulassen.

In Deutschland wird nun mal sehr viel Wert auf das eigene Häuschen oder zumindest die gut ausgestattete Wohnung gelegt. Entsprechend wird der überwiegende Teil der monatlichen Lebenshaltungskosten in Miete oder Abzahlung investiert. Dazu kommen wesentliche Kosten für eine komplette, optisch wie funktional ansprechende Einrichtung, da das häusliche Wohlbefinden in der Priorität privater Bedürfnisse bei den Deutschen ganz oben steht. Nicht so in China. Das Leben findet viel mehr im öffentlichen Raum und in traditionellen Wohnvierteln auf der Straße statt. Nur zum Schlafen zieht man sich zurück. In China ist nicht mal die Toilette oder die Küche in den eigenen vier Wänden eine Selbstverständlichkeit.

Aus diesem Grund gilt der private Wohnraum als Tabu, in dem man Fremden nur sehr ungern Einblick gebietet, wodurch Privateinladungen nur selten ausgesprochen werden.

Sollte es aber zu einer **Einladung durch einen besser gestellten Chinesen** kommen, ist es eine besondere Ehre und sollte auf jeden Fall nach zweimaliger höflicher Ablehnung gerne angenommen werden. Eine Erwiderung der Einladung ist zwingender Bestandteil des chinesischen Höflichkeitsrituals. Pünktlichkeit ist wichtig, zumal eine Einladung immer mit einem gemeinsamen Essen verbunden sein wird. Zu spät zu erscheinen, wäre nicht nur in China ein Akt der Unhöflichkeit. Man sollte sich deshalb genau erkundigen, wie man zu dem Haus oder der Wohnung findet. Das Auffinden einer unbekannten Adresse am Abend kann ziemlich schwierig werden, weil Straßennamen oder Hausnummern, sofern überhaupt vorhanden oder lesbar, nicht unbedingt westlicher Logik entsprechen.

Bei privaten Einladungen bringt man als Gast ein Gastgeschenk mit, isst, was man vorgesetzt bekommt, hält sich von bestimmten Gesprächsthemen fern und geht nicht allzu spät unaufgefordert wieder nach Hause. Von der Vorstellung, in lockerer Atmosphäre stundenlang auf bequemen Sesseln lümmelnd, zu klönen und mal richtig über China ablästern zu können, sollte man sich ganz schnell verabschieden. Privateinladungen sind auf jeden Fall beim ersten Mal relativ förmlich und steif, weil sich Gast und Gastgeber erst aneinander gewöhnen müssen und die Etikette zu bewahren ganz wichtig ist. Das kann bei Wiederholungen ganz anders aussehen und wenn man Glück hat, kann man in China schnell Freunde finden, mit denen man in ganz ausgelassener Atmosphäre auch toll feiern kann.

Jegliche Art von Einladung sollte auf jeden Fall einen Tag vor dem vereinbarten **Termin rückbestätigt** werden. Entweder mündlich, schriftlich, telefonisch oder am besten alles zusammen. Ansonsten könnte die Einladung von der einen oder anderen Seite als nicht wirklich ernst gemeint aufgefasst werden und zu peinlichen Situationen führen, die man gerne vermeiden möchte.

Geschenke

Überall auf der Welt lautet es, Geschenke erhalten die Freundschaft. **In China** gibt es eine **sehr ausgeprägte Geschenkkultur.** Wenn man irgendwo zu Besuch ist – sei es beruflich oder privat – ist es üblich, ein Gastgeschenk als Dankeschön für die Einladung mitzubringen. **Geschenke** dienen dem Aufbau oder Festigung einer Beziehung und sollen zu Gegenleistungen verpflichten. Auch **bei offiziellen Firmenbesuchen** sollte man für alle Fälle kleine Gastgeschenke dabei haben – gegebenenfalls in mehrfacher Ausführung für verschiedene Delegationsmitglieder. Am ehesten eignen sich hierfür typische Souvenirs aus Deutschland oder besser noch aus der Region oder gar Stadt, aus der man selbst kommt.

Die **Bandbreite der Möglichkeiten** ist natürlich **ziemlich groß** und kann von Bierkrügen mit Zinndeckeln und Sammeltellern mit gemalten Motiven des Heimatortes über Erzgebirgsschnitzereien und Miniaturen des Kölner Doms bis zu Kuckucksuhren oder Berliner Kindl-Figuren reichen. Der Erinnerungscharakter an den Schenkenden steht hier im Vordergrund. Entscheidend ist auch die Frage, wie der derzeitige Status der Beziehung ist, was das Geschenk in diesem Moment bewirken soll, wie man den Stellenwert des Beschenkten einschätzt und wie groß der zu erwartende Gegenwert des Gastgeschenks ausfallen muss. Ein großes Geschenk der einen Seite verpflichtet schließlich zu einem großen Gegengeschenk beim nächsten Treffen von der anderen Partie.

Ess- oder trinkbare Spezialitäten, wie zum Beispiel spezielle Schokoladen oder Obstbrände, werden gerne genommen. Wenn man in einem Markenartikelunternehmen arbeitet, können auch schöne oder nützliche Artikel aus eigener Produktion hilfreich sein. Das kann eine Tasche oder ein attraktives kleines Automodell sein. Grundsätzlich gilt, lieber ein kleines und bescheidenes, aber liebevoll ausgewähltes Präsent als persönliches Andenken an die eigene Heimat auszusuchen, als ein protziges Geschenk zu übergeben.

Will man dennoch aus gutem Grund **wertvollere Geschenke** einsetzen, empfehlen sich immer Produkte international bekannter ausländischer Marken. Man kann nie etwas verkehrt machen, wenn man beliebte Luxusprodukte ersteht und mit einem Firmenlogo personalisieren lässt und damit als ureigenes Gastgeschenk erkennbar macht. Ob gravierter Füllfederhalter bzw. versilbertes Zigarettenetui für den Herrn oder Schal bzw. Parfum für die Dame – solch prestigeträchtige Geschenke kommen immer und überall sehr gut an. Bei jeglicher Art von Werbeträgern – unabhängig von seiner Preisklasse – sollte zwingend darauf geachtet werden, dass es keinen Aufdruck „made in China" gibt, sondern besser noch ein offensichtlicher Hinweis zu „made in Germany" vorhanden ist.

Wenn man unverhofft irgendwo eingeladen wird, kann man gerne eine Flasche ausländischen Weines mitbringen. Man sollte darauf achten, dass bei den meisten Chinesen trockene oder halbtrockene **Weine** bislang noch weniger beliebt sind als süße. Eine Spätlese oder gar ein Eiswein wäre die bessere Wahl. Alternativ wären auch andere Alkoholika, teure Pralinen oder eine Stange westlicher **Zigaretten** durchaus angebracht. Auch ein **Obstkorb** bietet sich an, zumal viele Obstsorten mit positiven Eigenschaften assoziiert werden. Auf weiße Blumen sollte man verzichten, da diese als Ausdruck der Trauer gelten. Wenn etwas eingepackt wird, liegt man mit rotem **Geschenkpapier** und goldener Schleife immer richtig, da Rot als glücksverheißende Farbe gilt und Gold in China von jedermann geschätzt wird.

In China sind **Uhren**, anders als im Westen, wo sie Wert, Beständigkeit und vielleicht eine langfristige Geschäftsbeziehung repräsentieren, als hochwertige Geschenke besonders ungeeignet. Sie würden in China symbolisieren, dass die Zeit des Beschenkten abgelaufen ist. Die Aussprache des chinesischen Wortes für Uhr (zhong) ist identisch mit dem für Ende im Sinne von Begräbnis. „Jemandem eine Uhr schenken" (song zhong) könnte deshalb mit der Bedeutung „jemandem das letzte Geleit geben" verwechselt werden. Jegliche Witze über den Tod sind in China tabu. Da Chinesen sehr abergläubisch sind, wäre eine Uhr für sie ein schlechtes Omen. Auch scharfe oder spitze Gegenstände wie Messer oder Scheren sollten nicht verschenkt werden, wenn man nicht gerade aus Solingen kommt.

Sollten große Geschenke von Seiten des chinesischen Partners geradezu eingefordert werden – wenn auch nur unter der Hand – so ist dies eine offensichtliche Aufforderung zur Korruption und sollte mit besonderer Vorsicht behandelt werden, weil man sich sonst selbst noch strafbar machen könnte. Zu bestimmten Anlässen – wie zum Beispiel bei einer Einladung zu einer **Hochzeit** – kann allerdings offen Geld geschenkt werden. Es wird grundsätzlich in einem schön verzierten, roten Briefumschlag, der „hongbao" heißt, überreicht. Auf rote Tinte beim Briefeschreiben oder beim Beschriften eines Umschlages sollte man aber unbedingt verzichten, da rote Tinte impliziert, dass man eine bestehende Verbindung zu beenden beabsichtigt.

Beim Überreichen und Entgegennehmen von Geschenken und Mitbringseln in China gibt es bestimmte **Rituale und Regeln**, die es zu beachten und zu befolgen gilt. Gastgeschenke werden stets eingepackt überreicht und vom Empfänger nie in Gegenwart des Schenkenden ausgepackt. Das passiert erst, nachdem der Gast wieder gegangen ist. In Gegenwart des Schenkenden etwas auszupacken, gilt als gierig, zumindest aber als neugierig, und damit als unhöflich. Außerdem will man vermeiden, seine Enttäuschung zu zeigen oder gar Gefallen heucheln zu müssen, sollte einem das Geschenk nicht gefallen. Es wäre eine große Ausnahme, wenn ein Chinese ein Geschenk doch in Gegenwart seines Gastes aufmachen würde. In diesem seltenen Fall würde er es nur tun, um sich den ausländischen Sitten des Gastes anzupassen und ob dessen Mitbringsels nicht gleichgültig zu erscheinen. Manchmal entdeckt man als Gastgeber erst, wenn der Gast gegangen ist, dass er scheinbar eine Tasche hat stehen lassen. Dabei beinhaltet diese die Gastgeschenke, die ganz bescheiden und bewusst unbeachtet abgestellt wurden, damit der Einladende sie später in Ruhe ansehen kann. Eine wunderbar unaufdringliche Form des Schenkens, wenn auch für uns sehr gewöhnungsbedürftig.

Fotos

Der **Stellenwert von Fotos** ist nicht nur für Chinesen, sondern für alle Asiaten **sehr wichtig**. Reisen war früher ein unbekannter Luxus. Es war der normalen arbeitenden Bevölkerung aus finanziellen oder gar politischen Gründen einfach nicht möglich, in andere Landesregionen zu fahren. Diese Freiheit des Reisens wird heute mit Begeisterung nachgeholt und mit einer Mischung aus Stolz und Prestigedenken auch exzessiv dokumentiert. Fast jeder etwas besser gestellte Chinese hat heute eine Digitalkamera zur Hand.

Natürlich möchte jeder Fotografierte auf den Bildern möglichst vorteilhaft aussehen. Deshalb wird ein geradezu unvorstellbarer Aufwand betrieben, um sich selbst in die richtige Pose zu bewegen, bevor auf den Auslöser gedrückt wird. Vor allem bei Reisegruppen ist es fast lachhaft, zu beobachten, wie penibel die einzelnen Mitglieder vor dem Schild oder Banner ihres Reiseveranstalters in Stellung gebracht und arrangiert werden, bevor der Fotograf mit dem Ergebnis bis ins letzte Detail zufrieden ist.

Selbstverständlich werden Fotos stets vor bekannten Sehenswürdigkeiten gemacht, mit der jeweiligen Person oder der Gruppe im Vordergrund. Diese Kombination ist ganz wichtig, um den Daheimgebliebenen auch zu demonstrieren, wo man alles gewesen ist. Ein reines Landschaftsfoto oder nur ein Abbild eines Tempels oder eines Kulturdenkmals zu machen, ohne den Vordergrund mit dem Besucher zu schmücken, würden Chinesen als unpassend empfinden. Während wir das Betrachten von solchen Bildern mit dem stets gleichen und damit störenden Gesicht als eintönig bezeichnen würden, hätten Chinesen das Gefühl, dass dem Bild ohne sich selbst oder einer mitreisenden Person darauf die wichtige, persönliche Komponente fehlen würde und damit der Beweis, dass man tatsächlich vor Ort war.

Man sollte ruhig auch **auf Geschäftsreisen viele Fotos machen** und immer mal wieder seine Gastgeber, chinesischen Kollegen oder Geschäftspartnern zu einem gemeinsamen Gruppenfoto auffordern. Das ist wichtig für den Aufbau des Beziehungsnetzwerks und schafft Gemeinschaftssinn. Man kann sicher sein, dass diese Fotos dann später von dem Chinesen im Freundes-, Verwandten und Kollegenkreis stolz herumgezeigt werden. Sie beweisen nicht nur die geschäftlichen Kontakte zum Ausland, sondern gar das Vorhandensein „persönlicher Freunde", was sehr prestigeträchtig ist.

Es ist sehr empfehlenswert, eine Vielzahl von **Fotos von zu Hause** mitzubringen, um sie **in gelöster Atmosphäre herumzuzeigen**. Die Chinesen sind begierig darauf, zu sehen, wie es auf der anderen Seite der Erde aussieht. Was für einen selbst banaler Alltag ist, ist für den chinesischen Partner exotisches Ausland, das er möglicherweise selbst live nie zu sehen bekommt. Man sollte ruhig Fotos frei nach dem Motto „mein Haus, mein Auto, mein Boot" aussuchen. Das hat nichts mit Protzerei zu tun, sondern mit dem für Chinesen ganz natürlichen Umgang mit positiven Errungenschaften und Statussymbolen. Wer solche Fotos nicht parat hat, sollte sie im Vorfeld einer Chinareise extra anfertigen lassen. Sich selbst auf Fotos vor dem Eigentumsbungalow, im Garten – ein in China fast unvorstellbarer Luxus – vor dem BMW oder im Urlaub zu präsentieren, zeugt von dem errungenen Status, in dem sich der Chinese als Ihr Partner auch mitsonnen kann. Das ist kein falsches Imponiergehabe, sondern Beweis für die eigene Tüchtigkeit und den Erfolg, den man sich auch verdient hat. Wenn Chinesen mit jemandem, der erfolgreich ist, Geschäfte machen, reflektiert das auch auf sie selbst zurück. Das gibt Selbstsicherheit und Vertrauen in die Partnerschaft.

Ganz wichtig ist es natürlich, **Fotos seiner Familiengehörigen** zu zeigen. Chinesen werden immer ganz aufgeregt, wenn sie Bilder von vor allem blonden Kindern sehen und sind ganz begeistert. Sofern vorhanden, sollten Fotos des männlichen Stammhalters immer mit dabei sein. Auch Bilder von Freunden sind eine gute Option, um das soziale Umfeld und die gute gesellschaftliche Einbindung zu demonstrieren. Wenn sogar ein Lokalpolitiker, ein Chef einer bekannten Firma oder gar eine zumindest in Deutschland halbwegs prominente Figur darunter ist, hebt das das eigene Ansehen zusätzlich. Also **keine falsche Bescheidenheit** üben.

Gesprächsthemen

Es gibt unzählige Gelegenheiten, um mit Chinesen privat oder beruflich ins Gespräch zu kommen, doch Ort und Zeit müssen stimmen. Wer kennt nicht diese peinlichen Situationen, wenn eine unheilvolle Stille im Raum liegt und verzweifelt versucht wird, ein passendes Gesprächsthema zu finden, um das Eis zu brechen und die Stimmung zu heben. Dabei gibt es für jeden Ausländer in China ein Vielzahl extrem spannender Themen, zu denen er liebend gerne die Meinung eines Einheimischen hören würde. Leider ist die überwiegende Mehrheit dieser Themen sehr brisant und steht im Brennpunkt globaler Kritik.

Sofern man hier nicht wirklich sattelfest ist und ein wirklich gutes Gespür für die Situation hat, sollten solche **Themen** besser **nicht angeschnitten** werden. Dazu zählen Tierhaltung, Artenschutzabkommen, Einhaltung der Menschenrechte, Taiwan-Frage, Tibet-Politik, Atomprogramm, Umweltschutz, Organspenden, Todesstrafen sowie

Religions- und Pressefreiheit. Politische Diskussionen, die in Richtung Kritik am chinesischen Regierungsstil oder gar auf Demokratiebewegungen hinzielen, sind ebenso fehl am Platze wie Gespräche über Tabuthemen wie Krankheiten, Todesfälle oder Scheidungen.

Viele Europäer und gerade die manchmal übersensiblen Deutschen können bei den meisten **innenpolitischen Themen** die spezifisch chinesische Haltung gegenüber solchen Fragen nicht verstehen, akzeptieren oder gar tolerieren. Dabei fehlt den meisten das fundierte Hintergrundwissen, um interkulturelle Diskussionen auch sachlich und vorurteilsfrei führen zu können. Man neigt schnell dazu, mit einer vorgefassten Meinung in das Gespräch hineinzugehen und den Gesprächspartner mit missionarischem Eifer von der ausschließlichen Richtigkeit der eigenen Einstellung überzeugen zu wollen. Das ist als Ausländer in China ebenso unhöflich wie auch arrogant und interkulturell tollpatschig. Es wäre jedoch wichtig, zumindest beurteilen zu können, mit welcher Kompetenz, Legitimation, Interessenlage und in welchem Kontext eine solche Andersartigkeit im chinesischen Denken und Handeln als Argument in die Diskussion eingebracht wird. Doch dies ist in den seltensten Diskussionen der Fall.

Das bedeutet jedoch nicht, dass man nicht mit Chinesen leidenschaftlich über alle möglichen Themen diskutieren könnte und sollte. **Am Schluss einer jeden Diskussion** sollte jedoch stehen, dass eigentlich beide Seiten Recht hatten oder man eigentlich das Gleiche meinte, es nur unterschiedlich ausgedrückt hat. Niemand sollte versuchen, am Ende eines noch so hitzigen Gesprächs als „Sieger" dazustehen und den Gesprächspartner argumentativ oder rhetorisch besiegt zu haben. Man sollte peinliche Arroganz vermeiden und auf keinen Fall einen persönlichen Verbalangriff auf den Diskussionspartner starten. Dazu kann es im Eifer des Gefechts jedoch schnell kommen, auch wenn man es selbst nie so sehen würde. Doch die Grenze zwischen souveräner, positiv gewerteter und vehementer Diskussion und unakzeptablem verletzendem Verhalten ist ein schmaler Grad. Aufrechterhaltung der Harmonie und die Vermeidung von Streit sollten immer im Vordergrund stehen.

Als Ausländer sollte man sich deshalb bemühen, **möglichst neutrale Gesprächsthemen** zu wählen, um das erste Kennenlernen möglichst konfliktfrei zu erleichtern. Chinesen sind sehr stolz auf die lange Kulturgeschichte ihres Landes und die wirtschaftlichen Fortschritte seit der Öffnung des Landes. Das Land ist voll mit einmaligen Sehenswürdigkeiten und UNESCO-geschützen Kulturdenkmälern, und es gibt die unterschiedlichsten Künste und Kunsthandwerke, über die man sich fantastisch auslassen kann, ohne auch nur ansatzweise in ein interkulturelles Fettnäpfchen zu treten.

Gute Themen können weiterhin die Raumfahrt sein, Sport im Allgemeinen und die Olympischen Spiele 2008 in Peking im Speziellen. Vielleicht unterhält man sich auch über die World Expo 2010 in Shanghai, die chinesische Mauer oder den Gelben Fluss. Jegliche Fragen oder auch Komplimente in diese Richtung werden gerne gehört, da sie beweisen, dass man Interesse bekundet bzw. sich gezielt mit China auseinandersetzt.

Andererseits gibt es immer wieder Gesprächsthemen, die in Deutschland großes Befremden auslösen, über die man sich in China aber ganz natürlich und unbefangen unterhält. Dazu zählen sehr direkte und unverblümte Fragen über das **Privatleben des ausländischen Gegenübers**, aber auch Fragen nach dem Einkommen, was in Deutschland wiederum als unhöflich gilt. Darauf sollte man vorbereitet sein.

Ein wirkliches persönliches Interesse an seinem chinesischen Geschäftspartner, wenn es respektvoll hervorgebracht wird, kann die bestehende Beziehung sehr positiv verändern und vertiefen und auch rein berufliche Probleme aus dem Weg räumen. Das erfordert natürlich ein gesundes Maß an Menschenkenntnis und Fingerspitzengefühl. Privatgespräche nicht gezielt für seine beruflichen Zwecke und Ziele einzusetzen, wäre ein Ausdruck, nicht verstanden zu haben, worum es in China eigentlich geht – um die harmonische Beziehung zwischen zwei Menschen.

Abendgestaltung

Selbst nach einem vollen Besichtigungstag ist nach dem Essen an ein Ende des Programms nur selten zu denken. Es ist durchaus möglich, dass der abendliche Weg vom Restaurant direkt in die nächste **Karaoke-Bar** führt. Diese **japanische Erfindung** ist in China nicht nur sehr populär, sondern zählt geradezu zu den beliebtesten Freizeitbeschäftigungen. Fast alle Chinesen sind begeisterte Sänger und haben – ganz im Gegensatz zu vielen eher reservierten Deutschen – auch keinerlei Hemmungen, sich trotz unterschiedlicher Gesangstalente auf die Bühne zu bewegen und vor einer Gruppe von johlenden Freunden oder gar fremden Publikum bekannte Volkslieder zu schmettern. Vor allem nach zunehmendem Alkoholgenuss sinken die Hemmungen, sich öffentlich zu präsentieren und Spaß und Stimmung steigen exponentiell an.

Es wird von den ausländischen Besuchern erwartet, an dieser Gaudi **aktiv teilzunehmen** und sich gegenseitig seine Lieblingsmusik vorzusingen. Diesem Zwang kann man sich im Interesse der guten Beziehungen eigentlich nicht entziehen. Ausreden, man könne nicht singen, werden nicht akzeptiert und darum geht es auch gar nicht. So schwer es auch fallen mag, man sollte sich auf zumindest ein Lied einlassen. Mittlerweile gibt es ja auch Gesangsvideos mit englischen Untertiteln, so dass man wenigstens ein „Let it be" von den Beatles problemlos überstehen kann. Begeisterungsstürme werden garantiert sein und alle sind zufrieden.

Nach geschäftlichen Besprechungen lädt man seine Kunden auch mal gerne in eine **Diskothek** oder **Nachtbar** mit **Table Dance** ein. Dabei wird fast immer sehr viel Alkohol getrunken, aber der Aufenthalt in solchen Lokalitäten ist eigentlich nicht mit kompromittierenden Aktivitäten verbunden. Es sei denn, man wird direkt oder indirekt auf das Interesse, intimere Damenbekanntschaften zu machen, angesprochen. Da sollte man sich im Vorfeld sehr gut überlegen, wie man damit umgeht. Am unkompliziertesten wäre der Gegenvorschlag, sich gemeinsam noch an die Hotelbar zu setzen, wo es bei besseren Häusern auch sehr oft Live-Musik von annehmbaren Bands gibt.

Sich einen Kinofilm mit englischen Originalstimmen und chinesischen Untertiteln anzusehen, steht nur in wenigen Städten wie Shanghai oder Peking zur Disposition. Informationen über Theater, Konzerte oder sonstige Veranstaltungen kann man kostenfreien englischen Stadtmagazinen entnehmen, die es aber nur in ausgewählten Großstädten gibt. Man kann jedoch bei seinen Geschäftspartner nachfragen, ob die Möglichkeit besteht, eine **Peking-Oper** oder gar eine der ganz hervorragenden **chinesischen Zirkusveranstaltungen** zu besuchen. Populär sind auch Freizeitaktivitäten wie **Bowling**.

Zeit zum **Shopping** oder nur **Window-Shopping** gibt es abends eigentlich immer, da die Geschäfte bis zehn Uhr abends geöffnet haben. Ob große Fußgängerzonen oder die Erkundung kleiner Wohnviertel – lohnenswert ist es immer, sich den flanierenden Chinesen anzuschließen und sich in der Folge noch in ein Café oder einen Biergarten, zum Beispiel in Shanghais „Xintiandi"-Viertel, zu setzen, bevor man in den hart erarbeiteten Schlaf sinken kann.

Viele Ausländer sind nach einem langen Arbeitstag aber einfach zu erschöpft, um sich noch ins Nachtleben zu stürzen und ihre sozialen Kontakte zu vertiefen. Um seine Geschäftspartner nicht vor den Kopf zu stoßen, sollte man sich vielleicht nur auf einen kurzen Drink einlassen. Ist einem selbst das zu viel, kann man auch auf dringende Telefonate mit dem Ausland, zum Beispiel mit dem sechs Stunden zurückliegenden Deutschland, hinweisen oder einfach sagen, man wäre zu müde. Das heißt „leile". Auf jeden Fall muss man bei einer Ablehnung eine intensivere gemeinsame Abendaktivität in nächster Zukunft in Aussicht stellen. Damit geben sich die Gastgeber dann auch meistens zufrieden.

Wochenende

Was macht man als Ausländer, der sich über längere Zeit in China aufhält, an seinen freien Wochenenden? Womit kann man sich beschäftigen oder unterhalten lassen? Es gibt überall in China sowohl in kultureller als auch sportlicher Hinsicht viele verschiedene Möglichkeiten der Freizeitgestaltung.

Wer unternehmungslustig ist, kann mit öffentlichen Verkehrsmitteln **Ausflüge** in die nähere Umgebung machen, um in kleinen Orten oder Dörfern lokale Märkte zu besuchen, durch gut erhaltene Altstadtbereiche zu schlendern oder sich lokale Sehenswürdigkeiten wie Tempel oder Pagoden anzusehen. Je nach Budget kann man auch sehr kurzfristig in andere Städte oder Provinzen fliegen, um seinen Horizont im wahrsten Sinne des Wortes zu erweitern.

Bei Chinesen sind Strandbesuche sehr beliebt, aber vielen Ausländern steht eher der Sinn nach aktiveren Naturerlebnissen. Diesen sei eine Wandertour zu oder gar auf einen der acht heiligen Berge des Buddhismus oder auch der acht heiligen Berge des Daoismus empfohlen. Solche Ausflüge sind innerhalb eines normalen Wochenendes ohne große Vorbereitung relativ leicht zu bewerkstelligen.

Ansonsten könnte man sich informieren, wo man als Ausländer **Kurse** zu den Themen Fengshui, Qigong oder Kalligraphie besuchen kann. Wer sich gezielt mit TCM, der **Traditionellen Chinesischen Medizin**, auseinandersetzen möchte, wird dazu ebenso Gelegenheit finden wie das Ausprobieren von **Akupunktur** am eigenen Leibe. Wer sich physisch stärker einsetzen möchte, findet vielleicht an Taiji oder gar Kongfu Gefallen. Entsprechende Schulen oder gar Privatlehrer gibt es in jeder chinesischen Stadt ohne Probleme zu finden. Und wer sich dann noch nicht ausgelastet fühlt, wird überall im Land auf bereitwillige Lehrer stoßen, die ihm mit wachsender Begeisterung „Putonghua" beibringen.

Prostitution

Auf viele Europäer üben Asiatinnen eine hohe Anziehungskraft aus. Die sexuelle Attraktivität schließt auch Chinesinnen nicht aus. Doch Prostitution ist nicht nur eine Folge der Zunahme der Ausländer im

Land, sondern ist seit Beginn der achtziger Jahre sowohl in ländlichen Gegenden als auch in den Städten weit verbreitet. Das nachfolgende Kapitel wurde auf Basis der hervorragend recherchierten Wikipedia-Informationen erstellt.

Die Prostitution in der Volksrepublik China hat sich **heute** zu einer **millionenschweren Industrie** entwickelt und ist untrennbar verbunden mit Problemen wie organisierte Kriminalität und gar Korruption auf Regierungsebene. Die **Folgen** sind nicht nur Ausbeutung, sondern auch sexuell übertragbare Erkrankungen wie vor allen Dingen Aids. Prostitution in China lässt sich durch verschiedene soziale Hintergründe der Anbieter, Arten, Örtlichkeiten und Qualitäten definieren und charakterisieren. Entsprechend ist die gesellschaftliche Akzeptanz sehr unterschiedlich.

Dabei werden **sieben verschiedene Kategorien von Prostituierten** nach einer absteigenden Hierarchie unterschieden. Die **erste Stufe** nennt sich „bao er nai", wobei Frauen als Zweit- oder Nebenfrauen wohlhabender chinesischer Geschäftsleute, einflussreicher Politiker oder sich mehr oder weniger dauerhaft in China aufhaltenden Ausländern agieren. In Folge dieser festen Verbindungen und regelmäßigen Zahlungen ist eine dauerhafte Versorgung der Frau gewährleistet und es gibt sogar beiderseitige Ambitionen, aus dem Prostituiertenverhältnis ein richtiges Eheverhältnis werden zu lassen.

Die **zweite Stufe** sind die „bao po", was in etwa „gecharterte" oder „exklusiv gebuchte Ehefrau" bedeutet. Frauen stehen gutsituierten Kunden zeitlich begrenzt für alle Arten von Dienstleistungen zur Verfügung und erhalten dafür ein festes Honorar. Das würde dem Hostessen-Service im Westen sehr nahe kommen.

Die **dritte Stufe**, „san ting", was „drei Hallen" bedeutet sind Frauen, die zulassen, dass Männer auf Karaoke-Partys, in Diskotheken oder Bars gewisse intime Handlungen an ihnen vollziehen dürfen. Sie werden durch Trinkgelder des Gastes oder Kommission am Getränke- bzw. Speiseumsatz des Gastronomiebetriebes entlohnt.

Bei der **vierten Stufe** handelt es sich um so genannte „Ding dong"-Damen, die üblicherweise ihre potenziellen Freier in Kooperation mit der Rezeption im Hotelzimmer anrufen. Mit dem gängigen Satz „Hello Mister, you want Chinese girl?" ist bestimmt schon jeder männliche alleinreisende Geschäftsmann zu abendlicher Stunde konfrontiert worden. Hier wird entweder einmaliger Geschlechtsverkehr oder die ganznächtige Verfügbarkeit zu einem Vielfachen des Preises angeboten.

Stufe fünf betrifft die „falang mei", was man am besten mit „Friseursalon-Schwester" übersetzen könnte. Die Frauen arbeiten an oder in öffentlich zugänglichen Orten wie Frisiersalons, Schönheitsfarmen, Badehäusern oder Saunen und bieten dort sehr direkt ihre Dienste an. **Danach** folgen nur noch die „jienü", die **„Straßenmädchen"** sowie die **„xia gongpeng"**, die „hinab zu den Arbeitsbaracken" steigen, um sich Wanderarbeitern anzubieten. Die beiden untersten Stufen haben keinerlei gesellschaftlich akzeptierte Vorteile mehr, sondern hier geht es nur noch um den nüchternen Austausch zwischen der Ware Sex und Geld.

Es wird geschätzt, dass **heute bis zu zehn Millionen Chinesen** ihren **Lebensunterhalt direkt oder indirekt mit der Prostitution** decken. Zunächst an den industrialisierten Ostküsten startend, breitete sich die Prostitution innerhalb von nur zwanzig Jahren zunehmend auch auf die infrastrukturell schlechter entwickelten Provinzen und Regionen des ganzen Landes aus. **Ursprünglich** war die typische Sex-Verkäuferin eine junge, unbedarfte und mangelhaft ausgebildete Arbeiterin aus bevölkerungsreichen Provinzen Zentralchinas, die in der Prostitution in der Großstadt die einzige Chance sah, sich aus ihrer beruflichen Chancenlosigkeit, dem gesellschaftlichen Unterklasse-Status und der permanenten Finanzmisere herauszumanövrieren.

Prostitution wird heute immer stärker mit brutalem Menschenhandel, extremer Drogenabhängigkeit und organisierter Kriminalität in Verbindung gebracht. Als ein wesentlicher Übertragungsweg von HIV steht die Prostitution immer stärker in der Kritik der chinesischen Regierung. Erst seit den **1980er Jahren** wird Prostitution überhaupt offiziell als Phänomen wahrgenommen und seit Ende der **1990er Jahre** gibt es entsprechende Gesetze, die die gewerbsmäßige Prostitution verbieten, bei der in Ausnahmefällen sogar die Todesstrafe verhängt werden kann. Seit **2003** wird auch homosexuelle Prostitution gesetzlich verfolgt.

Jeder Ausländer sollte sich also trotz der umfassenden Verbreitung der Prostitution und trotz der exotisch-erotischen Verführungskünste der Chinesinnen vor Augen führen, dass **Prostitution strafbar und** vor allem **sehr AIDS-gefährlich** ist. Und jeder Geschäftsreisende sollte sich darüber im Klaren sein, dass es nicht selten vorkommt, kurz nach dem Vergnügen mit erpresserischen Forderungen konfrontiert zu werden.

Kunst und Kultur

Farbsymbolik

Farben haben sowohl im Westen als auch in China eine **wichtige Symbolkraft**, wobei die Farbensymbolik in China teilweise sehr anders ist und manchmal das genaue Gegenteil unserer Interpretationen repräsentiert.

Schaut man sich erst mal die achromatischen, also **unbunten Farben Schwarz und Weiß** an, so findet man sie in China in perfekter Harmonie in Form des Yin-und-Yang-Symbols. Das schwarze Yang steht für Männlichkeit und Aktivität, für Himmel und das Oben, für Wärme und das Gute. Das weiße Yin hingegen repräsentiert die Weiblichkeit, das Passive, die Erde und das Unten, das Kalte und Böse. Anders als im Westen, wo Weiß als Farbe für Reinheit und Unschuld gilt und eine Braut auf ihrer Hochzeit ein weißes Kleid trägt, symbolisiert Weiß in China Trauer und Unglück. Weiße Kleidung trägt man zum Beispiel auf einer Beerdigung und schenkt weiße Blumen dazu.

Eine **wichtige Farbe** in China ist das **Gelb**, das dem aktiv-schöpferischen Yang zugeordnet wird und im chinesischen Weltbild für die stabile und unbewegliche Mitte steht. Gelb ist die Farbe, die dem chinesischen Kaiser vorbehalten war. Das chinesische Schriftzeichen für *Kaiser* wird genau so ausgesprochen, wie das Schriftzeichen für die Farbe Gelb, nämlich *„huang"*. Der Ursprung des Kaisergelbes findet sich in der Bedeutung der Sonne, da der Kaiser der „Sohn des Himmels" war. Die Dachziegel der verbotenen Stadt waren ebenso gelb wie das kaiserliche Gewand. Es war allen Chinesen bei Todesstrafe verboten, ebenfalls ein gelbes Gewand zu tragen.

Die **wichtigste** und bei allen Ausländern auch bekannteste **Farbe Chinas** ist das Rot, genauer gesagt, das **Karmesin-Rot**. Es ist die allgegenwärtige Farbe des Glückes und des Wohlstands. Man trifft überall im täglichen Leben auf rot bemalte Wände, Türen, Möbel, Papiere und funktionale wie dekorative Gegenstände, wie zum Beispiel der rote Endlosknoten. Bei einer traditionellen chinesischen Hochzeit trägt die Braut als eines von drei wechselnden Gewändern immer ein rotes Qipao-Kleid. Dass die kommunistische Regierung sich Rot als Signalfarbe ausgewählt hat, ist eine Folge der positiv besetzten Assoziationen des Rottons.

Glückssymbole

Um die Denkweise der Chinesen besser verstehen zu können, bedarf es eines Einblicks in eine hochentwickelte Kommunikationsform, die mittels einer speziellen, mehrdeutigen Symbolsprache stattfindet. Die fernöstliche Lebensanschauung ist viel stärker visuell geprägt als die unsere. Als Beispiel dafür wäre die Bildsprache mit ihren komplexen Schriftzeichen zu nennen, die die einzelnen Worte fast spielerisch durch bildhafte Umschreibungen des Begriffes wiedergeben.

In China tauchen in allen Bereichen des täglichen Lebens sehr viele Elemente auf, die weit über die offensichtliche Aussagekraft des ersten Anscheins hinausgehen. Für Eingeweihte werden so spezielle Botschaften auf subtile, indirekte Art und Weise ganz eindeutig vermittelt. In verhüllter Form vermittelt der Sender dem Empfänger durch diese doppeldeutige Symbolsprache eine Nachricht, die zwar verstanden wird, aber über die man nicht spricht oder offen sprechen möchte.

Die Kenntnis der Verwendung dieser oft zweideutigen **Symbolsprache** – unter Bezugnahme auf Kunst und Kultur gespickt mit Anspielungen, Vergleichen, Übertragungen oder Wortspielen – **spielt** deshalb **eine nicht zu unterschätzende Schlüsselrolle im Gesamtverständnis der Chinesen**. Offene und direkt ausgesprochene Worte würden in mancher Beziehung als zu grob, zu primitiv oder gar unhöflich angesehen werden. Die Symbolsprache ist auch als eine Art spannenden Spiels zu verstehen: Habe ich die richtigen Symbole gewählt und hat mein Gegenüber die wahre Bedeutung der Botschaft auch wirklich erkannt? In einem Land wie China, mit wenig Privatraum und fast keiner Intimsphäre, ist diese Art zwischenmenschlichen Umgangs und Austauschens von Information eine fast notwendige Form rücksichtsvoller Kommunikation. Symbolische Formen und Ausdrucksweisen sind fast eine Art gesellschaftlichen Rituals, die den einzelnen Mitgliedern eine Möglichkeit bietet, gesittet, geordnet und diskret miteinander umzugehen.

Man unterscheidet dabei zunächst so genannte **Formsymbole**, die mit dem Auge direkt erfassbar sind und deren Bedeutung auf andere Beziehungsebenen übertragen werden. Beispiele wären hier bestimmte Naturphänomene wie Regen oder Sonne, Nebel oder Wolken. Als zweites wären die **Lautsymbole** zu nennen, wo die sprachliche Ähnlichkeit zweier Begriffe eingesetzt wird, um indirekt etwas auszudrücken. „Fu" kann sowohl Glück als auch Fledermaus heißen. Also ist die Fledermaus ein Glückssymbol. „Zhu" bedeutet in etwa „jemandem Glück wünschen" und klingt je nach Dialekt leicht ähnlich wie die Orange „ju". Eine Orange ist dementsprechend eine glücksbringende Frucht, die der Kaiser früher an seine Beamten verteilen ließ und die man gerne am zweiten Tag des Neujahrsfestes isst.

Einem Beamten könnte man das Bild eines Affen schenken, der auf einem Pferd sitzt. Denn „ma shang feng hou" heißt wörtlich „auf dem Pferd" und ist wortgleich mit dem Ausdruck „sofort als Fürst belehnt werden".

Das Wort für Fisch, „yu", ist gleichlautend mit dem Begriff für „Überfluss", und deshalb symbolisiert ein Fisch Reichtum. Im bildlichen Zusammenhang mit Kindern bedeutet dies eine reiche Nachkommenschaft. Fische als Symbole in der Literatur zeugen von bevorstehenden reichen Ernten. Man isst gerne Fisch zum chinesischen Neujahr in der Hoffnung auf ein Jahr im Überfluss. Goldfische gar unterstreichen die Doppeldeutigkeit mit Überfluss. Wahrscheinlich werden sie deshalb bevorzugt als Haustiere gehalten oder in Tempelteichen gezüchtet. Goldfische eignen sich als gutes Hochzeitsgeschenk, zumal ein Paar Fische auch Fruchtbarkeit symbolisiert. Auch der Hirsch, chinesisch „lu", ist wegen seiner Lautgleichheit mit „gutem Einkommen" ein Symbol des Reichtums. Der Karpfen „li" dagegen entspricht dem Wort für „Vorteil" und wird daher gerne als Symbol für den Wunsch nach Vorteilen im Geschäftsleben eingesetzt.

In **Südchina** sollte man niemandem eine Melone schenken, da das Wort dafür genauso ausgesprochen wird, wie „Tod" oder „Sterben" im Hochchinesischen. „Apfel" heißt „ping", das auch „Frieden" bedeuten kann. Ein Apfel gilt deshalb als ein Symbol des Friedens. Einem Patienten sollte man jedoch keinen Apfel schenken, denn in einem anderen Dialekt bedeutet das ähnlich klingende „bing" krank bzw. Krankheit. Die Verwendung der Symbolik ist also sehr komplex.

Eigenschaftssymbole sind die dritte Kategorie. Meistens werden hier die besonderen Eigenschaften einzelner Pflanzen- und Tierarten verwendet, wie etwas das Alter von Schildkröten, deren Darstellung ganz allgemein den Wunsch für langes Leben symbolisieren oder Chrysanthemen, die durch ihre Frostbeständigkeit standhaften Charakter darstellen. Eigenschaftssymbole können jedoch auch mit dem Geruchs- oder Tastsinn zusammenhängen. „Weich wie Seide" oder „kühl wie Jade" sind gerne verwendete Umschreibungen. Manchmal ist ein direkter Zusammenhang der ursprünglichen Begriffe mit der übertragenen Bedeutung auch nicht mehr genau erkennbar. So gibt es hunderte, verschiedenste Symbole, die zweideutig verwendet werden können. Einige Beispiele seien hier genannt:

Buddha steht für Zufriedenheit und das Füllhorn für Reichtum, ein **Flusskarpfen** signalisiert Beförderung und ein **Flaschenkürbis** deutet einen vielversprechenden Sohn an. **Hühner** stehen als Vorzeichen glücklicher Ereignisse, Elefanten und Schweine symbolisieren Reichtum. Ein Adler gilt als Symbol für die Stärke; auf einem Felsen sitzend, versinnbildlicht er den Helden, der allein kämpft. Ein Bär steht für Tapferkeit. Wer von einem Bären träumt, kann die baldige Geburt eines Sohnes erwarten. Blumen symbolisieren die verschiedenen Jahreszeiten. Iris und Magnolie stehen für den Frühling, Lotos und Päonie für den Sommer, als Herbstsymbol gilt die Chrysantheme, und dem Winter entsprechen Pflaume und Bambus. Bambus, Kiefer und Pflaume werden als die „drei Freunde" bezeichnet und stehen genau wie der Kranich für langes Leben. Solche Bilder mit einer ganzen Fülle verschiedener Symbole treten auch in der Gebrauchsgrafik, wie Postern, Kalendern oder Packungsgestaltung recht häufig auf. Meistens versucht man mittels der Symbolik positive Assoziationen zu wecken, wie Wohlstand und Gesundheit, Ruhm und Erfolg, langes Leben und große Nachkommenschaft.

Diese Beispiele machen vielleicht deutlich, welch große Faszination von der Vielfältigkeit und Vielschichtigkeit der chinesischen Symbolsprache ausgeht und wie stark der Zusammenhang mit Glücksbringern und Unglücksbringern ist. Man sollte sie als Ausländer nicht nur beachten, um nicht ungewollt ins Fettnäpfchen zu treten. Dies gilt besonders dann, wenn die Symbolik im Westen eine genau gegenteilige Bedeutung hat. Die **gezielte Auseinandersetzung mit Glückssymbolen** könnte in vielen Bereichen maßgeblich zum Verständnis der Chinesen beitragen. Zusätzlich kann man sich der Bewunderung seiner chinesischen Geschäftspartner sicher sein, wenn man anlässlich von Glückstagen wie Hochzeit oder Geburtstagen oder auch bei besonderen geschäftlichen Ereignissen wie Firmeneröffnung oder Vertragsabschluss ein Geschenk präsentiert, das die entsprechenden Glückssymbolik Chinas berücksichtigt oder gar zum Thema hat.

Kalligraphie

Kalligraphie ist sowohl sichtbarer Ausdruck der geschriebenen Sprache als auch eine eigenständige Kunstform, die mit Malerei vergleichbar wäre. Die chinesische Kalligraphie im Speziellen hat als besondere Ausprägung der Schriftkultur den ganzen asiatischen Raum nachhaltig beeinflusst. Mit den sogenannten „Vier Schätzen des Studierzimmers", die „*wenfang sibao*" genannt werden – dazu zählen Pinsel, Tusche, Tuschereibstein und Papier – haben die chinesischen Kalligraphen im Laufe von Jahrhunderten ihre individuellen Stilrichtungen entwickelt und zur Perfektion gebracht.

Chinesische Schriftzeichen werden **traditionell** in **sechs verschiedene Gruppen**, die man als „*liu shu*" bezeichnet, unterteilt. „*Xiang xing*" sind die Bildsymbole; „*zhi shi*" stellen abstrakte Gedankengänge symbolhaft dar; „*hui yi*" ist die Verbindung von „*xiang xing*" und „*zhi shi*"; „*xing sheng*" meint die Verbindung von Piktogrammen und Phonogrammen; „*jia jie*" steht für phonetische Zeichen; als „*zhuan zhu*" bezeichnet man Schriftzeichen, deren Bedeutung sich mit der Schreibweise verändert. Diese Klassifizierung ist bei der Kalligraphie wichtig und führte zu **fünf verschiedenen Stilarten**, der Normalschrift „kaishu", der Siegelschrift „*zhuanshu*", der Kanzleischrift „*lishu*", der Kursivschrift „*xingshu*" und der Vollkursivschrift „*caoshu*", was wörtlich in etwa „Grasschrift" bedeutet.

Die **Normalschrift**, die heute „Standard Schreibschrift" oder „*zhengkai*" genannt wird, dient dem alltäglichen Schriftgebrauch, hatte ihre

Blütezeit aber in der Tang-Dynastie von 618 bis 907. Es gab berühmte Kalligraphen wie Yan Zhengqing, die ihre eigenen Kaishu-Kalligraphieschulen gründeten. Dieser Stil zeichnete sich durch kräftigen und breitflächigen Pinselduktus aus. Im Gegensatz verlaufen in der **Siegelschrift** alle waagerechten und senkrechten Linien gleichmäßiger und feiner, wobei die Endpunkte spitz zulaufen. Die Siegelschrift wurde in die *„dazhuan",* die „große Siegelschrift", und die *„xiaozhuan",* die „kleine Siegelschrift", unterteilt, und hatte in der Qin-Dynastie zwischen 221 und 207 vor Christus ihren Höhepunkt.

Wie der Name schon vermuten lässt, wurde die **Kanzleischrift** für offizielle Dokumente entwickelt. Man musste mit ihr viele Texte schnell niederschreiben können. Sie geht auf den Gefängniswärter Cheng Miao aus der Qin-Zeit zurück und ist durch eher breite und sperrige Schriftzeichen mit sehr geraden waagerechten und senkrechte Linien charakterisiert. Die Kanzleischrift war viel schneller und leichter zu beherrschen und umzusetzen als die Siegelschrift und war bei der Förderung und Verbreitung der Wissenschaft sehr hilfreich. Die **beiden Kursivschriften** waren weitere Varianten der Siegel- und Normalschrift und galten als besonders elegante und leichte Schriftsformen.

In China trifft man überall auf hervorragende Beispiele von Kalligraphien, und zwar nicht nur im Museum als Rollbilder an der Wand, in buddhistischen Tempeln eingraviert in Stelen oder auf großen Holztafeln in Gärten. Auf Reklamen, Türschildern und Plakaten sind sie ebenso vertreten wie auf Denkmälern, Fahnen oder in Büchern. Viele haben künstlerischen Wert und hohen Anspruch, aber manche eben nicht. Und genau diese Bandbreite der Möglichkeiten macht die Kalligraphie so interessant. Als reines Kunstwerk steht nicht die saubere Lesbarkeit und der Informationsgehalt des Geschriebenen im Vordergrund, sondern die Form und Qualität der einzelnen Striche und die Aufteilung der Fläche. Zeichen werden abstrahiert und dienen nunmehr als optisches Hilfsmittel oder Medien, um das Ziel des Künstlers zu erreichen. Das ist viel schwerer als nur der Schönschreibkunst zu frönen.

Kalligraphie ist nicht nur hochangesehene Kunst, sondern ist Grundlagenschule, um physische und mentale Stärke und Reife zu erlangen. Sie **schult die Sinne, fördert gleichzeitig Beweglichkeit und Ausgeglichenheit und erfordert Disziplin, Geduld und Ausdauer.** Sich mit Kalligraphie auseinanderzusetzen, ist ein intellektueller Akt, der Charakter und Persönlichkeit formt und deshalb über Jahre hinweg zum festen Bestandteil des Stundenplanes jedes Schülers zählt.

Ihren künstlerischen Höhepunkt erreichte die chinesische Kalligrafie während der Tang-Dynastie zwischen den Jahren 618 und 907. Gut erhaltene Kunstwerke berühmter Kalligrafen aus der damaligen Zeit, wie zum Beispiel Ouyang Xun, Liu Zongyuan oder Wang Xizhi zählen heute zu den kostbarsten Schätze der chinesischen Kultur.

Ästhetikempfinden

Wer als Deutscher offenen Auges durch China geht, wird an allen Ecken und Enden mit unästhetischen Anblicken konfrontiert. Im Straßenbild sind es Löcher in den Fußwegen, windschiefe Lampen, mit Brettern kreuz und quer vernagelte Verschläge, wilde Schuttberge, verrostete Eingangsschilder, blinde Fensterscheiben, abgeschlagene Treppenstufen oder verdreckte Eingänge. In den Unternehmen sieht man überall aufgeplatzte Farbe auf Fensterbänken, schiefhängende Türen, verschiedene Oberflächenstrukturen bei Tischen, Farbreste in Scharnieren, klaffende Spalten bei Fenstern, zerkratzte Spiegel, abgewetzte Sofas, kaputte Schränke, tropfende Kühlschränke oder auch nur ungleichmäßig gemauerte, verputzte oder bemalte Wände. Bei Produkten aller Art findet man unsaubere Kanten, überlappende Nähte, Dellen, Klebstoffreste, heraushängende Fäden, krumme Griffe oder rostige Schlösser.

Es gäbe Hunderte von Einzelbeispielen zu nennen, bei denen nicht nur billige Materialien verwendet wurden, sondern wo handwerklich gepfuscht wurde, wie man es bei uns nennen würde. Überall in China wird irgendwie mit mehr oder weniger unattraktivem Ergebnis improvisiert.

Einerseits hat man keine Zeit oder keine Lust, sich mehr Mühe bei der besseren Ausführung bestimmter Arbeiten zu geben oder man will kein Geld für Wartung und Pflege bzw. den Austausch kaputter Teile oder Komponenten ausgeben. Doch das allein ist es nicht. Es ist eine Frage des Ästhetikempfindens, wie man sich eine Umwelt schafft, die an die eigenen Bedürfnisse angepasst ist. Und dieses Selbstverständnis scheint sich fundamental von dem der Deutschen zu unterscheiden.

Wir Deutschen lieben es sauber, ordentlich, einheitlich und optisch angeglichen. Da wird erst überlegt, geplant, genau vermessen, geputzt und dann alles nett gemacht. In einem Wort – wir mögen es gerne ansehnlich. Alles Andere stört unser Ästhetikempfinden und damit unser Wohlbefinden. Die Chinesen scheinen keinen Sinn und keinen Blick dafür zu haben. Solange etwas noch irgendwie geht oder gerade noch funktioniert, ist es ihnen egal, wie es aussieht.

Wenn man zum Beispiel als Einkäufer nach China und in dortige Produktionsstätten geht und Wert auf Qualitätsarbeit legt, wenn man ein natürliches Gefühl für Sauberkeit, Einheitlichkeit und Gleichmäßigkeit hat, wenn man Freude daran empfindet, auch in den Ecken und Kanten, also im Detail, alles so vorzufinden, wie man es von Deutschland her gewohnt ist oder gerne hätte, hat man in China einen sehr schweren Stand, weil dieses Gefühl, was schön oder ästhetisch ist, was gerade noch tolerierbar ist und was eben aussortiert und nachgearbeitet werden muss, bei den Chinesen nicht vergleichbar ausgeprägt ist. Es bedarf einer langsamen Entwicklung, bis hier einigermaßen Deckungsgleichheit erreicht wird.

Wahrscheinlich ist es eine typisch deutsche Ansicht der Dinge, mit einem pedantischen Anspruch an Perfektion eine so hohe Messlatte anzulegen, der chinesische Arbeiter und Handwerker nicht gerecht werden können oder wollen. Tatsache ist jedenfalls, dass der überwiegende Großteil chinesischer Arbeiter und Angestellter die unschöne Optik an der Oberfläche jedweder Dinge nicht stört. Das ständige Beharren auf der Einhaltung von Qualität – von **Ästhetik im weitesten Sinne** sei in diesem Zusammenhang noch gar nicht die Rede – wird von den Chinesen immer als sehr **lästig und unnötig, weil überzogen,** empfunden.

Die **Gründe für diese Einstellung** sind sicherlich auch in der Politik zu Zeiten der Kulturrevolution in den sechziger Jahren zu suchen. Alles Schöne und Dekorative, und sei es auch nur eine Blume, war als dekadent verschrien und verboten. Der niedrige Lebensstandard machte andererseits ein Gefühl für Ästhetik und Qualität zu einem Luxus, den sich niemand leisten konnte. Produkte jeglicher Art wurden nur für die Wahrung des Existenzminimums zugeteilt und man war froh, sie überhaupt zu besitzen. Neben der reinen Existenz der Dinge zählte nur deren Funktionalität, nicht aber die Optik. Trotz der gestiegenen Kaufkraft, des höheren Lebensstandards und des wachsenden Anspruchsdenkens in China scheint sich an dieser Grundeinstellung nicht allzu viel geändert zu haben.

Auf der anderen Seite sollte man nicht glauben, Chinesen hätten gar kein Gefühl für die schönen Dinge des Lebens oder würden Ästhetik grundsätzlich als gering erachten. Man sehe sich nur die **Vielzahl fantastischer Kunsthandwerksprodukte** an, die bis ins kleinste Details extrem aufwändig, mühsam und geradezu liebevoll umgesetzt wurden. Ob gestickte Bilder, innen bemalte Flaschen, geschnitzte Korklandschaften oder gravierte Elfenbeinfigürchen – hier scheint kein Aufwand zu groß und keine Zeitspanne zu lang, um ein geradezu perfektes Ergebnis anzustreben. Es geht also nicht um das Können, sondern eher um das Wollen. Und diese Identifizierung mit dem Objekt findet weder im öffentlichen Raum noch im anonymen Umfeld von Fabriken mit fremdgefertigten Massenartikeln statt.

Ein weiteres kulturelles Aufeinandertreffen oder vielmehr Auseinanderklaffen mit unterschiedlichem Ästhetikempfinden findet sich im Bereich von reinen Dekorationsartikeln in China. Man findet in allen Kaufhäusern, Geschenkartikelläden, Boutiquen und Souvenirshops, aber auch auf Simsen in Privathaushalten und auf den Schreibtischen chinesischer Firmenbosse sehr aufwändig gestaltete Mosaikgloben aus Halbedelsteinen und Goldeinfassungen, mit Ornamenten und Reliefs völlig überfrachtete Vasen oder auch Telefone in Kombination mit Adlerskulpturen, die jeder Beschreibung spotten. Der Anblick dieser Kostbarkeiten – in England würde man sagen „kitsch as kitsch can" wird jedem Westler einen Schauer den Rücken herunterlaufen lassen.

Die protzig-goldenen Dekorationen, wo durch Überfrachtung die Wirkung und die Ausstrahlung der einzelnen Objekte nach westlicher Einschätzung gänzlich verloren geht, steht in krassem Gegensatz zu dem chinesischen Empfinden. Weniger ist mehr, würde es in Deutschland heißen, während ein Chinese eher das Gegenteil sagen würde. Doch **was ist** überhaupt **schön? Was ist ästhetisch?** Es gibt darauf keine einheitliche Antwort und deshalb haben die atemberaubenden Design-Kreationen chinesischer Herkunft auch nichts mit schlechtem Geschmack zu tun. Es ist eine Frage des individuellen Standpunktes und der persönlichen Einstellung zur Schönheit und den muss man in China akzeptieren, auch wenn es dem verwöhnten Auge des Ausländers noch so schwerfällt.

Chinoiserie

China ist „in" – zumindest in wirtschaftlicher Hinsicht. Der politische Einfluss wird ebenfalls weiter steigen und auch Auswirkungen auf unser kulturelles Leben haben. Das ist jedoch kein neues Phänomen. Der Trend, chinesischen Einflüssen zu folgen, seine Umgebung darauf auszurichten und gar begeistert in das eigene gesellschaftliche Leben zu integrieren, wiederholt sich in schöner Regelmäßigkeit alle paar Jahrhunderte.

Die **letzte Hochphase chinesischer Kultur**, die auf den Westen übergeschwappt ist, die **Chinoiserie**, erreichte Europa als üppiger Dekorationsstil im **18. Jahrhundert** und war damals sehr verbreitet. Sie entwickelte sich, ausgehend von der Einfuhr chinesischer Kunstgegenstände über Frankreich, Holland und England, zu einer eigenständigen Kunstepoche. Zunächst waren es nur vorbildgebundene Kopien dieser chinesischen Originale, und man findet Beispiele im Bereich der Malerei, der Innendekoration, der Textilkunst, im Möbelbau, aber auch Garten- und Landschaftsarchitektur. Diese uferten dann zu reinen Phantasieschöpfungen aus, die mit China nur sehr wenig zu tun hatten.

Brandenburg-Preußen zum Beispiel, hatte seit der Zeit des Großen Kurfürsten Mitte des 17. Jahrhunderts in der Entwicklung einer kulturellen Beziehung zwischen Europa und Ostasien eine herausragende Rolle. Im darauffolgenden Jahrhundert äußerste sich dieses Interesse insbesondere an den schönen Künsten Chinas. Die Chinoiserie war eine Mischung aus begeisterter, aber klischeehafter Nachahmung, falschem Verständnis und völlig überzogener Weiterentwicklung pseudo-chinesischer Kunst- und Kulturelemente.

Die sich weiter verbreitende Kenntnis ostasiatischer Kunstrichtungen förderte die Mode der Chinoiserie. Sie beeinflusste die Herstellung und Gestaltung von Gegenständen des täglichen Gebrauchs wie Geschirr, Möbelstücken oder Spiegeln aus exotischen Hölzern, mit goldenen Verzierungen und eingelegten Steinen. Sie äußerte sich auch in einer verfeinerten Wohnkultur in Form von Deckenornamenten mit zierlichen Muschelwerkformen und eleganten Wandbespannungen, Vorhängen und Möbelbezügen, für die Seidenstoffe eingesetzt wurden. Die vorwiegenden Pastellfarben waren heiter und leicht, die Töne Gelb, Pfirsich und Rosé dominierten. Anmut und Grazie sollten damit zum Ausdruck gebracht werden.

Ob Gewänder mit Drachenstickerei, Seidenglanz auf Tapeten oder porzellanener Schimmer – der begehrenswerte fernöstliche Luxus wurde als geradezu überbordende höfische Pracht zum Ausdruck gebracht. Selbst Sanssouci und das Schloss Charlottenburg sind als steinerne Zeugen prächtige Beispiele für den chinoisen Einfluss dieser Epoche. Chinoiserie war die Visualisierung europäischer Vorstellungen vom typisch chinesischen Leben und sollte neben höfischem Glanz ein gewisses Maß an Heiterkeit und spielerischer Leichtigkeit vermitteln, die man aufgrund von einschlägiger Reisebeschreibungen irrtümlich mit dem „Reich der Mitte" verband.

Auch **heute** sieht man wieder einmal überall den wachsenden Einfluss chinesischer Kunst und Kultur in unserer Gesellschaft. Die Menschen im Westen sind fasziniert von dem exotischen Chic Chinas, was sich im Design von Gärten, Möbeln, Kissenbezügen, Kleidungstücken und Accessoires oder gar Tätowierungen chinesischer Schriftzeichen und Symbole niederschlägt. Das ist hinsichtlich einer kulturellen Offenheit ein gutes Zeichen, wobei es schade wäre, wenn die ebenso alte wie reiche chinesische Hochkultur nur auf die dekorative Oberflächlichkeit reduziert werden würde.

Tee

Auf die alte Teekultur stößt man in China unweigerlich und ein gewisses Hintergrundwissen darüber ist sicherlich gut geeignet, um zu verstehen, dass Tee viel mehr ist, als nur ein typisch asiatisches Getränk. **Tee ist ein „leises" Getränk, Symbol für seelische Ausgeglichenheit und Gelassenheit.** „Man trinkt Tee, damit man den Lärm der Welt vergisst" sagt ein Sprichwort des chinesischen Poeten Tian Yiheng. Wer heute durch Chinas Straßen läuft, wird diesen Rat gerne beherzigen. Mit einer Tasse Tee kann man den Stress und die Hektik des Tages, das ohrenbetäubende Getöse und den ruhelosen Menschenstrom zumindest für eine Weile hinter sich lassen. Als wohltuender Kontrast zum Hupen und Schreien steht eine Teepause stellvertretend für Ruhe und Harmonie, für entspannte Atmosphäre und Konzentration. Zwar ist die berühmte Tee-Zeremonie japanischen Ursprungs, doch ob allein oder beim „tea for two" ist Teetrinken mit dem richtigen Ambiente ein wahres Ritual, ein Balsam für Körper und Seele, und das nicht nur in Japan oder China.

Wenn man an Tee denkt, denkt man an China. Indien bringt man zwar ebenfalls direkt mit Tee in Verbindung, doch wurden die Teesamen erst gegen 1780 aus der südchinesischen Stadt Kanton von der East India Company nach Kalkutta, Indien, gebracht, um das chinesische Teemonopol zu brechen. Mit seinen gut 170 Jahren Teetradition – es gibt erst seit 1834 Anbauversuche – ist Indien im Vergleich zu China ein sehr junges Teeland. Im Fernen Osten hingegen gedeiht der Tee schon seit über 2.000 Jahren. Zwar ist die Authentizität der ältesten Quellen anzuzweifeln, die den Teegenuss schon im 3. Jahrtausend v. Chr. erwähnen, doch immerhin soll bereits Konfuzius ca. 500 Jahre vor unserer Zeitrechnung Tee zu sich genommen haben. Entsprechend viele Geschichten, Mythen und Legenden ranken sich um den Tee und seine Herkunft.

Tee wächst heute nicht nur in den nordindischen Provinzen Assam und Darjeeling, in Sri Lanka oder in Bangladesh, sondern er wird auch in Südrussland, Afrika und Südamerika kultiviert. Vielleicht ist Tee wegen seiner weltweiten Verbreitung auch das angeblich kosmopolitischste Wort, das mit leichten Aussprachevariationen auf allen Kontinenten der Erde verstanden wird. Das deutsche Wort Tee stammt aus dem südchinesischen Fujian-Dialekt („ti"), mit den Abwandlungen „tea" im Englischen oder „thé" auf Französisch beispielsweise. Das türkisch-arabische Wort „chay" bzw. „chai" entstammt jedoch dem nordchinesischem Sprachraum, wo der Tee „cha" heißt. Davon werden unter anderem die Bezeichnungen „chà" auf Portugiesisch, „cha" auf Japanisch oder auch „tschay" auf Russisch abgeleitet.

Papier und Schießpulver, zwei der bedeutendsten Erfindungen des alten China, die die Welt nachhaltig verändert haben, sind in unserem Kulturkreis schon seit über 800 Jahren bekannt. Gewürze wie Pfeffer, Zimt, Ingwer, Safran, Gewürznelke und Muskatnuss fanden alle ihren Weg aus dem Fernen Osten in den Westen und waren dort fast so wertvoll wie Gold. Seide und Porzellan zählten zu den begehrtesten Gütern des sagenhaften chinesischen Kaiserreiches, doch aus unerfindlichen Gründen brachte Marco Polo von seinen Reisen nie den Tee mit.

Erst im Jahre **1610** brachten die Holländer die **erste Teefracht über Japan nach Europa**. Über den direkten Weg ging es damals nicht, da China im 16. Jahrhundert bis auf die portugiesische Enklave Macao am Perlfluss-Delta eine rigide Abschottungspolitik betrieb.

Mitte des 18. Jahrhunderts wurde von einer durchschnittlichen Londoner Arbeiterfamilie mehr als 5% des Einkommens für Tee ausgegeben. Gegen **1780** machte Tee sogar **81% der gesamten Exporte aus der Region Kanton** aus, und die Teesteuer erzielte damals 10% aller Jahreseinkünfte des britischen Schatzamtes. Sie wurde übrigens erst im Jahr 1964 abgeschafft.

Tee wurde früher in China erst mit Silbermünzen, später mit aus Indien importiertem Opium bezahlt. Der Teehandel blühte, zumindest bis zu den berühmt-berüchtigten Opiumkriegen von 1840 bis 1842 und von 1856 bis 1860. Ziel der militärischen Aktion der Briten gegen die Chinesen war die gewaltsame Öffnung des chinesischen Marktes. China verlor die Kriege, musste fünf Häfen für den Welthandel öffnen und Hongkong an das britische Empire abtreten. Zwar war das Opium der eigentliche Auslöser dieses schwarzen Kapitels anglo-chinesischer Beziehungen, doch der Tee war der Mitverursacher.

Die Teepause wurde vor allem in England hoffähig, und „tea time" wurde eine nationale, fast heilige Institution. Tee stellte eine willkommene Alternative zum Alkohol dar und hatte als „großer Ernüchterer" sogar gesellschaftliche Auswirkungen. Er brachte nicht nur neuen Geschmack, sondern hatte auch neues Denken und Handeln zur Folge. Trotzdem entbrannte um den Munter- und Wachmacher, wie auch beim Kaffee, ein fortwährender Streit um die gesundheitsfördernden oder krankmachenden Eigenschaften und medizinischen Wirkungen.

Dem **Tee** werden heute auf der Basis wissenschaftlicher Erkenntnisse – und das nicht nur in China – **besondere Wirkungen** zugeschrieben: Ob gegen Nierensteine oder Rheuma-Erkrankungen, zur Reduzierung des Blutdrucks oder erprobtes Heilmittel gegen Ruhr und Hepatitis, die positiven Eigenschaften sind sehr weitreichend und vielfältig.

Der Koffeingehalt ist anregend für das zentrale Nervensystem und die Gehirnfunktionen, der Kaliumgehalt des Tees aktiviert die Enzyme, und das in den Blättern enthaltene Fluor gilt als gute Kariesprophylaxe. Wer krank ist, sollte sich also einfach nur an die Devise erinnern „Abwarten und Tee trinken".

Lu Yu, der bekannteste Tee-Apostel Chinas, er lebte zwischen 740 und 840, **schrieb das berühmteste Teebuch**, das „Chajing", das die wichtigsten Erkenntnisse vom Anbau und der Ernte über die Zubereitung mit der vorgeschriebenen Temperatur und Qualität des Wassers bis zu den geeigneten Teegerätschaften beschrieb. Das gesammelte Wissen einer ganzen Nation über die Teekultur wurde erst im „Chajing" festgehalten, obwohl Tee schon über tausend Jahre vor Lu Yu im Reich der Mitte getrunken wurde.

Neben der Temperatur, der Luftfeuchtigkeit und Bodenbeschaffenheit ist die Intensität des Lichts ein wesentlicher Faktor für die Qualität des Tees. Gepflückt werden nur die jungen Triebspitzen, die eine möglichst schnelle Weiterverarbeitung erfordern. Bis heute gibt es keine maschinellen Erntemethoden, die Qualitätstees liefern könnten. Der Vorgang des Teepflückens ist eine äußerst mühselige und langwierige Handarbeit, die Fingerfertigkeit, ein gutes Auge, Gefühl und Erfahrung voraussetzt. Darauf sind auch die extrem hohen Preise für Spitzentees zurückzuführen.

Tee ist ein sehr **wandlungsfähiges Getränk**, das mit Milch und Zucker, mit Zitrone und Gewürzen, mit Rum, Whiskey und Weinbrand gemixt werden kann. Tee gibt es als Gebäck oder Kuchen, als Gelee oder sogar als Eissorte. Chinesen trinken Tee nie mit Milch und Zucker, sondern immer nur pur und gießen ihn immer wieder auf. Gerne wird Tee auch mit Jasmin- oder Rosenblättern zubereitet. Auch aromatisierte Sorten erfreuen sich zunehmender Beliebtheit. Ursprünglich waren alle Tees in China grüne Tees. Die chinatypische, sehr blumige Umschreibung für grünen Tee ist „Schaum flüssiger Jade". Grüner Tee ist nicht fermentiert, die Teeblätter werden nur bei hoher Temperatur geröstet. Als Ergebnis dieses Vorgangs bleibt die natürliche Blattfarbe erhalten. Grüner Tee zeichnet sich durch einen weichen, leicht rauchigen Geschmack aus.

Bedingt durch die chinesische Geheimniskrämerei dachte man im Westen lange Zeit, dass grüner und schwarzer Tee von zwei verschiedenen Pflanzen stammten, dabei gehört der Teestrauch zu den immergrünen

Gewächsen. Für die Zubereitung von **grünem Tee** bedarf es **weichen und heißen, aber keines kochenden Wassers.** Der grüne Tee muss ziehen und nicht brühen.

Schwarzer Tee wird in China „hong", also **„rot" genannt**, während man unter **„weißem Tee"** nur **heißes Wasser** versteht. Weil ständiger Teegenuss in China aber unverzichtbar ist, sieht man immer und überall Chinesen mit großen Schraubgläsern voller Teeblätter herumlaufen. Trotz allem ist hochwertiger Tee – ob grün oder schwarz – ein wortwörtlich heißgeliebter Luxusartikel, den sich längst nicht jeder Chinese leisten kann, der außerhalb der traditionellen Anbaugebiete in den Provinzen Yunnan, Fujian oder Guangxi lebt. Vor allem die Provinz Fujian und die gebirgige Gegend um die Stadt Fuzhou liefern Tees mit speziellem Geschmack. Da die besten Teesorten in den Export gehen, gelangen sie oft gar nicht in andere Provinzen des Landes.

Reis

Viele Geschichten ranken sich um die Herkunft des Reises. Eine besagt, der Himmel liebte die Erde, und als er sich über sie beugte, fielen ihm die Reiskörner aus der Tasche. Eine andere Legende berichtet von fünf Göttern, die einstmals vom Himmel herabstiegen und die fünf Ziegen, auf denen sie ritten, hielten Reisähren in ihren Mäulern. Wieder andere Quellen erzählen von einer göttlichen Jungfrau, die mit einem langen, seidenen Mantel, der auf dem Boden schleifte, über die üppigen Reisfelder ihres Vaters schritt, damit an dem edlen Kleidungsstück die Reiskörner für die Menschen haften blieben. Allen Geschichten ist eines gemeinsam: **Der Reis ist ein göttliches Geschenk, eine Gabe des Himmels.**

Das **Alter des Reises** ist unbestimmt. Funde von Reiskörnern in Tongefäßen in Ausgrabungsstätten bäuerlicher Niederlassungen am Mündungsgebiet des Gelben Flusses belegen ein Alter von mehreren tausend Jahren. Eine genaue Datierung dieser sehr alten Kulturpflanze erscheint jedoch unmöglich. Die Urheimat und der Ursprung der Pflanze liegt in Nordindien, Burma, Thailand und im Großraum Südchinas, der damals allerdings noch nicht von den Han-Chinesen, sondern von polynesischen Volksgruppen besiedelt war. Die Han kamen erst sehr viel später aus dem Norden in diese Region, brachten aber eine hochentwickelte Landwirtschaft mit, die dem Reis zu seiner immer größer werdenderen Bedeutung verhalf.

Reis ist auf der ganzen Welt zu Hause. Er ist enorm anpassungsfähig, sehr genügsam und wird auf allen fünf Kontinenten angebaut. In Niederungen unterhalb des Meeresspiegels und in Höhenlagen über 2.500 Metern in den Hochgebirgstälern des Himalaya gedeiht er gleichermaßen und kann Temperaturen zwischen 17 und 35 Grad Celsius problemlos vertragen. Ob als Sumpf- und Tiefwasserpflanze oder als Trockenfeld- und Bergreis – keine andere Kulturpflanze von ähnlicher Bedeutung kann sich global einer so weiten Verbreitung rühmen. Am bekanntesten ist sicherlich der Bewässerungsreis, dessen Ernteerträge weltweit über 75% einnehmen. Hauptsächlich in Asien zu Hause, wird er seit über 2000 Jahren im komplizierten Terrassenbau in Hanglagen kultiviert. Bis zu drei Ernten können im Jahr eingefahren werden. Reis ist eines der wenigen Beispiele dafür, dass reine Monokulturen auch ohne Schäden für die Natur langfristig funktionieren können.

Fast ein Viertel aller Nahrungsmittelkalorien auf der Erde sind auf die Grundlage der Reispflanze zurückzuführen, im Kambodscha sind es gar 80%. **Unser Pro-Kopf-Verbrauch** liegt unter 10 Kilogramm pro Jahr, **in den Ländern Ostasiens** liegt er jedoch zwischen 70 und 165 Kilogramm. **China** ist die **größte Reisanbaunation der Erde** und produziert fast 200 Millionen Tonnen Reis. Das entspricht etwa einem Drittel der weltweiten Ernten. Mao Zedongs vierzig Jahre altes Prinzip der „Eisernen Reisschüssel" zur Sicherstellung der Volksernährung könnte ganz neue Bedeutung gewinnen, denn Schätzungen zufolge wird es im kommenden Jahrhundert weltweit 5 Milliarden Reisesser geben. Um deren Ernährung sicherzustellen, ist eine jährliche Reis-Produktionssteigerung von etwa 3% notwendig, was bislang in der Agrargeschichte der Menschheit über einen größeren Zeitraum noch nie gelungen ist. Ohne gezielte Forschung und den Einsatz modernster Technologien ist es nicht möglich, diese unvorstellbar große Masse von Menschen zu ernähren. In diesem Zusammenhang werden auch bio- und gentechnische Entwicklungen nicht ausgeschlossen.

Die Kultur des Reises verbindet Arm und Reich, seine Anbauzeiten bestimmen den Lebensrhythmus eines ganzen Volkes. Ursprünglich nur den Adligen vorbehalten, ist Reis heute die Hauptnahrungsquelle des Schwellenlandes China. Früher galt Reis auch als anerkanntes Zahlungsmittel und die Erntemengen dienten als Grundlage zur Steuereintreibung. Er wird heute noch am Hausaltar als Speise für die Ahnen geopfert. Die große Bedeutung des Reises als eine der Existenzgrundlagen Chinas findet sich auch im Sprachgebrauch wieder. Der Begriff für Essen heißt im Chinesischen „chi fan", was wörtlich „Reis essen" bedeutet.

Bei uns im Westen wird der Variationsreichtum des Reises unterschätzt. Bestenfalls ein Dutzend Sorten sind in den Geschäften Deutschlands erhältlich. Dabei gibt es **weltweit** über 100 000 Variationen von Rund-, Mittel- und Langkornreis, die farblich zwischen weiß, gelb, rot, grün, braun oder schwarz changieren können. Reis dient als Grundlage zur Herstellung von Schnaps und Bier, Wein und Essig. Es gibt Reiskekse oder Reiskuchen, Reisnudeln, Reispapier für Frühlingsrollen und Reismehl für Babynahrung. Reis wird als Brei oder Suppe und in Form von Milchreis als Dessert genossen. Ob Puffreis, Pilaw oder Paella, Risotto oder Reistafel, die internationalen Landesküchen weisen unzählige Variationen auf der Basis von Reis auf. Reisstärke als Kosmetikpulver ist ein ebenso übliches Anwendungsfeld.

Räucherstäbchen

Räucherstäbchen und Duftkerzen sind selbstverständliche, allgegenwärtige und unüberriechbare Bestandteile der chinesischen Kultur. Im ersten Schritt offenbart sich dem Käufer beim Betrachten dieser überaus farbenfrohen Verpackungen die vielfältige Götterwelt der chinesischen Mythologie. So werden einzelne Götter von der eigentlichen

Formlosigkeit in einen Zustand visueller Erkennbarkeit und Begreifbarkeit transferiert. Nach dem Öffnen der Packung hinterlässt der Inhalt einen manchmal umwerfenden Eindruck, der sich spätestens nach dem Anbrennen in ein atemberaubendes Erlebnis potenziert. Für Ausländer stellen die manchmal riesigen, von der Decke hängenden Räucherspiralen willkommene Fotoobjekte dar, sie gehen den in der Masse jedoch unerträglichen Rauchschwaden lieber aus dem Weg.

Ursprünglich wurden nur in den Tempeln bei religiösen Zeremonien ausgesucht wohlriechende Hölzer, Harze und Gewürze verbrannt, deren Symbolik mit unserem Weihrauch vergleichbar ist. Die ätherischen Duftstoffe sorgen für ein konzentrationsförderndes Ambiente und unterstützen bei spirituellen Handlungen den Weg zur mentalen Vervollkommnung. Einzelne Zeremonien werden sogar mit bestimmten Gerüchen assoziiert, so wird eine Art Einheitsgefühl geschaffen. Früher wurde die Brenndauer von Räucherstäbchen zum Abmessen einer bestimmten Zeitperiode eingesetzt.

Heute trifft man überall im täglichen Leben Chinas, ob in Büros, Privatwohnungen, in Treppenhäusern, Geschäften und in Miniaturaltaren auf dem Bürgersteig, auf die künstlich hergestellten, meist aromatisierten „incense sticks". Dabei erfüllen die sachte aber scheinbar ewig vor sich hin qualmenden Stäbchen als rituelle Opfergabe, als süßlichduftendes Raum-Deo oder als wirksames Mittel gegen Insekten gleich mehrfache Funktionen.

Drachen

In China stößt man überall auf die unterschiedlichsten Drachensymbole. Der Drache ist ein einzigartiges Phänomen und hat bis heute sowohl in seiner kulturhistorischen Bedeutung als auch in seiner mystischen Symbolhaftigkeit weder in der östlichen noch westlichen Hemisphäre an Anziehungskraft verloren. Drachen sind mythische Schlangenwesen mit machtvollem, gebieterischem Charakter und einer langen Erzähltradition auf fast allen Kontinenten dieser Erde. Durch verschiedenste Überlieferungen ergibt sich ein äußerst vielschichtiges und facettenreiches Bild vom Drachen. Dabei gehen die westlichen und östlichen Anschauungen sehr weit auseinander.

Im westlichen Kulturkreis wird ein Drache zumeist als ein grausames Meerestier dargestellt. Schon in der Bibel wurden solche Vorstellungen eindrucksvoll geschildert. Der „Leviathan" wurde im Buch Hiob beispielsweise als ein Geschöpf ohne Furcht beschrieben und in einem Atemzug mit dem Teufel, dem Satan und der Schlange genannt. Der Drache personifizierte die allgegenwärtige Versuchung des Bösen, er diente als Symbol für den Höllenschlund, die Inkarnation des Antichristen, einem Vorboten der Apokalypse. Im religiös geprägten Mittelalter gab es in Europa entsprechend viele Drachenheilige, wie zum Beispiel den Ritter Sankt Georg, dessen Drachenkämpfe die unsichere Stellung der Menschheit zwischen den Mächten der Finsternis und des Lichts symbolisierten. Doch das Fabelwesen hat bei uns im Laufe der Jahrhunderte an kulturellem Einfluss verloren.

Trotzdem ist der Drache eines der meistverbreiteten Motive der europäischen Volksmärchen. Er wird hier als ein riesengroßes, schlangen- oder echsenförmiges Monstrum mit Flügeln und sieben Köpfen beschrieben, das feuerspeiend Angst und Schrecken verbreitet. Unterirdische Höhlen und Felsklüfte bewohnend, wird der Drache auch Lindwurm genannt. Dieser unheimliche, fast unüberwindliche Gegner wird von einem heroischen Drachentöter bezwungen, um die reine Jungfrau als Lohn zu erhalten oder um die gesamte Menschheit zu retten. Doch das Phänomen Drache reduzierte sich nicht nur auf Sagen und Legenden. Viele Menschen im Westen glaubten jahrhundertelang an Drachen. Erst im 18. Jahrhundert wurde von wissenschaftlichen Autoritäten die reale Existenz von Drachen verworfen. Doch kaum ein Jahrhundert später wurde durch die Funde von Saurierfossilien die Diskussion um die Drachen wieder lebendig.

Im ostasiatischen Kulturkreis hat der Drache sowohl einen anderen geschichtlichen Ursprung als auch eine andere Bedeutung im Volksglauben. Hier steht der Drache als mächtiges Symbol der Weisheit und der Stärke. Drachen zählen zu den vielschichtigsten Symbolen in China. Die Chinesen bezeichnen ihr Land als „long de guxiang", die **„Heimat des Drachen"**, und sich selbst als „long chuanren", die **„Nachfahren des Drachen"**. Drachen sind in China keine feuerspeienden Ungeheuer, sondern meistens gütige Wesen und wohltätige Kreaturen. Zwar sind Drachen auch in China echsenartige Phantasiegestalten, doch glaubten einer Anfang der 90er Jahre durchgeführten Umfrage entsprechend über 80% der chinesischen Bevölkerung an die reale Existenz von Drachen. Durch die Ausbreitung des Buddhismus gelangte das Symbol des Drachen als fester Bestandteil chinesischer Kultur auch in die chinesischen Nachbarländer wie Korea, Japan oder Vietnam.

Erste Zeugnisse von Drachendarstellungen stammen bereits aus dem 4. Jahrhundert vor unserer Zeitrechnung. Die Herstellung des berühmten Jade-Drachen der Hongshan-Kultur, der bei Sanxingtala entdeckt wurde, wird auf 5500 Jahre zurückdatiert. Damals verehrten die zahlreichen Naturvölker in China ein selbstgeschaffenes Totem ihres Stammes als Schutzgottheit. Ein Volk, das am Unterlauf des Gelben Flusses lebte, hatte eine Schlange als Totem und nannte es Drachen. Bei Eroberungszügen und Kämpfen gegen andere Volksstämme wurden deren Totem übernommen und ihre Eigenschaften mit dem eigenen vereint, um nach außen den Sieg über die unterworfenen Stämme zu demonstrieren. Neue Totem mit immer neuen Tiergestalten entstanden, die von den siegreichen Stämmen übertrieben dargestellt wurden.

Obwohl die äußeren Formen der Drachen variieren können, werden in klassischen Texten **neun charakteristische Merkmale** beschrieben, die heute die Gestalt des chinesischen Drachen auszeichnen. Der Drache vereinigt die Eigenschaften verschiedener herausragender Tiergattungen, die von hoher wirtschaftlicher Bedeutung sind oder die über große Macht und Faszination verfügen. Das Hinzufügen markanter Merkmale solcher Tiere soll die Macht der Drachen potenzieren. Ein Drache hat die Hörner eines Hirsches, den Kopf eines Kamels, den Nacken einer Schlange, den Bauch einer Muschel, die Augen eines Hasen, die Schuppen eines Flusskarpfens, die Klauen eines Adlers, die Tatzen eines Tigers und die Ohren eines Ochsen.

Ursprünglich Schutzgottheit von Stammeskulturen, sollen Drachen nun die harmonische Ordnung in Flüssen, Seen und Land schaffen und das Gleichgewicht zwischen den Naturgewalten regulieren. Drachen haben die Macht über Gewitter und garantieren ausreichende Regenfälle. Ihrer herausragenden Rolle als Symbol für Fruchtbarkeit verdanken sie es, in China als Gottheit verehrt zu werden. Parallel zu dem Volksglauben – der Drache als regenspendendes Wesen – entwickelten sich viele weitere Mythen und Legenden. Vom legendären „Gelben Kaiser", der im 26. Jahrhundert v. Chr. Oberhaupt der Naturvölker im heutigen Mittelchina war, wird in der chinesischen Chronik berichtet. Im Werk „Shiji", das etwa im Jahr 100 v. Chr. vom Historiker Sima Qian verfasst wurde, steht zu lesen: „Der Gelbe Kaiser hatte die Gestalt eines gelben Drachen." Der Legende entsprechend heißt es, der Gelbe Kaiser sei von einem göttlichen Drachen zum Himmel begleitet worden. Der Kaiser wurde seitdem als „Himmelssohn" verehrt.

Der chinesische Kaiser Yu schaffte im 21. Jahrhundert v. Chr. das Wahlsystem ab und gründete die erste Monarchie Chinas, die Xia-Dynastie. Seit er seinem Sohn Qi den Thron überließ, wurde der Drache offiziell als das Symbol der Ahnen des Kaisers anerkannt. Als Qi von seinem Vater die kaiserliche Autorität erbte, übernahm er gleichsam die so genannten „12 Verzierungen" des kaiserlichen Hofgewandes, darunter auch die Drachenverzierung. Die Namen der Gegenstände, die der Kaiser benutzte, enthielten das Schriftzeichen für Drachen. Sein Thron hieß zum Beispiel „Drachenthron" und seine Schlafstätte „Drachenbett".

Die Bedeutung des Drachenmotivs gegenüber den anderen elf Verzierungen wurde erstmals unter der ersten Kaiserin Chinas, Wu Zetian, während der Tang-Dynastie (618–907) hervorgehoben. Diese Verzierungen zu verwenden war ein Privileg des Kaisers und wurde den Untertanen verboten. Ursprünglich als Zeichen der Xia-Könige wurde der Drache anschließend zum uneingeschränkten Symbol souveräner Herrschaftsmacht, das heißt zum Symbol für den Kaiser, da er ganz allgemein die männliche Natur verkörpert.

Drachen werden in China in vier Kategorien eingeteilt: Der Himmelsdrache „tianlong" symbolisiert die regenerierende Kraft des Himmels, der Geisterdrachen „shenlong" soll fruchtbringenden Regen spenden, der Schatzhüter „fucanlong" soll die Edelsteine und -metalle bewachen, und der Erddrachen „dilong" soll über Quellen und Flussläufe herrschen. Als eines der fünf Tiere, die die vier Himmelsrichtungen und die Mitte verkörpern, steht der Drache für den Osten. Das entspricht der Richtung des Sonnenaufgangs und dem Frühjahr.

Das chinesische Horoskop erfreut sich uneingeschränkter Beliebtheit und Akzeptanz und an dessen Richtigkeit wird allgemein geglaubt. Nach dem chinesischen Mondkalender ist ein Jahr in zwölf Zyklen unterteilt, die jeweils einem Tiermotiv entsprechen. Der Drache ist das fünfte der zwölf Opfertiere, die, einer Überlieferung zufolge, auf dem Altar lagen, als der indische Heilige Shakyamuni (560–480 v. Chr.) – das ist der historische Buddha – ins Nirwana einging. In China wird jedem Jahr ein Tierbild zugeordnet und diesem wiederum bestimmte Eigenschaften. Wer zum Beispiel im Jahr des Drachen zur Welt gekommen ist, wird im allgemeinen bewundert.

Der Drache bewahrt die Menschen vor Dürrekatastrophen. Er ist ein Symbol der Stärke, des Mutes und des Glücks, mit dem man sich und seine Umgebung gerne schmückt. In allen Bereichen der chinesischen Kunst und Kultur erfahren Drachen deshalb besondere Wertschätzung und Sympathie. Überall trifft man in China auf **Drachendarstellungen**. Sie zieren Teppiche, Gemälde, Tuschezeichnungen und natürlich auch Verpackungen. Sie sind als gesticktes Motiv auf Textilien zu finden, bereichern in geschnitzter Form Möbel und Musikinstrumente, werden zu Türgriffen geformt und sind beliebtes und populäres Volksmotiv bei Scherenschnitten. Sie schmücken als dekorative Figuren Lackgefäße, Keramik- und Porzellanwaren und dienen als Vorlage für Stein- und Metallskulpturen. Als Regenmacher beschützt der Drache die vom Feuer bedrohten hölzernen Wände und Dächer der Tempel. Drachen sitzen deshalb auf Dachfirsten und Stadtmauern, sie bewachen Eingangsportale von neuen Hotels und historischen

Tempelanlagen und winden sich als Relief um Säulen und Brückenpfeiler.

Am bekanntesten in China sind die **Drachenverzierungen** der 28 Marmorsäulen der Haupthalle des Konfuzius-Tempels in der Stadt Qufu in der Provinz Shandong, die „Neun-Drachen-Mauer" (jiulongbi) der Stadt Datong in der Provinz Shanxi sowie die „Fünf-Drachen-Pavillons", die 1602 am See im Beihai-Park als Bestandteil des kaiserlichen Lustgartens erbaut wurden. In fast allen Räumlichkeiten des Kaiserpalastes in der „Verbotenen Stadt" von Peking sind Drachenverzierungen zu bewundern: am Thron, dem Paravent dahinter, unter den Decken, an den Wänden und Säulen. Mit fliegenden, gehenden oder liegenden Drachen wirken viele Räumlichkeiten und Gartenanlagen wie reine Drachengalerien. Die kaiserliche Autorität und Würde wurde mit der Vielfalt der Drachendarstellungen zum Ausdruck gebracht. Die kaiserliche Flagge trug bis zum Jahre 1912 einen fünfklauigen Drachen und eine rote Sonne auf gelbem Grund.

Viele Berge, Seen, Flüsse und Orte enthalten das Schriftzeichen für Drachen. Der Fluss und die gleichnamige Provinz im Nordosten des Landes, Heilongjiang, heißen **„Schwarzer Drache"**. Ein bekanntes Felstal bei Luoyang in der Provinz Henan trägt den Namen **„Drachentor"**. Eine andere Bezeichnung für die Stadt Peking ist **„Drachenteich"**, und der Hongkonger Stadtteil Kowloon bedeutet übersetzt **„Neun Drachen"**.

Schwer zu beschaffende Ingredienzien und Substanzen traditioneller Heilmittel, die deshalb besonders wertvoll sind, werden oft nach dem Drachen benannt. Fossilien werden als **„Drachenknochen"** und **„Drachenzähne"** bezeichnet, Reptilienhäute sind **„Drachenhäute"**, ein bestimmtes, den Pottwalen entnommenes Sekret bezeichnet man als **„Drachenspeichel"**. Heilmittel mit solchen Zutaten versprechen in ihrer Anwendung ganz besondere Heilerfolge.

Yin & Yang

Das taoistische Prinzip des Yin und Yang ist die Grundlage der chinesischen Philosophie und hat heute im gesamten asiatischen Raum genauso seine Gültigkeit und Berechtigung wie noch vor 2000 Jahren. **Es ist ein Modell, um die Welt zu verstehen und sich in ihr zu orientieren.** Mit diesem Modell lassen sich bestimmte Phänomene einordnen.

„Yin" repräsentiert die weiche und weibliche Seite, während „Yang" für das harte und männliche Prinzip steht. Ursprünglich beschrieb der Begriff **„yang"** das sonnenbeschienene Nordufer eines Flusses, während **„yin"** für das schattige Südufer stand. Im Laufe der Zeit wurden beiden Begriffen immer abstraktere Bedeutungen zugeordnet. Gerade Zahlen stehen für „Yin", die ungeraden Zahlen für „Yang". „Yin" steht für die Erde, das Dunkle, die Nacht, also das Passive, das sich aufbauende Element. Seine Ergänzung findet sich im „Yang", das den Himmel, den Tag, das Licht repräsentiert. „Yang" ist das aktive, sich veräußernde Element. Auf diesem Komplementärsystem basiert das Universum.

Ob Glück oder Unglück, ob Theorie oder Praxis oder gar die Dialektik von Himmel und Erde – hier bestehen keine unvereinbaren Gegensätze, sondern sich ergänzende Komponenten. In China beherrscht das Denken und Handeln nicht die im Westen bevorzugte zerpflückende Analyse, sondern die vereinigende Synthese. Ob in den gleichmäßig-dynamischen Bewegungsabläufen des „Taijiquan", dem Schattenboxen, in der chinesischen Heilmedizin oder eben als Ordnungsprinzip in der Kunst der Gestaltung – die Grundidee des „Yin" und „Yang" ist auf die verschiedensten Bereiche übertragbar.

Als Synonym für die Polaritäten des Lebens symbolisieren „Yin" und „Yang" die Grundlagen allen Daseins. Das Grundgesetz der Natur ist immer die Interaktion zweier polarer Kräfte. Ob Schwere oder Leichtigkeit, dunkel oder hell, kalt oder heiß, Ruhepol oder Bewegungszustand – „Yin" und „Yang" stehen stellvertretend für scheinbare Gegensätze und Widersprüche im Universum, die jedoch gemeinsamen Ursprung haben.

Wenn man das bekannte Symbol und Sinnbild des „Yin" und „Yang" betrachtet, werden viele Hintergründe chinesischer Kultur deutlich. Beide Komponenten sind nicht nur von gleicher Form, Größe und Gewichtung, sondern sie greifen ineinander und vereinen den Kreislauf des Lebens zu einem vollendeten Bild in einem ausgewogenen Rahmen. Im übertragenen Sinne könnte dies beispielsweise bedeuten, dass eine erfolgversprechende Partnerschaft auch durch die gezielte und bewusste Kombination individuell völlig verschiedener Vorstellungen entstehen kann. Die Yin-und-Yang-Philosophie bildet insofern nicht nur in der Theorie, sondern auch in der Praxis die notwendige Voraussetzung für solch harmonische Einheiten und repräsentiert damit viel mehr als grafisches Icon im Fernen Osten.

Zahlenmystik

Ähnlich wie Glückssymbolen oder der Farblehre kommt auch der **Zahlensymbolik bzw. -mystik** eine **große Bedeutung** zu. Dies soll anhand der Ziffer Neun exemplarisch dargestellt werden. **Neun ist eine sehr starke, männliche Zahl.** Sie gilt als Glückszahl, die sich zum Beispiel im Himmelstempel in Peking ständig wiederfindet. Die Treppenstufen sind ebenso wie die Türnägel im Neuner-Rhythmus angeordnet, es sind neun Steine bis zum Altar, und neun mal neun symbolisiert die höchste Harmonie. Der Himmel hat neun Felder, die Erde neun Bezirke, das Land neun Berge und in den Seen gibt es neun Inseln. Am neunten Tag des neunten Monats wird das sogenannte „Fest des doppelten Yang" gefeiert.

Neun heißt auf Hochchinesisch „ ju" und ist in etwa lautgleich mit „immer" oder „langes Leben" und dem Wort für Chrysantheme, „ju".

Diese Blume ist deshalb Sinnbild für Dauer, langes Leben oder ewige Freundschaft und man pflückt sie idealerweise am neunten Tag des neunten Monats, um ihre Wirkung zu verstärken. Dies als reinen Aberglauben abzutun, wäre ignorant. Lieber sollte man darüber lächeln statt es zu belächeln.

Positiv belegte Zahlen sind weiterhin die Sechs und vor allem die Acht. Das chinesische Wort für sechs ist „*liu*", was auch „erfolgversprechend" bedeuten kann. Im Kantonesischen wird die Zahl Acht, als „*fa*" anstatt „*ba*" wie im Hochchinesischen ausgesprochen. Das würde „kommendem Reichtum" gleichkommen. Alle wichtigen privaten oder beruflichen Ereignisse werden deshalb auf Kalenderdaten oder gar Uhrzeiten, die irgendwie mit einer Acht zusammenhängen, gelegt. Hochzeiten und Firmeneröffnungen werden teilweise schon Monate im Voraus geplant und Räumlichkeiten fest gebucht, um sich diese Parallelität des Glücks zu sichern. Wer beispielsweise am 8. August nächsten Jahres heiraten wird, hat seine glückliche Zukunft schon fast garantiert. Bei der Verdopplung der ultimativen Glückszahl Acht, also der achtundachtzig, kommt es vor allem in Hongkong zu nicht mehr nachvollziehbaren Handlungen. Die Beträge, die für Nummernschilder oder Telefonnummern mit ähnlichen Zahlenkombinationen ausgegeben werden, übersteigen jedes vorstellbare Maß.

Genau wie bei uns auch, gibt es in China auch bestimmte **Unglückszahlen**. Zu diesen zählt aber nicht die Dreizehn, sondern die Zahl Vier, dessen Aussprache sich, wenn man statt Mandarin einen südchinesischen Dialekt spricht, anhört wie das Wort für Tod. Auch die Sieben, die dann so ähnlich klingt wie „fortgehen", ist eine Unglückszahl. Die Zahl Zwei dagegen gilt in China wiederum als positive Zahl. Wer sich also besonders beliebt machen will, überreicht lieber zwei kleine Geschenke, wobei es ja in Deutschland eher heißt, „aller guten Dinge sind drei".

Einer besondere Form der Zahlenmystik begegnet man bei der gezielten Aneinanderreihung mehreren Zahlen mit zweideutigem Inhalt. Das nennt man in China auch die **Blumensprache**, die bei kantonesischen Jugendlichen zum Beispiel in SMS-Nachrichten Anwendung finden. Beispiele hierfür wären 39 (Dankeschön), 88 (auf Wiedersehen), 100 (100% Liebe), 456 (ich bin es), 520 (ich liebe dich), 720 (ich sorge mich um dich), 0837 (sei nicht böse), 4980 (versprochen), 20999 (Liebe lange, lange, lange), 5201314 (Ich werde dich mein Leben lang immer lieben) oder gar 8807701314520 (Ich umarme dich, küsse dich und liebe dich mein Leben lang).

Wie es zu der **Entwicklung dieser Blumensprache der Liebenden** kommt, sei an dem kleinen Beispiel der übertragenen Bedeutung von der Zahl 520 kurz erklärt. Fünf heißt „wu", Zwei heißt „er" und Null heißt „ling". Das klingt mit viel gutem Willen so ähnlich wie die drei Worte „wo ai ni" für „ich liebe dich". Der Einsatz dieser Blumensprache klingt irgendwie viel romantischer als die in westlichen Kneipen gängige Verwendung der Zahl 241, die als übertragene Bedeutung „two for one" meint und in der Happy Hour ein freies Getränk bietet.

Politik und Geschichte

10

Konfuzius

Um die vom Westen sehr oft abweichenden Denk- und Handlungsweisen der Chinesen besser verstehen zu können, liefert ein Kurzstudium des Konfuzianismus einen wertvollen Beitrag. Der Name dieser Glaubens- bzw. Philosophierichtung leitet sich von dessen Gründer ab. „Kong Zi" oder „Kong Fuzi", also „Meister Kong", wie Konfuzius in China genannt wird, hat die Chinesen bis zum heutigen Tage stark geprägt. Konfuzius lebte wahrscheinlich zwischen den Jahren 551 und 479 vor Christus und wurde im Norden Chinas, in Qufu, in der Provinz Shandong geboren. Bis heute gibt es direkte Nachfahren und Kong gilt damit in der 75. Generation als einer der ältesten nachgewiesenen Familiennamen der Welt.

Konfuzius war der **Gründer einer Schule für Moralphilosophie**, die als zentrale Werte Menschenachtung und Ahnenverehrung hatte. Harmonieverständnis und -bedürfnis spielte eine weitere Hauptrolle in seiner Weltanschauung. Darauf basierte das Ordnungsprinzip all seiner Lehren. Zentraler Punkt dieser Lehren ist der moralisch handelnde „edle Mensch", oder auch „junzi". Dessen höchstes Lebensziel sollte darin bestehen, immerwährende Harmonie durch die richtige Balance im Denken und Handeln zu gewährleisten. Das beinhaltet die Abwägung von physischem und psychischem Gleichgewicht in Beruf und Privatleben, vor allem aber in der gegenseitigen Beziehung.

Konfuzianismus äußerte sich als Besserungs- und Erziehungsprozess, um dem Staat zu gesellschaftlicher Ordnung und dem Menschen zu sozialem Verhalten zu verhelfen. Er umfasst also sowohl gute Menschenführung als auch die Aufrechterhaltung angemessener zwischenmenschlicher Beziehungen. Dieser Grundgedanke des sittlich-moralischen Umgangs prägt die generelle Lebenseinstellung der Chinesen und dient bis heute als Erklärungsansatz für politische, wirtschaftliche und soziale Theorien in China.

In diesem Sinne ist Konfuzianismus keine chinesische Religion, die als solche auch institutionalisiert wurde, hat jedoch als vorherrschende Glaubensrichtung den Status einer offiziellen Ideologie bzw. Staatsdoktrin erhalten. Konfuzius wurde von seinen Anhängern als großer Lehrer und Weiser verehrt und bewundert, doch nie wie ein Gottheit angebetet. Diesen Anspruch an sich und an andere erhob Konfuzius auch nie. Die ihm geweihten oder zumindest gewidmeten Tempel waren Versammlungs- und Zeremoniestätten, aber keine Anbetungsorte, was den Rückschluss auf einen sehr weltlichen Charakter seiner Philosophie zulässt.

Konfuzius materielles Erbe besteht aus neun Werken, in denen von seinen Schülern und Anhängern die Lehren und die Grundsätze des Konfuzianismus zusammengefasst wurden. Dabei stammen nicht alle von Konfuzius selbst. Das Werk Mengzi wurde beispielsweise nach seinem Autor Mencius benannt, der ca. 200 Jahre nach Meister Kong lebte. Diese Schriften werden üblicherweise in zwei Gruppen unterteilt – die „Vier Bücher" und die „Fünf Klassiker".

Die „Vier Bücher" heißen in China „Si Shu" und beinhalten Zitate und Äußerungen von Konfuzius über moralische und politische Philosophie sowie Kommentare seiner Anhänger dazu. Zu den wichtigsten Schülern, der viel Bedeutsames zu den „Vier Büchern" beigetragen hat, zählt Mencius.

Die Ursprünge der „Fünf Klassiker" oder auch „Wu Jing", gehen auf eine Zeit vor dem eigentlichen Leben und Wirken des Konfuzius zurück. Diese klassischen Werke beinhalten das „Buch der Geschichten", das „Buch der Sitten", das „Buch der Frühlings- und Herbstannalen", das „Buch der Lieder" sowie das im Westen wohl bekannteste Werk, das „I Ching" oder „Yijing", was „Buch der Wandlungen" bedeutet.

Das „Yijing" zählt zu den ältesten bekannten klassischen chinesischen Texten und wird in der westlichen Welt vorwiegend als Orakel bzw. als Weisheits- und Weissagungsbuch eingeordnet. Es stammt vermutlich aus der Zhou-Dynastie – also 1100 v. Chr und enthält die Grundgedanken der Philosophie und der Kosmologie Chinas, die auf der Akzeptanz der stetigen Veränderung und – genau wie das Yin & Yang-Symbol – auf der Ausgewogenheit von Gegenteiligkeit beruhen. Im „Yijing" wird die Welt mittels 64 Bildern beschrieben, die jeweils aus sechs durchgehenden oder auch unterbrochenen Linien bestehen, die man Hexagramme nennt. Nur ein einziges Werk scheint von Konfuzius selbst verfasst worden zu sein, das „Chunqiu", das „Buch der Frühlings- und Herbstannalen", das eine kritische Chronik der historischen Ereignisse des feudalen China beinhaltet.

Die **drei wichtigsten Schlüsselworte von Konfuzius Lehren und seiner tugendhaften Ethikvorstellung** bilden die Begriffe „ren", die Menschlichkeit oder auch Liebe, „li", die Riten sowie „Zhongyong", die sogenannte „unabänderliche Mitte". Die zentralen Begriffe des idealen Denkens und Handeln sind Ehrlichkeit, Rechtschaffenheit, Aufrichtigkeit, Nächstenliebe und Ehrfurcht und Respekt des Sohnes dem Vater gegenüber. Ein Führer oder Herrscher sollte als Vorbildfunktion ethisch-moralische Vollkommenheit anstreben.

Der Konfuzianismus ist im gesamtem ostasiatischen Raum verbreitet und wurde auch zentraler Studieninhalt von Gelehrten im westlichen

Teil der Welt. Dabei bezieht sich der Konfuzianismus auf die Werte und Errungenschaften der Vergangenheit nach dem Motto „Das Althergebrachte ist gut, Veränderungen und Erneuerungen sind schlecht." Nichstdestotrotz bildet der Konfuzianismus die Basis und einen Erklärungsansatz für den heutigen chinesischen Wirtschaftsstil.

Lao Zi

Wer sich mit Chinas Kultur und Geschichte auseinander setzt, kommt an dem **Philosophen** Lao Zi nicht vorbei. In der Literatur wird er fast ausschließlich nach der alten Wade-Giles-Umschrift als **„Laotse"** bezeichnet. Der „Alte Meister", das ist die wörtliche Übersetzung seines Titels, lebte von 604 bis 517 v. Chr. und zählt im Westen neben Konfuzius zu den bekanntesten historischen Persönlichkeiten Chinas. Beide haben das Land und seine Bewohner nachhaltig beeinflusst. Während Konfuzius im Norden agierte, trat Laotse vorwiegend im Süden des Landes in Erscheinung.

Aus seinem Leben ist fast nichts bekannt und selbst die Chroniken aus jener Zeit können nur unsichere Auskünfte über seine Biografie bzw. sogar über seine wahre Existenz geben. Mündliche und schriftliche Überlieferungen berichten von widersprüchlichen Aussagen über Laotse, aber sollte er tatsächlich gelebt haben, wurde er wahrscheinlich als „Li Er" in der heutigen Provinz Henan geboren und war ein Bibliotheksarchivar. Der Legende nach verließ er seine Heimat und begab sich zu einem Tempel in West-China nahe dem Ort Louguantai, um dort sein Wissen mit den Gelehrten zu teilen.

Laotse gilt als der Begründer des Taoismus oder besser des **Daoismus**, der sogenannten **„Philosophie der Wege"**, denn das Wort „dao" bedeutet Weg oder Methode. Die Erkenntnisse und Lehren des Daoismus sind in einem der klassischen chinesischen Werke, dem „Daodejing" zusammengefasst. In ihm beschreibt Laotse das ideale Verhältnis der Menschen zur Natur und seine Vorstellung von Harmonie, auf dem auch das Prinzip des Yin und Yang basiert.

Die Legenden um Laotses Leben und Werk, die schließlich zu der Niederschrift des Daodejing führten, entstammen vermutlich aus dem Bedürfnis der Bevölkerung der damaligen Zeit, philosophische Gedankengänge und historische Überlieferungen greifbar zu machen. Im Daoismus steht die Erlangung der Unsterblichkeit an erster Stelle und wird als höchstes religiöses Ziel definiert. Laotse selbst wurde durch sein vollkommenes Leben im Sinne der Dao-Tradition angeblich 160 bis 200 Jahre alt, weshalb Abbildungen seiner Person bis heute als Symbol für langes Leben gelten.

700 Jahre nach seinem Tod wurde Laotse während der Han-Dynastie in das daoistische Pantheon der ranghöchsten der göttlichen Gestalten, der „Drei Reinen" oder auch „San Qing" aufgenommen. Diese drei verkörpern neben Laotse oder auch „Daode Tianzun" als kosmische Gottheit den „Himmelsehrwürdigen des Uranfangs", genannt „Yuanshi Tianzun" sowie den „Himmelsehrwürdigen des übernatürlichen Schatzes" oder auch „Lingbao Tianzun". Die Haupthallen aller taoistischen Tempel tragen deshalb den Namen „Halle der Drei Reinen".

Mao Zedong

Wer heute durch China reist, stößt überall auf Mao-Relikte. Ob als kleine Memorabilia in Souvenirgeschäften, als Emblem in Taxis, Portraits in Restaurants oder als steingewordene Propaganda in Form von übergroßen Skulpturen, wie zum Beispiel die kolossale Mao-Statue in der Innenstadt von Chengdu. Die Renminbi-Scheine sind mit dem Mao-Konterfei bedruckt und sein 6,50 Meter hohes und fünf Meter breites Bild prangt nach wie vor direkt über dem Haupteingangstor zur „Verbotenen Stadt" am Platz des Himmlischen Friedens in Peking. Man hat jedoch Probleme, die fürchterlichen Auswirkungen der Kulturrevolution und die Tatsache, dass Mao dank seiner diktatorischen Machtausübung, seiner politischen Kampagnen und völlig verfehlter Wirtschaftspolitik 30 zu 70 Millionen Menschen auf dem Gewissen hat, mit einer scheinbar kritiklosen Verherrlichung dieses Mannes bis zum heutigen Tage zu vereinbaren. Doch Mao wurde nicht aus den

Augen und aus dem Sinn der Chinesen verbannt. **Wer ist also dieser Mann, der als der weltweit bekannteste Chinese gilt?**

Geboren wurde der führende Politiker der Volksrepublik China des 20. Jahrhunderts am 26. Dezember 1893 in der Stadt Shaoshan. Am 1. Oktober 1949 rief er in der Hauptstadt Peking die **Gründung der Volksrepublik China** aus und war als Vorsitzender der Kommunistischen Partei Chinas über fast drei Dekaden der Führer des Landes. Sein innerpolitisches Wirken wird anhand mehrerer individueller Kampagnen definiert.

Als erstes initiierte er die **„Hundert-Blumen-Bewegung"**, die von 1956 bis 1957 andauerte und zu Kritik an Partei und Staat aufforderte.

In der Folge wurden Hunderttausende von Angestellten und Intellektuellen entlassen, inhaftiert und durch zumeist unqualifizierte Führungskader der Kommunistischen Partei aus den Bauernschichten ersetzt. Das Ergebnis war Misswirtschaft und Missmanagement in weiten Teilen der chinesischen Wirtschaft.

Weitreichendere Konsequenzen für China hatte der **„Große Sprung nach vorn"**, der **zwischen 1958 und 1961** im Rahmen des zweiten 5-Jahresplanes des Landes lanciert wurde. Das Ziel der Kampagne bestand darin, die bis dato noch fast brachliegende Leichtindustrie sowie eine Schwerindustrie aufzubauen und die Produktivität der Agrarwirtschaft, dem damals einzig nennenswerten Wirtschaftsfaktor des Landes, massiv zu steigern. Dadurch wollte Mao die wirtschaftlichen Voraussetzungen schaffen, um sich vom wachsenden Einfluss und der Abhängigkeit der Sowjetunion zu lösen. Dabei verfolgte er zunächst das Prinzip der Anlehnung, „yibian dao". Doch nach dem Tode Stalins trieb er den allmählichen Bruch mit der UdSSR voran.

Einerseits wurden die Bauern während des „Großen Sprungs" mit repressiven Methoden zu Höchstleistungen gezwungen. Andererseits wurden ihnen jedoch über Jahre hinweg alle landwirtschaftlichen Erzeugnisse abgenommen, um sie gegen harte Devisen ins Ausland – vor allem nach Russland – zu verkaufen. Aufgrund schlechter Planung und als Folge dieser rücksichtslosen Ausbeutung der Leistungskraft der Landbevölkerung verloren fast 40 Millionen Menschen durch Hungersnöte ihr Leben. Mit den erwirtschafteten Geldern wurden viele Länder finanziell unterstützt, denen es sogar besser ging als China selbst. Dazu zählten beispielsweise Albanien oder auch Mosambik. Hintergrund dieser ideologischen Aktion war die Demonstration der angeblichen Leistungskraft Chinas und des Mao-Kommunismus in aller Welt.

Die wahren Auswirkungen und katastrophalen Folgen des „Großen Sprungs" wurden gegenüber der Bevölkerung verheimlicht, wodurch der Nimbus Maos intakt blieb. Dessen Einfluss wuchs nach dem ersten erfolgreichen Atombombentest im Jahr 1964 sogar um ein Vielfaches und wurde durch die Publizierung der allseits bekannten **„Mao-Bibel"** oder auch des „Kleinen Roten Buches" mit angeblichen Zitaten des „Großen Vorsitzenden Mao" nochmals gestärkt. Auf die „Kulturrevolution", die zwischen 1966 und 1976 stattfand, wird in einem separaten Kapitel ausführlich eingegangen. Maos außenpolitisch größter Erfolg war die **Aufnahme Chinas in die UNO** im Jahre **1971**, wobei Taiwan gleichzeitig als UNO-Mitglied ausgeschlossen wurde.

Trotz seiner umstrittenen Politik zählt Mao zu den herausragenden Politikerpersönlichkeiten Chinas und der Welt. Er hat das Land von der Vorherrschaft fremder Kolonialmächte befreit und seinen Landsleuten ihren Nationalstolz wiedergegeben. Sinnbildlich ist sein Ausspruch bei der Proklamation der Volksrepublik China zu verstehen: „China ist wieder auferstanden". Der **Maoismus** als politische Bewegung prägte nicht nur China, sondern beeinflusste auch die europäische Studentenbewegung, die Guerillabewegung „Leuchtender Pfad" in Peru, die Kommunistische Partei der Philippinen und zahlreiche andere Parteien, Gruppen und Splittergruppen. Bei der antiautoritären 1968er Jugendbewegung im Westen hatte Mao teilweise Kultstatus, da sein radikales Vorgehen gegen die Bourgeoisie als vorbildhaft galt.

Noch heute wird Mao zumindest von der chinesischen Jugend als eine Mischung zwischen patriotischem Heiligen und Großvaterfigur verehrt. Das liegt unter anderem daran, dass eine wissenschaftliche Aufarbeitung der Maodiktatur mit all ihren Schattenseiten nach wie vor verboten ist. Zwar wird Maos Politik sogar offiziell von der Kommunistischen Partei nach der sogenannten Deng-Formel beurteilt, wonach 70% seines Handelns für China gut und nur 30% nachteilig gewesen seien, aber das ändert selbst bei vielen westlichen unkritischen Beobachtern wenig an Maos Beurteilung und revolutionsromantischer Bewunderung. Mao Zedong starb am 9. September 1976 in Peking.

Deng Xiaoping

Der **wirtschaftliche Aufstieg Chinas** wäre ohne ihn nicht möglich gewesen – Deng Xiaoping. Mit seinen nur 1,53 Metern Körpergröße war der kleine große Mann der Volksrepublik China zwischen 1976 und seinem Todesjahr 1997 der faktische Führer des Landes. Eigentlich hieß er „Deng Xixian". Den Namen „Xiaoping", der „kleiner Frieden" bedeutet, nahm er erst später im Laufe seiner politischen Karriere an.

Geboren 1904 in der westchinesischen Provinz Sichuan, entschied sich Deng früh für Studien- und Arbeitsaufenthalte im Ausland. Er verließ bereits als Sechzehnjähriger sein Heimatland und schiffte sich **1920** von Shanghai aus nach Marseille in Frankreich ein. Dort besuchte er das Gymnasium, lernte Französisch als Grundlage einer höheren Ausbildung und wurde Mitglied der chinesischen „Kommunistischen Jugendliga". Nach nur sechs Jahren verließ Deng Frankreich und begab sich nach Moskau, wo er sich in der „Kommunistischen Universität für die Arbeiter des Ostens" einschrieb und später auf die „Sun-Yat-sen-Universität" wechselte. Dieses Institut erhielt finanzielle Unterstützung von der Nationalistischen Partei Chinas.

Als Mao Zedong am **1. Oktober 1949** auf dem Pekinger Tiananmen-Platz die **Gründung der Volksrepublik China** ausrief, war Deng Xiaoping unter den Teilnehmern dieser Zeremonie. Drei Jahre später berief ihn Mao offiziell in die Hauptstadt, und durch seine Verdienste in der Partei erfolgte für Deng ein rascher politischer Aufstieg in der

Partei und machte ihn zu einem engen Vertrauten Maos. Nach dessen Tod übernahm er den Vorsitz und die Führung der Kommunistischen Partei Chinas.

In den **80er Jahren** verfolgte Deng das Ziel der konsequenten Modernisierung Chinas auf Basis eines wirtschaftlichen Pragmatismus, jedoch ohne die Gewährung der politischen Freiheiten. Dieses Prinzip legt den Grundstein für China, sich zur am schnellsten wachsenden Volkswirtschaft der Welt zu entwickeln. Im Laufe seiner wechselhaften Karriere wurden von Deng verschiedene Zitate bekannt, die im Zusammenhang mit wirtschaftlichen Reformen des Landes standen. Am bekanntesten ist sicherlich sein Ausspruch, der auf die Kombination verschiedener Produktions- und Wirtschaftssysteme hinzielt. „Es ist egal, ob die Katze schwarz oder weiß ist, solange sie Mäuse fängt." Damit ist auch die Akzeptanz ausländischer Wirtschaftsprinzipien gemeint, die Deng im Laufe der nachfolgenden Jahre systematisch im eigenen Land implementierte.

1981 leitete Deng einen Gegenkurs zur Kulturrevolution des vorhergehenden Jahrzehnts ein, indem er der so genannte „Viererbande" und anderen Führungspersönlichkeiten aus der Kulturrevolution den Prozess machte. Im darauffolgenden Jahr wurde die Kommunistischen Partei unter seiner Ägide mit dem Ziel konfrontiert, einen Sozialismus chinesischer Prägung aufzubauen, der dazu führen sollte, im Jahr **2000** ein durchschnittliches Jahreseinkommen von 1.000 Dollar zu erreichen. Die Einrichtung von Sonderwirtschaftszonen in mehreren Ostküstenstädten war ein Baustein zur Erreichung dieses ambitionierten Zieles.

Dengs **größter außenpolitischer Erfolg** waren die Verhandlungen mit der britischen Regierung um die **Rückgabe Hongkongs**. Die Devise des „Ein Land, zwei Systeme", die eigentlich in Bezug auf die Taiwan-Frage entwickelt worden war, fand hier mustergültige Anwendung. Dengs Geschick bestand unter anderem darin, sein komplexes Politikverständnis in einfache, vom Volk verstandene Slogans zu formulieren.

Im **Frühjahr 1989** kam es in Folge unterschiedlichster politischer und wirtschaftlicher Ereignisse zu studentischen Protestkundgebungen, die in letzter Konsequenz blutig niedergeschlagen wurden und in westlichen Medien als „Tiananmen-Massaker" tituliert wurden. „Die Ereignisse vom 4. Juni 1989", wie sie offiziell genannt werden – in China ist dafür das Kürzel „liu si", also „6/4", geläufig – sorgten international für einen herben Imageverlust Chinas und auch Dengs als verantwortliche Person und sorgte für eine kurzzeitige Stagnation der wirtschaftlichen Entwicklung. Doch rückblickend besteht die einhellige Meinung darin, dass die Volksforderungen nach mehr Demokratie zwar gerechtfertigt, aber das Land noch nicht bereit und in der Lage war, diese Verantwortung auch zu tragen. Über die Mittel, die Deng einsetzen ließ, um die Demokratiebestrebungen zu unterdrücken, kann man natürlich streiten.

Doch am Aufstieg Chinas zur globalen Wirtschaftsmacht änderte dies nichts. Der Tod von Deng Xiaoping am **19. Februar 1997** läutete zwar das Ende einer Ära ein, die Übergabe Hongkongs an das Mutterland am 1. Juli 1997 verkündete jedoch den Beginn einer neuen Zeitrechnung – einer neuen Allianz von Kapitalismus und Kommunismus. Tatsache ist, auf Deng Xiaopings Erbe basiert der heutige Erfolg Chinas, denn er öffnete sowohl das Land als auch den Markt und leitete die wirtschaftliche Liberalisierung ein. Durch die Förderung des privaten Unternehmertums und der Möglichkeiten für ausländische Investoren, sich der chinesischen Industrie und Wirtschaft zu widmen, konnten die dauerhaft zweistelligen Wachstumszahlen erzielt werden. Kraft seines Amtes und seiner Persönlichkeit sorgte Dengs Reformkurs für einen stetigen Wirtschaftsaufbau, einen kontinuierlichen technologischen Fortschritt und einen deutlichen Anstieg des allgemeinen Lebensstandards.

Zheng He

Die meisten Europäer sind der Meinung, Christoph Kolumbus Entdeckungsreise nach Amerika im Jahr 1492 sei eine einzigartige Pioniertat gewesen. Natürlich war nicht nur das Bestreben des genuesischen

Seefahrers in spanischen Diensten, auf dem westlichen Seeweg von Europa nach Ostasien zu gelangen, sondern auch der Erfolg dieser Mission etwas Besonderes. Die dem amerikanischen Kontinent vorgelagerten Karibischen Inseln mit seiner aus den drei Schiffen Nina, Pinta und Santa Maria bestehenden Kleinstflotte zu erreichen, war eine kühne Tat und bahnbrechende Leistung – selbst wenn er damit nicht den ersehnten Seeweg nach Indien fand. Doch die gesamte Unternehmung von Kolumbus verblasst, wenn man zur selben Zeit nach China blickt und sie mit den Reisen von Zheng He vergleicht.

Der Muslime Zheng He, ein anderer Name lautete Ma Sanbao, wurde im Jahr 1371 in der südchinesischen Stadt Kunming in der Provinz Yunnan geboren. Er war zur Zeit der Ming-Dynastie – sie dauerte von 1368 bis 1644 – Großadmiral und Oberbefehlshaber der kaiserlichen Flotte und gilt als der **berühmteste Seefahrer Chinas**. Zwischen den Jahren **1405 und 1433** unternahm er **sieben große Expeditionen, Forschungs- und Handelsreisen** mit so genannten „Schatzflotten" in den Pazifischen und den Indischen Ozean.

Seine **erste Reise** fand von 1405 bis 1407 mit dem Ziel Indien statt. Die Route führte über Vietnam, Indonesien und Sri Lanka. Neben dem Handel und der Aufnahme diplomatischer Beziehungen wurde auch die Piraterie im Indischen Ozean bekämpft. Seine Flotte bestand aus 62 Schiffen und einer Gesamtbesatzung von fast 28 000 Mann. An der **zweiten Reise** von 1407 bis 1409 nahm Zheng He persönlich nicht teil. Es ging zwar wieder nach Indien, jedoch diesmal mit der Zielsetzung, den Machterhalts des Königs von Kalkutta abzusichern.

Während der **dritten Reise** von 1409 bis 1411 reduzierte Zheng He seine Flottenstärke auf nur 48 Schiffe, hatte aber trotzdem ca. 30 000 Mann Besatzung dabei. Das war eine gute Vorsichtsmaßnahme, da der König von Sri Lanka den handeltreibenden Chinesen nicht wohlgesonnen war. Zheng Hes Truppen besiegten den Feind, nahmen den König gefangen und verschleppten ihn nach China. Im Jahr 1412 wurde Zheng He vom chinesischen Kaiser beauftragt, eine **vierte Reise** durchzuführen, die zur Straße von Hormus am Persischen Golf und nach Ostafrika führen sollte und wiederum fast zwei Jahre andauerte. 1415 kehrte Zheng He erfolgreich, von afrikanischen Diplomaten begleitet und mit orientalischen Schätzen beladen nach China zurück. In ähnlicher Manier verliefen auch die **fünfte und sechste Reise** bis 1422.

Mit dem Tode des Kaisers Yongle 1424 und dessen Sohn und Nachfolgers Hongxi änderte sich die Flottenpolitik. Es sollten keine Seereisen mehr unternommen werden, was jedoch schon zwei Jahre später wieder durch den Tod des Kaisers von dessen Nachfolger, dem Kaiser Xuande, revidiert wurde. Dieser ließ die chinesische Schatzflotte reaktivieren und schickte Zheng He infolgedessen auf seine **siebte** und letzte **Reise**. Zwischen 1431 und 1433 sollte sich der inzwischen legendäre Admiral mit einer Flotte bestehend aus fast 100 Schiffen um die Wiederherstellung friedlicher Beziehungen mit den Königreichen von Malakka und Thailand bemühen.

Es waren jedoch nicht nur die eigentlichen Erkundungsreisen Zheng Hes, die zu seinem Ruhm und Ehrenplatz in der internationalen Seefahrtgeschichte beitrugen. Seine Dschunken zählten mit bis zu 130 Metern Länge, 50 Metern Breite und neun Masten zu den größten Holzschiffen aller Zeiten. Es gab neben Kriegsschiffen auch reine Pferdetransporter, Frischwasser- und Versorgungsschiffe, um auf den langen Reisen in unbekannten Gewässern und fremden Gestaden möglichst autark zu bleiben. Es waren Tausende von Tonnen an Handelsgütern an Bord. Es waren tausende von Tonnen an Handelsgütern an Bord. Zur Navigation wurden die bereits im 4. Jahrhundert vor Christus in China erfundenen Kompasse benutzt und Räucherstäbchen dienten als Zeitmesser. Noch vor Zheng Hes Tod gegen 1433 – er liegt bei Nanjing begraben – leiteten die kaiserlichen Nachfolger wegen der hohen Kosten ein Ende der Flottenpolitik ein und ließen die Schiffe zerstören. Eine Folge dieser selbstgewählten Isolation war das Aufblühen der Agrarwirtschaft, die vorher wegen der regen Handelsaktivitäten vernachlässigt wurde. Zum anderen bedeutete dieser Richtungswechsel das Ende der Seemacht China und ermöglichte die Dominanz der europäischen Seefahrernationen England, Spanien und Portugal. Doch anders als diese Länder hatte China zu Zheng Hes Lebenszeit nie das

Bestreben, militärische Stützpunkte zu gründen, Territorialpolitik zu betreiben und die Weltherrschaft an sich zu reißen.

Patriotismus

Wörtlich übersetzt heißt China das „Reich der Mitte". Allein dieser Ausdruck spiegelt die Geisteshaltung und das Selbstverständnis der Chinesen bis zum heutigen Tage wider.

Wenn hier eine Verallgemeinerung zulässig ist, kann man sagen, dass Chinesen ein klares Überlegenheitsgefühl mit einem zentristisches Weltbild auszeichnet, was durch ihren eigenen Landesnamen, das „Reich der Mitte", hervorragend ausgedrückt wird. Sie sehen sich selbst immer noch als stolze „Nachfahren der Drachen" und sehen alle Volksgruppen außerhalb ihres Kosmos als nicht ebenbürtig an. **China repräsentiert für Chinesen die höchste Form von Kultur und Gesellschaft.**

So hart es sich auch anhören mag, Chinesen sind absolute Rassisten. Das ist aber gar nicht so negativ belegt wie im Westen. Es ist für Chinesen, aber auch für viele andere Asiaten, ganz normal, dass sie ihr Land, ihre Kultur, ihre Sprache, ihre Gesellschaftsform und Regierungspolitik als die überlegenere halten. Die Stadt, in der sie leben, die Hobbys, denen sie nachgehen, der persönliche Geschmack und alles, was sie selbst und ihre Familien betreffen, stehen einfach ganz oben. Alles Chinesische ist einfach besser als alles Nicht-Chinesische.

Der Rassismus drückt sich aber nicht nur rein kulturell aus. Wenn Ausländer nach China kommen, hier sind vor allem Europäer und Nordamerikaner gemeint, werden sie mit gebührendem Respekt auf Grund der technologischen Errungenschaften ihrer Heimatländer und deren internationaler wirtschaftspolitischer Führungsrolle anerkannt. Das bezieht sich jedoch fast ausschließlich auf weißhäutige Ausländer. Amerikaner dunkler Hautfarbe, Arabischstämmige, Bewohner Zentral- oder Südostasiens oder gar Afrikaner werden mit wesentlich mehr Ressentiments konfrontiert und müssen viel stärker um ihren Status als gleichberechtigte Partner kämpfen – und das völlig unabhängig von ihrer Position oder Qualifikation. Die Tatsache, dass es zum Beispiel auch in Süd-Europa, in Ägypten oder im Zweistromland bedeutende Hochkulturen gegeben hat, sehen Chinesen kaum als triftigen Grund für sofortige Akzeptanz auf Augenhöhe an. Sie sehen ihre eigene Kultur immer noch als die überlegenere an. Der manchmal offen zur Schau getragene Nationalstolz und Patriotismus der Chinesen weicht gerne einer kulturbezogenen Überheblichkeit.

Umfragen zufolge würde der Großteil aller Chinesen immer ein chinesisches Produkt einem ausländischen Produkt gegenüber bevorzugen, wenn die Qualität und das Preisniveau identisch wären. Die derzeitige Attraktivität westlicher Markenartikel stellt nur ein Übergangsstadium dar, bis die chinesischen Konsumenten glauben, die derzeitigen Defizite gegenüber ausländischen Artikeln in puncto Funktionalität, Zuverlässigkeit, Qualität und Optik wett gemacht zu haben. Alles Fremde, Ausländische, nicht dem „Reich der Mitte" Entspringende ist nach einhelliger Meinung der Bevölkerung dem Chinesischen langfristig unterlegen. Mit dieser Einstellung werden zukünftig noch viele ausländische Firmen, die China ausschließlich als potenziellen Super-Absatzmarkt für ihre Artikel sehen, noch schwer zu kämpfen haben.

Aufgrund des Alters und der Errungenschaften der chinesischen Hochkultur ist diese Form des Patriotismus, des Nationalstolzes und der Ichbezogenheit noch gefördert und verstärkt worden. Jedoch sind Chinesen nicht bestrebt, wie so viele westliche ehemalige Kolonialmächte, anderen Ländern oder Völkern ihre Kultur, Religion oder Weltanschauung mit Gewalt aufzuzwängen. Missionarischer Eifer liegt den Chinesen fern, selbst wenn die Mao-Ideologie in den 60er Jahren mit brennendem Enthusiasmus um die Welt getragen wurde. Allerdings beruht die selbstbewusste und manchmal arrogante Art der Selbsteinschätzung vieler Chinesen allzu oft auf begrenztem Wissen und eingeschränkter Vergleichsmöglichkeit mangels objektivem Informationszugang und mangels eigener Auslandserfahrung. Insofern sollte man seine Toleranzgrenze nach oben verschieben und seine eigenen Reaktionen überdenken, bevor man sich mit seinem chinesischen Geschäftspartner auf hitzige Diskussionen über den Wert von Hochkulturen und globaler Dominanz einlässt.

Kulturrevolution

Die **„Große Proletarische Kulturrevolution"**, in China, abgekürzt einfach „wenge" genannt, war eine zehn Jahre dauernde politische Kampagne zwischen 1966 und 1976. Ausgelöst von Mao Zedong sollte sie ein Mittel sein, um die Volksrepublik China nach Maos ganz persönlichen Vorstellungen neu zu gestalten. Vor allem während der dreijährigen Hochphase kam es zu excessiven Misshandlungen, Zerstörungen und Restriktionen, deren Auswirkungen bis heute im Land sichtbar und bei den Menschen spürbar sind.

Der „Vorsitzende Mao" bediente sich der leicht manipulierbaren und leicht zu mobilisierenden Jugend, um einen nie zuvor gekannten Klassenkampf im Form des Ausrufes „Krieg gegen die Alte Welt" gegen einen imaginären inneren Feind zu führen. Dieser manifestierte sich in der klassischen chinesischen Kultur und all ihrer Repräsentanten. Auf landesweit verteilten Plakaten wurden die Bürger aufgefordert, alles zu vernichten, was irgendwie kapitalistisch, reaktionär, feudal oder revisionistisch war.

Es wurden als Erstes als äußerliches Zeichen der Bruch mit Traditionen die Namen von Straßen, Universitäten, Geschäften und Institutionen umbenannt, und sogar manche Bürger mussten ihre Namen ändern, die eher kapitalistisch als revolutionär klangen. Dann drangen die „Roten Garden" in Opernhäuser, Theater und andere Kultureinrichtungen ein, konfiszierten alle erdenklichen Kulturgüter und -gegenstände und demütigten, misshandelten oder töteten die Kulturrepräsentanten. Gelehrte wurden zur Zwangsarbeit auf dem Land gezwungen oder auch mit unbegründeten Anschuldigungen über Jahre gefangen gehalten.

Ein Großteil Chinas bedeutendster architektonischer oder kultureller Denkmäler, wie zum Beispiel Bibliotheken, Tempel, Klöster, Moscheen, Gräber oder Ausgrabungsstätten, wurden entweiht, beschädigt oder ganz zerstört. Bilder und Statuen wurden durch übergroße Portraits Maos ersetzt. Selbst Teile der „Großen Mauer" wurden abgerissen und als Material für den Strassenbau eingesetzt. In Tibet fielen fast 99% aller Klöster und religiösen Institutionen der Zerstörungswut der Truppen zum Opfer. Große Teile der Bevölkerung wurden in Umerziehungslagern gesperrt, gefoltert oder gar hingerichtet. Die einzige bedeutende Kulturstätte, die dem „Roten Terror" unversehrt entging, war der alte Kaiserpalast im Zentrum der Hauptstadt Peking auf Veranlassung des Premierministers Zhou Enlai.

Doch auch im privaten Bereich machten sich die brutalen Folgen der Kulturrevolution bemerkbar. Blumen waren dekadent, das Halten von Haustieren galt als bürgerlich. Beides wurde also verboten. Gleichzeitig kam es bei allen irgendwie privilegierten Bürgern zu Hausdurchsuchungen und Beschlagnahmungen. Alle privaten Kunstgegenstände wie Bilder, Bücher und Schmuck mussten abgeliefert werden. Am schlimmsten betroffen waren vor allem die Kinder von Parteikadern und die akademische Elite des Landes, die selbst ihre eigenen Familienmitglieder überwachen und denunzieren mussten. Als Ergebnis der Bezichtigung zur Konterrevolution kam es auch zu massenhaften Hinrichtungen.

Zwischenzeitlich trieb der Drang zur revolutionären Umwälzung auch bizarre Blüten. Da „rot" und „links" als revolutionär galten, wurde zeitweilig der Rechtsverkehr durch Linksverkehr ersetzt und als Symbol und Signal für die freie Fahrt wurde aus grünem Ampellicht plötzlich die rote Farbe. Wegen des entstehenden Chaos' im Straßenverkehr wurde diese Erneuerung jedoch schnell rückgängig gemacht.

Erst im Jahr 1976, nach Mao Zedongs Tod, endete die Ära der Kulturrevolution. Die Viererbande, eine Gruppe linksradikaler Führungskräfte der Kommunistischen Partei Chinas, bestehend aus der Frau Mao Zedongs, Jiang Qing, sowie den drei Spitzenpolitikern Zhang Chunqiao, Yao Wenyuan und Wang Hongwenn wurde verurteilt. Doch die Zahl der Todesopfer, die die Kulturrevolution forderte, geht in die Millionen und zusätzlich hinterließ sie eine vollkommen traumatisierte, bzw. quasi zerstörte Bildungsschicht. Heute bewertet sogar die Kommunistische Partei Chinas die Kulturrevolution als einen „schweren Fehler" des Genossen Mao Zedong.

Literatur

Zur **Einstimmung auf China** ist die Lektüre der nachfolgenden **historischen Werke** sehr zu empfehlen. **„Der Traum der roten Kammer"** oder auch „Hongloumeng" aus dem Jahr 1792 ist einer der berühmtesten Romane aus dem Kaiserreich China und zählt zu den vier klassischen Romanen. Es ist die filigran verästelte Geschichte vom Aufstieg und Verfall der chinesischen Aristokratenfamilie Jia mit über 350 Figuren. Im Zentrum dieser Liebestragödie steht neben Lin Daiyu und Xue Baochai der verwöhnte Beamtensohn Jia Baoyu. Trotz Depressionen führt er nach außen hin ein sorgenfreies und dekadentes Leben, wird aber letzten Endes zum Mönch. Der Roman gilt als die gelungenste Darstellung Chinas während der Qing-Dynastie von 1644 bis 1912. Die zwei wichtigen Philosophie-Strömungen Chinas, der Daoismus und der Konfuzianismus lassen sich im Werk nachweisen. Der Autor, Cao Xueqin – er lebte zwischen 1715 und 1764 – konnte die von ihm gewünschten über hundert Kapitel leider nicht mehr vollenden, weshalb der Autor Gao E die letzten Kapitel schrieb.

„Die Räuber vom Liang Schan Moor" ist ein volkstümliches Märchenbuch aus dem 13. Jahrhundert, das auf die Autoren Shi Nai'an und Luo Guanzhong zurückgeht. Die spannende Abenteuergeschichte – eine chinesische Version von Robin Hood – handelt von einer Gruppe legendärer Geächteter, die den Armen geben, was sie den Reichen vorher abgenommen haben. Die Erzählung handelt von Unterdrückung, Korruption und Misswirtschaft und basiert auf dem historischen Banditen Song Jiang und seinen Gefährten, die während des 12. Jahrhunderts in den heutigen Provinzen Shandong, Henan und Jiangsu ihr Unwesen trieben und in einer Bergfestung am Liangschan-Moor lebten.

„Die Reise nach Westen" wurde von Wu Cheng'en während der Ming-Dynastie geschrieben. Das Buch setzt sich mit dem Prinzip des Reisens auseinander und verknüpft chinesische Legenden mit buddhistischen und daoistischen Themen. Berichtet wird von den Reisen des Mönchs Xuanzang Sanzang, der den Ehrentitel Tripitaka trägt, nach Indien. Er hat auf seiner Reise drei Begleiter: Sun Wukong, auch Son Goku genannt, ist der König der Affen, der durch sein geschildertes Verhalten, Mut, Humor und Weisheit den eigentlichen Hauptcharakter der Geschichte darstellt. Der Affenkönig zählt zu den bekanntesten mythischen Kreaturen Chinas und könnte mit dem indischen Affengott Hanuman verwandt sein. Die anderen beiden Begleiter des Xuanzang sind Sha Wujing bzw. Sha Gojo und Zhu Bajie bzw. Cho Hakkai, zwei Halbdämonen.

„Die Geschichte der Drei Reiche" ist ein populärer Roman des chinesischen Autors Luo Guanzhong, ca. 1330 bis 1400, über die turbulente Zeit der sogenannten „Drei Reiche" im Zeitraum 220 bis 280. Er zählt ebenfalls zu den vier klassischen Romanen Chinas, ist jedoch weniger bekannt.

Eine interessante Erweiterung dieses Buchkanons ist das „Jinpingmei", was mit **„Die Pflaumenblüte in der goldenen Vase"** übersetzt werden könnte. Dieser chinesische Sittenroman aus der Spätzeit der Ming-Dynastie ist berühmt-berüchtigt für seine erotischen bzw. sogar pornografischen Passagen. Der Roman liefert neben der exakten und ungeschminkten Beschreibung des Lebens in der Ming-Zeit die erotischen Affären des reichen Apothekers und Seidenhändlers Ximen Qing in der Provinz Shandong. Der mehrdeutige Buchtitel bezieht sich dagegen auf die drei weiblichen Hauptpersonen, Pan Jinlian, Li Pinger und Peng Chunmei. Obwohl das „Jinpingmei" im 16. Jahrhundert verfasst wurde, spielt die Handlung in den Jahren zwischen 1111 und 1127, also zur Zeit der Song-Dynastie, die von 960 bis 1279 anhielt. Man nimmt an, dass diese Rückdatierung ein Kunstgriff der unbekannten Autoren war, um sich wegen des pikanten Inhalts und der teils ordinären und gar vulgären Ausdrucksweise dem Zugriff der Zensur entziehen zu können.

Sprichworte

Im Finden richtiger Metaphern, um dadurch versteckte Hinweise auf ihre Ziele, Wünsche und Forderungen zu geben, erweisen sich die Chinesen als wahre Meister. Durch ihr Harmoniebedürfnis verstecken sie Kritik gerne hinter blumigen Worten, um niemanden offen zu verletzen. Auch deshalb zeichnet sich China durch eine weitreichende und stark ausgeprägte Sprichwortkultur aus. In akademischen Kreisen war es außerdem ein Zeichen guter Bildung, sich Zitate aus klassischen Werken zu bedienen. Zweideutige Spruchweisheiten zeugen auch heute als besondere Form der Kommunikation von gutem Stil und besonderer Lebenserfahrung

Die Redensarten werden in zwei Bereiche unterteilt. Die „chengyu" sind ursprünglich festgeformte Redewendungen, die oft einen literarischen Hintergrund haben, während mit „yanyu" die eigentlichen Sprichwörter aus dem Volksmund gemeint sind. Daneben gibt es noch die sogenannten Bauernweisheiten, die „nongyan" sowie die „xiehouyu", was in etwa „Ausdrücke mit offenem Ende" bedeutet. Natürlich gibt es zwischen den verschiedenen Arten keine klar umrissene Grenzen.

Klassische Beispiele für „chengyu" mit wörtlicher oder inhaltlich übertragener Übersetzung wären:
„Ai wu ji wu" – Liebst du mich, musst du alles an mir lieben.
„Bai wen bu ru yi jian" – Einmal sehen ist besser als hundertmal hören.
„Bu deng gao shan, bu xian pingdi" – Wer den Berg nicht besteigt, kennt die Ebene nicht.
„Junzi yi yan, kuai ma yi bian" – Ein Mann, ein Wort.
„Mo shi zai ren, cheng shi zai tian" – Der Mensch denkt, Gott lenkt.
„Ru jing wen su" – Andere Länder, andere Sitten.

Beispiele für bekannte „yanyu" aus China wären:
„Jiajia dou you yiben nan niande jing" – Jede Familie hat ein schwer zu lesendes Buch.
„Lu yuan zhi ma li, ri jiu jian ren xin" – Die Stärke eines Pferdes erkennt man erst auf langem Wege, den Charakter eines Menschen am Ende eines Tages.
„Shui neng zai zhou yi neng fu zhou" – Das Wasser kann ein Boot tragen oder es versenken.
„Tianxia wuya yiban hei" – Bei Nacht sind alle Katzen grau.
„Yu bu zhuo bu cheng qi" – Unbearbeitete Jade wird nie zu einem Gefäß.

Sich der Vielfalt chinesischer Weisheiten und Aphorismen zu bedienen, erfreut sich auch im Westen großer Beliebtheit. Hier ist eine Liste von weiteren Sprichworten, die von ihrem Ursprung her großteilig China oder zumindest dem Fernen Osten zugeschrieben werden

Essen
Es genügt nicht, zum Fluss zu kommen mit dem Wunsch, Fische zu fangen.
Man muss auch das Netz mitbringen.

Gib einem Hungernden einen Fisch, und er wird einmal satt. Gib ihm eine Angel, und er wird sein Leben lang satt.

Bohre den Brunnen, bevor du Durst hast.

Anstrengung
Lernen ist wie gegen den Strom schwimmen;
sobald man damit aufhört, treibt man zurück.

Achtmal hinfallen, neunmal aufstehen.

Wer ein hohes Haus bauen will, muss lange am Fundament verweilen

Wer mir schmeichelt, ist mein Feind. Wer mich tadelt, ist mein Lehrer.

Alle Dunkelheit der Welt kann das Licht einer einzigen Kerze nicht auslöschen.

Teilen
Mein Nachbar und ich haben je ein Ei. Wenn wir es tauschen, hat jeder weiterhin ein Ei.

Mein Nachbar und ich haben eine Idee. Wenn wir diese austauschen, hat jeder von uns zwei Ideen.

Glück gehört zu den wenigen Dingen des Lebens, die sich verdoppeln, wenn man es teilt.

Hoffnung ist wie der Zucker im Tee: Auch wenn sie klein ist, versüßt sie alles.

Verbesserung
Bevor du dich daran machst, die Welt zu verbessern, gehe erstmal durch dein eigenes Haus.

Es ist besser, geringe Taten zu vollbringen, als große zu planen.

Ein Reich zu regieren ist leicht, eine Familie zu regieren aber schwer.

Klugheit
Nicht wissen, aber Wissen vortäuschen, ist ein Laster. Wissen, aber sich dem Nichtwissenden gleich verhalten, ist Weisheit.

Die Wissenden reden nicht viel, die Redenden wissen nicht viel.

Es gibt drei Arten weise zu werden: durch Nachahmung, das ist die einfachste, durch Nachdenken, das ist die edelste, durch Erfahrung, das ist die bitterste.

Der Dumme lernt aus seinen Fehlern, der Kluge aus den Fehlern der anderen.

Wer fragt, ist ein Narr für fünf Minuten. Wer nicht fragt, bleibt ein Narr für immer.

Alle Menschen sind klug; die einen vorher, die anderen nachher.

Schwierigkeiten

Obwohl sie nicht einmal hundert Jahre alt werden, bereiten sich die Menschen Sorgen für tausend Jahre.

Verwandle große Schwierigkeiten in kleine und kleine in gar keine.

Das Leben meistert man lächelnd, oder überhaupt nicht.

Berge

Viele Wege führen zum Gipfel eines Berges, doch die Aussicht bleibt die gleiche.

Im Leben stolpert man nicht über Berge, sondern über Maulwurfshügel.

Der Mann, der den Berg abtrug, war derselbe, der anfing, die kleinen Steine wegzutragen.

Straßen

Auch eine Reise von 1.000 Meilen beginnt mit dem ersten Schritt.

Keine Straße ist zu lang mit einem Freund an der Seite.

Fürchte dich nicht vor dem langsamen Vorwärtsgehen, fürchte dich nur vor dem Stehenbleiben.

Ob du eilst oder langsam gehst, der Weg bleibt immer derselbe.

Weitsicht
Der reiche Mann denkt an die Zukunft, der arme an die Gegenwart.
Das schnellste Pferd kann ein im Zorn gesprochenes Wort nicht einholen.

Alle Dunkelheit der Welt kann das Licht einer einzigen Kerze nicht auslöschen.

Es ist besser, ein Licht anzuzünden, als über die Dunkelheit zu schimpfen.

Es hat sich als gute Idee erwiesen, sich für sein eigenes China-Engagement aus obigem Spruchweisheiten-Schatz ein Motto, vielleicht auch eine motivierende Durchhaltedevise zu suchen.

Gesellschaft und Soziales

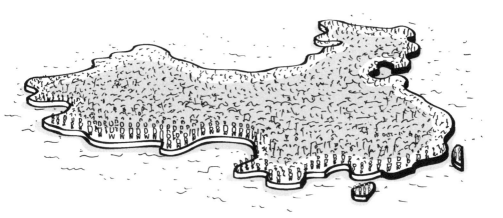

Einheit

Kaum ein Reisender, der China erst seit ein paar Jahren kennt, kann sich vorstellen, welch fundamentale soziale und politische Veränderungen jeder erwachsene Chinese im Laufe seines Lebens durchlaufen hat. Die heute scheinbar allgegenwärtige Freiheit und Unabhängigkeit – von den immer noch dominierenden Restriktionen durch Staat und Gesellschaft bekommen die wenigsten Ausländer überhaupt etwas mit – sind für Viele immer noch alles andere als selbstverständlich. Zu lange hat das stark regulierte Prinzip der **„Danwei"**, der Arbeitseinheit, das Leben und Arbeiten der Chinesen bestimmt. Obwohl die Danweis im Zuge der Öffnung und Liberalisierung Chinas weitestgehend an Bedeutung verloren haben, ist der Grundgedanke immer noch fest in den Köpfen der Chinesen verankert und die Regularien haben im Hintergrund immer noch ihre Daseinsberechtigung und Gültigkeit. Um den vorherrschenden Wirtschaftsstil Chinas, aber auch das Denken der Chinesen zu verstehen, ist es notwendig, die grundlegende Strukturen der Danweis zu verstehen.

Als der Staat **in den fünfziger Jahren** zunehmenden Einfluss auf die Gesellschaft ausübte, wurden diese Danweis **gegründet**. Sie basieren auf dem traditionellen Klansystem der Familien, der gegenseitigen Kontrolle und der unmittelbaren Abhängigkeit, aber auch auf allzeitigem Schutz und kompromissloser Hilfe. Jeder Chinese war einer Danwei zugehörig, in der er stark reglementiert lebte und arbeitete, die ihm viele Rechte zugestand, aber auch genauso viele Pflichten auferlegte. Diesem Zwangskollektiv konnte sich niemand entziehen.

Eine Danwei war räumlich gesehen eine **Gruppe von Wohnblocks** oder auch ein **Wohnviertel**, das oftmals mit einer Mauer umgeben oder auch umzäunt war. Es gab nur vorgegebene Ein- und Ausgänge, die rund um die Uhr bewacht wurden und nur zu definierten Zeiten geöffnet bzw. geschlossen wurden. Alle Bewohner einer Danwei waren den Vorstehern oder Blockwärtern persönlich oder zumindest namentlich bekannt und dort registriert. Besucher mussten dort angemeldet und abgeholt werden. Niemand konnte ungesehen und unerlaubt eine fremde Danwei betreten oder verlassen. Interne und externe Aufseher und Kontrolleure registrierten jede Bewegung und überwachten das richtige und konformgerechte Verhalten der Danwei-Bewohner. Dieses wurde protokolliert, an höher gestellte politische Institutionen weitergeleitet und dort in Form einer Personalakte registriert.

Auf Basis konfuzianischer Vorschriften und Anleitungen etablierte der chinesische Staat die Danweis als fast eigenständigen Mikrokosmos mit festen Strukturen und klaren Hierarchien, um die gesellschaftliche Ordnung und das Familiengefüge aufrecht erhalten zu können. In jeder Danwei gab es Schulen und Kindergärten, Friseure und Geschäfte, Handwerker und vor allem eine eigene Krankenstation. An diesem vorgeschriebenen und unentrinnbaren Ort verbrachte man unter den Argusaugen der Obrigkeit zum großen Teil sein Leben, verdiente mit seiner Arbeitsleistung seinen Lebensunterhalt, erzielte seinen sozialen Status, erhielt seine soziale Identität und befriedigte fast alle Bedürfnisse. Der Vorteil für die Bevölkerung lag in der lokalen Kooperation und dem Prinzip der Hilfe zur Selbsthilfe. Für den Staat jedoch stellten die Danweis ein wichtiges und wertvolles Kontrollwerkzeug über das Volk dar.

Für alle Angelegenheiten, die den Arbeitsplatz oder die Wohnsituation betreffen, war die **Danwei-Führung** zuständig. Ob Hochzeit, Reise oder Neuanschaffung – hier mussten jegliche Wünsche oder Veränderungen beantragt und begründet werden, die dann penibel geprüft, um je nach Position, Status, Beziehung oder Wartelistenplatz nach teilweise subjektiven Kriterien zugeteilt und befürwortet oder auch rationiert und abgelehnt wurden. Andererseits kümmerte sich die Danwei auch um alle täglichen Belange und fing als wirtschaftliches, kulturelles und soziales Netzwerk all ihre Mitglieder auf. Das kommunistische Hilfs- und Überwachungsprinzip führte sowohl zu einem „Einer für Alle – Alle für Einen"-Gedanken als auch zu einer „Jeder gegen Jeden"-Neurose. Beobachter, Kontrolleure und Spitzel gibt es zwar auch heute noch, sind aber nicht mehr allgegenwärtig, mächtig und einflussreich wie zu den aktiven Danwei-Zeiten.

In den 90er Jahren verloren die Danweis zunehmend ihre Bedeutung. Traditionelle Wohnviertel wichen einer neuen Städteplanung und mit der Reduzierung der staatlich kontrollierten Gesellschaft änderte sich auch das Sozialgefüge. Das hatte zwar eine neue, unbekannte Freiheit und Unabhängigkeit zur Folge, resultierte aber auch in einer Unbeholfenheit und Hilflosigkeit, Leben und Arbeit nun selbst organisieren zu müssen. Wie so oft, wenn fest etablierte Systeme und Strukturen zusammenbrechen, gibt es Gewinner und Verlierer. Als Gewinner sehen sich vor allem die jüngeren Leute, die ihre Chancen sehen und diese auch konsequent nutzen. Viele ältere Chinesen jedoch, sehen sich auf einmal ihres sozialen Netzwerkes beraubt, stehen einer fremden Welt im gesellschaftlichen Wandel gegenüber und werden mit vielfältigen Problemen konfrontiert, um deren Lösung sie sich früher nie zu kümmern brauchten.

Individualität

In der westlichen Welt, in der üblicherweise alle Grundbedürfnisse des Lebens erfüllt sind, steht die **Selbstverwirklichung als erstrebenswertestes Ziel an oberster Stelle.** Um uns unsere individuellen Wünsche und Träume zu erfüllen, so einzigartig und manchmal auch so wenig nachvollziehbar sie für unsere Mitmenschen auch sein mögen, widmen wir mehr Zeit, Energie und Geld als wir uns oftmals leisten können. Dieses Verhalten wird trotzdem nicht nur gesellschaftlich anerkannt, sondern manchmal sogar bewundert. **Nicht so in China.** Individualität als höchste Form menschlichen Strebens wird mit Egoismus gleichgesetzt. Nicht das Individuum, sondern die Gemeinschaft steht in China im Vordergrund.

Gemäß der bisweilen wörtlich zu nehmenden Losung „Nagelköpfe, die hervorstehen, müssen eingeschlagen werden" hat die chinesische Führung auch nie einen Zweifel daran gelassen, dass Individualität kein Mittel ist, um sich positiv vom Durchschnitt der Bevölkerung abzuheben. Disziplin und Ordnung waren und sind in China notwendige Mittel, um ein Land in dieser Größenordnung und kulturellen Vielfalt zusammenhalten zu können. Unter der rigiden Führung der zentralen Regierung und einem einheitlichem Gesellschaftssystem wurde den Chinesen seit jeher Unterwerfung und Unterordnung abgefordert. Autoritäten werden anerkannt und nicht angezweifelt. Der Staat übt überall Druck aus. Bei der Masse an Menschen wäre jegliche Ausnahmeregelung dieser strengen Politik auch schwer durchsetzbar bzw. in der Folge unmöglich zu kontrollieren.

Die Art, wie in China Adressen angegeben sind, liefert ein kleines, aber gutes Beispiel für dieses Selbstverständnis. Erst kommt das Land, dann die Stadt, dann die Straße und zuletzt folgt der Name des Empfängers – also genau umgekehrt wie im Westen. Trotzdem empfinden das Chinesen nicht zwangsläufig als willkürliche Form der persönlichen Unterdrückung, sondern als „normal".

Was zeichnet Chinesen als Ergebnis dieser Politik bzw. gesellschaftlichen Norm aus? Gehorsam zu leisten, sich als Person zurückzunehmen, seine eigenen Bedürfnisse zu unterdrücken und persönliche Opfer zu bringen – das war es, was bis zur Öffnung des Landes im Interesse des Wohles der Gruppe Vorrang hatte. In den meisten Bereichen zählen diese Maximen immer noch. Sich an diesen Kodex nicht zu halten, könnte gravierende Konsequenzen nach sich ziehen. An erster Stelle steht also die Unauffälligkeit, die Anpassungsfähigkeit und die Bescheidenheit. Man muss lernen, sich in der Masse zu verstecken, um nicht unterzugehen – also genau das Gegenteil von dem, was im kapitalistischen Westen vom engagierten, vorbildlichen und erfolgreichen Bürger gefordert oder gefördert wurde. Ganz vorne rangieren in China weiterhin Geduld, Toleranz und Fatalismus, um sich mit Dingen arrangieren zu können, die man doch nicht ändern kann. Entsprechend wurden die Prioritäten auch anders gesetzt, wie zum Beispiel in Form eines ausgeprägten Familiensinns.

Selbstverwirklichung im westlichen Sinne, wo jeder genau das tut, was er selber gerne möchte und was er für gut und richtig hält, würde in einem Lande wie China nur zu Anarchie führen. Die meisten Chinesen empfinden unsere Ausdrucksweisen von Individualität auch gar nicht als positive und erstrebenswerte Errungenschaft oder gar als fortschrittliche Gesellschaftsform. Einen Mangel an Individualität zu kritisieren, zumal in einem Land, dessen ganze Kultur nicht auf der Ausprägung von Individualität ausgelegt ist, wäre also auch aus westlicher Sicht grundverkehrt.

Rollenverteilung

Es ist schwer in China von einer klassischen Rollenverteilung zu sprechen. Einerseits gibt es basierend auf sozialistischen Prinzipien eine **theoretische Gleichstellung bei der Ausbildung und Arbeitsvergabe**. Also sah man zumindest zu Zeiten des real existierenden Kommunismus beispielsweise genauso viele männliche wie auch weibliche Baggerfahrerinnen. Auch arbeiten in der Volksrepublik China vergleichsweise viele Frauen in leitenden Positionen.

Eine klare arbeitsmäßige Geschlechtertrennung gibt es also nicht. Als Symbol für diese Gleichwertigkeit und Gleichberechtigung von Mann und Frau dient wie eh und je das Yin & Yang-Zeichen.

Diese **Theorie kollidiert** jedoch **durch das konfuzianisch geprägte Familiensystem**, das auf dem Patriarchat aufbaut. Entsprechend ist es in China fast immer die Frau, die sich dem Mann als Erwerbstätigem unterordnet und sich um Küche und Kinder kümmert. Töchter sind grundsätzlich weniger begehrt als männliche Nachfolger, und obwohl sie bei ihrer Verheiratung durch den Brautpreis zur Mehrung des Familienvermögens beitragen, setzte der plötzliche und unerklärliche Kindestod bei weiblichen Erstgeborenen vor allem in ländlichen Gebieten während der Hochphase der Ein-Kind-Politik deutliche Zeichen. Dieses „Naturphänomen" erhöhte schließlich bei den Eltern bei der nächsten Geburt die Chance auf einen ersehnten männlichen Stammhalter. Dass Eltern zu solchen Taten überhaupt fähig sind, ist ein deutliches Indiz der einseitigen Bevorzugung des männlichen Geschlechts.

Töchter folgen üblicherweise ihrem Ehemann, verlassen mit ihrer Verheiratung das elterliche Haus und können somit nicht zur Altersabsicherung ihrer Erzeuger beitragen. Wenn sie in schlechten Zeiten nicht schon bei der Geburt getötet wurden, hatte es deshalb früher lange Tradition in China, dass Mädchen bis in die 40er Jahre des letzten Jahrhunderts in einer äußerst brutalen und schmerzvollen Prozedur die noch sehr biegsamen Zehen nach unten gedrückt, unter die Fußsohlen gezogen und zu sogenannten „Lotusfüßen" gebunden wurden. So wurden sie ihrer Bewegungsfreiheit beraubt, durch ihre mühevollen Trippelschritte zwangsweise ans Haus gefesselt und dann gewinnbringend als Dienstboten oder Konkubinen an reiche Chinesen verpachtet oder verkauft. Noch heute sieht man manchmal in ländlichen Gebieten alte Frauen mit diesen Miniaturfüßen.

Obwohl westliche Frauen in Führungspositionen in China voll anerkannt sind, haben diese mit besonderen Schwierigkeiten zu rechnen. Das liegt einerseits daran, dass viele chinesische Männer oft ein Problem haben, wenn selbstbewusste westliche Frauen nach

China reisen und ihre dortigen Geschäftspartner auch noch bisweilen um Haupteslänge überragen. Viele Männer fühlen sich dann unwohl und wissen nicht genau, wie sie reagieren sollen. Vor allem beim abendlichen Freizeitprogramm, das nicht selten in Diskotheken oder einschlägigen Clubs endet und wo männlichen Geschäftspartner aus dem Ausland gerne mit besonderen Dienstleistungen – man nennt diese dann „haoshi" – bedacht werden, sind Frauen irgendwie fehl am Platze. Das bedeutet natürlich nicht, ein westliches Unternehmen solle keine qualifizierten Frauen als Repräsentantinnen nach China schicken. Diese sollten sich nur bewusst machen, dass allein ihre Präsenz Unbehangen erzeugen kann und sie sich abends vielleicht ab und zu einmal früher und freiwillig aus der Männerrunde verabschieden sollten, um deren ungezwungenen Entfaltung freien Lauf zu lassen.

Humor

Lachen ist gesund und fördert überall auf der Welt den Aufbau von Beziehungen. Man sagt, dass der kürzeste Weg zwischen zwei Menschen ein Lächeln ist. Abgesehen davon kostet es nichts – höchstens ein bisschen Überwindung. In China wird man oft lächelnde Menschen sehen oder auch mit lautem Lachen konfrontiert. Das gilt im Westen sehr oft als mysteriös und undurchschaubar, das Lächeln von Frauen gar als exotisch und geheimnisvoll. Obwohl man den Eindruck hat, in Asien allgemein viel häufiger als in Deutschland diesen fröhlichen Gemütsbewegungen zu begegnen, ist Lächeln oder Lachen nicht nur ein Ausdruck größerer Freundlichkeit, besonders stark ausgeprägten Humors oder generell positiverer Lebenseinstellung. **Die Bedeutung des Lachens und Lächelns geht weit über den äußeren Schein hinaus.**

Auf peinliche, unangenehme oder irgendwie kritische Momente werden Chinesen hauptsächlich mit einem Lächeln reagieren, um ihre eigene Unsicherheit, ihr Unwohlsein oder ihre ablehnende Haltung zu kaschieren. Zwar könnte es auch der Täuschung dienen, aber meistens will man nur vermeiden, dass ein Anwesender durch offen ausgesprochene Kritik sein Gesicht verliert, und der Chinese versucht, die Situation durch unverbindliches Lächeln zu retten, um die Harmonie nicht zu gefährden. Diese Reaktion wirkt auf Ausländer jedoch oftmals unangebracht und es wäre ein großer Fehler, sie als lächerlich, unwichtig oder ignorant zu interpretieren. Im Gegenteil – ein unvermindertes Lächeln kann einem genau zeigen, wenn während eines Gesprächs oder gar einer Verhandlung etwas nicht stimmt oder wenn besondere Vorsicht geboten ist. Man wird sogar erleben, dass Chinesen in bestimmten Situationen lachen, wo Europäer vor Schreck oder Angst eher still und starr sind. Das Lachen hilft dann der Entspannung und dient nur als willkommenes Ventil für starke Gemütsbewegungen.

Prinzipiell sind Chinesen der Meinung, dass Ausländer viel zu wenig lächeln und lachen. Dies steht im Zusammenhang mit dem chinesische Sprichwort „Xiao yi xiao, shi nian shao". Das bedeutet übertragen etwa, dass ein Lächeln dich zehn Jahre jünger macht. Da sehen gerade die Deutschen eher alt aus. Während asiatisches Lächeln schon fast sprichwörtlich ist, zeigen Deutsche allgemeinhin viel zu wenig Gefühl oder Gemüt. In Deutschland verbindet man Professionalität eher damit, seine Reaktionen im Zaum zu behalten und emotionale Distanz zum Gesprächspartner zu wahren. Es gilt als unschicklich, sich gehen zu lassen, sich zu öffnen und einen Anderen an sich heranzulassen. Diese Ausdruckslosigkeit und Zurückhaltung hat auf Chinesen oft einen negativen Effekt, weil es als unpersönlich und sogar abweisend gilt. Dem kann man abhelfen, wenn man sich selbst bemüht, öfters mal unverbindlich zu lächeln oder gar mit zu lachen, auch wenn es dafür vielleicht keinen wirklichen Grund gibt.

Wegen der oftmals komplizierten und schwierigen Lebensumstände in Chinas Gegenwart und Vergangenheit wurde Humor als Gegenreaktion stark kultiviert. Die Bandbreite reicht von feinsinnigem Witz bis zu derben Klamauk. Chinesen lachen viel und gerne und freuen sich, wenn sie die Gäste mit einbeziehen können. Ein guter Witz von Seiten des Ausländers kann in größerer Runde – zum Beispiel beim abendlichen Umtrunk – der Beziehung zu einem positiven Ruck verhelfen. Nur sollte man sich eine solche Einlage im Vorfeld gut zurechtlegen und alle politischen, kritischen oder irgendwie zweideutigen Anekdoten und daraus resultierende Missverständnisse oder gar Unverständnisse zu vermeiden. Jegliche anzügliche, sarkastische oder ironische Äußerungen werden in China nur selten verstanden. Man sollte auch keine Insider-Witze machen, die ein Dolmetscher nicht richtig wiedergeben kann und die man deshalb nur selbst lustig findet. Doch ob das Erzählte nur wirklich komisch ist, spielt keine wirklich Rolle. Zumindest aus Respekt für den Erzählenden und die Anwesenden wird gelacht. Wer humorvoll ist, auch noch über sich selbst lachen und gar eine Grimasse ziehen kann, sollte dies zu seinem Vorteil nutzen.

Wertesysteme

Die Wertesysteme in China und im westlichen Ausland sind in den meisten fundamentalen Bereichen wie dem Streben nach Sicherheit, Wohlstand und Gerechtigkeit identisch, unterscheiden sich jedoch in sehr vielen anderen Bereichen grundlegend voneinander. Dieses Kapitel dient quasi als kurze **Zusammenfassung** mehrerer vorhergehender Texte.

In China genießen die folgenden Werte ein hohes Ansehen: Harmoniebestreben durch Vermeiden von Konfrontationen, Unterordnung der Rechte und Interessen des Einzelnen durch Einordnung in Hierarchien, Akzeptanz von Autoritäten und Respekt vor dem Alter, Wahrung von Disziplin und Ordnung, gegenseitige Rücksichtsnahme und hoher Gemeinschaftssinn, Tugendhaftigkeit und moralische Vervollkommnung, Familienbevorzugung, Erfolg durch Enthaltsamkeit, Sparsamkeit, Fleiß und harte Arbeit. Diesen Werten stehen unsere westlichen Wertauffassungen entgegen, wie zum Beispiel das Recht auf Freiheit und Unabhängigkeit, Rede-, Presse- und Meinungsfreiheit, Individualität, Selbstverwirklichung und Selbstbestimmung, Gleichberechtigung und Streitkultur, Menschenwürde und Einhaltung der Menschenrechte, Umweltschutz und Tierschutz sowie dem gesellschaftlich akzeptierten Opponieren gegen staatliche Autoritäten.

Auf einen Nenner gebracht, setzen die Chinesen ihre Prioritäten mehr auf das Gruppeninteresse als auf das Einzelinteresse und die Bedürfnisse und Ziele des Kollektivs – egal ob in Gestalt der Familie, der Unternehmensmitarbeiter, der Stadtteilbewohner, der Kollegen im Sportverein oder gar die der Landesnation. Dieses Prinzip und die dazugehörige Denkweise erscheint nicht nur vielen Westlern fremd, auch umgekehrt löst es bei Chinesen Verwunderung oder Befremden aus. Es stellt sich jedenfalls nicht die Frage, wer hier etwas falsch macht oder falsch sieht. Es stellt sich vielmehr die Frage, wie man damit umgehen kann oder will. Und mit dieser Frage nach dem Umgang mit den unterschiedlichen Wertesystemen sollte man sich eingehend beschäftigen, nachdem man ein paarmal in China gewesen ist und erste Erfahrungen gesammelt hat, aber auch bevor man sich dazu grundsätzlich entscheidet, sich in China ernsthaft und längerfristig zu engagieren.

Motivation

In China findet jeder ausländische Unternehmer ein Vielzahl an **motivierten, engagierten und ambitionierten Arbeitskräften und Geschäftspartnern**. Tausende von maroden Staatsbetrieben werden in profitable Privatunternehmen umgewandelt oder warten auf einen Management-Buyout. Überall im Land ergeben sich vielfältige Möglichkeiten im wachsenden Dienstleistungssektor, aber vor allem im produzierenden Gewerbe und im Handelsgeschäft boomt es. Es herrscht eine wahre Gründermentalität, die von der Eröffnung kleinster Kioske bis zum täglichen Neubau von Fabriken reicht. Keine Investition scheint den Chinesen oder Investoren zu zweifelhaft, um die steigende Nachfrage des sich langsam entwickelnden Konsumgütermarktes des Inlands zu bedienen oder um sich das nahezu ungebremste Interesse des Auslands an Chinas schier unerschöpflichen Produktionskapazitäten zu Nutze zu machen.

Klevere Chinesen wittern ihre Chancen und gehen jedwede Risiken ein, um ihr Glück zu machen. Genau wie in anderen Ländern, die sich in der Übergangsphase zur freien Marktwirtschaft befinden, ist China voll von Vollblutunternehmern jeglicher Couleur und Qualifikation, die aber alle eines gemein haben: Sie sind heiß und sie sind hungrig. Es ist diese grundsätzliche Charaktereinstellung, die man in Deutschland trotz aller Beteuerungen unserer Politiker und Prognosen von Wirtschaftsführern und Industriebossen viel zu selten zu finden scheint. Einfach mal machen. Bedenkenträgertum, Rückversicherei und Vollkaskomentalität liegt dieser neuen Garde von Chinesen fern und macht einem unvorstellbaren Zweckoptimismus Platz.

Es macht einfach Spaß, offenen Auges durch China zu reisen und an allen Ecken und Enden diese ungehemmte Dynamik aus der Nähe zu beobachten. Jeder ist irgendwie irgendwomit beschäftigt und einem potenziellen Neugeschäft oder lukrativen Seitenbusiness gegenüber ist jedermann aufgeschlossen. Zu jeder Tages- und Nachtzeit wird selbst in kleinsten Orten mit teilweise einfachsten Mitteln produziert, gehandelt, verpackt und transportiert. Arbeitseifer, Improvisationstalent und höchstmögliche Flexibilität machen den Mangel an Erfahrung und Know-how wett und alle Chinesen scheinen die drei kleinen Worte „Ja, ich will!" auf der Stirn zu tragen. Und genau diese omnipräsente Motivation der Chinesen wirkt überaus ansteckend und motiviert wiederum alle Ausländer, sich aus gutem Grund noch nachhaltiger mit China auseinanderzusetzen.

Natürlich sollte man **beachten**, dass bei vielen Geschäftsvorgängen übermotivierter Chinesen bisweilen unkalkulierbare **Risiken** im Spiel sind, deren Folgen sie gar nicht abschätzen können. Schlimmer noch, viele Chinesen wissen um die Schwierigkeiten und die mangelnden Kontrollmöglichkeiten der Ausländer in China und nutzen diese schamlos aus. Die Seriosität von Geschäften und Geschäftemachern zu überprüfen, hat deshalb immer oberste Priorität, um sich nicht von blindem Eifer anstecken zu lassen oder gar Scharlatanerie, wenn nicht gar offenem Betrug, aufzusitzen.

Prestige

Chinesen sind sehr prestigebewusst. Wer es in China zu etwas gebracht hat, zeigt es auch ganz selbstverständlich vor. Dezente und vornehme Zurückhaltung ist in China nicht angebracht und aus chinesischer Sicht auch nicht standesgemäß. Protz und Prunk dominieren in überdimensionierten Chefbüros, deren mit Kitsch und Kunst völlig überfrachteten Privathaushalten, ihren eher geschmacklosen Kleidungskombinationen aus internationalen Edelboutiquen und bei den mit „Klunkern" behängten Ehefrauen. Dicke Uhren Schweizer Herkunft, silberne Visitenkartenetuis oder edle Krawattennadeln aus Italien gehören genauso zu den Respekt verschaffenden Accessoires wie luxuriöse Geschäftswagen und teure Hotels. Der Auftritt muss dem Status eines Unternehmers angemessen sein.

Es gibt in China keinen vergleichbaren Sozialneid wie in Deutschland, wo ein extravagant auftretender und auffällig gekleideter Unternehmer immer damit rechnen muss, geringschätzig als „Graf Koks" bezeichnet zu werden. Ein Geschäftsführer im Westen muss sich ja sogar im Zweifelsfall überlegen, wirklich einen „dicken Wagen" fahren zu dürfen, um nicht in den Verdacht zu geraten, arrogant zu sein oder gar zu hohe Preise zu machen. **Chinesen** dagegen akzeptieren nicht nur, wenn man erfolgreich ist, sondern **erwarten** auch ein **entsprechendes Auftreten** mit demonstrativem Vorzeigen aller Insignien der Macht.

Und so verwundert es nicht, dass selbst total verbeulte Tragetaschen von Luxusgeschäften noch mit Stolz getragen werden und selbst bei Sakkos das Labelschild am Ärmel nicht wie bei uns üblich abgetrennt, sondern für alle sichtbar am Kleidungsstück gelassen wird. Peinlichkeit bei uns, Statussymbol in China. **Markenartikel** und deren **Preise** sind daher auch immer ein beliebtes Gesprächsthema in China. Es gibt einen ganz zwanglosen Umgang damit, der bei Ausländern eher auf unangenehme Reaktionen stößt. Zumindest aber auf grenzenloses Unverständnis, wenn sie hören, dass chinesische Sekretärinnen ein gesamtes Monatseinkommen für ein neues Gucci-Handtaschenmodell ausgeben, oder jemand zwar in einer eher schäbigen Zweizimmerwohnung haust, dafür aber einen Mercedes vor der Tür stehen hat. Den können schließlich alle genau sehen.

Religion

Dieses Kapitel soll dem Chinareisenden Antworten auf einige wichtige Fragen zur chinesischen Religion geben. Das ist jedoch nicht ganz einfach, denn für den Begriff Religion gab es bis zum späten 19. Jahrhundert gar kein eigenes chinesisches Schriftzeichen. Dann erst wurde „zongjiao" für Religion verwendet, wobei „zong" in etwa Verehrung bedeutet und „jiao" für Glaubensrichtung oder Doktrin steht. **Drei Hauptreligionen** finden sich heute in China – der **Buddhismus**, der **Daoismus** und der **Konfuzianismus**. Allerdings sind dies **eher Philosophien als Religionen im westlichen Sinne**. Weiterhin gibt es eine **große Anzahl von Muslimen**, die hauptsächlich in der westchinesischen Autonomen Region Xinjiang leben, sowie **Anhänger vieler verschiedener Naturreligionen**, die man unter den über fünfzig Minderheitenvölkern Chinas findet.

Der **Buddhismus** als dominierende Volksreligion hat in China viele Wandlungen erfahren und hat sich immer wieder an die sich wechselnden politischen und gesellschaftlichen Verhältnisse und Bedürfnisse angepasst bzw. wurde angepasst. Ein Ergebnis dieses Pragmatismus führte allerdings bisweilen dazu, dass sich Buddhismus auf das Aufstellen und Anbeten entsprechender Heiligenstatuen in bestimmten Tempeln reduzierte, aber der gedankliche Kern verloren ging. Einen aktiven Buddhismus außerhalb von Tibet und abgesehen von Besuchen buddhistischer Tempel und Klöster zu sehen oder zu erleben, ist für Ausländer schwierig. Dabei ist er überall im Alltag präsent und beeinflusst die Geisteshaltung der Menschen Chinas oft mehr als ihnen selbst bewusst ist.

Nun geht es hier weniger um die Erläuterung der Grundprinzipien des Buddhismus, sondern eher um das religiöse Selbstverständnis. Chinesische Besucher eines buddhistischen Tempels würden sich selbst selten als Buddhisten, sondern als Atheisten bezeichnen. Das hält sie jedoch nicht davon ab, buddhistische Rituale zu praktizieren und Shakyamuni ihre Ehrerbietung zu erweisen. Die meisten Ausländer haben gehört oder gelesen, dass die chinesische Regierung Religion unterdrückt und ihre Anhänger verfolgt oder zumindest drangsaliert, mit dem Ergebnis, das sich niemand offen zu seiner Religion bekennt. Aber man erhält bei Gesprächen mit Chinesen den Eindruck, dass ihnen diese klare Zuordnung oder auch Abgrenzung einer Religionszugehörigkeit gar nicht so wichtig ist.

Wichtiger dagegen erscheint der Unterschied zwischen westlicher und chinesischer Religiosität in dessen inhaltlicher Bedeutung bzw. Bewertung. In China folgt man keinem eindeutigen Glaubensbekenntnis, was zu einer höheren Toleranz gegenüber anderen Religionen führt. Hier muss man wieder den Bogen zwischen Religion und Philosophierichtung schlagen. Sieht man einmal von in Klöstern lebenden Mönchen ab und betrachtet die normale Bevölkerung, geht es um das harmonische Verhältnis zwischen Individuum, Familie und Gesellschaft. Der Glaube an die Ausschließlichkeit und die Fokussierung auf nur einen verehrenswürdigen Gott fehlt in China. Es entstanden also unabhängige Weisheitslehren ohne die dazugehörigen spirituellen Gottheiten. Deshalb würde auch kein Chinese einen Widerspruch darin sehen, sich verschiedener Religionsrichtungen zur Erreichung seiner persönlichen Heilsziele zu bedienen.

Zärtlichkeiten

In China gilt wie in den meisten asiatischen Ländern der **öffentliche Austausch von eindeutigen Vertrautheiten oder gar Zärtlichkeiten** als ungehörig und ist somit tabu. Das schließt nicht nur Küssen und Streicheln, sondern auch innige Umarmungen mit ein, obwohl die jüngere Generation Chinas in den großen Städten mit ihrem Verhalten inzwischen durchaus westlichen Standard erreicht. Allerdings gibt es bei den Körperkontakten chinaspezifische Ausnahmen, die erklärungsbedürftig sind. **Händchenhalten** in der Öffentlichkeit zum Beispiel ist unter chinesischen Männern im Gegensatz zu Europa, wo dieses Gebaren als klares Zeichen für ein schwules Paar interpretiert würde, durchaus üblich. Wenn Männer Hand in Hand durch die Straßen laufen oder sich an der Hand haltend wartend ihre Zeit vertreiben, hat das mit Homosexualität überhaupt nichts zu tun. Es ist eher ein körperliches **Zeichen von guter Freundschaft.**

Das ebenfalls häufig zu beobachtende **gegenseitige Tätscheln, Knuffen** und **sich Balgen in eher spielerischer Manier**, ist eine Domäne der Jugend, doch auch bei älteren Chinesen sind Körperkontakte und -zuwendungen zu beobachten, die bei Ausländern recht oft Befremden auslösen, weil sie in unserem Kulturkreis so nicht stattfinden. Da werden bei Gesprächen oder Zusammenkünften von Gleichgeschlechtlichen in Firmen oder Restaurants **Haare von der Schulter gezupft**, es wird **an Jackenknöpfen herumgenestelt** und **sich ständig irgendwie gegenseitig angetippt**. In diese Prozedur können auch schon mal Ausländer mit eingeschlossen werden. Doch dieses sich gegenseitige „auf die Pelle rücken" oder ungefragt von Fremden angegrabbelt zu werden mag man in Deutschland so überhaupt gar nicht. Man will einfach Distanz halten, vor allem in körperlicher Hinsicht, sonst löst es Unbehagen aus. Dabei sollte man solche **Formen von Annäherungsversuchen** eher als **Zeichen von Zuneigung und wachsendem Vertrauen** und insofern als hervorragenden Fortschritt im Beziehungsmanagement wenn nicht gar als Ehre interpretieren.

Industrie und Wirtschaft

12

Erfindungen

Aus China stammt eine **große Zahl an bahnbrechenden Erfindungen und Entdeckungen**, die die Welt nachhaltig beeinflusst und verändert haben. Insofern hat der Westen mehr von China profitiert als umgekehrt. Mit der heutigen wirtschaftlichen Dominanz des Westens wird die Umkehrung der Verhältnisse mehr als deutlich. Doch der wachsende Einfluss Asiens, dessen steigender Anteil am weltweiten Bruttosozialprodukt und die erwartete Weiterentwicklung der lokalen Konsumgütermärkte im Fernen Osten geben bereits erste Anzeichen auf eine erneute Verschiebung der Kräfteverhältnisse und Bedeutung zwischen Ost und West. Es scheint alles nur eine Frage der Zeit zu sein. Die wirtschaftliche und demnächst auch zu erwartende technische Entwicklung Chinas ist mit einer Aufholjagd vergleichbar, die vor ca. 20 Jahren begann und heute voll im Gange ist.

Doch welche Erfindungen haben China teilweise schon vor Tausenden von Jahren zu der damals führenden Kulturnation der Erde gemacht? Es sind nicht nur die allseits bekannten Produkte und Techniken wie **Seidenraupenzucht** und **Seidenherstellung** in Verbindung verschiedenster **Webtechniken**, sondern auch die Entwicklung des **Porzellans** bzw. der **Keramik** und der Spezialität des **Terrakotta**, die Einführung von geschnitzten und beweglichen **Holzdrucklettern**, die lange vor Gutenberg zum ersten erfolgreichen Buchdruck führte, die Herstellung von **Schieß- und Schwarzpulver** – ursprünglich zum medizinischen Einsatz gedacht – die auch als Grundlage für Sprengstoff und Kanonentechnik diente, letztlich der Präsentation von **Papier** und in Nachfolge dessen auch des **Papiergelds**.

Die Chinesen haben sich weltweit hervorgetan durch die Erfindung von **Sonnen-, Wasser und Kerzenuhren**, des **Schubkarrens**, des **Kompasses**, der **Kalenderrechnung**, einer ausgereiften **Eisenhütten- und Gusstechnik** und des **Kolbengebläses**. Sie haben als erste Nation wass**ergetriebene Blasebälge, Flugdrachen, Seismographen, Streitwagen** sowie **Balken-, Bogen- und Kettenbrücken** hergestellt und **wallgeschützte Städte** bekannt gemacht. Und selbst auf kulinarischer Ebene wird ihnen inzwischen sogar mehrheitlich die Pasta und gar die Pizza angerechnet, die später Marco Polo mit nach Italien gebracht haben soll.

Wenn man die wirtschaftliche Parallele zwischen dem heutigen China und dem Japan der 70er Jahre zieht, und berücksichtigt, in wie vielen Produkt- und sogar Industriebereichen die Japaner heute den Weltmarkt dominieren, kann man sich vielleicht ansatzweise vorstellen, mit welchen Errungenschaften uns die Chinesen in wenigen Jahren überraschen und konfrontieren werden. Man sollte also trotz der anhaltenden Diskussion um Produktpiraterie und Markenklau nicht glauben, es mangele den Chinesen an Erfindungsgeist, Innovationsfreude, Kreativität oder Einfallsreichtum. Ihnen diese Eigenschaften abzusprechen wäre nicht nur ignorant und leichtfertig, sondern auch eine fatale Unterschätzung ihrer Fähigkeiten.

Joint Venture

Früher galt das sogenannte „Equity Joint Venture", also eine Firmengründung mit einem ausländischen und einem chinesischen Unternehmen als gleichberechtigte Partner, als das Nonplusultra der Direktinvestition in China. Die Gründe dafür lagen klar auf der Hand. An einem etablierten Standort mit einem bekannten Firmennamen, qualifizierten und eingespielten Mitarbeitern und einer funktionierenden Administration und Organisation sollte die bestehende Produktionsstätte des chinesischen Partners als Grundlage oder zumindest als Keimzelle der Neugründung dienen. Auf dieser Infrastruktur wurde dann aufgesattelt, der Workflow optimiert, wurden die Kapazitäten erweitert und das chinesische Gefüge mit westlichen Know-how kombiniert. Diese Vorgehensweise versprach einen schnelleren Marktzugang, zumal der Chinese bereits aktive Kundenkontakte, einschlägige Markt- und Produktkenntnisse sowie eine etablierte Zulieferindustrie in die wirtschaftliche Ehe mit einbrachte. Über viele Jahre hinweg schien ein Joint Venture als die einfachste, beste, vertrauenswürdigste und somit erfolgversprechendste Form, in China als Investor Geschäfte zu machen. Soviel zur Theorie.

Leider mussten viele ausländische Joint-Venture-Gründer die schmerzhafte Erfahrung machen, dass ihre Rechnung nicht aufging und der gewünschte bzw. fest eingeplante wirtschaftliche Erfolg trotz aller Bemühungen ausblieb. Nach Einschätzungen von westlichen Finanzexperten erwirtschaftet nur der allerkleinste Teil all dieser 50:50-Firmensymbiosen – die Gründungszahlen liegen im sechsstelligen Bereich – ein deutliches Plus. Unter Berücksichtigung aller Gesamtinvestitionen schreiben angeblich über 90% aller Joint Ventures noch rote Zahlen. Das Joint Venture als Idealmodell scheint insofern bis auf wenige Ausnahmen widerlegt zu sein.

Als Folge dieser Erfahrungswerte und als Reaktion auf die einfacheren Rahmenbedingungen des heutigen Chinas in puncto Marktzugang wird es kaum noch als vorherrschende Form der Direktinvestition gewählt. Heute dominiert in China das sogenannte **WOFE** („Wholly Owned Foreign Enterprise"), also ein hundertprozentiges Auslandsunternehmen.

Es verlangt einen höheren Anfangs-Input, mehr Ressourcen und ein längeres Durchhaltevermögen, zahlt sich aber in der Regel bereits mittelfristig durch höhere Unabhängigkeit in der Geschäftsgestaltung aus.

Doch woran ist das Joint Venture an sich gescheitert? Welcher Denkfehler lag der schönen Theorie zugrunde? Die Antwort scheint aus heutiger rückblickender Sicht ziemlich einfach. Die Zielsetzungen der beiden Partner sind selten kompatibel. Auf eine einfache Formel gebracht, wollen die Chinesen zwar die westliche Technologie, das Knowhow und die Finanzmittel, aber nicht den Ausländer selbst als Partner. Der ist eher ein überflüssiges Anhängsel, ein notwendiges Übel. Es mag hart klingen, aber die Chinesen wollen nehmen, aber nicht geben. Nach dem Motto, erst abschauen und lernen, dann den Partner loswerden und dann selbst und vor allem allein weitermachen, wird der Grundgedanke des Joint Ventures, das ja „gemeinsame Unternehmung" bedeutet, ad absurdum geführt.

Die Ausländer haben überwiegend eine wirkliche Partnerschaft mit den Chinesen im Sinn. Sie verfolgen das Prinzip des systematischen, konsequenten und langfristigen Aufbaus der Beziehung und des Geschäfts. Sie fokussieren sich auf strategische Marktbearbeitung und -entwicklung. Sie träumen von wirtschaftlicher, sozialer und auch kultureller Integration. Dass sie häufig nur einer Illusion aufsitzen, ist Vielen nicht bewusst. Die ersten zwei Jahre des typischen Joint Ventures dienen dem Aufbau. Es ist die Investitionsphase, in der man finanziell ohnehin keine große Erwartungshaltung hat. In dieser Zeit ist jedes Joint Venture dem WOFE üblicherweise weit voraus, denn die Einzelkämpfer auf fremden Terrain quälen sich mit Behörden herum, suchen Standorte und geeignete Mitarbeiter, und versuchen, die Marktmechanismen erst mal zu durchschauen, während das Joint-Venture-Konstrukt bereits voll aktiv ist. Da reibt sich der Joint-Venture-Partner dank seiner cleveren Entscheidung doch die Hände. Nach zwei Jahren sollte bereits der Break-Even-Point kommen und dann muss es laut Planung richtig klappen mit den Gewinnen. Tut es aber nicht, weil sich spätestens dann der vermeintliche Partner als Bremser oder gar als unüberwindbares Hindernis entpuppt.

Der chinesische Partner blockt, weil er nicht besser kann oder nicht anders will. Im ersten Fall haben viele Chinesen keine wirklichen Marketingkenntnisse, um Wettbewerbsvorteile ausspielen zu können und sich eine definierte Marktposition zu erarbeiten. Dann gibt es ständige Loyalitätsprobleme, da sich die alte Garde der übernommenen Mitarbeiter im Zweifelsfall nur der chinesischen Geschäftsführerseite gegenüber verantwortlich zeigt. Die bestehenden Einkaufskonditionen sind mangels akzeptabler Qualität irrelevant, die angeblichen Kundenbeziehungen zeigen größere Risse auf und die vorgebliche Bereitwilligkeit, sich westlichen Arbeitsweisen anzupassen, scheint wie weggeblasen zu sein. Die Zusammenarbeit erweist sich zunehmend als Einbahnstraße, die Investition als Finanzfass ohne Boden und der Partner vor Ort als Hemmschuh.

Das ginge natürlich auch anders, wenn der chinesische Partner es wirklich anders wollte. Aber dies ist die zweite Variante bzw. ein maßgeblicher Grund, weshalb viele Joint Ventures schlichtweg gescheitert sind. Es gibt chinesische Unternehmen, die es im Extremfall billigend in Kauf nehmen, durch subtile Unterwanderung der Firmenphilosophie, durch unauffällige Arbeitsverweigerung oder gar indirekte Sabotage vorübergehend Verluste zu machen. Die Ausländer verlieren die Kontrolle, wenn sie sie denn je hatten. Sie werden demotiviert, sind frustriert und ausgelaugt. Sie resignieren, geben schließlich auf und ziehen sich aus China zurück. Meistens verstehen sie gar nicht, warum ihr Engagement nicht funktioniert hat. Die Chinesen kaufen ihre Anteile dann zu einem geringen Satz auf, um dann den Spieß herumzudrehen und profitabel zu werden.

Es ist das gängige Prinzip des langsamen Ausblutenlassens, das von der einfachen Verdrehung von Tatsachen zu eigenen Gunsten bis zum schweren Betrug reicht und – weil man es ja nur mit einem „dummen" Ausländer gemacht hat – sogar als ganz normales, zumindest jedoch akzeptiertes Geschäftsgebaren gilt. Dass dieses Vorgehen oftmals kurzsichtig ist, und auf einer Überschätzung der eigenen Leistungsfähigkeit und vermeintlichen Beherrschung der importierten Technik beruht, ist oft eine späte Einsicht, die den übervorteilten Westlern jedoch nicht hilft. Chinesen wollen lieber allein arbeiten und erfolgreich werden als zusammen mit Menschen außerhalb ihrer „Mitte". Der Joint-Venture-Partner diente nur als vorübergehendes Mittel zum Zweck. Diese Einstellung ist weniger Überheblichkeit als natürliche Bevorzugung des eigenen Weges und der eigenen Kultur.

Wer sich trotz aller Warnungen aus gutem Grund für ein Joint Venture entscheidet, sollte bei der Wahl des Geschäftspartners harten und weichen Faktoren gleichermaßen hohe Bedeutung beimessen. Viele Partner behaupten beispielsweise, über sehr gute Beziehungen zu Politik und Wirtschaft zu verfügen, und später stellt sich heraus, dass diese Behauptung gar nicht zutrifft. Außerdem sind Guanxi kein Ersatz für Kapital, Know-how oder eine funktionierende Vertriebsorganisation. Im Vorfeld jedes Vertrages sollte man deshalb nicht nur die generellen Erfolgschancen kritisch prüfen, sondern auch hinterfragen, ob das Geschäft nur bei gemeinsamer Leitung oder auch bei einseitiger Weiterführung durch die chinesische Seite möglich wäre. Das ist vor allem dann wichtig, wenn erst einmal besondere Maschinen, innovative Technologien oder gar spezielle technische Zeichnungen in die Partnerschaft mit eingebracht wurden, auf denen der potenzielle Erfolg maßgeblich basieren würde. Dabei geht es weniger um mögliche spätere Interessenkonflikte oder gar Missverständnisse der einzelnen Vertragsparteien, sondern schlicht und einfach um nicht kompatible Ziele in der langfristigen Partnerschaft. In jedem Fall gilt: **Vertrauen ist gut, Kontrolle ist besser.**

Rechtssystem

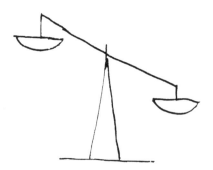

Immer wieder hört man von jammernden Ausländern, dass China ein rechtsfreier Raum wäre. Dieser gängige Ausspruch mag zwar in vielen Bereichen seine Berechtigung haben, ist jedoch vom Grundsatz her falsch, denn der Gesetzgebung nach ist China im Gegensatz zu vielen anderen Dritt-welt- oder auch Schwellenländern – erst recht **nach dem Beitritt Chinas in die WTO** – ein ausgesprochener **Rechtsstaat**.

Das war **nicht immer so**. In China galt 2000 Jahre lang das „traditionelle Regieren durch Sittenordnung" auf Basis von Respekt, Anstand und Sitte, was „li" genannt wurde, anstatt des „Regierens durch Gesetzgebung", was „fa" bedeutet. Rechts- und Moralvorstellungen basieren deshalb oft auf anderen Vorstellungen als bei uns. Ursprünglich steuerte und regelte der Konfuzianismus die zwischenmenschlichen Beziehungen in China. Anders als im Westen besteht die konfuzianische Rechtsauffassung darin, dass alles verboten ist, was nicht erlaubt ist, während nach westlicher Vorstellung alles erlaubt ist, was nicht verboten ist. Interessant ist in diesem Zusammenhang der heute noch geltende und gültige chinesische Denkansatz, dass sich Gesetze an den Harmoniebestrebungen der Gesellschaft orientieren sollten, um sich den Bedürfnissen der Menschen anzupassen und nicht umgekehrt.

Heute gibt es für fast alle Bereiche des öffentlichen und privaten Lebens und Arbeitens sehr konsequent formulierte Gesetze, Regelungen, Vorgaben, Direktiven und rechtliche Rahmenbedingungen. Und trotzdem steckt Chinas Rechtssystem noch in den Kinderschuhen, denn es gibt genauso viele Ausnahmen. Viele Behörden und Institutionen vor allem auf Provinz- oder gar auf lokaler Ebene genießen einen großen Freiraum in der individuellen Auslegung des Rechts. Vor allem aber hapert es in der Umsetzung und der Kontrolle der gültigen Gesetzeslage.

Es wird wohl **noch Jahrzehnte** dauern, bis in dem Land ein verlässliches, allgemein gültiges und zuverlässiges Rechtssystem für alle Beteiligten etabliert ist und sich vor allem die westliche Wirtschaftswelt auf ein verlässliches Justizsystem stützen kann. Trotz des WTO-Beitritts bleibt die gefühlte Rechtsunsicherheit für viele ausländische Unternehmen eines der größten Probleme im China-Geschäft: Wenn gelieferte Produkte nicht bezahlt werden, der Partner heimlich Zeichnungen kopiert oder gemeinsame Finanzmittel für eigene Zwecke abzweigt, scheint es meist wenig zu bringen, den Delinquenten zur Rechtsprechung vor den chinesischen Kadi zu zerren. Das liegt weniger an den Plänen und Bemühungen der chinesischen Regierung, ein modernes Rechtssystem zu schaffen, sondern an der komplizierten Umsetzung durch eine ausreichende Anzahl von professionell ausgebildeten und unabhängigen Juristen.

Damit haben vor allem die investitionswilligen Ausländer schwer zu kämpfen, denn gerade ausländische Unternehmen stehen – ganz anders als rein chinesische Betriebe – im Fokus der chinesischen Bürokratie. Sie sind nicht in allen Teilen dem chinesischen Recht unterworfen, sondern werden oft mit Sonderregelungen beruhigt. Allerdings ist auch oft das Gegenteil an der Tagesordnung und sie werden mit komplexen und oft nicht nachvollziehbaren Verfahrensweisen zur Firmengründung oder Geschäftsetablierung konfrontiert. Das gilt vor allem für Genehmigungen und Antragsverfahren aller Art, für die Dutzende von Stempeln und Unterschriften unterschiedlichster staatlicher Behörden und offizieller Institutionen notwendig sind, deren Aufgaben und Zuständigkeiten für Westler oftmals gar nicht zu durchschauen sind.

Dazu kommt, dass es große Unterschiede zwischen einzelnen Provinzen und Provinzfürsten gibt und die Auslegung der Gesetzeslage sehr flexibel gehandhabt werden kann. Die Vielfalt der Möglichkeiten umfasst vorläufige Bescheide, vorübergehende Betriebsgenehmigungen oder mündliche Ausnahmen bzw. Bestätigungen. Deshalb ist der Bürokratismus vor allem für Ausländer in China ein „rotes Tuch" – ein Hürdenlauf, der ihnen das Leben schwer und von der Unterstützung externer Partner bei allen rechtsbezogenen Vorgängen und Abläufen abhängig macht.

Ausländische Unternehmen haben immer die Wahl, den offizieller Weg zu beschreiten, um ihre Rechte durchzusetzen, der allerdings mühevoll, langwierig und kostspielig ist. Alternativ können sie als Abkürzung die chinesische Variante „durch die Hintertür" wählen, was zumindest in manchen Bereichen sehr empfehlenswert wäre. Doch man sollte in China nie den Fehler machen, sein individuelles Rechtsverständnis über gültiges chinesisches Recht zu setzen. Trotz aller Bedenken und

Probleme sollte man als Deutscher in China nicht nur eine rechtliche Vorbildfunktion ausüben, sondern sich im Zweifelsfall an den moralischen Grundsatz halten, „was Recht ist, muss Recht bleiben" – auch wenn es noch so schwerfällt.

Währung

Es ist kein Problem, Euro sowie alle anderen gängigen westlichen Devisen in chinesische Währung zu **tauschen**. Dies kann man sofort **nach der Ankunft am Flughafen in Peking oder Shanghai** tun. **In Deutschland** ist der Umtausch im Vorfeld **nicht möglich**, weil der chinesische Yuan noch keine frei konvertierbare Währung ist. Entsprechend kann man auch keine Yuan zu Hause auf der Bank wieder in Euro zurücktauschen lassen. Diese Möglichkeit besteht allerdings in Hongkonger Wechselstuben.

In allen internationalen Hotels kann man problemlos zu einem vernünftigen Kurs Geld tauschen. Das gilt auch für **die meisten größeren chinesischen Banken**, aber nicht für alle Zweigniederlassungen. Manchmal muss man bei Angelegenheiten, die mit ausländischen Währungen zu tun haben, erst zur Hauptstelle einer Bank gehen und dort zu speziellen Schaltern. Man muss sich gelegentlich auf längere Wartezeiten einstellen, zumal nicht immer englischsprechendes Personal verfügbar ist.

Reiseschecks sind – wenn man sich nicht gerade in der Provinz aufhält – völlig in Ordnung., verlieren jedoch zunehmend an Bedeutung. Man kann sie ebenfalls bei fast jeder „Bank of China" oder in vielen großen Hotels tauschen. Das gängigste Zahlungsmittel ist jedoch inzwischen die **Kreditkarte**. Das betrifft sowohl das Bezahlen von Restaurantrechnungen, Flugtickets oder auch das Begleichen größerer Beträge in Kaufhäusern. Beim Einchecken ins Hotel wird das Vorweisen einer Kreditkarte zur Absicherung erwartet. Alle großen internationalen Kreditkarten-Anbieter werden akzeptiert. Mit Kreditkarten aus bestimmten Bankautomaten Geld zu ziehen, ist auch kein Problem mehr, wenn man sich nicht gerade in West-Tibet aufhält.

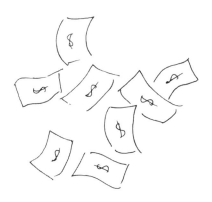

SWIFT-Überweisungen aus Deutschland dauern ca. drei bis sieben Tage und werden meist zuverlässig abgewickelt. Wer länger an einem Ort bleibt, sollte sich überlegen, ein Konto bei der „Bank of China" oder einem anderen renommierten Bankinstitut zu eröffnen. Die Antragsformalitäten können jedoch mehrere Stunden dauern und verlangen eine Vielzahl verschiedener Dokumente und Nachweise.

Für jeden Chinabesucher ist die gezielte Beschäftigung mit der chinesischen Währung wichtig. Es gibt zum Beispiel für jede Nomination gültige Banknoten mit verschiedenen Designs. So nach und nach werden die älteren Geldscheine jedoch aus dem Verkehr gezogen. Für etwas Verwirrung sorgt manchmal die richtige Bezeichnung. Chinesische Währung heißt „Renminbi", also Volksgeld oder auch „Yuan". Umgangsprachlich wird aber der Ausdruck „Kuai" verwendet. Die noch Anfang der 90er Jahre verwendete Parallelwährung für Ausländer, die sogenannten „FEC" als Abkürzung fuer „Foreign Exchange Currency", die scherzhaft „funny money" genannt wurde, ist heute nur noch ein Stück Zeitgeschichte.

Ein großes Problem stellt das in China überall kursierende **Falschgeld** dar, das mit großer Vorliebe an unbedarfte Ausländer verteilt wird. Vor allem 50- und 100-Yuan-Scheine sollten genau geprüft werden, was am ehesten durch eine **Fühlprobe des Papiers** möglich ist.

Kaufkraft

Trotz aller Bewunderung und Begeisterung für die einmalige Wirtschaftsentwicklung in China, es gibt keinen realen Markt von über 1,2 Milliarden Konsumenten, wie er von den Medien immer wieder als Superlativ präsentiert wird. Von dieser schmeichelhaften Zahl auszuge-

hen und sie als Grundlage zur Hochrechnung für potenzielle Absatzzahlen zu verwenden, ist nicht nur kurzsichtig und blauäugig, sondern regelrecht falsch. Weder diese noch die nächste Generation wird erleben, dass auch nur die Hälfte dieser unvorstellbaren Zahl als Konsumentengrößenordnung erreicht wird. Doch westliche Unternehmer und Marketingstrategen wollen oft nur die rosige Zukunft sehen und rechnen sich ihre Investitionen schön. Entweder erhalten sie kein realistisches Bild der Situation vor Ort oder sie ignorieren es zugunsten der Rechtfertigung des eigenen Handelns.

China ist zwar der weltweit führende Herstellermarkt in Dutzenden von Produktkategorien, wie zum Beispiel für Spielzeuge (75%), Fahrräder (60%), Bekleidung (58%), Laptops (50%), Schuhe (50%), Farbfernseher (40%) oder auch Mobiltelefone (40%). Die Anteile am Weltmarkt für viele andere Artikel steigen ebenso, wie die Nachfrage des Binnenmarktes stetig wächst. Von Chinas neuem Wohlstand profitiert jedoch nur ein kleiner Teil der Bevölkerung und daran wird sich wohl auch in den nächsten Jahren nicht viel ändern.

Wenn man versucht, einen Überblick über die wahre Kaufkraft Chinas zu erlangen, ist es notwendig, als erstes eine klare Zielgruppensegmentierung vorzunehmen. Diese umfasst wenige tausend Superreiche bis Hundertmillionen von wirklich Armen, die nur ganz knapp oberhalb des Existenzminimums leben. Offiziellen Angaben zufolge beträgt das **durchschnittliche Bruttosozialprodukt Chinas** pro Kopf und Jahr ca. 600 bis 800 Euro. **Reich** ist jemand, der in China mehr als ca. 6000 Euro pro Jahr verdient. **Gut ausgebildete Normalverdiener im Angestelltenstatus in größeren Städten** beziehen etwa 200 bis 400 Euro pro Monat. **Gering qualifizierte Arbeitskräfte** erhalten etwa 60 bis 150 Euro im Monat. **Unterhalb der Armutsgrenze** leben immerhin über 100 Millionen Chinesen. Definiert ist dieser Personenkreis dadurch, dass er ein Monatseinkommen von weniger als 200 Yuan hat, was etwa 20 Euro entspricht. Dem steht die in der Tat steigende Zahl der relativ wohlhabenden Personen gegenüber, auf die sich gerade im Konsumgüterbereich alle Vertriebsbemühungen der ausländischen Markenartikler fokussieren.

Als international relevanter Konsument gilt jedoch nur jemand mit einem durchschnittlichen Jahreseinkommen von über 30 000 Yuan, was bedeutet, monatlich maximal 300 Euro zur Verfügung zu haben. Diese wachsende Mittelstandsschicht nennt man in China „Bai Ling" oder auch „Xiao Zi". Das bedeutet „weißer Kragen" oder auch „kleine Bourgeoisie". Doch selbst in diesem Personenkreis – er umfasst Schätzungen zufolge nur 60 bis 80 Millionen Personen – bleibt nicht viel Spielraum für kostspielige Investitionen. Auf jeden Fall klafft hier eine sehr große Lücke zur magischen Zahl von 1,3 Milliarden potenziellen Konsumenten. Deshalb zielen auch fast alle Bemühungen um den Absatzmarkt China auf die fernere Zukunft hin und reflektieren nicht den Status Quo. Die spannende Frage ist also weniger, wie viele attraktive Konsumenten es in China nun tatsächlich gibt, sondern wann hier eine nennenswerte Größenordnung erreicht wird.

60% der chinesischen Bevölkerung ist um die 20 Jahre alt. Die Jungen geben aus, was die Alten sparen. Doch die spendierfreudigen Twens repräsentieren genau die Generation, die den Neuerungen des Westens gegenüber aufgeschlossen ist und die im Hier und Jetzt leben. Doch wo leben diese 60 Prozent? Zum Leidwesen westlicher Unternehmen leider nicht in Shanghai, dem üblichen Testmarkt für Produktneueinführungen. Die in den Medien präsentierten Erfolgsnachrichten aus den ehemaligen Sonderwirtschaftszonen der Ostküste des Landes und die boomende Konsumgüterindustrie entspricht kaum dem Alltagsleben des überwiegenden Teils der Bevölkerung. Man sollte nicht vergessen, dass in Chinas Landwirtschaftssektor heute immer noch 850 Millionen Menschen beschäftigt sind. Das entspricht einem Zweidrittel der Bevölkerung. Diese trotz ihrer theoretischen Kaufkraft flächendeckend zu bedienen, ist allein ein logistisch unlösbares Problem.

Vielleicht verdeutlichen diese kleinen Zahlenbeispiele, wie groß im Moment die Unterschiede innerhalb Chinas sind und wie schwer der tatsächliche Markt an potenziellen Konsumenten für bestimmte Produkte aus dem Westen überhaupt einzuschätzen ist. China ist ein großer Verführer und die oftmals einseitige Berichterstattung der Medien, die von der Verbreitung von Superlativen gut lebt, heizt diese Euphorie oft genug noch an, tut damit aber weder China noch den ausländischen Investitionswilligen einen wirklichen Gefallen.

Nord-Süd-Gefälle

Bei der Beschreibung, Bewertung oder gar Beurteilung Chinas muss man immer die Rahmenbedingungen berücksichtigen. China ist unvorstellbar groß und vielfältig – vergleichbar mit dem gesamten europäischen Kontinent – und hat 23 teilweise sehr unterschiedliche Provinzen. In Nord-Süd- wie auch West-Ost-Ausdehnung misst China weit über 4000 Kilometer. Das entspricht einer Strecke von Mittelschweden bis in die Sahara. Kaum jemand käme auf die Idee, bei einem Bürger Stockholms oder einem tunesischen Berber dieselben wirtschaftlichen Rahmenbedingungen oder gar dasselbe Konsumverhalten zu erwarten. Ebenso unmöglich ist es, der multikulturellen Bevölkerung und Gesellschaft Chinas einen einheitlichen Geschmack zu unterstellen. Was also einen Bürger aus Peking anspricht, würdigt ein Einwohner Kantons vielleicht keines Blickes.

Der Versuch, China und sein spezifisches Wesen in allgemeinverbindliche Worte zu fassen, ist schon vom Ansatz her zum Scheitern verurteilt. Es gibt aus wirtschaftlicher Sicht weder ein China oder nur einen einheitlichen chinesischen Markt noch einen prototypischen Konsumenten. **China besteht aus vielen regionalen Einzelmärkten.** Die **drei wichtigsten** sind die Regionen **um die Metropolen Peking, Shanghai und Guangzhou.** Es gibt noch dazu **drei relevante Gefälle im Land** – ein **Süd-Nord-Gefälle** (man beachte den Unterschied zu dem im Westen gängigen Ausdruck), ein **Ost-West-Gefälle** und ein **Stadt-Land-Gefälle.** Neben Kultur, Sprache und Mentalität sind auch die infrastrukturellen und sozioökonomischen Unterschiede zwischen den einzelnen Landesregionen und den städtischen Ballungsgebieten und den ländlichen Regionen enorm.

Durchschnittlich herrscht ein achtfaches Wirtschaftsgefälle zwischen den boomenden Küstengebieten im Osten und dem minder entwickelten Westen des Landes. Gleiches gilt für den Unterschied zwischen urbanen und ländlichen Regionen Chinas. Die statistisch ermittelten Unterschiede des Bruttosozialprodukts innerhalb des Landes lagen vor zehn Jahren gar bei 1:86. Diese Kluft dürfte sich heute zwar etwas nivelliert haben, aber trotzdem sorgt das strukturelle Ungleichgewicht für immens große Unterschiede in der Kaufkraft und Nachfrage innerhalb des gesamtchinesischen Konsumgüterbereiches. Das macht es für ausländische Firmen besonders schwierig, sich zu entscheiden, auf welche Region sie sich konzentrieren sollten.

In Kanton, der Hauptstadt der südchinesischen Provinz Guangdong, liegt der **Einzelhandelsumsatz** beispielsweise fast fünfmal über dem gesamtchinesischen Durchschnitt. Doch selbst wenn man die allgemein erhöhte Kaufkraft für den potenziellen Warenabsatz zugrunde legen würde, wäre die Hochrechnung falsch: Die Pro-Kopf-Ausgaben sind nicht im gleichen Maße gestiegen wie das Einkommen. Der Grund dafür ist ganz einfach: die Chinesen sparen. Das betrifft vor allem die Altersgruppen ab fünfzig Jahren aufwärts.

Zudem sind Reformen, Aufschwung und Wachstum nicht immer sozialverträglich und gehen bisweilen auf Kosten der Bevölkerung. Vom neuen Wohlstand in China profitiert derzeit nur ein relativ kleiner Teil der Bevölkerung und bringt auch eine neue Armut mit sich. Die Verlierer des wirtschaftlichen Booms und der allseits erstrebten Wirtschafts- und Öffnungspolitik – in China heißt der Begriff dafür übrigens „gaige kaifang" – sind die sogenannten „laobaxing", die „100 alten Namen", wie die einfachen Leute im Volksmund bezeichnet werden. Als Opfer großangelegter Sanierungsvorhaben in Folge des Baubooms müssen ihre traditionellen Siedlungen und Wohnviertel, die „hutongs" immer neuen Schnellstraßen, Bürotürmen und Einkaufszentren weichen. Sie selbst werden aus jahrzehntelang gewachsenen Sozialstrukturen herausgerissen und mehr oder weniger zwangsweise umgesiedelt. Umstrukturierungen und Privatisierungen der Unternehmen rauben ihnen die früher garantierten Arbeitsplätze.

Hunderte Millionen von Chinesen, das sind hauptsächlich die Land- und nicht die Stadtbewohner, sind keine direkten Nutznießer des neuen Kurses der Pekinger Regierung. Für sie bietet das neue China nur eingeschränkte Vorteile. Um dieses Manko wett zu machen, begeben sie sich auf die Wanderschaft entgegen der Gefällerichtung. Auf bis zu 120 Millionen Menschen wird die Zahl derer geschätzt, die als **Wanderarbeiter** auf der Suche nach Arbeit durch das Land ziehen. Das sind 10% der Gesamtbevölkerung, die sich vornehmlich in den attraktiv erscheinenden Städten der Küste als Gelegenheitsarbeiter zu einem Hungerlohn verdingen. Kurzfristig können sie dort natürlich ein Vielfaches dessen verdienen, was sie zuvor in der Landwirtschaft erhielten, doch sie sind weitestgehend ohne soziale Orientierung und ohne langfristige Perspektive. Sie werden in China abschätzig „liumang" genannt, was sich am besten mit „blindlings Dahintreibende" übersetzen ließe. Diese Armee hat nichts zu verlieren, aber viel zu gewinnen und zieht in die Städte, um teilzuhaben am Traum vom großen Geld, den sie früher tagtäglich auf den Bildschirmen ihrer Schwarzweißfernseher vorgespielt bekamen.

Die hohe Binnenmigration trägt als sozialer Brennstoff zur gesellschaftlichen Instabilität Chinas bei. Wenn man die Gesamtzahl der Wanderarbeiter und die direkt davon betroffenen Familienmitglieder betrachtet, kommt man auf eine Zahl von knapp 300 Millionen Menschen. Auf diese Gruppe wird sich wohl kein ausländischer Investor bei seinem langfristigen China-Engagement als potenzielle Kunden oder Konsumenten verlassen wollen. Um solide Planungsgrundlagen zu erreichen – das bezieht sich sowohl auf Chinesen als auch auf Ausländer – muss sich an diesen drei Gefälle-Situationen etwas Grundsätzliches ändern. Das hat auch die chinesische Regierung erkannt und arbeitet mit Hochdruck an dessen Realisierung. Aber jedem, der das Land in seiner Größe und Vielfalt offenen Auges bereist hat, ist deutlich, dass es noch viele Generationen dauern wird, dieses hehre Ziel auch nur annähernd zu erreichen.

Energie

Energie ist ein **wertvolles Gut** in China, und der Markt wird von ein paar großen Staatskonzernen kontrolliert. Das gesamte Elektrizitätsnetz des Landes ist hoffnungslos überlastet, weil das Wirtschaftswachstum unterschätzt und niemand mit dem ständig steigenden Energiebedarf durch immer neue Großunternehmen gerechnet hat. Gegenmaßnahmen wurden gar nicht oder viel zu spät ergriffen und jetzt steht die Nation vor einem **Energieengpass**, den es schnellstmöglich und mit allen Mitteln zu beseitigen gilt.

Doch genau hier liegt das Problem. Europäischen Studien zufolge würden bei einem weiteren Wirtschaftswachstum von nur 6,5 Prozent jährlich zusätzliche 48 Gigawatt an Stromkapazitäten pro Jahr benötigt. Dies entspräche innerhalb der kommenden zehn Jahre etwa 40 Prozent der gesamten deutschen Erzeugungskapazität. Doch der von der chinesischen Regierung errechnete Strombedarf für die kommenden Jahre und die damit einhergehende Kraftwerkskapazität von 950 Gigawatt sei um fast ein Drittel zu niedrig angesetzt worden. Der geplante Wandel zur sogenannten „grünen Stromerzeugung" scheint daher vollkommen unrealistisch. Es bleibt also die Abhängigkeit von der Kohle, denn nach den Untersuchungen kommt weiterhin zwei Drittel der gesamten Stromerzeugung aus mit Kohle befeuerten Kraftwerken.

Die meisten Kohlekraftwerke in China arbeiten mangels Kontrollen oder wirksamer Strafen jedoch ohne effektive Filteranlagen, und spätestens in fünfzehn Jahren wird China nach Ansicht von Experten die USA beim Ausstoß von Kohlendioxid und damit als „Dreckschleuder der Welt" überholt haben. Den Verpflichtungen des Kyoto-Protokolls, dem UNO-Rahmenabkommen zum freiwilligen Klimaschutz, unterliegt China als Entwicklungsland zwar nicht, aber dessen Standards würde es ohnehin nie erreichen. China akzeptiert auch keine Auflagen zur Verringerung oder Begrenzung seiner Treibhausgase, die sich irgendwie negativ auf die wirtschaftliche Entwicklung auswirken könnten. Man ist der Meinung, dass bei steigendem Wohlstand ein höherer Energieverbrauch mit entsprechend höheren Emissionen eben unvermeidlich sei. Die Beteuerungen der chinesischen Regierung, dass der Energieeinsparung höchste Priorität beigemessen würde, klingt in diesem Zusammenhang wenig glaubhaft.

Durch die derzeitigen **Nachschubprobleme** und vor allem in Hinblick auf den zukünftigen Strombedarf wird die Energiekrise großen Einfluss auf die Außenpolitik haben. Die Abhängigkeit Chinas von Gas-Importen vor allem von den Hauptlieferanten Russland und Zentralasien wird drastisch steigen. Auch die Kernenergie soll viel stärker ausgebaut werden und sich in den kommenden Jahren verdoppeln. China plant deshalb den jährlichen Bau von mindestens zwei neuen Atomkraftwerken.

Um sich der Herausforderung zu stellen, den wirtschaftlichen Fortschritt China weiter voran zu treiben, ohne eine Zerstörung der Umwelt des Land oder gar des weltweiten Klimas zu riskieren, müsste China jedoch konsequent in saubere Technologien investieren. Das müssten nicht nur erneuerbare Energien wie Wind- oder Wasserkraftanlagen sein, sondern vor allem Filteranlagen der momentan unumgänglichen Kohlekraftwerke. Viele ausländische Unternehmen stehen bereits in den Startlöchern, um China mit Know-how und neuester Umwelttechnologie zu unterstützen. Das Potential ist gewaltig und es wird ein riesiger Markt gewittert. Vor allem deutsche Firmen stehen in China hoch im Kurs, doch diese müssten ihre Technologien komplett offen legen und befürchten einen massiven Technologietransfer ohne die adäquate Bezahlung. Viele „grüne Energieträume" sind auf diese Weise schon geplatzt.

Doch was bedeutet diese Energieverknappung konkret für den einzelnen **Auslandsinvestor?** Welchen Einfluss hat der steigende Strombedarf auf die Einkäufer westlicher Markenartikelunternehmen, die in China produzieren lassen? Einerseits steigen die Fertigungskosten in kürzester Zeit in manchmal nicht einschätzbarer Höhe. Das macht eine langfristige Planung sowohl für die Kunden als auch für die Lieferanten schwierig. Bei Liefervereinbarungen über Jahre hinweg lassen sich viele chinesische Hersteller nicht mehr auf Preisbindungsgarantien ein.

Hinzu kommt es in vielen Regionen regelmäßig zu Stromausfällen oder -abschaltungen, von denen manchmal ganze Stadtviertel betroffen sind. Diese Stromausfälle dauern nicht nur stundenlang, sondern führen bisweilen dazu, dass von staatlicher Seite ein Produktionsstopp von bis zu drei Tagen pro Woche vorgeschrieben wird, um die begrenzten Energiekapazitäten überhaupt einigermaßen gerecht verteilen zu können. Das ist natürlich für jedes produzierende Gewerbe eine Katastrophe und resultiert in gravierenden Lieferverzögerungen sowie steigenden Transport- und Logistikkosten.

Im täglichen Produktionsprozess sollte man solche manchmal ungeplanten und unangemeldeten Zwischenfälle von vornherein mit einkalkulieren und entsprechende Vorkehrungen treffen. Für Investoren bedeutet dies, Notstromversorgungseinrichtungen zu installieren, zumal wenn mit empfindlicher Elektronik gearbeitet wird. Spannungsausgleich ist ebenfalls notwendig, weil nur selten ein kontinuierliches Niveau gehalten wird. Die mangelhafte Erdung ist ein weiteres Problem, mit dem viele Unternehmen zu kämpfen haben. Für Einkäufer bedeutet es, die energiebezogenen Rahmenbedingungen ihrer Herstellungspartner und deren Zulieferer genau zu überprüfen, um nicht eines Tages mit bösen Überraschungen konfrontiert zu werden, für die der Lieferant nicht mal etwas kann.

Qualität

Einer der Hauptgründe der Ausländer, in China einzukaufen bzw. dort produzieren zu lassen, ist der angeblich so günstige Preis. Das ist eine klassische „Milchmädchen-Rechnung", denn Waren „made in China" sind nicht generell günstig. Im direkten Vergleich zu im Ausland hergestellten Waren mit gleichem Qualitätsniveau sind sie oftmals auch gleich teuer. Über diese Aussage sind viele Ausländer sehr erstaunt, denn sie gehen davon aus, dass in China eben alles billig, auf jeden Fall aber billiger ist, als in ihrem Heimatland. Diese Annahme ist vollkommen richtig, bezieht sich dann jedoch nur selten auf qualitativ wirklich identische Waren.

Leider gibt es **in China kein einheitliches Qualitätsniveau**, denn die Industrie ist dafür zu heterogen. Die Art und Qualität der Produkte ist unter anderem abhängig von dem Standort der Produktionsbetriebe, von der privaten oder staatlich gelenkten Unternehmensform bzw. -führung und nicht zuletzt von der Größe, der inhaltlichen Ausrichtung, der Finanzkraft, dem Ausbildungsstandard und dem Qualitätsbewusstsein der Unternehmensleitung und der Mitarbeiter. Und um die **Definition** bzw. die **Abstufungen des Qualitätsbegriffes in China** geht es hier.

Es gibt **drei Bereiche von Produktqualität**, mit denen man, sehr verallgemeinernd gesprochen, in China konfrontiert wird. Der erste bezieht sich auf in China von chinesischen Produzenten hergestellten Produkten, für die chinesische Maschinen und chinesische Materialien verwendet wurden, und denen ein rein chinesischer Qualitätsgedanke zugrunde liegt. Waren dieser Kategorie sind problemlos überall im Land in ausreichender Menge von einer Vielzahl austauschbarer Hersteller zu bekommen. Was sie jedoch wirklich auszeichnet, ist die Tatsache, dass sie wirklich im wahrsten Sinne des Wortes konkurrenzlos billig sind. Was die Qualität und die Ausführung betrifft, so muss man aber stark kompromissbereit sein.

Man trifft in vielen dieser Betrieben auf eine Überalterung des Maschinenparks. Eine pflegliche Behandlung, Wartung und Reinigung der

Maschinen wird nicht sehr sorgfältig vorgenommen. Regelmäßige Inspektionen durch den Hersteller oder Lieferanten sind oft zu teuer, genauso wie der Austausch von Verschleißteilen mit Originalersatzteilen. Das liegt aber auch daran, dass Service bzw. bestimmte Ersatzteile vor Ort nicht verfügbar sind. Wegen dünner Kapitaldecken werden neue Maschinen erst dann gekauft, wenn die alten nicht mehr funktionieren. Um die Übergangszeiten zu verkürzen, werden die Maschinen oft nicht richtig eingetestet, worunter sowohl die Qualität der Maschinen als auch die intensive Ausbildung des Bedienpersonals leidet. Die Folgen dabei sind hohe Toleranzen im Fertigungsbereich und schlechte Effizienz.

Mit einfachsten Mitteln werden in China manuell zu bedienende Geräte und halbautomatische Apparaturen selbst gebaut. Man beweist hohes Improvisationstalent und großen Einfallsreichtum, um möglichst billig produzieren zu können. Extreme Materialverschwendung und viel Verschnitt sowie ungleichmäßige und ungenaue Produkte sind die Folge.

Es gibt auch Probleme beim firmeninternen Handling von Waren. Zum Beispiel stehen Gabelstapler oder geeignete Fördersysteme, wenn überhaupt, nur begrenzt zur Verfügung. Materialien lagern oftmals unter freiem Himmel oder unter provisorisch geschützten Vordächern. Beim inländischen Gütertransport sind vergleichsweise große Entfernungen auf teilweise sehr schlechten Straßen zu überwinden, und die Waren lagern offen und ohne ausreichenden Schutz gegen jegliche Klimaeinflüsse in Zugwaggons oder auf offenen LKW-Pritschen. Klimatisch bedingte und mechanische Beschädigungen der Produkte sind hier programmiert.

Fehlende Normen und Richtlinien, nicht eindeutig definierte Standards sowie mangelnde Qualitätskontrollen bei der Fertigung garantieren dem Verbraucher kein hohes oder zumindest kein einheitliches Qualitätsniveau. Fehlende gesetzliche Auflagen oder mangelnde Kontrollen führen weiterhin zu erheblichen Beeinträchtigungen der Qualität. Produktionshallen, Lagerräume und Warenhäuser sind in den seltensten

Fällen klimatisiert. Neben Hitze, Kälte und Luftfeuchtigkeit kommt auch viel Staub und Sand durch undichte Fenster und Türen, der sowohl Maschinen als auch Produkte mehr oder weniger stark angreift. Die Ordnung und die allgemeinen hygienischen Voraussetzungen lassen ebenfalls zu wünschen übrig. Mangelnde fachliche Ausbildung und begrenztes theoretisches Wissen des Bedienungspersonals führen zu weiteren Qualitätsverlusten.

Erfahrungsgemäß stellt der Käufer nach nur kurzer Zeit fest, warum diese Waren so billig sind. Man wird mit abstehenden Kanten, scharfen Rändern, sich lösenden Teilen, verbogenen Profilen, rostigen Nieten, Kratzspuren, Kleberesten und schief aufgeklebten Etiketten, um nur einige Beispiele zu nennen, konfrontiert. Unzählige Produkte oder Materialien halten selbst der normalen Belastung nicht oder nicht lange stand. Sie verschleißen schnell, verfärben sich, gehen ganz oder teilweise kaputt. Zu billigsten Rohmaterialien kommt eine mangelhafte Verarbeitung. Der reinen Optik wird grundsätzlich keine Priorität beigemessen und solange das Produkt irgendwie funktioniert, gibt es auch keinen Grund zur Reklamation, zum Umtausch bzw. zur Rückgabe. Selbst innerhalb einzelner Lieferungen gibt es mangels Wareneingangs- und -ausgangskontrolle starke Schwankungen und es ist nicht gewährleistet, dass bei einer Nachbestellung die Qualität wirklich besser bzw. gleichbleibend ist.

Produkte der ersten Kategorie erfüllen also mittel- oder langfristig in keinster Weise die Wünsche des Käufers und entsprechen nicht den Erfordernissen – zumindest nicht den hohen Ansprüchen und Forderungen der westlichen Konsumenten. Diese werden in vielen Fällen in kürzester Zeit von der Qualitätsrealität ihres vermeintlichen Schnäppchens eingeholt und durch die Kosten der qualitativen Überarbeitung oder gar dem zwangsweisen Nachkauf eines teureren Produkts hat sich der kaufentscheidende Preisvorteil zu einem Nachteil gewandelt.

Kritisch wird es dann, wenn derartige **Waren** nicht einmal den **Mindeststandard der westlichen Märkte** und die geltenden **Verbrau-**

cherschutzgesetze erfüllen und zu einem **Sicherheitsrisiko** werden. Viele ausschließlich kostenfixierte Einkäufer fragen gar nicht erst nach toxikologischen Unbedenklichkeitserklärungen von Textilien, Kindersicherheitsprüfungen von Spielzeugen oder Belastungstests für elektrisch betriebene Geräte. Es gibt zwar viele anerkannte und unabhängige Labore und Prüfanstalten in China, doch die sind meist chronisch überlastet. Und manch blauäugiger Ausländer verlangt von seinem chinesischen Zulieferer zwar ein TÜV-Zertifikat, CE-Zeichen oder Öko-Label, das ihm der Hersteller dann auch bereitwillig aufs Produkt aufdruckt, ohne jedoch zu wissen, was es überhaupt bedeutet.

An zweiter Stelle stehen **im Rahmen ausländischer Joint Ventures in China hergestellte Produkte**, wobei die verwendeten Geräte und Halbfertigwaren aus dem nahen Ausland importiert werden. Das könnte zum Beispiel bedeuten, dass die Produktionsmaschinen aus Taiwan und die Materialien aus Indonesien stammen. Die zuverlässigeren Ausgangsprodukte und teureren Technologien sorgen im Allgemeinen auch für eine bessere Qualität mit geringeren Toleranzen, haben dann aber auch einen deutlich höheren Preis zur Folge als ihre rein lokal gefertigten Wettbewerbsprodukte. Je nach Produktbereich, Zielsetzung und Marktpositionierung lässt sich hier für viele westliche Handelsunternehmen qualitativ wie auch finanziell ein „goldener Mittelweg" erreichen. Das ist jedoch nur selten bei führenden westlichen Markenartikelunternehmen der Fall. Bei denen steht nämlich auch die Reputation der Marke auf dem Spiel, und der Imageverlust würde vermutlich um ein Vielfaches höher sein als der reine Kauf- bzw. Verkaufpreises eines minderwertigen Produkts.

Kommt man nun zur **dritten Qualitätsstufe**, hat man Produkte vor sich, die im Wesentlichen mit aus westlichen Ländern importierten Maschinen und Materialien gefertigt werden und mittels westlichem Know-how entsprechende Qualitätskontrollen durchlaufen. Das Fertigungs- und Kostenprinzip der dritten Qualitätsstufe sei am konkreten Beispiel einer handelsüblichen Kartonverpackung kurz erläutert: Die Druckmaschine stammt aus Deutschland, die Vorstufentechnik aus Israel, das Papier aus Skandinavien, die Farbe aus Japan, der Stanzautomat aus der Schweiz und der Geschäftsführer der hundertprozentigen Auslandsunternehmens ist ein Amerikaner mit chinesischem Stammbaum. Das Ergebnis ist ein Produkt, das in jeder Hinsicht mit dem in Deutschland üblichen Standard identisch ist.

Dessen **Vorteil** besteht für den Käufer darin, genau zu wissen, was er bekommt und es sogar direkt mit dem gewohnten Qualitätsstandard vergleichen zu können. Natürlich fragt man sich, wie und wo sich hier überhaupt noch ein Preisvorteil ergibt. Dieser liegt neben niedrigeren Werkzeugkosten und Rüst- bzw. Einrichtekosten in den geringeren Abschreibungen und niedrigeren sogenannten Overheadkosten für Organisation und Administration. Da wir hier von einem hauptsächlich maschinengefertigten Produkt reden, ist der niedrigere Lohnkostenanteil allerdings kaum maßgeblich. Der macht sich erst dann bemerkbar, wenn man statt einer gewöhnlichen Faltschachtel eine aufwendige Festkartonage bestellt, die womöglich noch mit Sonderfarben, Fensterausstanzungen, Blindprägungen und Glanzlaminierungen versehen ist. Jeder zusätzliche Arbeitsgang und jede Veredelungsstufe, die manuell ausgeführt werden muss, steigert den Kostenvorteil des Endprodukts „made in China". Denn solch qualitativ aufwendige Zusatzarbeiten haben in Deutschland einen manchmal unbezahlbar hohen Preis.

Man sollte trotz dieser drei Stufen bedenken, dass das **Qualitätsbewusstsein der Chinesen in manchen technischen Bereichen sehr hoch** ist. Sie können sich generell für die neueste Technologie begeistern. Das Beste vom Besten ist besonders attraktiv und gerade gut genug. Bei Investitionen werden deshalb oft technologische Quantensprünge gemacht.

Man will die einmalige Chance nutzen, sich auf einen Schlag technologisch ganz nach vorne zu bewegen und sich an die Spitze zu setzen und nicht erst langsam darauf hinzuarbeiten. Revolution statt Evolution heißt die Devise. Zwar ist ein solches Verhalten verständlich, aber es fehlt oftmals am theoretischen Hintergrundwissen, um die gewünschten Ergebnisse zu realisieren.

Allgemein herrscht in China die Vorstellung, dass mit dem Kauf und Einsatz von High-Tech-Maschinen und -Geräten auch gleichzeitig die bestmögliche Qualität garantiert ist bzw. automatisch mitgeliefert wird. Dass hochwertige Qualitätsprodukte aber nur durch ein entsprechend ausgerichtetes Arbeitsumfeld, durch gewachsene Strukturen, durch ein sich natürlich entwickelndes Gefühl und Selbstverständnis im richtigen Umgang mit High-Tech, durch qualifizierte Mitarbeiter und vor allem durch langjährige Erfahrung und spezielles Know-how erreicht werden können, wird nicht nur allzu oft außer Acht gelassen, sondern regelrecht ignoriert. Der nicht sichtbare, nicht anfassbare, auf den ersten Blick nicht nachweisbare und messbare ideelle Wert des fachlichen Know-hows ist vielen Chinesen nicht richtig bewusst, deshalb unterschätzen sie ihn zumeist. Wirkliche Produktqualität ist jedoch nur bedingt auf den Einsatz von Qualitätsmaschinen zurückzuführen, es geht um den adäquaten Umgang mit der Technologie. In diesem Bereich fehlt es vielen Chinesen an der realistischen Einschätzung der „Verhältnismäßigkeit der Mittel".

Das **Qualitätsbewusstsein in Bezug auf reine Verbrauchsprodukte** ist **leider nur sehr begrenzt vorhanden**, denn Qualität kostet auch in China viel Zeit und viel Geld. In einem Land, in dem über Jahrzehnte keine wirkliche Nachfrage nach Qualitätsprodukten bestand, kann sich auch nicht in wenigen Jahren ein adäquates Qualitätsbewusstsein etablieren. Es besteht, auch in Detailbereichen, einfach nicht genug Sorgfalt im Umgang mit dem Objekt. Von dem in unserem Land so stark ausgeprägten perfektionistischen Denken sei hier noch gar nicht die Rede. Wirkliche Qualitätsprodukte für den chinesischen Binnenmarkt bereit zu stellen, war bislang auch nicht unbedingt nötig, weil die Kunden oder die Endverbraucher sie weder erwartet noch vorausgesetzt haben. Qualitätsmängel werden nach wie vor akzeptiert, toleriert oder ignoriert.

Das erklärte **Ziel der chinesischen Regierung** ist nun die Erreichung eines höheren Qualitätsniveaus auf westlichem Standard in möglichst allen Produktbereichen. Einheimische Hersteller wollen bzw. müssen auch das Qualitätsniveau ihrer Waren drastisch verbessern, um auch in Zukunft am hart umkämpften Konsumgütermarkt überleben zu können. Denn international agierende Unternehmen, deren Produkte auch in China als vorbildlich betrachtet werden, setzen in jeder Hinsicht neue Qualitätsstandards und fordern ihre Lieferanten zum kompromisslosen Umdenken bzw. zum kompletten Umstrukturieren der althergebrachten Produktionsweisen auf. Dieser Prozess ist bereits seit einigen Jahren voll im Gange, und seitdem auch die chinesischen Konsumenten die Unterschiede bemerken, entwickelt sich bei ihnen langsam ein westliches Qualitätsbewusstsein.

Erreichbar ist dieses Qualitätsziel jedoch nur durch die langsame, aber konsequente Umstellung von uneinheitlicher manueller Arbeit auf durchgehend standardisierte Automation. Das hätte jedoch schwerwiegende Rationalisierungsmaßnahmen zur Folge, denn Tausende von unqualifizierten Mitarbeitern müssten entlassen werden. Hier tritt ein Zielkonflikt auf, für den anscheinend noch keine passable Lösung in Sicht ist, denn in China tragen zumindest die Staatsunternehmen große Verantwortung gegenüber ihren Mitarbeitern und deren Familien, die auf den Firmengeländen nicht nur arbeiten, sondern auch wohnen.

Die **Quintessenz dieser Ausführungen** besteht darin, dass chinesische Produktqualität noch nicht mit unseren Maßstäben zu messen ist. Die unterschiedlichen Rahmenbedingungen in der Produktion zwischen Deutschland und China sind auch zu gravierend, um sie direkt miteinander vergleichen zu können. Als negatives Ergebnis des Zusammenspiels von Mensch, Material und Maschine in China kommen viele Produkte nicht funktionierend, beschädigt oder optisch nicht einwandfrei im Ausland an. Um heute Hersteller zu finden, die einer westlichen Qualitätsphilosophie konsequent folgen und trotzdem noch einen attraktiven Preisvorteil gegenüber der Deutschlandfertigung erzielen – natürlich unter Berücksichtigung aller Transportkosten und Importzölle – ist eine große Herausforderung für jeden Einkäufer oder Importeur, aber auch dessen Handelsagenten vor Ort.

Marktdaten

Voraussetzung für den erfolgreichen Aufbau eines jeden Geschäfts in China sind nicht nur wettbewerbsfähige Preise sowie ein gutes Qualitäts- und Serviceniveau. Vor jedem China-Engagement sieht sich jeder Ausländer mit einer **Vielzahl von Fragen** konfrontiert. Welcher Standort ist der beste? Wie viele Wettbewerber gibt es? Woher kommen die günstigsten Rohmaterialien? Welcher Zollsatz ist der richtige? Wielange dauert die Beantragung einer Exportlizenz? Welche Unternehmensform bietet die meisten Vorteile? Welcher Lieferant ist am ehesten geeignet? Welches Verkaufsverhalten muss ich bei einer Produktneueinführung zugrunde legen? Wie hoch liegen die Preise ähnlicher, lokal verfügbarer Produkte? Für jede Entscheidung, die den chinesischen Markt betrifft, benötigt man eine zuverlässige Datengrundlage. Der qualitative Mangel an solchen Informationen erschwert jedoch die Investitionsentscheidungen, den Marktzugang und die Markenbildung. Doch wie kommt man an zuverlässige Marktdaten? Und wie definiert man überhaupt den Begriff „zuverlässig"?

Die Quintessenz dieser Ausführung sei hier vorweg genommen. Es gibt keine einheitlichen und allgemeingültigen Aussagen über China, die Kaufkraft der Bevölkerung oder über einzelne Industriezweige, die als wirklich repräsentativ gelten könnten. China-Business ist immer regionales Business. Was tut man also, um diesem Dilemma zu begegnen? Man beginnt erst einmal, **Markdaten zur Grundorientierung** zu sammeln, was mit besonders hohem Aufwand verbunden ist. Es gibt viele Informationsknotenpunkte, die als Anlaufstelle dienen können: Bibliotheken und Archive, Universitäten und Bildungsinstitutionen, Verbände und Vereinigungen, Messeveranstalter, Redaktionen von Fachzeitschriften und Wirtschaftszeitungen, Behörden und Ministerien. Weiterhin erweisen sich viele Hersteller und Betriebe der Zulieferindustrie als wertvolle Datenquelle.

Dazu kommen noch verschiedenste international tätige Beratungsfirmen, Markt- und Mediaforschungsagenturen wie etwa AC Nielsen oder Gallup. Diese versuchen, westlich etablierte Forschungsmethoden und -instrumentarien entsprechend den speziellen Anforderungen des chinesischen Marktes zu modifizieren. Das ist jedoch nicht so einfach, zumal Konsumentenbefragungen beispielsweise durch gesetzliche Bestimmungen in China nur eingeschränkt möglich sind.

Natürlich gibt es auch in China ein offizielles **Amt für Statistik**. Doch hier liegt die Crux: Die Daten des „National Bureau of Statistics" (NBS) sind mit Vorsicht zu genießen. Ihr Zustandekommen ist oft schwer nachzuvollziehen. Sie werden von den einzelnen Provinzen und staatseigenen Betrieben an das NBS geliefert. Dabei kommt es immer wieder vor, dass Provinzkader die Daten zu ihrem Vorteil manipulieren, zum Beispiel, um weitere Subventionen zu bekommen. Auch führende Funktionäre in Staatsbetrieben versuchen gelegentlich, ihre Karriere zu beschleunigen, indem sie Zahlen schönen. Nicht umsonst gibt es das Sprichwort „Zahlen machen Kader, Kader machen Zahlen".

Alle wie und woher auch immer gesammelten **Daten** haben etwas gemein. Sie sind **nicht deckungsgleich**. Beim direkten Vergleich stellt man nicht nur Rundungsfehler von wenigen Prozentpunkten fest, sondern unerklärliche Abweichungen im zwei- oder gar dreistelligen Prozentbereich. Damit lässt sich unreflektiert meist gar nichts anfangen. Fakt ist, es gibt keine einige Quelle in China, die vollständige, zuverlässige, aktuelle und damit repräsentative Marktdaten liefern könnte, denn je nach Kenntnis, Zielsetzung und Hintergrund des Datenlieferanten variieren die Ergebnisse erheblich. Die Kunst besteht also darin, sich möglichst vieler verschiedener Primärquellen zu bedienen und die größten „Zahlenausreißer" je nach Vertrauenswürdigkeit der Quelle zu eliminieren. Je nach Können und Erfahrungsgrad des Datenauswerters wird daraus ein Querschnitt gebildet, der der Realität am nächsten kommen könnte.

In manchen nicht-chinesischen Institutionen mit Sitz in China oder gar aus chinesischen Nachbarländern erhält man häufig objektivere und ungeschöntere Daten als in Mainland China selbst. Als Beispiel dient das hervorragend ausgerüstete **„Trade Development Council"** in Hongkong. Auch eine Anfrage beim **BFAI**, der „Bundesanstalt für

Außenhandelsinformationen" in Köln oder der **"German Chamber of Commerce"** in Shanghai kann zu interessanten Ergebnissen führen. Dort erhält man regelmäßig aktualisierte Berichte und Reportagen zu bestimmten chinesischen Wirtschaftsthemen. Natürlich sind diese Publikationen oder Auskunftsdienste nicht für umsonst zu bekommen, doch die Investitionen lohnen sich.

Die **Ursache der unsicheren Marktdaten** liegt in den Problemen der Erhebung. Empirische Daten- und Marktforschung steckt in China noch in den Kinderschuhen. Das liegt an dem enormen Aufwand, der in einem Land der Größe und komplexen Infrastruktur wie China für relevante Marktdaten betrieben werden muss und an den unterschiedlichen Zielsetzungen der Entscheidungsträger, diese Daten auch zur Verfügung zu stellen. Tägliche neue private Firmengründungen, die Umwandlung oder Schließung maroder Staatsunternehmen, die Einführung neuer Materialien oder Technologien durch ständig neue Anbieter, Zulieferer und Wettbewerber aus dem In- und Ausland sorgen für einen überaus dynamischen Prozess und ständigen Wandel von Industrie und Wirtschaft im Allgemeinen sowie des Konsumgütermarktes im Speziellen. In diesem Umfeld datenmäßig up-to-date zu bleiben, ist fast ein Ding der Unmöglichkeit. Doch mit diesem Problem hat jedes Unternehmen und jeder Geschäftsmann gleichermaßen zu kämpfen. Und insofern ist auch niemand bevorzugt oder benachteiligt.

Wenn man nicht dem Vorsatz des „Augen zu und durch!" folgt, hilft nur eines: sich nicht nur auf die Macht oder Ohnmacht der Zahlen und Daten verlassen, sondern mit den Menschen im Land reden. Das schließt sowohl lange im Land lebende und arbeitende Expatriates als auch Chinesen aus verschiedenen Bevölkerungsschichten mit ein. Man muss sich die Zeit zum konzentrierten Zuhören nehmen, um von ihren ganz individuellen und subjektiven Bedürfnissen, Wünschen und Erfahrungen zu profitieren. Dann erhält man wahrscheinlich ein ganz anderes und vielleicht sogar realistischeres Bild, als die überzeugendste Statistik und schönste Power-Point-Präsentation uns weis machen will.

Markennamen

Es ist eine **Grundsatzfrage**, ob ein **ausländischer Markenname** überhaupt **ins Chinesische übersetzt** werden soll oder nicht. Wenn man es bei der ursprünglichen, unübersetzten Schreibweise belässt, ist der Artikel für alle Chinesen eindeutig als ausländisches Produkt erkennbar. Diese Tatsache reicht bei vielen Produkten schon aus, um möglicherweise einen Vorteil in Richtung eines höheren Qualitätsempfindens zu erzielen. Da die Mehrzahl der Bevölkerung Chinas diesen Namen jedoch nicht lesen kann, ist die Wiedererkennung nur durch die Optik des Logos oder der Packung, nicht jedoch über den Markennamen möglich. Eine lautliche Erinnerung, die den gezielten Aufbau eines Markenbewusstseins unterstützen würde, geht dem Markenartikler also verloren.

Hohe Identifikation, Wiedererkennungswert und Eigenständigkeit stehen bei der Wahl des neuen Markennamens ganz vorne, jedoch müssen beim **Aufbau einer Marke** außerdem **regionale Besonderheiten** berücksichtigt werden. Es macht oft wenig Sinn, einheitliche Werbe- und Marketingkampagnen für ganz China zu planen, da eine Werbebotschaft, die den Geschmack und die Bedürfnisse in der Provinz Liaoning im Norden Chinas trifft, ihre Wirkung in den weit entfernten südchinesischen Provinzen Fujian oder Jiangxi vielleicht völlig verfehlt. Wegen der Vielzahl regionaler Dialekte, die zwar identische Schriftzeichen verwenden, aber ganz unterschiedliche Aussprachen haben, sollte auch die Namenswahl nur durch erfahrene muttersprachliche Linguisten erfolgen, um peinliche Entgleisungen zu vermeiden. Bei ganz unglücklicher Transliteration kann es sogar zu späteren Änderungen in der Art der ursprünglichen chinesischen Übersetzung kommen.

Wenn ein ausländischer Marken- oder Produktname ins Chinesische übersetzt werden soll, gibt es zwei grundsätzlich verschiedene Möglichkeiten: Erstens eine wörtliche, inhaltliche Übertragung, sofern der Markenname dies zulässt. Zum Beispiel ließen sich Papiertaschentücher der Marke „Tempo", Rasierapparate von „Braun" oder auch „Rotkäppchen-Sekt" auf diese Weise sehr gut übersetzen. Im letzteren Fall wurde dies mit „Hong Mao" auch erfolgreich getan. Alternativ ist eine lautsprachliche Übertragung, sofern der Markenname keine inhaltliche Bedeutung hat, die sich direkt übertragen ließe, möglich.

Im Falle des amerikanischen Getränks „Coca Cola" wurde deshalb der zweite Weg gewählt. Spricht man die vier Zeichen aus, die auf den Dosen und Flaschen in China abgedruckt sind, heißt es in der Pinyin-Umschrift „ke kou ke le". Es klingt also annähernd so wie die Worte „Coca Cola" in der amerikanischen Aussprache. Da jede chinesische Silbe jeweils einem Schriftzeichen entspricht, gibt es für die vier für Coca Cola ausgewählten Silben „ke kou ke le" eine unglaubliche Anzahl von potenziellen chinesischen Zeichen, die dieser Aussprache entsprechen würden, die aber alle unterschiedliche Bedeutung haben können.

Die Kunst der Übersetzer und Marketingfachleute bestand nun darin, vier chinesische Zeichen auszuwählen, die in positiver Weise den Charakter des zu bezeichnenden Produktes, in diesem Falle süße Limonade, wiedergeben. Dem chinesischen Geschmack entsprechend, wird eine sehr blumige Ausdrucksweise bevorzugt. Die vier Schriftzeichen auf den Coca Cola-Produkten könnten nun in etwa bedeuten „Es mundet und macht Freude". Allerdings würde jeder, der des Chinesischen mächtig ist, diese Zeichen wohl ein bisschen anders ins Deutsche übersetzen, denn wortwörtlich und absolut eindeutig ist dies nicht möglich – dafür ist das Chinesische zu vielfältig und zu mehrdeutig.

Vor der herausfordernden Suche nach einem adäquaten chinesischen Markennamen stehen nicht nur die westlichen Branchenriesen im Bereich der Kosmetik, Körperpflege, Reinigungs- und Lebensmittel wie Procter & Gamble, Kimberley Clark, Johnson, Nestle, Unilever oder Henkel. Auch internationale Automobil- oder Technikkonzerne widmen sich diesem Thema. Als Ergebnis ihrer Bemühungen findet sich ein ganze Liste von mehr oder weniger gelungenen Markennamen-Übersetzungen, Adaptionen oder völlig neuen Wortkreationen in China.

Generell ist es besser, einen chinesischen Namen zu wählen, der keine lautliche Ähnlichkeit zum westlichen Markennamen hat, dafür aber eine positive metaphorische Bedeutung aufweist, die zum jeweiligen Produktimage passt. Beispiele, wo beides stimmig ist, findet man in der Automobilindustrie. BMW bietet seinen Kunden ein „Bao Ma" als „Schatz-Pferd" an, Mercedes Benz kontert mit „Benchi", also einem „kraftvoll dahinstürmenden" Auto, während Porsche in „Bao Shi" umgewandelt wurde, was vielleicht „zeitsparend" heißen könnte. Siemens trumpft mit „Xi men zi" auf, was „Tor zum Westen" bedeutet und OMO-Waschmittel werden in China unter dem inzwischen sehr bekannten Markennamen „Aomiao" vertrieben, was in etwa „geheimnisvoll und wunderbar" bedeutet. Mit einem solchen Namen ist der Erfolg doch schon halb garantiert.

Produktpiraterie

Chinesische Produktpiraterie und fernöstliches Markenplagiatentum ist in aller Welt ein ganz heißes Thema. Die Formen der Abkupferei reichen vom auffällig plumpen Versuch, das Original zu imitieren, bis zu so geschickten und professionellen Imitaten, dass selbst Experten das Original kaum von der Fälschung unterscheiden können. Der moderne Pirat konzentriert sich dabei nicht nur auf internationale teure Markenartikel und erfolgreiche, weltbekannte Labels.

Um reiche Beute zu machen, bedient sich der heutige Freibeuter modernster Technik. Es sind vor allem die westlichen Industrienationen, die beliebte Zielscheiben für Produktpiraten und Raubkopierer sind. Heutzutage ist nichts und niemand mehr vor Fälschungen sicher. Ob Bratpfannen und Eieruhren, Kinderstühle und Besteckformen, Dübel und Bleistifte, Scheibenbremsen und Mercedes-Sterne, Ferngläser und Kaffeemaschinen – es gibt nichts, was nicht wert wäre, nachgeahmt zu werden. Selbst Fertighäuser und Fußball-Club-Fanartikel werden rücksichtslos kopiert.

Die Formen der Produktpiraterie sind vielfältig und reichen vom schlichten Ideenklau bis zum komplexen Technologieraub, vom plumpen Formennachbau bis zur perfekten Designadaption, von einer billigen Produktkopie in minderwertigster Qualität in kleiner Auflage bis zur hochprofessionellen Markenfälscherei in industrieller Massenproduktion.

Dabei ist ein Plagiat eigentlich ein aufrichtiges Kompliment. Jemand fand die eigene Idee so gut, dass er sie für wert hielt, nachzumachen. Doch statt sich geschmeichelt zu fühlen, würde so manches Unternehmen gerne auf diese zweifelhafte Ehre verzichten. Sich vom Original inspirieren lassen, ja, aber Schmarotzertum, nein!

Die Entwicklung neuer Produkte ist langwierig, aufwendig und teuer. Sie bedarf einer Menge Know-how und Kreativität. Die Etablierung eines prestigeträchtigen Markenartikels oder einer vorbildlichen Dachmarke ist ein Entwicklungsprozess, der sich über Jahrzehnte hinziehen kann. Um sich fest im Unterbewusstsein der Verbraucher zu etablieren, sind in Zeiten ständiger Sinnesüberreizung aufwendige Werbekampagnen in den Massenmedien und ständige Präsenz am Point-of-Sale notwendig. Die Exklusivität einer Marke muss aber nicht nur erworben, sondern auch durch sorgfältige Imagepflege und gleichbleibend hohe Produktqualität aufrechterhalten werden.

Genau das lockt die Wirtschaftsparasiten an. Sie profitieren von der Aufbauarbeit **anderer** und überschwemmen dann auf der Höhe des Erfolgs den Markt mit billigen Kopien der begehrten Waren. Ob teure Luxusartikel oder günstige Gebrauchsgegenstände, ob Lebensmittel oder spezielle Medikamente – jeder halbwegs bekannte Markenname findet sich früher oder später in nachgeahmter Form in den Regalen des globalen Dorfes wieder. Kein Wunder, dass Marketingstrategen und Produkt- und Packungsgestalter die Pseudo-Hommage an ihr geistiges Eigentum in abgekupferter Form tränenden Auges verfolgen.

Die Designräuber kommen aus allen Himmelsrichtungen, aber immer wieder sind besonders viele Unternehmen aus China darunter. Die **Gründe**, die den Design-Schmarotzern aus dem ostasiatischen Raum die Wege ebnen, sind vielfältiger Natur: sie liegen in bürokratischen Mängeln der offiziellen Registrierung und der internationalen

Anmeldung von Rechten; es gibt Defizite in der lokalen Überwachung in der Produktion; es treten Schwierigkeiten auf durch mangelhafte Kontrollmechanismen beim Warenimport; die organisatorischen Rahmenbedingungen – allein durch fehlendes oder schlecht ausgebildetes Personal – laden förmlich zum Missbrauch ein; ignorante oder korrupte Behörden unterstützen oder profitieren gar von dieser Form der organisierten Wirtschaftskriminalität; rechtliche Grauzonen in vielen Drittwelt-Ländern erleichtern die Arbeit auf Kosten der Urheber und ein viel zu geringes Strafmaß im Verhältnis zu den lockenden Profiten schreckt niemanden vom Plagiieren ab.

Hauptsächlich werden **Low-Tech-Erzeugnisse** kopiert, denn einfache Dinge lassen sich nun mal auch einfacher kopieren. Ein technisch komplexes Produkt herzustellen, ist selbst für Nachahmer ein aufwendiger und mit hohen Kosten und Risiken verbundener Prozess. Doch die generelle Qualität der Kopien ist durch gewerbsmäßige Produktpiraterie erheblich gestiegen. Außerdem stieg das Markenbewusstsein in China merkbar an. Die Menschen können immer besser Original und Fälschung voneinander unterscheiden und eine zunehmend größere Gruppe kann und will lieber das Original in Händen halten. Die Anzahl der billig kopierten, schlechten Ramsch- und Schundwaren hat in China spürbar abgenommen, obwohl sie noch überall im Handel sind.

Schnelligkeit spielt bei den chinesischen Undercover-Unternehmen eine wesentliche Rolle. Alles, was gerade „en vogue" ist, wird kopiert und muss dann ohne großen zeitlichen Verzug auf den Markt geworfen werden, um die Nachfrage der modebewussten Käuferschicht mit schmalem Geldbeutel in dem Moment zu befriedigen, wenn auch das echte Produkt von den Originalherstellern oder -lieferanten heiß beworben wird.

Wie reagiert man, wenn man plötzlich mit der Eigenentwicklung in gefälschter Form konfrontiert wird? Wer sein eigenes Produkt zufällig als Plagiat – in einem chinesischen Geschäft beispielsweise – ausfindig macht und Regressansprüche geltend machen möchte, hat eine große, herausfordernde Aufgabe vor sich. Um Rechte nachträglich geltend machen zu können, muss man sein Know-how oder seine Gestaltung vorher registrieren und schützen lassen. Das kostet sehr viel Geld und ist an örtliche und zeitliche Vorgaben gebunden. Die Anmeldung muss in einem bestimmten Zeitraum nach Markteinführung des Produktes erfolgt sein. Dann wird unterschieden zwischen einem eingetragenen Warenzeichen in dem einen und dem urheberrechtlichen Schutz in einem anderen Land. Zuverlässigen **Geschmacks- und Gebrauchsmusterschutz**, wie bei uns in Deutschland, **gibt es in vergleichbarer Form in China nicht.**

Zum Beispiel kann ein Warendesign mit territorialer Einschränkung in China geschützt werden, weil das Produkt hier vertrieben werden soll, aber nicht in Vietnam. Clevere Unternehmer kopieren dann die Produkte im südlichen Nachbarland in einer rechtlichen Grauzone und exportieren sie nach China. Schon wurde ein Schlupfloch gefunden, um die Bestimmungen zu umgehen.

Offene Grenzübergänge und freie Handelsabkommen erleichtern die dunklen Geschäfte. Durch die Globalisierung der Märkte wird Produktpiraterie im ganz großen Stil international vorangetrieben. Auch die zunehmende Verbreitung des Internets erlaubt nicht nur den Zugriff auf Hersteller in aller Welt, sondern bietet auch eine optimale Infrastruktur für den illegalen Handel und Vertrieb plagiierter Produkte rund um den Globus.

Hat man den vermeintlich Schuldigen jedoch tatsächlich irgendwie und irgendwo ermittelt, besteht das Problem nicht nur darin, festzustellen, ob überhaupt, und wenn, wo und wie eigene Produkte nachgeahmt wurden, sondern auch, wie die eigenen Rechte nachzuweisen und auch gesetzlich geltend zu machen sind. Das ist in einem Land wie China, mit schwer durchschaubarem gesetzlichem Regelwerk und einer zumindest für Ausländer scheinbar rechtlichen Grauzone sehr schwer möglich. **Prozesse** können sich manchmal **über Jahre** hinziehen. Das ist nicht nur kostenintensiv, sondern bedarf auch besonderer Nervenstärke.

Vielleicht ist das kopierte Produkt bereits tausendfach verkauft worden und der Hersteller bzw. Vertreiber hat sich mit dem Profit bereits aus dem Staub gemacht. Man muss sich weiterhin fragen, ob man einen kleinen südchinesischen Hersteller wegen einiger tausend nachgemachter Kaffeemaschinen oder wegen billiger Zigarettenschachteln, die aus zwei Meter Entfernung wie Marlboro aussehen, wirklich vor den Kadi zerren will. Wenn einem chinesischen Gesetzesbrecher im Extremfall die Todesstrafe droht, sollte man auch die ethisch-moralischen Bedenken der Westler nicht unterschätzen, der davor angesichts dieser krassen Maßnahmen auf weitere Rechtsschritte verzichtet. Aber darüber sind sich natürlich auch die Produktpiraten im Klaren.

Doch selbst ein wie auch immer gewonnener Prozess wäre nicht das siegreiche Ende der Schlacht. Bei erfolgreichen Produkten wird ganz sicher ein neuer Hersteller wie aus dem Nichts auftauchen. Das Internet und die E-Mail-Technik machen es ja problemlos möglich, alle denkbaren Daten und technischen Zeichnungen auf Knopfdruck zu verschicken. Manchmal werden Produktionsunterlagen im Herstellerland einfach an einen Geschäftsfreund im Nachbarbetrieb weitergereicht, um die Produktionswege zu verschleiern und die einstweiligen Verfügungen und Unterlassungserklärungen, die sich auf eine bestimmte Firma oder eine Region beschränken, zu umgehen. Von all diesen Schwierigkeiten der betroffenen Unternehmen wissen die Produktpiraten und nutzen diese Schwäche gnadenlos aus.

Wenn die generelle Idee, die Form, die Technik oder die Optik eines westlichen Artikels in China einfach nachgemacht werden, hat das einen hohen volkswirtschaftlichen Schaden für das eigentliche Ursprungsland zur Folge. Allein **in Deutschland**, so glauben Wirtschaftsverbände, **gehen jährlich 70 000 Arbeitsplätze durch Produktpiraterie verloren.** Der immaterielle Schaden der Falsifikate übersteigt jedoch oft noch den finanziellen Verlust des betroffenen Unternehmens durch Umsatzausfall. Es ist vor allem der Vertrauensverlust des Käufers in die Markenqualität des Originals, wenn das falsche Produkt nicht erkannt wurde. Hier kann in wenigen Wochen die Arbeit von Jahren zerstört werden.

Denn in Kopien werden überwiegend mangelhafte Materialien verwendet oder in schlechter Qualität verarbeitet. So kann auch für den Käufer der vermeintlich günstige Glücksfall schnell zum teuren Reinfall werden. „Plastik statt Seide" lautet zum Beispiel das Motto im Textilbereich.

Schwerwiegendere Auswirkungen hat die Abkupferei bei **Arzneimitteln**, da in diesem Fall Menschen zu Schaden kommen können. Das bewusste Inverkehrbringen gefälschter Medikamente hat sich zu einem ernsten Problem der Weltgesundheit entwickelt. Schätzungen des „Internationalen Verbandes der Arzneimittelhersteller" (IFPMA) zufolge sind bereits fast 10% aller weltweit gehandelten Medikamente Fälschungen. Die Packung ist gerade bei Medikamenten ausschlaggebend, da die Käufer – seien es Großhändler, Ärzte, Apotheker oder aber Endkunden – weder an der Größe, der Form, der Farbe, dem Geruch oder dem Geschmack des eigentlichen Präparats dessen Echtheit überprüfen können. Auch die Wirkungsweise ist nur schwer verifizierbar und lässt keine Rückschlüsse auf die Echtheit des Produkts zu.

In Asien ist der **Missbrauch besonders groß**, da auf Märkten und bei fliegenden Händlern Produkte verkauft werden, die keinerlei Kontrollen unterliegen und eine Seriosität in keinster Weise gewährleistet ist. Hustensäfte werden da mit Lösungsmitteln gestreckt und Tabletten aus Backpulver oder simplem Traubenzucker gepresst. Inhaltsstoffe sind minderwertiger Qualität, wichtige Wirkstoffe fehlen ganz oder die Dosierungen der Präparate sind falsch angegeben. Der Idealfall ist die perfekte Imitation eines Medikaments mit denselben Wirkstoffen in identischer Verpackung. Beim „Worst Case" enthält das Mittel gesundheitsschädliche oder gar giftige Stoffe, wie es sogar schon bei Babynahrung festgestellt wurde.

Auch durch nachgemachte Ersatzteile für Flugzeuge oder Autos, wo statt hochwertigem ABS-Kunststoff einfaches Polypropylen und statt Edelstahl verchromte Zinklegierungen eingesetzt werden, ist ein extremer, leider aber nicht seltener Bereich der Produktpiraterie. Die Risiken der Betroffenen wachsen mit den Gewinnchancen der Fälscher. Aus Angst vor Garantieabwicklung, Produkthaftungsprozessen, Gewährleistungsansprüchen, Versicherungsstreitigkeiten oder eben massivem Imageverlust reagieren viele der betroffenen Hersteller zurückhaltend oder geben sich der Öffentlichkeit und den Medien gegenüber gar unwissend.

Andererseits wurden weltweit verschiedene **Initiativen** gegründet, um den **Kampf gegen Produktpiraterie** aufzunehmen. Dazu zählen der Weltverband zur Bekämpfung der Markenpiraterie, die „Global Anti-Counterfeiting Group" (GACG), die „Vereinigung zur Bekämpfung der Produktpiraterie" (VBP) in München oder auch der „Aktionskreis Deutsche Wirtschaft gegen Produkt- und Markenpiraterie" (APM), der gerade sein zehnjähriges Jubiläum gefeiert hat und zu dessen zwanzig Gründungsmitgliedern die meisten großen Automobilhersteller, der Pharmakonzern Bayer und das britische Kosmetikunternehmen Lancaster zählen.

Viele Unternehmen, wie der japanische Uhrenhersteller Seiko beispielsweise, haben eine grundsätzliche Einstellung zu dem Thema und verfolgen eine ganz simple Strategie: allen Plagiatsvorfällen nachgehen, Produktionsorte aufspüren, Hersteller verklagen. Das Handeln aus Prinzip, selbst wenn der Aufwand und die Kosten weit über dem möglichen Schaden liegen, ist hier Firmenphilosophie. Produktpiraten wissen nach einiger Zeit um diese eiserne Haltung, werden vorsichtiger oder widmen sich einfach anderen Firmen und Marken, wo eher die Politik der Toleranz bzw. Ignoranz vertreten wird.

Produktpiraterie ist der weltweit schädlichste Bereich der Wirtschaftskriminalität mit geschätzten **Schaden von jährlich weit über 100 Milliarden Dollar**, was ca. 10% des Welthandelsvolumens entspricht. Es ist kein Kavaliersdelikt, sondern wird in höchst professioneller Manier betrieben. Da Produktpiraterie aber nicht als ethisch oder moralisch verwerflich gilt, haftet ihm ein völlig anderes Image an, als dem Drogen- oder Waffenschmuggel, der finanziell ähnlich krasse Ausmaße hat und sogar noch höhere Gewinne verspricht.

Also lautet die Devise „Vorsicht ist besser als Nachsicht!" Die Frage ist, wie man sich und sein geistiges Eigentum effektiv gegen die klammheimliche Abkupferei schützen kann. Welche Strategie die Richtige ist, ist in der Theorie eindeutig, in der Praxis aber umstritten und effektive Mittel sind auch selten praktikabel. Zuverlässig wirkende Sicherungsmittel und Sofortmaßnahmen gibt es nicht. Es bleiben also nur einige mehr oder weniger wirksame Präventivmaßnahmen. Vor allem die Kopierfähigkeit der Produkte an sich und der äußeren Hülle, die zum Kauf anreizt, muss erschwert werden.

Im Falle einer **Produktverpackung** gibt es verschiedene Ebenen und Prinzipien, die den Fälschern das Leben schwer machen. Man kann spezielle Papiere und Kartonagen einsetzen, die – beispielsweise wie bei Geldscheinen und Ausweisdokumenten – mit Einschlüssen versehen sind, die nur unter Schwarzlicht erkennbar werden. Eigenentwicklungen, sogenannte Hauspapiere, die mit kundenspezifisch entwickelten Prägungen und strukturierten Oberflächen exklusiv hergestellt werden, erfreuen sich im Kosmetik- und Textilbereich zunehmender Beliebtheit. Hier spielt auch das Thema des konsequenten Corporate Designs in globaler Hinsicht ein wichtige Rolle.

In der **Bedruckung** bieten sich mit Farbherstellern entwickelte Sonderfarben außerhalb der Pantone-Skala an, die auch für die Durchfärbung von Papieren verwendet werden können. Innovativen Methoden des Druckes und der Druckveredelung wie zum Beispiel Perlmutteffekten, Metallic-Oberflächen, Thermotransferfarben oder gar fluoreszierenden Druckfarb-Pigmenten werden von Fachleuten zukünftig ein steigendes Nachfragepotenzial eingeräumt. Diese speziellen Produkte bieten optisch interessante Effekte in Kombination zu wirksamem Fälschungsschutz.

In technischer Hinsicht können ungewöhnliche Konturverpackungen und Originalverschlüsse, die in Standardmaschinen nicht ohne weiteres zu kopieren sind, ein weiteres Mosaiksteinchen auf dem steinigen Weg zur fälschungssicheren Verpackung darstellen. Im Gestaltungsbereich kann man mit **Farbverläufen** und **komplizierten Druckmustern**, die nicht eingescannt oder mit Standardsoftware nachgebaut werden können – wie bei Geldscheinen oder Cheques – Pflicht und Kür optimal miteinander verbinden. Weitere Schutzmöglichkeiten, die ja auch schon in der Zigarettenindustrie erfolgreich praktiziert werden, finden sich nicht nur bei **speziellen Banderolen** oder den **Steuerzeichen als Siegel**. In der Vorstufe vereinen **Kristallraster** mit unregelmäßiger Körnung, die auch für Kunst-Reproduktionen eingesetzt werden, eine hervorragende Optik mit einer hohen Gewähr vor billigen Plagiaten.

Die **Packungsveredelung** bietet neben den üblichen Techniken wie Folien- und Blindprägungen, sowie Ausstanzungen eine Vielzahl verschiedenster Hologramme. Diese garantieren in unterschiedlicher Wirkungsweise und Komplexität einen wirkungsvollen Packungsauftritt. Hauchdünne Perforationen verhindern zusätzlich das unrechtmäßige Entfernen und Ersetzen der Regenbogen-Eye-Catcher, ohne das Sicherheitslabel zu zerstören. Der **Vorteil von Hologrammen** liegt darin, dass sie mit konventionellen Mitteln wie Fotografie oder Scannen nicht qualitätsverlustfrei reproduziert, das heißt mit unlauteren Mitteln, nachgemacht werden können. Auch für dreidimensionale Vexierbilder gibt es bei hochwertigen Packungen eine Chance zur Entfaltung. Diese je nach Blickwinkel changierenden Bilder können nun auch durch die technische Weiterentwicklung auf dünne Folie appliziert und dann auf die fertige Packung übertragen werden.

Das **weite Feld der Codierung** bietet neben den bekannten Methoden des Bar- und EAN-Codes viele neue Ansätze, unsichtbare Informationen auf die Packungen zu übertragen, die mittels lasergesteuertem Lesegerät lesbar gemacht werden können. Diese sogenannten „intelligenten Verpackungen" sind gewaltig auf dem Vormarsch. Dazu kommt eine Unzahl neuer Track-und-Trace-Systeme mit Mikrochip-Anwendung.

Bei hochwertigen Produkten aller Couleur werden sich solche und ähnliche Prinzipien des Kopier- und Fälschungsschutzes zunehmend durchsetzen. Doch der Einsatz aufwendiger Veredelungstechniken kostet Zeit und Geld. Und man muss abwägen, inwieweit sich dieser Aufwand rentiert. Denn wo will man anfangen und wo seine Grenzen setzten. Nike-Logo, Gucci-Emblem und Adidas-Streifen prangen schließlich nicht nur auf Verpackungen, sondern zieren auch fröhlich Artikel, die mit Taschen oder Turnschuhen nichts zu tun haben. Es geht um das lukrative Geschäft mit Merchandising-Artikeln, das sich auch finanziell längst aus dem Schatten des Ursprungsprodukts gelöst hat. Um die Aufmerksamkeit der markenbewussten Konsumenten zu erringen, wird hier vom Bekanntheitsgrad der Weltmarken profitiert und auf Originalschriftzüge zurückgegriffen, die munter modifiziert oder auch gerne im Original verwendet werden.

Da bei einem Großteil dieser in Asien vertriebenen Artikel natürlich keine teuren Lizenzgebühren entrichtet wurden, gilt es für die Fälscher auch keine Beschränkungen oder Vorschriften in Bezug auf das Corporate Design des Urhebers zu beachten. Das Ergebnis ist ein kunterbuntes Kaleidoskop aus originellen, skurrilen und fantasievollen Logo-Variationen in allen vorstellbaren Größen, Formen, Farben und Ausführungen auf Socken und Feuerzeugen, Baseball-Kappen und Tragetaschen, Koffern und Radiergummis. Manchmal werden nur zentrale grafische Elemente übernommen, mal der Farbaufbau, die Art der Produktabbildung oder der leicht abgewandelte Produkt- und Markenname.

China ist neben **Vietnam** das heute zweifellos **konkurrenzloseste Sammelbecken in puncto Produktpiraterie** und ein Paradies für Jäger und Sammler skurriler Markenplagiate und gefälschter Verpackungen. Doch man sollte aufgrund dieser Tatsache die Chinesen nicht vorschnell verurteilen. Amerikanische und europäische Designartikel oder hochqualitative Unterhaltungselektronik aus Japan sind nicht nur begehrenswerte Konsumwaren, die es früher in China nie gab, sondern Ausdruck eines neuen Lebensgefühls. Westliche Waren verheißen Modernität, Fortschritt, Freiheit und Unabhängigkeit. Dahinter steht die Idee des sich Abhebens von der jahrzehntelangen Monotonie und Einheitlichkeit von unattraktiven Produkten des rigiden chinesischen Regimes, dem Anpassungszwang und dem Prinzip der „blauen Ameisen". Sich öffnen, mit der Zeit gehen, durch die Adaption bzw. den Kauf ausländischer Moden und Marken als neue materielle Prestigeobjekte den traditionellen chinesischen Ballast über Bord werfen – das ist ein starker Beweggrund für die Kopierer, die nichts weiter tun, als die hohe

Nachfrage zu befriedigen. Die Chinesen haben in allen Bereichen des öffentlichen und privaten Lebens ein unglaubliches Nachholbedürfnis an Selbstverwirklichung.

Das allein erklärt und rechtfertigt zwar nicht die Tatsache des Plagiierens. Doch im Westen werden mit dem Wort „Design" abstrakte Begriffe wie Funktionalität, Ästhetikgefühl, Innovation, Individualität, Originalität und Kreativität in Verbindung gebracht. Viele dieser Eigenschaften waren in China früher nicht sehr gefragt. Im Gegensatz zum Westen beruht die künstlerische Entfaltungs- und Ausdrucksweise in Asien eben nicht nur auf Individualität und Einzigartigkeit. Es geht um die Interpretation des existierenden Originals, dem in gewisser Weise gehuldigt wird. Ausländisches Design hat eine eindeutige Vorbildfunktion, man will nacheifern, und viele Formen westlicher Gestaltung dienen in China als ein solch anerkanntes Ideal.

Man sollte nicht unterstellen, Chinesen hätten kein Talent oder keine eigenen Ideen, weshalb sie sich einfach aus dem vorhandenen Designschatz der erfolgreichen Auslandsprodukte bedienen. Den Nachahmungstrieb als grundsätzlich böswillige Kopie auf Kosten des Originals zu verurteilen, wäre eine einseitige und damit falsche Betrachtungsweise. In der chinesischen Kunst muss erst der Meister perfekt kopiert werden können, bevor man eigene Ideen verwirklichen kann. Das Kopieren ist ein wichtiger Schritt auf dem Weg zur Vervollkommnung der eigenen Kunst und der Entwicklung des persönlichen Stils.

Chinesen gefällt einfach zur jetzigen Zeit des gesellschaftlichen, politischen und kulturellen Umbruchs die westliche Gestaltung von Waren und deshalb wollen sie sie auch für sich in Anspruch nehmen. Viele chinesische Unternehmen denken sich nichts Böses dabei, auf der Grundlage eines – zugegebenermaßen unlauter übernommenen – Entwurfs, ihr eigenes Produkt professionell und landesweit zu vermarkten – im Gegenteil.

Wenn sich die Chinesen irgendwann wieder den Wurzeln und den Traditionen ihrer eigenen Kultur erinnern und auf dieser Grundlage ihren eigenen modernen Stil gefunden haben, werden sie kraft ihrer Masse, ihrer wirtschaftlichen Macht und ihres nationalen Selbstbewusstseins den westlichen Markt mit Originalwaren **„made in China"** überfluten. Diese Exoten werden dann den Marktgesetzen zufolge sehr schnell im Ausland „hip" sein und womöglich sogar ähnlich wie japanische Autos oder elektronische Hightech-Produkte eine gestalterische Vorbildfunktion übernehmen. Die Produktpiraten der Zukunft werden zwar immer Schlitzohren sein, aber nicht immer nur Schlitzaugen haben, soviel steht fest.

Strategeme

Die Beschäftigung mit chinesischen Strategemen hilft jedem Westler die traditionellen Denkweisen der Chinesen besser zu verstehen. Selbst angewandt, könnte er sie mit ihren eigenen Waffen schlagen. Von dem Schweizer Juristen und Sinologen **Harro von Senger** stammt das wohl detaillierteste, beste und bekannteste **Buch** zum Thema, in dem **„36 Strategeme für Manager"** beschrieben werden. Im Gegensatz zu Strategie bedeutet Strategem am ehesten List. Sie stellen eine Art Handlungsanleitung dar, die gerade in wirtschaftlicher Hinsicht von strategischer Bedeutung sind.

Strategeme gehen laut Senger auf die „Kunst des Krieges" von Meister Sun vor etwa 2500 Jahren zurück. Und in einem Land wie China ohne eine ursprüngliche Rechtstradition bot die geschickte Anwendung von Listen, die als wahre Kunstform gilt, oft den einzigen Weg, um zu seinem Recht zu kommen. In der Erziehung vieler Chinesen spielte der Listen-Kodex eine ganz normale Rolle. Heute können und sollten sich auch westliche Geschäftsleute mit dem System der chinesischen Täuschungsmanöver auseinandersetzen, um sich besser auf harte Verhandlungsrunden vorbereiten und auf Listen der chinesischen Seite richtig reagieren zu können.

An dieser Stelle seien nur **sechs** der **in China am häufigsten anzutreffenden Listen**, die sich auf das Verhältnis und den Umgang zwischen chinesischen und ausländischen Geschäftsleuten beziehen, aus Sengers Buch wiedergegeben und kurz kommentiert.

„Ausgeruht den erschöpften Feind erwarten"
Jeder Chinareisende weiß sofort, was gemeint ist. Nach sehr langer Anreise, Jetlag, Klima- und Nahrungsumstellung ist jeder Ausländer erst einmal erschöpft, genervt und weder körperlich noch geistig in Bestform. Sich dann sofort an den Verhandlungstisch zu begeben, wäre ein taktischer Fehler, in den sich viele Ausländer von ihren chinesischen Geschäftspartnern jedoch immer wieder mit stundenlangen Verhandlungen, üppigsten Speisen und nächtelangem Abendprogramm drängen lassen. Gegenmaßnahme: sich viel Zeit nehmen, auch wenn es schwerfällt und teuer erscheint.

„Auf das Gras schlagen, um die Schlangen aufzuscheuchen"
Durch Intrigen, Gerüchte, Provokationen oder massiven Druck sollen dem Ausländer spontane und emotionale Reaktionen abverlangt werden, die seine Verhandlungsposition schwächen sollen. Ein vielleicht lange im Vorfeld geplantes Vorgehen oder eine bestimmte Argumentationsstrategie kann dadurch zunichte gemacht werden. Nach dem ersten Überraschungsmoment sollte man lieber unter einem Vorwand eine sofortige Unterbrechung der Gespräche verlangen, als sich zu ungewollten Äußerungen hinreißen zu lassen. Mit gebührendem räumlichen und zeitlichem Abstand kann dann die Gültigkeit oder Zielsetzung des „Schlagens und Aufscheuchens" bewertet und die weitere Vorgehensweise beratschlagt werden.

„Das Wasser trüben, um die Fische zu fangen"
Das ist ein gängiges Prinzip, um den Blick des Gesprächspartner von den wesentlichen Dingen des Geschäfts abzulenken. Einfache, aber unwichtige Sachverhalte werden verkompliziert, neue Zugeständnisse werden plötzlich in irrelevanten Bereichen gemacht, bereits gelöste Probleme werden neu aufgerollt. Man will erreichen, dass der Gegenüber den Überblick, die Konzentration und damit die Kontrolle verliert. Also sollte man an seiner ursprünglich festgelegten Zielsetzung festhalten und sich nicht aus der Ruhe bringen lassen. Stichworte helfen dabei, den roten Faden nicht zu verlieren. Notfalls sollte man darauf bestehen, die einzelnen Tagesordnungs- oder Verhandlungspunkte in der vorgesehenen Reihenfolge zu behandeln und systematisch abzuarbeiten.

„Sich mit einem fernen Feind verbünden, um den nahen Feind anzugreifen"
Mittels angeblicher oder tatsächlicher Bündnispartner vor Ort soll die eigene Position gestärkt werden. Strategische Allianzen sollen der Einschüchterung dienen. Das können ernstzunehmende Wettbewerber oder auch imaginäre alternative Geschäftspartner sein. Man sollte sich durch solche Worte nicht unter Druck setzen lassen, sondern seinerseits dezent, aber bestimmt auf externe Netzwerke und interne Unterstützung hinweisen.

„Verrücktheit mimen, ohne das Gleichgewicht zu verlieren"
Damit ist gemeint, sich kleiner zu machen als man wirklich ist, um seinen Gegner in Sicherheit zu wiegen und zu unbedachten Äußerungen zu verleiten. Wer also merkt, dass der anfangs so dominierend und selbstbewusst auftretende Chinese auf einmal „den Schwanz einzieht", sollte sich überlegen, welche Gründe oder Motivation dafür ausschlaggebend sein könnten. Man sollte die vermeintliche Schwäche des Gegners auch nicht ausnutzen, um seinerseits die Position zu wechseln und dadurch aus dem Konzept zu geraten.

„Einen Baum mit Blumen schmücken"
Die Chinesen sind bekanntlich „Meister der Fassade". Sie verstehen es hervorragend, einen guten Eindruck zu machen. Doch die gekonnte Oberflächenkosmetik ist oft nur ein profanes Mittel zum Zweck, frei nach dem Motto „mehr Schein als Sein". Viele ausländische Geschäftsleute haben sich schon von Äußerlichkeiten blenden lassen und waren beeindruckt von der angeblichen Professionalität ihrer potenziellen Partner.

Bestes Beispiel dafür sind die pompösen und überwältigenden Firmeneröffnungen in China, wo sich die Gastgeber als wahre Organisationsgenies präsentieren. Die graue Alltagsrealität sieht später meist ganz anders aus. Aber oft wurde dann schon das Ziel bestimmter Zusagen erreicht, die im Zuge der allgemeinen Euphorie der Ausländer leichtfertig gemacht wurden.

Rückkehr nach Hause

13

Souvenirs

China bietet eine Fülle an billigen oder hochwertigen, auf jeden Fall aber originellen Reisemitbringseln – sowohl für sich selbst als auch für die Lieben daheim. Manch schönes, wenn auch nicht gerade günstiges Souvenir findet man in vielen kleinen privaten oder auch wenigen großen staatlichen **„Arts and Crafts Shops"**, die die früheren „Freundschaftsläden" ersetzt haben. Es gibt Tausende von mehr oder weniger gut gemachten Kunsthandwerksprodukten wie Kalligraphie-Rollbilder, geschnitzte Miniaturtempel aus Wallnussschalen, Seidenschals, Korklandschaften, gewebte Bilder, handbemalte Keramiken oder innenbemalte Schnupftabakflaschen. Da ist für jeden Geschmack und jeden Geldbeutel immer etwas Passendes dabei.

Wer dem Erinnerungscharakter des Shoppingerfolges eine höhere Priorität als dem reinen Funktions- oder Dekorationswert einräumt, der wird reichlich belohnt, wenn er nur offenen Auges durchs Land und durch die Geschäfte streift und sich inspirieren lässt. Es gibt viele witzige bis skurrile Alltagsprodukte „made in China", die man in lokalen Supermärkten, Kiosken oder gar in Wohnvierteln finden kann. Meine Lieblingsstücke aus dem „Reich der Mitte" sind nachgemachte „Tinpo"-Taschentücher, Zigarettenschachteln mit dem „Gott der Langlebigkeit" als Packungsmotiv, Klopapier der Marke „Rambo" für extra reißfeste Verwendung, „Karaoke"-Getränkepulver, um die Stimmbänder besser zu schmieren, Anti-Mosquito-Sprühdosen mit einem Clint-Eastwood-Abbild als erfolgreichem Insektenkiller oder Gemüse-Packungen mit aufgedruckten rauchenden Fabrikschloten als Symbol für Fortschritt.

Wem solche Alltagsprodukte zu banal oder zu wenig prestigeträchtig sind, findet wunderschöne Bambus-Teedosen, in Läden für Baustellenzubehör aus Rattan geflochtene Sicherheitshelme für Bauarbeiter, Kunststoffmodelle diverser Körperteile mit den Akupunkturpunkten darauf, aus Stein gravierte Stempel mit chinesischer Übersetzung des eignen Namens, mit größter Fingerfertigkeit aus Geldscheinen gefaltete Skulpturen in Form von Früchten oder Tierfiguren, benutzte und deshalb authentische Opiumpfeifen aus der südchinesischen Region Xishuangbana, aus leeren Coca-Cola-Dosen gebastelte Kinderspielzeuge, handgemachte, innenbeleuchtete Löwentanzmasken mit beweglichen Ohren und Augenlidern oder in Geschäften für Tempelzubehör alle Arten von witzigen nachgemachten Konsumgüterprodukten aus Karton, die als Opfer für die Ahnen zum Verbrennen gedacht sind.

Diese Dinge haben oftmals eine größere Authentizität als eine pseudospirituelle Buddha-Statue aus blattvergoldetem Pinienholz oder ein teuer erstandenes Glückstier aus geschnitzter Jade, das meistens nicht mal aus echtem Halbedelstein herausgearbeitet wurde, sondern aus dem nur ähnlich aussehenden, aber relativ wertlosen Jadeit besteht. Dann lieber den Gang in eine **traditionelle Apotheke** wählen. Dort warten nicht nur die sonderbarsten Medizinen, Gesundheitseeingredienzien und alle Arten von potenzsteigernden Mittel – bitte darauf achten, das Artenschutzabkommen nicht zu verletzen! –, sondern auch gute Hustensäfte und wohlschmeckende Ingwerbonbons auf ihre experimentierfreudigen Abnehmer. China bietet weiterhin sehr günstige **Bildbände**, wenngleich die Reproduktions- und Druckqualität bisweilen zu wünschen übrig lässt. Und in **Fachgeschäften für Sportgeräte oder Musikinstrumente** sind einschlägige Produkte teilweise sehr viel günstiger zu bekommen als in Deutschland. Also in jedem Fall nur mit einem **Koffer** nach China fliegen und mit zwein wieder heimkehren. Das zweite Gepäckstück sollte man selbstverständlich nicht vorher in Deutschland kaufen, sondern erst kurz vor Abflug zu einem Bruchteil des deutschen Preises in China selbst, zumal die Chance, dass es ohnehin dort hergestellt wurde, ziemlich hoch ist.

Nachbereitung

Wer von einer beruflichen Chinareise wieder heimkehrt, sollte nicht nur das normale **Nachbereiten eines Besuches oder einer Firmenbesichtigung** in Form eines persönlichen Dankes oder der normalen Zusammenfassung der Fakten vornehmen. Es ist wichtig, alle besprochenen Inhalte in strukturierter Form detailliert zu wiederholen. Am besten sollte das die Positionen, Zuständigkeiten und Aufgabengebiete beider Parteien beinhalten.

Ein typischer Anfängerfehler besteht darin, anzunehmen, dass klare Vereinbarungen oder Regelungen wirklich auch so gemeint waren. Missverständnisse entstehen zumeist dadurch, dass der Ausländer nur glaubt, alles sei bereits einwandfrei geklärt worden und ihm ist nicht klar, dass dies eine einseitige Wahrnehmung bzw. Wahrheit ist. Hier geht es nicht nur um die Glaubwürdigkeit der eigenen Position, sondern auch darum, das gängige Problem der Fehlinterpretation der wahren Intentionen der Chinesen zu vermeiden. Es sollte also immer auf eine klare Bestätigung der Zielsetzung gepocht werden, auch wenn eine ständige Wiederholung oftmals überflüssig erscheint.

Mit der Nachbereitung sollte man **nie zu lange warten**, denn Chinesen verlieren schnell ihr Interesse, wenn die nächsten Schritte nicht zügig erfolgen. Es heißt also dran bleiben, sonst waren alle Bemühungen umsonst. Also selbst wenn vereinbart wurde, dass jede Partei im Laufe der kommenden zwei Monate bestimmte Vorbereitungen oder Tests durchführen und Marktrecherchen oder Geschäftspläne erstellen solle, wäre es verkehrt, sich in der Zwischenzeit nicht zu melden. Die Chinesen könnten denken, man hätte vielleicht seine Pläne geändert oder aber sie selbst haben dies inzwischen getan. Insofern ist der kontinuierliche Kontakt zum und Austausch mit dem chinesischen Geschäftspartner gerade zur Überbrückung der räumlichen und zeitlichen Distanz enorm wichtig.

Doch damit endet das Engagement nicht. Viele Ausländer unterschätzen den zeitlichen, finanziellen und auch persönlichen Aufwand – gerade in der überaus wichtigen **Anfangsphase des Beziehungsaufbaus**. Mit einer einmaligen Recherche- oder Kennenlernreise nach China ist es nicht getan. Chinesen erwarten von ihren neuen Partnern eine wenn schon nicht ständige, dann aber regelmäßige Präsenz. Da reicht es nicht, wenn Entscheidungsträger nur halbjährlich zum reinen Agenda-Abarbeiten nach China kommen. Genauso wenig kann sich die Firmenleitung aus der Verantwortung des Wiederkommens stehlen und ihre Aufgaben nach unten delegieren. China ist Chefsache und insofern müssen auch die innerbetrieblichen Prioritäten klar gesetzt werden. Sonst ist das China-Engagement zum Scheitern verurteilt.

Eine Möglichkeit aus dem Dilemma besteht darin, den vermeintlichen Nachteil ins Gegenteil zu wandeln und den **chinesischen Partner zu einer Nachfolgebesprechung zu sich nach Deutschland einzuladen**. Das hat mehrere Vorteile. Man kann dem zukünftigen Partner das eigene Firmenumfeld und die Produktionsstätten zeigen, die zumeist sehr beeindruckend sind und gemäß der Devise „Seeing is believing" oder auch „Einmal sehen ist besser als hundertmal hören" die eigene Verhandlungsposition nachhaltig stärken. Dann kann man sicher sein, dass eine prestigeträchtige Auslandsreise bei Chinesen sehr begehrt ist und positiv zum Beziehungsaufbau beitragen wird. „Last but not least" gibt es dem Deutschen die Chance, den chinesischen „Tiger aus den Bergen zu locken", und sich den räumlichen, zeitlichen und kulturellen Heimvorteil zu Nutze zu machen. Dieses Vorgehen ist weniger eine List als ein Resultat des gesunden Menschenverstandes. Es ist umso erstaunlicher, zu sehen und zu hören, wie wenig ausländische Firmen diesen Weg einschlagen, denn selbst wenn sie die gesamten Reisekosten ihres chinesischen Partners tragen, kostet es sie nicht mehr, als wenn sie selbst zum wiederholten Male den mühevollen Weg nach China einschlagen würden.

Urlaub in China

Um China wirklich kennenzulernen und sich ein einigermaßen objektives Urteil bilden zu können, braucht man viel Zeit und noch mehr Geduld. Es wäre ein Jammer und eine kulturelle Schande, selbst einen beruflichen Kurztrip nach China nicht mit Besuchen bestimmter Sehenswürdigkeiten 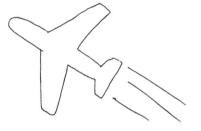 zu verbinden, die das Land in hoher Vielfalt und weltweit einmaliger Qualität zu bieten hat. Wer sich den Luxus leistet, nicht nur das kulturelle Pflichtprogramm abzuhaken, sondern vielleicht noch ein paar richtige Urlaubstage anzuhängen oder sogar eine mehrwöchige Studienreise durch das Land zu unternehmen, der wird in jeder Hinsicht vielfach belohnt werden. Er erhält eine ganz andere Sicht der Dinge, seine Eindrücke und Erfahrungen werden zum besseren Verständnis der Chinesen beitragen und seine zukünftige Geschäftstätigkeit positiv beeinflussen.

In **Peking** sollte man nicht nur die **„Verbotene Stadt"**, den **„Himmelstempel"** und die **„Ming-Gräber"** besichtigen und den klassischen Ausflug zur **„Großen Mauer"** machen, sondern auch die alten Wohnviertel, die **„Hutongs"**, zu Fuß erforschen, solange es sie noch gibt. In **Shanghai** nicht nur am **„Bund"** die Skyline des neuen Stadtteils Pudong bewundern, den **Jade-Buddha-Tempel** besichtigen und zur

Aussichtsplattform des Fernsehturms hinauffahren, sondern auch am Abend auf der grell beleuchteten **Fußgängerzone der Nanjing-Lu** entlangschlendern, und über die neueste überdimensionale Coca-Cola-Flasche an einer nicht zu verfehlenden Häuserfront den Kopf schütteln. In **Guilin** nicht nur den **Elefantenrüsselberg** anschauen und dann von dort aus die klassische Fahrt auf dem **Li-Fluss nach Yangshuo** unternehmen, sondern lieber einen weiteren Tag bleiben, und **mit Fahrrädern ohne Gangschaltung die Dörfer im Umkreis** abfahren und die **pitoresken Berge und Höhlen** besuchen. In Xi'an fährt zwar jeder zur weltberühmten **Terrakotta-Armee** außerhalb der Stadt und besucht vielleicht noch die **Große Wildganspagode**, aber **zu Fuß auf der gut erhaltenen Stadtmauer** die Stadt aus einer ganz anderen Perspektive kennenzulernen, machen viel zu wenige Auslandsbesucher.

China trat 1985 der „Internationalen Konvention zum Schutz des Weltkulturerbes und Weltnaturerbes" bei und heute stehen **über fünfunddreißig verschiedene Stätten auf der Liste der UNESCO**, die nach strengen Kriterien erstellt wird. Das Problem ist aber, dass laut Beschluss jeder Staat jährlich nur einen Bewerber um den Titel eines neuerlichen Welterbes ins Rennen schicken darf, China allein jedoch eine sehr große Anzahl potenzieller Anwärter auf hohem Niveau hat. Deshalb wurden einige Antragsteller thematisch zu nur einem Projekt zusammengefasst, wie zum Beispiel fünf Stätten, an denen in den Provinzen Jiangxi, Hebei und Sichuan auf traditionelle Weise Schnaps produziert wird.

Wer von den beeindruckenden und teilweise extrem spektakulären Kulturdenkmälern genug gesehen hat – man denke allein an den gewaltigen Potala-Palast des Dalai Lama in der tibetischen Hauptstadt Lhasa mit über tausend Räumen – kann sich zum Ausgleich und weiteren Zeitvertreib der unvergleichlichen **Natur Chinas** widmen. Diesem Personenkreis sei ein Besuch, besser ausgedrückt eine Wandertour, zu bzw. auf einen der **„Vier heiligen Berge des Buddhismus"** oder auch **„Sida Fojiao Mingshan"** empfohlen. Dazu zählen der Emei Shan in der Provinz Sichuan, der Wutai Shan in der Provinz Shanxi, der Putuo

Shan in der Provinz Zhejiang sowie der Jiuhua Shan in der Provinz Anhui.

Wer dann noch Zeit, Lust und Puste hat, kann so nach und nach auch noch die **„Fünf heiligen Berge des Daoismus"** oder auch **„Wuyue"**, was „Fünf Gipfel" bedeutet, in Angriff nehmen. Im Norden findet sich der Heng Shan in der Provinz Shanxi, im Osten liegt der Tai Shan in der Provinz Shandong, im Westen lockt der Hua Shan in der Provinz Shaanxi, im Süden wartet der Heng Shan in der Provinz Hunan und in der Mitte des Landes, in der Provinz Henan, bietet noch der Song Shan steile Treppen, einsame Wälder und ein fantastisches Bergpanorama. In dieser Umgebung findet man ausreichend Ruhe und Muße, um seine eigene China-Strategie zu entwickeln oder neu zu überdenken.

Die oben beschriebenen Sehenswürdigkeiten sollen nur als kleiner Anstoß dienen, sich dem Land unabhängig vom Arbeitsaufenthalt zu nähern, um seinen Chinahorizont zu erweitern. Und mit Arbeit ist eine Individualreise durch China in jedem Falle verbunden. Wem dies zu anstrengend ist oder wessen Terminkalender dies nicht zulässt, der hat verschiedene Alternativen zur Auswahl. Denn das wahre Gesicht des Landes erschließt sich einem abseits der Touristenpfade auch in verbauten Hinterhöfen und grauen Nebenstraßen, in überfüllten Bussen und quirligen Marktgassen, auf dem Fahrrad im Strom der Menge oder auch frühmorgens beim Taiji in den Parks der Städte. Besichtigungen und Erfahrungen dieser Art lassen sich an jedem Ort Chinas und zu jeder Zeit machen – und noch dazu sind sie kostenlos. Ausreden werden also nicht akzeptiert.

Zukunft

Die westliche Welt blickt gen Osten. Nachdem die Kultur Chinas vor 4000 Jahren ihre Blütezeit hatte, ist das Land heute wieder auf dem besten Weg dorthin. Doch niemand weiß, was die Zukunft bringt

– und das ist auch gut so. Im Falle Chinas sind die Prognosen erst recht schwierig. Fakt ist, China ist seit mehr als zwanzig Jahren ein Land auf der Überholspur. Seit dem ersten Aufenthalt des Autors in China im Jahr 1989 bis zum heutigen Tag hat sich das Land in jeder Beziehung so sehr verändert, dass es kaum wiederzuerkennen ist. Nicht zuletzt durch die wirtschaftliche Reformpolitik und die Öffnung zum Westen geht die Entwicklung des Landes so rasend schnell, dass einem fast schwindlig wird. Jegliche analytische Voraussagen, die vor einigen Jahren noch als verbindliche Grundlage zur sozialen oder wirtschaftlichen Bewertung des Landes dienten, haben heute praktisch keine Gültigkeit mehr. Wer die Entwicklung Chinas nicht konsequent verfolgt hat, wird seine vor einigen Jahren gewonnene Meinung über Land und Leute von Grund auf revidieren müssen. Und dieser Trend wird sich noch über viele Generationen fortsetzen.

Nach Maos „Langem Marsch" und dem „Großen Sprung nach vorn" ist das Land erneut oder vielmehr immer noch im Aufbruch. Doch Chinas Weg in die Moderne gleicht einer gefährlichen Gratwanderung. Zwischen Wunsch und Wirklichkeit liegt manchmal eine unüberbrückbare Distanz, und der Fortschritt fordert seinen Preis. Die schnelle Entwicklung des Landes hat die Menschen in China in jeder Beziehung überrollt. Viele Chinesen sind offensichtlich überfordert in ihrer neuen Rolle als Teil einer international hofierten Wirtschaftsmacht. Ein überwiegender Großteil der Landesbewohner, vor allem die Landbevölkerung, kommen mit den unbekannten Chancen und Möglichkeiten des neuerworbenen Wohlstandes, und der – wenn auch eingeschränkten – Freiheit und Unabhängigkeit kaum zurecht. Man merkt dies in vielen Einzelsituationen, die jedoch nur sehr schwer in Worten wiederzugeben sind. Doch wird jedem, der offenen Auges durch das (China-)Leben geht, bewusst, dass eine ganze Nation einen derart schnellen Wandel in Kultur, Gesellschaft, Politik und Wirtschaft in nur knapp drei Jahrzehnten seit Beginn der Öffnungs- und Reformpolitik 1978 nicht ohne Probleme verkraften kann.

Früher war China ein trostloses Land voller Tristesse und hässlicher Kulissen. Auch heute ist China nicht gerade ein idyllisches Land, doch nach langer Zeit materieller Entbehrung, ohne Luxus und ohne Komfort, ist das Nachholbedürfnis verständlicherweise immens hoch. Ausgiebige Erfahrungen mit den zumeist noch völlig fremden Lebensumständen wie der Umgang mit neuen Formen des Konsums, der Erwerb von für uns selbstverständlichen Haushaltsgegenständen, Möbeln und Fahrzeugen, der Einsatz modischer Accessoires, der Gestaltung der Freizeitaktivitäten oder der Planung von Reisen in andere Landesteile können nun sehr schnell gemacht werden. Hürden – welcher Art sie auch immer sein mögen – werden deshalb im Spurt genommen oder umlaufen und bestimmte Hemmschwellen werden als gar nicht existent erachtet. Der notwendige Blick für die Relationen geht vielen Chinesen verloren. Für eine langsame Verarbeitung und Verinnerlichung dieses neuen Lebens und Lebensgefühls fehlt aber die Zeit und die Geduld, da schon wieder der nächste Wechsel in vorher unvorstellbarer Dimension stattfindet.

In China dominiert die Hektik das Straßenleben – Schreien und Schubsen stehen vor gegenseitiger Rücksichtnahme und nur selten ist mal ein lächelndes Gesicht zu sehen. Es scheint, jeder ist nur sich selbst der Nächste, vielleicht auch deshalb, weil es für Sozialverhalten außerhalb der gewohnten Wohn- und Arbeitswelt keinen Platz gibt.

Auf der anderen Seite ist China immer noch ein Land, in dem nur die gemeinsamen Interessen einer Gruppe zählen und die Entfaltung der Individualität – bei uns die höchste Form der Selbstverwirklichung – keine Priorität besitzt. Durch den neuen Wohlstand wird die Kluft zwischen denen, die es wirtschaftlich geschafft haben und denen, die immer noch in den alten Zwängen und Formen gesellschaftlichen Zusammenlebens und kollektiven Arbeitens stecken, immer größer. Der exzessive Konsumrausch und die Genusssucht der neuen, wohlhabenden Generation führt zu Neid und Missgunst. Die Kluft zwischen Stadt und Land, zwischen Reich und Arm, wird ständig größer. Die Folge sind soziale Spannungen, wohin man auch sieht.

In China hat man das Gefühl, dass die Bewohner hin- und hergerissen sind zwischen traditionellen, konfuzianischen Werten und der schnelllebigen modernen Konsumwelt des Westens. Seit über hundert Jahren steht China unter dem direkten Einfluss ausländischer Mächte. Der große Vorsitzende Mao Zedong war sich jedoch sicher, „Der Ostwind siegt über den Westwind". Sein späterer Nachfolger Deng Xiaoping griff dieses berühmte Zitat auf und formulierte es um in „Man muss den Westwind hereinlassen". Der heutige Status Chinas als ernstzunehmende Wirtschaftsmacht, gekoppelt mit einem enormen Anstieg des allgemeinen Lebensstandards der Bevölkerung, ist gerade auf diese Öffnungspolitik zurückzuführen.

Doch stößt diese Einstellung nicht überall auf Zustimmung und Begeisterung. „China kann nein sagen" war bereits im Jahr 1996 ein Bestseller in China. Die Autoren Zhang Xiaobo und Song Qiang sorgten mit ihren antiwestlichen Parolen auch im Ausland für allgemeine Aufregung. Chinas Boxermentalität der Fremdenfeindlichkeit und Antimodernität ist gut 100 Jahre nach dem historischen Ereignis des sogenannten Boxeraufstandes im Jahre 1900 immer noch bzw. schon wieder zu spüren. Es liegt nun an dem Verhalten jedes einzelnen Ausländers, der aus welchen Beweggründen auch immer nach China kommt, die Kluft zwischen Ost und West zu verringern, die Beziehung zu stärken und das gegenseitige Verständnis zu erhöhen. Dazu will dieses Buch beitragen.

Man kann für China, seine Bewohner und den Rest der Welt nur hoffen, dass sich die zukünftige Entwicklung des Landes in Zukunft etwas mäßiger und geregelter vollzieht als in den letzten dreißig Jahren. Das Land muss einen eigenen Weg finden, der die Chinesen auch mal zur Ruhe kommen und sie gedanklich zu sich selbst finden lässt.

Nicht nur in wirtschaftspolitischer, sondern auch in kultureller Sicht wird China in zwei oder drei Generationen nicht mehr nur ein Riesenreich im „Fernen Osten" sein, sondern global betrachtet zu dem zurückkehren, was es vor 4000 Jahren schon einmal war: das „Reich der Mitte".

Schlussbetrachtung

Dieses Buch hat es sich nicht zum Ziel gesetzt, Werbung für China zu betreiben. Wer die Volksrepublik China nur durch die ziemlich einseitige Mediendarstellung im westlichen Ausland kennt oder lediglich die geschönte Fassade des Landes während einer Studienreise oder während eines geschäftlichen Kurzbesuches an der Ostküste kennengelernt hat, wird sich vermutlich über die kritische Darstellung des fernöstlichen Landes zum Ende dieses Buches sehr wundern.

Im Ausland wird man immer mit fremden Gesellschaftssystemen, schwierigen politischen und wirtschaftlichen Verhältnissen, oftmals stark abweichenden kulturellen Eigenarten und manchmal gravierenden Unterschieden in den Verhaltensweisen innerhalb verschiedener Volksgruppen unmittelbar konfrontiert. Deshalb sollte stets die Bemühung im Vordergrund stehen, die jeweiligen Gegebenheiten des Gastlandes nicht nur aus der eigenen, eingeschränkten Perspektive zu sehen, zu interpretieren und zu bewerten, sondern auch aus der Sicht der einheimischen Bevölkerung nachzuvollziehen. Dieser kontinuierliche Lernprozess mit dem Idealziel des langsamen Wandels der subjektiven Einschätzung zur bestmöglichen Objektivität sollte den persönlichen Horizont in jeder Hinsicht positiv erweitern.

Seit 25 Jahren reist der Autor des „China-Knigges" regelmäßig in die unterschiedlichsten Regionen ferner, fremder Länder, um sie beruflich wie privat so intensiv wie möglich kennenzulernen, um in ihnen zu wohnen, zu arbeiten und zeitweise auch zu leben. Viele lange Reisen in Drittweltländer aller Kontinente und arbeitsbezogene Auslandsaufenthalte dienten ihm als wichtigen Teil seiner China-Vorbereitungen. Sie beeinflussten nicht nur stark sein Denken und Handeln, sondern prägten auch seine gesamte Lebensweise und -einstellung nachhaltig. Die aktive Einbeziehung des Auslands in seine Lebensplanung ist ein zentraler Teil seiner Lebensphilosophie.

Der unglaubliche Facettenreichtum Chinas wurde ihm erst nach langer Zeit so richtig bewusst. Obwohl die hier geschilderten Erfahrungen rein subjektiver und persönlicher Natur sind, hat er im Laufe vieler Jahre festgestellt, dass seine Erfahrungen im sehr zwiespältigen Umgang mit China und den Han-Chinesen von sehr vielen anderen China-Kennern geteilt wurden. Als gefühlter Wanderer zwischen den Welten, als Pendler zwischen Ost und West, hat er seine tatsächliche „Langnase" – Chinesen nennen das „da bizi" – sehr tief in die Sprache, Kultur und Mentalität des Landes und seiner Bewohner gesteckt und dabei nicht nur die Sonnen-, sondern auch die Schattenseiten des Landes kennengelernt.

Mit jedem Aufenthalt und durch jeweils neue Perspektiven stellte sich ihm das Land auf immer andere Art und Weise dar. Alle Formen möglicher emotionaler Regungen hat er in China durchlaufen: Faszination und Abneigung, Begeisterung und Unverständnis, Bewunderung und Aggression, Erstaunen und Ablehnung, Freude und Frustration, Glück und Depression. Durch seine Auslandserfahrungen und dem Besuch von über achtzig Ländern kam zwangsläufig der Gedanke auf, überdurchschnittlich weltoffen, kultursensibel, tolerant und vorurteilsfrei zu sein. China ist wohl das einzige Land, in dem er immer wieder feststellen musste, dass es sich hierbei um eine grobe Fehleinschätzung seiner eigenen Leistungs- und Leidensfähigkeit handelte.

Er gibt offen zu, China und seine Bewohner immer noch nicht wirklich zu verstehen. China ist unverständlich für jeden, der noch nicht da war, und wird um so unverständlicher, je öfter man da war. Noch nie ist der Autor in irgendeinem anderen Land der Erde auf so viel Arroganz, Intoleranz, Ignoranz, Unfreundlichkeit und Rücksichtslosigkeit gestoßen und noch nie hat er so viel wissbegierige, clevere und engagierte Menschen kennengelernt wie in China. Und in keinem Land stand er mehr im Mittelpunkt des allgemeinen Interesses der Bevölkerung – vielleicht abgesehen von ein paar entlegenen Hochlandtälern in Zentral-Neuguinea.

China ist vielschichtiger, widersprüchlicher und extremer als jedes andere Land, das er über kurz oder lang besucht und ansatzweise kennengelernt hat. China ist kein Land des „Entweder-oder", es ist ein

Land des „Sowohl-als-auch". China ist alles und nichts. Vor allem ist in China nichts unmöglich. Wahrscheinlich ist es gerade deshalb so überaus faszinierend. Den vielfältigen Problemen zu begegnen und sich in China zu behaupten, ist ein täglicher Kampf und eine große Herausforderung an Körper, Geist und Seele. Trotz aller Bemühungen fällt die kulturelle Anpassung sehr schwer und die gesellschaftliche Integration scheint unmöglich. Sprachkenntnisse erleichtern den Prozess zwar etwas, aber so richtig zu Hause fühlt man sich selbst nach vielen Monaten oder gar Jahren im Land nicht. Trotz der vielen positiven Bekanntschaften mit netten und lieben Menschen, mit hilfsbereiten und loyalen Arbeitskollegen und ungezählten fröhlichen Abenden in gemeinsamer Runde, ist und bleibt man als Ausländer, als „waiguoren", in China ein Außenseiter.

Bedingt durch wechselhafte Zeiten und kontrastreiche Erfahrungen während der vergangenen zwanzig Jahre hat sich Rommel schon viele verschiedene, persönliche und kritische Chinabilder geschaffen und schon wieder dutzendfach revidieren müssen. Denn kaum ein Tag vergeht, an dem seine Meinung und Einstellung zu Land und Leuten nicht gleichzeitig bestätigt als auch grundsätzlich widerlegt würde. Heute erlebt er in China kaum noch extreme Gefühlsausbrüche. Selbst bei völlig neuen Erkenntnissen und Erfahrungen gibt es kein grenzenloses Erstaunen mehr. Wo früher nur übertriebene Eiferung, absolut ungläubiges Kopfschütteln oder verständnisloses Abwinken die natürliche Reaktion gewesen wäre, steht heute eher ein fast selbstverständliches Zur-Kenntnis-Nehmen. Man muss China einfach so nehmen wie es ist.

Die besondere Kunst im Umgang mit China besteht wohl darin, im „Reich der Mitte" die tatsächliche Mitte auch zu finden. Das betrifft vor allem die eigene Mitte, die Balance. Das Reisen, Leben und Arbeiten in China geht die seltsamsten Wege. Dennoch ist der Autor froh und dankbar für die mannigfaltigen Erfahrungen, die er in China gesammelt hat und freut sich bereits auf zukünftige Zeiten, obwohl er schon jetzt weiß, dass ihn ebenso viele Stern- wie auch rabenschwarze Stunden erwarten werden. China ist in seiner unbeschreiblichen Widersprüchlichkeit für ihn einfach zur Normalität geworden. China ist Teil seines Lebens, obgleich – oder vielleicht gerade weil – er sich in einer Art Hassliebe mit diesem Land verbunden fühlt.

Man sollte versuchen, China im Sinne des Yin-und-Yang-Prinzips zu begreifen. In China herrschen demnach keine unvereinbaren Widersprüche, sondern zwei sich ergänzende und zu einer Einheit zusammenschließende Hälften eines harmonischen Ganzen. Um das gegenseitige Verständnis zu fördern und das Verhältnis zwischen Deutschland und China zu verbessern, sollte man, so schwer es manchmal auch fallen mag, nach verbindenden Gemeinsamkeiten suchen statt nach trennenden Unterschieden zu forschen. Ein ständiger Prozess des gegenseitigen Lernens und Austauschens in kultureller, politischer, gesellschaftlicher und wirtschaftlicher Hinsicht auf der Basis eines kritischen Dialogs sollte deshalb das angestrebte Ziel sein.

Es wird sicherlich für jeden Leser dieser Publikation deutlich geworden sein, dass sich die Arbeit in China von hiesigen Verhältnissen sehr unterscheidet. Trotz jahrelanger Arbeitserfahrung in anderen Ländern wird man in China fast täglich auf Probleme stoßen, auf die man nicht vorbereitet war, und diese Schwierigkeiten verstecken sich vor allem in Bereichen, in denen man sie gar nicht erwartet hätte. Keine der in dieser Dokumentation beschriebenen Situationen oder erwähnten Problemfelder sind besonders ungewöhnlich und wurden vom Autor nur als polarisierende Ausnahmeerscheinung ausgedacht. Ein Sprichwort in China sagt, „Im Leben stolpert man nicht über Berge, sondern über Maulwurfshügel". Diese Weisheit lässt sich sehr gut auf die Arbeit von Ausländern in China und mit Chinesen übertragen, denn es ist die Summe scheinbar banaler Kleinigkeiten, die im täglichen Leben das Arbeiten erschweren.

Optimisten wie Pessimisten haben deshalb mit ihren subjektiven China-Erfahrungen gleichermaßen Recht und Unrecht. Aller Unkenrufe und Kritik zum Trotz – China weckt bei jedermann zurecht Begeisterung für seine dynamischen, innovativen Märkte und lädt ein, teilzuhaben an den scheinbar unbegrenzten Möglichkeiten wirtschaftlichen Wachstums. In diesem Buch konnten viele Empfindungen, Eindrücke und Erfahrungen zur täglichen Arbeit nur angeschnitten oder punktuell betrachtet werden. Eine vollständige Analyse des Landes, wohlmöglich ergänzt durch detaillierte Bewertungen der einzelnen Sachverhalte oder allumfassende Tipps zum richtigen Umgang damit, waren weder möglich noch sind sie jemals angestrebt worden. Allein der Vorsatz wäre anmaßend gewesen. Doch der „Ferne Osten" ist manchmal näher als man denkt. Dieses Buch bietet also kein abschließendes Urteil, sondern soll als dem Leser als Startpunkt dienen, sich sein eigenes China-Urteil zu bilden. Viel Glück und viel Erfolg dabei!

Anhang

Kontaktstellen

Asien-Pazifik-Ausschuss der Deutschen Wirtschaft, APA
Breite Straße 29
Deutschland
10178 Berlin
Tel. (030) 20 28-15 81
Fax (030) 20 28-25 81
http://www.bdi-online.de/de/international/start_apa.htm

Asien-Pazifik-Forum Berlin e. V.
Fasanenstraße 85
Deutschland
10623 Berlin
Tel. (030) 39 98 02 36
Fax (030) 39 98 02 39
http://www.apforum.com

AUMA – Ausstellungs- und Messe-Ausschuss der Deutschen Wirtschaft e.V.
Littenstraße 9
Deutschland
10179 Berlin
Tel. (030) 240 00-0
Fax (030) 240 00-330
http://www.auma-messen.de

Austrian Embassy – Commercial Section
Suite 2280 Beijing Sunflower Tower
37, Maizidian Street, Chaoyang District
VR China
100026 Beijing
Tel. (+86 10) 85 27 50 50
Fax (+86 10) 58 27 50 49
www.austriantrade.org/cn

Auswärtiges Amt
Werderscher Markt 1
Deutschland
10117 Berlin
Tel. (030) 18-17-0
Fax (030) 18-17-3402
www.auswaertiges-amt.de

Botschaft der Bundesrepublik Deutschland in Peking
17, Dongzhimenwai Dajie, Chaoyang District
VR China
100600 Beijing
Tel. (+86 10) 85 32 90 00
http://www.beijing.diplo.de

Botschaft der Volksrepublik China
Märkisches Ufer 54
Deutschland
10179 Berlin
Tel. (030) 27 58 80
Fax (030) 27 58 82 21
http://www.china-botschaft.de

Bundesverband der Deutschen Industrie e.V. (BDI)
Breite Straße 29
Deutschland
10178 Berlin
Tel. (030) 20 28-0
Fax (030) 20 28-24 50
http://www.bdi-online.de

Bundesverband mittelständische Wirtschaft e.V. (BVMW)
Mosse Palais
Leipziger Straße 15
Deutschland
10117
Berlin
Tel. (030) 533 20 60
Fax (030) 53 32 06 50
http://www.bvmwonline.de

CCPIT China Council for the Promotion of Industrial Trade
Düsseldorfer Straße 14
Deutschland
60329 Frankfurt/Main
Tel. (069) 23 53 73
Fax (069) 23 53 75
www.ccpit.org

Chinaforum Bayern e.V.
Orleansstraße 34
Deutschland
81667 München
Tel. (089) 894 658 90
Fax (089) 894 658 95
http://www.chinaforumbayern.de

Chinesisches Zentrum, Hannover e.V.
Hans-Böckler-Allee 26
Deutschland
30173 Hannover
Tel. (0511) 626 277 90
Fax (0511) 626 277 99
www.ChinesischesZentrum.com

Consulate General of Switzerland Hong Kong
Suite 6206-07, Central Plaza
18 Harbour Road
Hong Kong
Wanchai
Tel. (+85 2) 25 22 71 47/48
Fax (+85 2) 28 45 26 19
http://www.eda.admin.ch/hongkong

Consulate General of Switzerland Guangzhou
27F, Grand Tower
228 Tianhe Lu, Tianhe District
VR China
510620 Guangzhou
Tel. (+86 20) 38 33 04 50
Fax (+86 20) 38 33 04 53
http://www.eda.admin.ch/eda/en/home/reps/asia/vchn/cncggh.html

Deutsche Asia Pacific Gesellschaft e.V.
Deutschland
50461 Köln
Postfach 10 21 51
Tel. (0221) 257 28 71
Fax (0221) 257 28 73
http://www.dapg.de

Deutsch-Asiatischer Wirtschaftskreis e.V.
Johanna-Melber-Weg 4
Deutschland
60599 Frankfurt am Main
Tel. (069) 627 006 06
(069) 627 006 11
http://www.daw-ev.de

Deutsch-Chinesische Wirtschaftsvereinigung e.V.
Unter Sachsenhausen 11-26
Deutschland
50667 Köln
Tel. (0221) 12 03 70
Fax (0221) 12 04 17
http://www.dcw-ev.de

German Chamber of Commerce Beijing
Landmark Tower 2, Unit 0811
8, North Dongsanhuan Road, Chaoyang District
VR China
100004 Beijing
Tel. (+86 10) 65 90 09 26
Fax (+86 10) 65 90 63 13
http://www.china.ahk.de

German Chamber of Commerce Shanghai
29/F, Pos Plaza
1600 Century Avenue, Pudong
VR China
200122 Shanghai
Tel. (+86 21) 50 81 22 66
Fax (+86 21) 50 81 20 09
http://china.ahk.de/index.php?id=609&L=0

Delegation of the European Commission to China
15 Dongzhimenwai Street
VR China
100600 Beijing, Sanlitun
Tel. (+86 10) 65 32 44 43
Fax (+86 10) 65 32 43 42
http://www.delchn.ec.europa.eu/

Deutsches Generalkonsulat Chengdu
25th Floor, Western Tower
No. 19, 4th Section Renmin Nan Road
VR China
610041 Chengdu
Tel. (+86 28) 85 28 08 00
Fax (+86 28) 85 26 83 08
www.chengdu.diplo.de

Deutsches Generalkonsulat Hongkong
21/F, United Centre
95 Queensway, Admiralty
Hong Kong
Central
Tel. (+852) 21 05 87 18
Fax (+852) 28 65 20 33
http://www.hongkong.diplo.de

Deutsches Generalkonsulat Kanton/China
19. Stock, Guangdong International Hotel
339 Huanshi Dong Lu
VR China
510098 Guangzhou
Tel. (+86 20) 83 30 65 33
Fax (+86 20) 83 31 70 33
http://www.kanton.diplo.de

Deutsches Generalkonsulat Shanghai
181 Yongfu Lu
VR China
200031 Shanghai
Tel. (+86 21) 34 01 01 06
Fax (+86 21) 64 71 44 48
http://www.shanghai.diplo.de

European Union Chamber of Commerce in China
Office C-412, Lufthansa Center
50 Liangmaqiao Road, Chaoyang District
VR China
100016 Beijing
Tel. (+86 10) 64 62 20 66
Fax (+86 10) 64 62 20 67
http://www.euccc.com.cn

Freistaat Bayern Shandong Verbindungsbüro
Rm. 1116, Hisense Tower
17 Dong Hai Xi Road
VR China
266071 Qingdao, Shandong Province
Tel. (+86 532) 8667 1797 /-7 /-8
Fax (+86 532) 8667 1860
http://www.bayern-shandong.com.cn

Generalkonsulat der VR China, Hamburg
Elbchaussee 268
Deutschland
22605 Hamburg
Tel. (040) 82 27 60 13
Fax (040) 822 62 31
http://ham.china-consulate.org/det/

Generalkonsulat der VR China, München
Romanstraße 107
Deutschland
80639 München
Tel. (089) 17 30 16 25
Fax (089) 17 09 45 06
http://www.fmprc.gov.cn/ce/cgmu/ger/

Generalkonsulat der VR China, Frankfurt/M.
Mainer Landstraße 175
Deutschland
60326 Frankfurt/M.
Tel. (069) 9 07 34-637
Fax (069) 9 07 34-837

Generalkonsulat der VR China/Wirtschafts-/Handelsabteilung, Frankfurt/M.
Barckhausstraße 1
Deutschland
60325 Frankfurt/M.
Tel. (069) 97 78 18 28
Fax (069) 97 78 18 29
http://frankfurt.mofcom.gov.cn

German Industry & Commerce Ltd. Hong Kong
3601 Tower One, Lippo Centre
89 Queensway
Hong Kong
Admiralty
Tel. (+852) 25 26 54 81
Fax (+852) 28 10 60 93
http://china.ahk.de/index.php?id=605&L=0

German Chamber of Commerce Guangzhou
2915 Metro Plaza
183 Tian He North Road
VR China
510075 Guangzhou
Tel. (+86 20) 87 55 23 53
Fax (+86 20) 87 55 18 89
http://china.ahk.de/index.php?id=607&L=0

IfAD Institut für Außenwirtschaft GmbH
Hohenzollernstraße 11-13
Deutschland
40211 Düsseldorf
Tel. (0211) 55 04 26-70
Fax (0211) 55 04 26-70
http://www.ifa-d.com

Ministry of Commerce of the People's Republic of China
2 Dong Chang'an Avenue
VR China
100731 Beijing
Tel. (+86 10) 65 28 46 71
Fax (+86 10) 65 59 93 40
http://www.mofcom.gov.cn

OAV Ostasiatischer Verein e.V.
Bleichenbrücke 9
Deutschland
20354 Hamburg
Tel. (040) 35 75 59 - 0
Fax (040) 35 75 59 - 25
http://www.oav.de

Österreichische Botschaft Peking
Jianguomenwai
5 Xiushui Nanjie
VR China
100600 Beijing
Tel. (+86 10) 65 32 20 61
Fax (+86 10) 65 32 15 05
http://www.bmaa.gv.at/peking

Redaktion China Contact Büro Berlin
Ritterstraße 2 b
Deutschland
10969 Berlin
Tel. (030) 61 50 89-0
Fax (030) 61 50 89-29
http://www.china-contact.cc

OWC Verlag für Außenwirtschaft GmbH
Regenskamp 18
Deutschland
48157 Münster
Tel. (0251) 92 43 09-0
Fax (0251) 92 43 09-99
www.shop.owc.de

Redaktion ChinaContact Büro Beijing
Landmark Tower 2/0401
8 North Dongsanhuan Road
VR China
100004 Beijing
Tel. (+86 10) 65 90 03 00
Fax (+86 10) 65 90 04 00
http://www.owc.de

Swiss Business Hub China Beijing c/o Embassy of Switzerland
3 Sanlitun Dongwujie
VR China
100600 Beijing
Tel. (+86 10) 85 32 88 88
Fax (+86 10) 65 32 43 53
http://www.eda.admin.ch/beijing

Swiss Chinese Chamber of Commerce (SwissCham) Beijing
Suite 100, CIS Tower
38 Liangmaqiao Lu
VR China
100016 Beijing
Tel. (+86 10) 64 32-20 20
Fax (+86 10) 64 32-30 30
http://www.swisscham.org

Swiss-Chinese Chamber of Commerce
Höschgasse 89
Schweiz
8008 Zürich
Tel. (+41 44) 421 38 88
Fax (+41 44) 421 38 89
http://www.sccc.ch

Wirtschafts- und Handelsabteilung der Botschaft der Volksrepublik China
Majakowskiring 66
Deutschland
13156 Berlin
Tel. (030) 88 66 82 86
Fax (030) 88 66 82 88
http://de.mofcom.gov.cn

Literaturangaben

Fast alle großen Sach- und Fachbuchverlage haben sich in den vergangenen Jahren der China-Thematik angenommen, um der großen Nachfrage zu entsprechen. Entsprechend viele Ratgeber, Managementleitfäden sowie Erfahrungsberichte sind auf dem Markt erschienen. Eine aktuelle Auswahl findet sich unter www.shop.owc.de

Besonders sei der Vielzahl meist unbekannter Autoren der nachfolgenden China-Webseiten und vor allem der für alle Hintergrundrecherchen unverzichtbaren Online-Enzyklopädie Wikipedia gedankt.

Quellen
www.prochina.de
www.chinalink.de
www.chinapur.de
www.chinaseite.de
www.chinaweb.de
www.china-guide.de
www.china9.de
www.china-contact.de
www.wikipedia.de
www.wiwo.de

Register

A

Abendgestaltung 247
Aberglaube 280
Abholung 55, 121
Absprachen 143f.
Adressverzeichnis 383
Akupunktur 249, 368
Alkohol 59, 188f., 241, 247, 267
Anrede 67–70, 72
Anreise 54, 58, 60, 90, 365
Anzahlung 118–121
Arbeitskraft 78, 83, 100, 159, 151, 316, 334
Arbeitsweisen 21, 47, 79, 80–83, 327
Arbeitszeiten 78f., 104, 143, 164, 191
Ästhetikempfinden 41, 260–262
Aufessen 181
Auslandsreisen 29, 370
Autor 14, 44f., 284, 299–301, 377–380, 401

B

Begegnungen 197, 230f.
Begrüßung 65f., 72, 106, 179, 190
Beleidigung 69, 160, 203, 231
Bettler 231
Bildung 12, 16, 105, 149–152, 168, 299, 301
Bürokratie 76, 166, 175, 330
Bu yao 136

C

Chinabild 25, 379
China-Experte 37f.
Chinoiserie 263f.

D

Danksagung 400
Delikatessen 181
Deng Xiaoping 184, 195, 290, 292, 376
Deutschlandbild 31, 34
Deutsche in China 20f., 23, 31
Dolmetscher 48, 65, 90, 97, 107, 111, 129–133, 315
Drachen 20, 210, 234, 264, 272, 277, 295, 324, 393, 401

E

Egoismus 18, 165, 206, 310
Ehefrau 250, 318
Ehrlichkeit 285
Einführung 11, 15, 20
Einheit 57, 236, 279, 307, 380
Einkommen 102, 179, 194, 230, 246, 256, 266, 291, 318
Einladungen 52, 64, 166, 188, 202, 210, 231, 237–239, 241
Email 53
Energie 65, 108, 180, 147, 219, 234, 310, 338–340
Entscheidungen 46, 74, 76, 94, 97, 106, 108, 135, 144–146, 152, 161, 164, 174, 223, 326, 348
Entscheidungsträger 42, 67, 95, 97f., 107, 350, 370
Erfahrungen 12–14, 21, 38, 47, 49, 76, 80, 87, 94, 99, 101f., 106, 114, 125, 145f., 151, 162, 167, 175, 177, 211, 216, 225, 231, 235, 268, 297, 30, 303, 316f., 325, 343, 346, 349f., 371, 373, 375, 377, 381, 392
Erfindungen 153, 247, 266, 323, 324
Erwartungshaltung 13, 26, 34, 36f., 74, 83, 153, 158, 174, 177, 214, 326
Essstäbchen 185–187
Ethik 91–93, 285

F

Falschgeld 332
Familie 27, 40, 47, 49, 70f., 153, 155, 157f., 164, 167, 220, 229, 302f., 316, 320
Farbsymbolik 253
Fast Food 183–185
Fatalismus 147, 170, 311
Fengshui 249
Fettnäpfchen 13, 246, 257
Flugbuchung 54
Fotos 26, 42, 52, 163, 242–244, 272
Freizeit 79, 163, 197, 223, 237, 239, 241, 243, 245, 247–249, 251, 313, 375
Freundschaft 30, 155f., 162, 239, 280, 321, 367
Frühstück 53, 183f.

393

G

Geduld 77, 93, 106, 109, 115, 171, 205, 206, 230, 260, 311, 371, 375
Gedrängel 57, 205
Gerüche 209–211, 234, 272
Geschenke 30, 87, 166, 239–242, 280
Geschichte 12, 17, 162, 246, 270, 283–305
Geschlechtertrennung 312
Gesichtsverlust 83, 98, 107, 109, 132, 135, 148, 155–161, 176, 196
Gesprächsthemen 34, 244, 246
Getränke 184, 188f., 250, 368
Glückssymbole 254, 256, 258, 279
Guanxi 161–167, 328

H

Haoshi 313
Harmonie 131, 158, 176, 209, 233f., 245, 265, 279, 283f., 286, 301, 314f., 329
Heimvorteil 371
Hierarchie 29, 49, 61, 96–99, 106f., 145, 162, 167, 190, 193, 197, 250, 308, 315
Houtai 164f.
Hongbao 241
Hongkong 16, 52, 54–56, 60, 64, 87, 126f., 172f., 225, 267, 277, 280, 291f., 331, 349, 385, 387, 401
Hotelbuchung 52
Hotelstandards 53
Humor 32, 85, 193, 300, 313–315

I

Individualität 35, 157, 310f., 315, 363, 375
Innovationsfreude 324
Intimsphäre 207, 255

J

Ja-Sagen 134f., 160, 317
Jet Lag 58–60
Joint Venture 28, 92, 100, 104, 325f., 328

K

Kalligrafie 260
Karaoke 33, 198, 247, 250, 368
Kaufkraft 194, 262, 332f., 335f., 348

Kitsch 263, 318
Kleiderwahl 61
Komplimente 33, 160, 177, 354
Konfuzius 152, 266, 277, 283–286
Konsum 189, 193
Kontaktstellen 383
Korruption 165, 241, 250, 299
Kreativität 31, 43, 226, 324, 354, 363
Kriminalität 227f., 250f.
Kritik 81, 89, 160, 175–177, 244f., 251, 288, 301, 313, 380
Kultur 12, 14, 17, 23, 28, 30, 34, 43, 67, 89, 132, 147, 156, 174–176, 182, 192, 194, 202, 253, 255, 257, 259–281, 286, 295–297, 311, 328, 336, 363, 373, 400
Kulturrevolution 26, 71, 179, 217, 262, 287, 289, 291, 297–299
Kung fu 65

L

Lachen 85, 187, 313–315
Lächeln 34, 85, 98, 115, 136, 159, 177, 230, 280, 313f.
Laotse 124, 286f.
Lautstärke 136, 207f.
Literatur 147, 193, 256, 286, 299
Literaturhinweise 392
Loyalität 50, 99f., 102, 105, 131, 133, 154, 157–169

M

Mao Zedong 124, 270, 287, 290, 297–299, 376
Mandarin 126, 280
Markennamen 112, 351–354, 362
Markenschutz 356, 360f.
Marktdaten 348–350
Medizin 147, 199, 232–235, 249, 267, 278, 369
Meiyou 137–142
Messe-Verhalten 88f.
Missverständnisse 43, 113, 130, 172f., 235, 315, 328, 369
Moral 91f., 119, 155, 157, 159, 283–285, 315, 329, 331, 357, 359
Motivation 13, 37, 48, 84, 89, 99, 104, 316f., 366

Muster 87, 116–118, 151, 172, 174, 291, 360

N
Nachbereitung 369f.
Namen 42–45, 54, 57f., 66f., 70–74, 89, 112, 116, 124f., 158, 193, 234f., 238, 275, 277, 283, 287, 290, 295, 297, 325, 337, 351, 353
Namenswahl 42f., 71, 351
Nein-Sagen 134–137, 160, 376
Netzwerke 366
Neugier 14, 182, 213, 229f., 242
Nord-Süd-Gefälle 335

O
Ost-West-Gefälle 223

P
Parteikader 298
Partnerschaft 93f., 119, 244, 279, 326, 328
Patriotismus 295f.
Perfektionismus 84, 86, 152
Personalwahl D. 45
Personalwahl C. 99
Philosophie 84, 87, 133, 147, 153, 193, 209, 233, 278f., 283–286, 299, 319f., 327, 347, 359, 377
Pinyin 123–126, 352
Potenzmittel 369
Preisfindung 112
Prestige 32, 41, 73, 99, 103, 156, 184, 240, 242f., 318, 354, 362, 368, 370
Privateinladungen 237–239
Produktpiraterie 91, 324, 353, 355–359, 362
Prostitution 228, 249–252
Pünktlichkeit 32, 63f., 238
Putonghua 126, 249

Q
Qualität 20, 23, 31f., 35, 37, 41f., 53, 84–87, 90, 102, 105, 112f., 116f., 119, 130f., 143, 146, 162, 167, 169, 171, 173f., 183, 207, 213–215, 221, 224, 226, 233, 250, 259, 261f., 268, 296, 327, 341–348, 351, 354–355, 357f., 361f., 369, 371
Qigong 249

R
Räucherstäbchen 271, 294
Rassismus 295
Rauchen 194f.
Rechnung 46, 93, 113, 121, 155, 202f., 331
Rechtssystem 328–330
Reichtum 16, 256f., 280
Reis 179f., 269–271
Religion 16, 147, 217, 245, 284, 296, 319f.
Renqing 165f.
Respekt 11, 18, 34, 65–69, 99, 150, 157, 159f. 167, 190, 199, 246, 285, 296, 315, 318, 329
Rollenverteilung 311

S
Sauberkeit 46, 211f., 214, 261
Schlepper 231
Schönheit 71, 251, 263
Schweigen 148
Selbstdarstellung 39–42
Sorgfaltspflicht 169, 171
Souvenirs 114, 136, 185, 239, 262, 287, 367
Sprache 16, 28, 42f., 47, 126–129, 132, 134, 255, 257f., 280f., 295, 336, 378, 400
Sprechen 30, 48, 128, 208, 226, 255
Sprichworte 75, 164, 167, 181, 191, 265, 301f., 314, 349, 380
Spucken 139, 199f., 217f.
Stadt-Land-Gefälle 336
Statussymbole 103, 138, 243, 318
Strategien 19f., 34, 46, 74f., 93–96, 108f., 133f., 141, 148, 176, 223, 359f., 364f., 373
Strategeme 96, 364, 394

T
Tageszeitungen 101
Taiji 232, 249, 278, 373
TCM 249
Tee 139, 184, 189, 191f., 200, 231, 234, 265–269, 303, 368
Tischordnung 196

Tischsitten 197
Titel 67–69, 73, 97, 164, 286, 300
Toiletten 46, 66, 199f., 203, 213–216, 228, 238
Trinkgelder 203, 231, 250
Trinkspiele 192f.
Trinksprüche 190, 192

U

Übersetzungen 43f., 57, 90, 125, 130–134, 147, 152, 198, 236, 286, 301, 351f., 368
Umweltsituation 219f., 222
Unterschrift 115, 330
Urlaub in China 371–3731

V

Verallgemeinerungen 14, 23, 28, 295
Verantwortung 83, 104, 145, 221, 292, 347, 370
Verhandeln 106–112, 235
Verkaufen 35, 111f., 133, 155, 289
Verkehr 54, 58, 64, 80, 137, 143, 208, 219, 222–226, 232, 298
Verkehrsmittel 206, 217, 224, 249
Vermittler 73f., 131, 162
Vertrauen 38, 93, 117, 119, 129f., 133, 153, 155f., 162f., 169, 234f., 244, 321, 325, 328, 349, 357
Vertragsabschluss 94, 115f., 130, 258
Vertragsgültigkeit 115
Vertrieb 103, 228, 328, 324, 356
Visa 51f.
Visitenkarten 42, 57, 72f., 97, 318
Volksglauben 273, 275
Vorbereitung 13f., 25–50, 76, 80, 87, 89f., 95, 214, 249, 370, 377
Vorurteile 12f., 25, 197, 245, 378

W

Währung 165, 236, 331f.
Wertesystem 168, 206, 315f.
Wettbewerber 19, 39, 92, 102f., 168, 348, 350, 366
Wiederkommen 370
Wirtschaft 74, 96, 147, 164, 175, 288, 292, 323–366, 374
Wochenende 55, 207, 248f.
Wohnsituation 237, 309
Wertesystem 168, 206, 315f.
Wuwei-Prinzip 147f.

Y

Yin & Yang 22, 278, 285, 312

Z

Zahlen 235f., 278–281
Zahlenmystik 279f.
Zahlungsgewohnheiten 118–121
Zählen 235f., 278, 280, 325, 349f.
Zärtlichkeiten 320f.
Zeitverständnis 75
Zheng He 292–294
Zhengren 166f.
Zhongyong 152f., 285
Zukunft 16, 20, 30, 32, 41, 149, 190, 219, 222f., 228, 248, 280, 296, 305, 333f., 339, 347, 360, 364, 370f., 373, 376, 379

Danksagung

Herzlichen Dank an all diejenigen, die mich im Laufe der letzten 18 Jahre direkt oder auch indirekt mit Rat und Tat unterstützt haben und mir ihre Zeit und ihr fundiertes China-Wissen zur Verfügung gestellt haben. Ich danke vor allem den Mitarbeitern von ROX, die mir über viele Jahre hinweg einen detaillierten Einblick in chinesische Denkstrukturen gegeben haben. Unseren Kunden danke ich für permanente Anfragen und Aufträge, die mir die Gelegenheit gaben, mich täglich mit den Besonderheiten des chinesischen Marktes auseinandersetzen zu können und mich den Herausforderungen der Produktionsabwicklung stellen zu müssen. Mein Dank an die damalige „Fachhochschule für Druck" in Stuttgart, die mir zu meinem ersten beruflichen Aufenthalt in China während des Studiums verhalf und an das „Sinicum" in Bochum, das für erstes tieferes Verständnis der chinesischen Sprache und Kultur sorgte. Besonderer Dank gebührt meiner Frau Andrea, mit der ich zusammen am 2. September 1989 erstmals chinesischen Boden betrat, als wir von Pakistan kommend über den Karakorum-Highway auf dem Landweg mit dem Jeep nach West-China einreisten. Sie hielt mir während der Recherche und dem Schreiben dieses Buches stets den Rücken frei.

Über den Autor

Der Autor dieses Buches, Christian Rommel, betreibt seinen langen Marsch durch die Volksrepublik China seit dem Jahr 1989 und hat das Land aus der Sicht des Individualtouristen, des Studenten, des Fachjournalisten, des Handelspartners, des Technischen Leiters eines Sino-Deutschen Joint-Ventures und des selbständigen Marketingconsultants kennengelernt.

Der gelernte Druckformhersteller und Diplom-Verpackungsingenieur, geboren im Jahr des Drachen 1965, hält sich seit 1982 regelmäßig im asiatischen Kontinent auf. Er hat dort im Laufe der Zeit über dreissig Staaten besucht und beruflich wie privat fast zehn Jahre als Reisender, Betreuer und Berater deutscher Unternehmen in Asien zugebracht.

Im Jahr 1992 kam er, nach einem ersten siebenmonatigen Aufenthalt, zu der festen Überzeugung: „Nie wieder China!". Das freundschaftliche chinesische Abschiedswort „zai jian" bedeutete damals für ihn „auf Nimmerwiedersehen". Doch die Zeiten haben sich geändert.

Als Gründer und Geschäftsführer der ROX Asia Consultancy Ltd., ein auf Druck und Verpackung spezialisiertes Beratungsunternehmen und Produktionsagentur, verlegte Rommel 1997, kurz vor der Übergabe Hongkongs an China, seinen festen Lebens- und Arbeitsmittelpunkt in den „Hafen der Düfte".

Christian Rommel ist seit 1990 auch als Fachjournalist und Buchautor tätig. Bislang sind über 120 Artikel und Reportagen von ihm in dutzenden internationaler Fachzeitschriften publiziert worden. Der „China-Knigge" ist Rommels zehnte Fachbuchveröffentlichung und sein dritter Titel über China.

Forum der deutschen Wirtschaft in China

- Beilage in den MOFCOM-Publikationen „Intertrade" und "International Economic Cooperation"
- Erscheint in chinesischer Sprache
- Auflage ca. 220.000 Exemplare
- Wendet sich an die wirtschaftlichen und politischen Führungskräfte in Chinas international agierenden Unternehmen und Institutionen

GermanyContact ist das effiziente Werbemedium für Ihre Anzeige in China.

GermanyContact China wird durch die beiden führenden Industrieverbände unterstützt:

 Bundesverband der Deutschen Industrie (BDI)

 China Federation of Industrial Economics (CFIE).

Werbung in China

Bitte Ansichtsexemplare und Anzeigenpreise anfordern:

Institut für Außenwirtschaft GmbH
Hohenzollernstraße 11 - 13, D-40211 Düsseldorf · Germany
Telefon (0211) 55 04 26 70, Fax (0211) 55 04 26 55
info@ifa-d.com, www.ifa-d.com